PAUL POJMAN & KATIE McSHANE
FOOD ETHICS 2e

음식 윤리

동물, 음식, 인구, 환경의 윤리

폴 포이만, 케이티 맥셰인 엮음
류지한 외 옮김

울력

음식 윤리

동물, 음식, 인구, 환경의 윤리

엮은이 | 폴 포이만, 케이티 맥셰인
옮긴이 | 류지한 외
펴낸이 | 강동호
펴낸곳 | 도서출판 울력
1판 1쇄 | 2025년 10월 15일
등록번호 | 제25100-2002-000004호(2002. 12. 03)
주소 | 08275 서울시 구로구 개봉로23가길 111, 8-402
전화 | 02-2614-4054
FAX | 0502-500-4055
E-mail | ulyuck@naver.com
정가 | 20,000원

ISBN 979-11-85136-80-6 03190

FOOD ETHICS

Second Edition

PAUL POJMAN & KATIE McSHANE

 Cengage

Australia • Brazil • Canada • Mexico • Singapore • United Kingdom • United States

Food Ethics,
Second Edition

Paul Pojman
Katie McShane

© 2026 Cengage Learning Korea Ltd. ALL RIGHTS RESERVED.

Original edition © 2017 Wadsworth, a part of Cengage Learning.
Food Ethics, 2th Edition by Paul Pojman and Katie McShane
ISBN: 9781285197319

This edition is translated by license from Wadsworth, a part of Cengage Learning, for sale in Korea only.

For permission to use material from this text or product, email to
asia.infokorea@cengage.com

ISBN: 979-11-85136-80-6

Cengage Learning Korea Ltd.
14F YTN Newsquare 76 Sangamsan-ro
Mapo-gu Seoul 03926 Korea

Cengage is a leading provider of customized learning solutions with employees residing in nearly 40 different countries and sales in more than 125 countries around the world. Find your local representative at: **www.cengage.com**.

To learn more about Cengage Solutions, visit **www.cengageasia.com**.

Every effort has been made to trace all sources and copyright holders of news articles, figures and information in this book before publication, but if any have been inadvertently overlooked, the publisher will ensure that full credit is given at the earliest opportunity.

Printed in Korea
Print Number: 01   Print Year: 2025

차례

일러두기

1. 이 책은 Paul Pojman과 Katie McShane이 편집한 *Food Ethics*(Cengage, 2판, 2017)를 텍스트로 하여 번역하였다. 이 책에는 저작권 문제로 인해 수록하지 못한 글들이 있다. 그리고 각 글은 원서의 구성대로 편집하였다.
2. 편집자가 책의 구성과 수록한 글에 대해 해설한 부분 중 저작권 문제로 인해 번역하지 못한 글에 대한 부분은 생략 편집하였다.
3. 이 책은 띄어쓰기를 원칙으로 하되, 국립국어원의 표준국어대사전에 등재된 용어는 붙여 썼다.
4. 원서에서 이탤릭체로 강조된 것은 이 책에서 중고딕체로 표시하였다.
5. 이 책에서 책과 잡지 등은 『 』으로 표시하였고, 논문과 기사 등은 「 」으로 표시하였다. 원어로 표기할 경우, 책과 잡지 등은 이탤릭체로, 논문과 기사 등은 " "로 표시하였다.

*

감사의 말

이 책은 먹거리의 생산, 유통 및 소비에서 발생하는 복잡한 윤리적 문제를 소개한다. 음식 윤리는 고유한 분야로 간주될 수 있을 정도로 발전하였고, 환경 윤리 내의 핵심 분야 중 하나가 되었다. 1960년대와 70년대에 제기된 초기 환경론의 3가지 핵심 주제인 동물권, 인구와 소비 역학, 독성 오염 물질이 현대 음식 윤리 논쟁의 중심이다. 하지만 식품 기술의 발전과 토지 이용의 세계화에 대응한 새로운 문제들도 생겨났다.

이 책의 글들은 더 큰 논문집인 『환경 윤리(*Environmental Ethics*)』에서 발췌한 것이다. 『환경 윤리』의 1판에서 4판까지는 루이스 포이만(Louis Pojman, 1935-2005)에 의해 편집되었고, 5판과 6판은 폴 포이만(Paul Pojman, 1967-2012)에 의해서 그리고 마지막 판은 케이티 맥셰인(Katie McShane)에 의해 편집되었다. 폴 포이만은 또한 『음식 윤리』 초판을 편집했다. 따라서 포이만 부자(父子)는 여기에 포함된 대부분의 글을 선정하고 편집하는 데 큰 공헌을 하였다. 환경 윤리와 음식 윤리의 새로운 분야에 대한 그들의 영향은 기념비적이다. 그 영향력은 오늘날까지 계속되고 있고, 이번 판도 여전히 그들의 편집 노력이 남아 있는 산물이다.

나는 이전 판의 『환경 윤리』를 검토해 준 여러 사람들에게 감사를 전하고 싶다. 채드론주립대학의 브래드 윌번(Brad Wilburn), 휘티어대학의 미셸 스위처(Michelle Switzer), 이마쿨라타대학교의 조셉 힐리(Joseph

7

Healey), 시카고 로욜라대학교의 폴 오트(Paul Ott), 메사 커뮤니티 컬리지의 데이브 욘트(Dave Yount), 뉴켄싱턴에 있는 펜실베이니아주립대학교의 도널드 브루크너(Donald Bruckner), 텍사스주 사이페어에 있는 론스타대학의 마크 토스비(Mark Thorsby), 플로리다주립대학교의 제임스 저스투스(James Justus), 퍼듀대학교(칼루메트)의 바버라 마니아-파넬(Barbara Mania-Farnell), 플로리다 걸프코스트대학교의 마리아 로카(Maria Roca), 인디애나주립대학교의 낸시 오버마이어(Nancy Obermeyer)와 같은 다수의 검토자가 책의 7판을 개선하는 데 많은 유용한 제안을 했고, 이 책은 그 결과물이다. 이번 판의 원고를 기획하고 준비하는 초기 단계에 도움을 준 이언 라그(Ian Lague)에게도 특별한 감사를 표한다. 또한 센게이지 편집팀의 제품 매니저 데브라 매트슨(Debra Matteson), 내용 프로젝트 매니저 질 퀸(Jill Quinn), 관련 내용 개발자 앨리슨 레비(Alison Levy), 제품 정보 전문가 앨리슨 고프레도(Alison Goffredo), 그리고 지적 재산권 프로젝트 매니저 벳시 해서웨이(Betsy Hathaway)에게도 감사한 마음이다. 그리고 허가 과정을 처리해 준 루미나 데이터매틱스의 크리스틴 잰선스(Kristine Janssens), 켄베오 제품 에디터인 나미타 가토리(Namita Ghatori)와 그녀의 제작팀에게도 감사를 전한다.

케이티 맥셰인
콜로라도주립대학교, 2015

음식 윤리

데이비드 캐플런*

　음식의 중요성은 명백하다. 모든 사람이 음식을 먹는다. 그것은 인간을 포함한 모든 생명에 기본적인 것이다. 음식처럼 우리 모두에게 매일같이 중요함을 지니는 주제는 거의 없다. 사실상 세계의 모든 사람은 농업 기술, 식품 가공, 그리고 국제 무역의 발달과 같이 오랫동안 지속되어 온 사회, 경제, 환경 관행의 변화에 영향을 받아 왔다. 우리는 매일 배고픔의 고통에서 음식의 중요성을 깨닫고 뉴스 기사들과 텔레비전 음식 쇼의 확산에서 음식의 중요성을 상기한다. 기아나 식량 부족으로 고통받고 있거나 전 지구적 농업 정책으로 인해 빈곤에 처해 있는 세계 인구의 절반 이상에게 음식은 사소한 문제가 아니다.

　음식 윤리는 식량의 생산, 유통, 소비와 관련된 광범위한 문제를 다루는 응용 윤리의 한 분야이다. 음식은 영양을 공급하는 것 외에도 우리 삶의 도덕적 품성, 타인과 동물에 대한 우리의 책무, 그리고 자연환경과

* 데이비드 캐플런(David Kaplan)은 1998년에 포드햄대학교에서 박사 학위를 취득하고, 노스텍사스대학교 철학 · 종교학과 교수로 있다. 그는 『음식 철학(*Food Philosophy*)』의 저자이자, 『음식 및 농업 윤리 백과사전(*Encyclopedia of Food and Agricultural Ethics*)』 제2판의 편집자이다. 그는 식품 기술, 유전자 변형 식품, 인공 첨가제 및 인스턴트식품 등에 관한 논문을 발표했으며, 음식 철학 프로젝트(Philosophy of Food Project)를 책임지고 있다. 그는 이외에도 기술 철학, 폴 리쾨르의 정치사상, 비판 이론과 해석학 사이의 논쟁 등에 대해 연구하기도 하였다.

관련이 있다. 식품 제조업이 점점 산업화됨에 따라, 음식과 음식 윤리 또한 점점 더 식품 과학과 기술에 얽매이게 된다.

제2차 세계대전 이후, 기술과 문화적 지형의 변화는 우리가 무엇을 어떻게 먹는지에 영향을 미쳤다. 20세기 중반에 산업화의 방법과 기계가 식량 생산에 적용되어 이른바 녹색혁명이 절정에 달했다. 이 혁명은 선진국과 개발도상국 모두에서 농업 생산성을 크게 증가시켰다. 녹색혁명은 더 많은 식량을 생산하는 것 외에도, 사회적이고 환경적인 변화를 낳았으며, 토지의 적절한 사용, 환경적 해악, 여성에 대한 영향, 기아와 무역 정책, 동물에 대한 윤리적 대우에 관한 문제를 제기했다.

게다가 산업화된 북반구의 기술적, 문화적 지형의 변화는 산업적 농업의 영향, 고도로 가공된 식품의 의심스러운 영양상의 가치, 유전자 변형 유기체(GMO) 및 식품으로 인한 잠재적인 건강상의 위험과 환경적 위험, 식량 무역과 생산의 세계화, 중국과 인도의 부의 증대가 야기한 식량 부족과 가파른 가격 상승 그리고 생물 연료 산업이 옥수수 시장에 미치는 심대한 영향 등에 대한 경각심을 증가시켰다.

자연식품과 가공식품

인간이 먹는 거의 모든 것은 다양한 방식의 처리 과정을 거쳐서 음식으로 가공된다. 다양한 기술과 기법을 통해서 원재료 상태의 무가공 식물이나 동물을 음식의 형태로 바꾼다. 식품 가공 기법으로는 조리(cooking), 건조(drying), 발효(fermenting), 자르기(slicing), 벗겨내기(peeling), 정육(butchering)이 있다. 기술적으로 더 복잡한 형태의 가공에는 저온 살균, 통조림, 냉동, 방사능 처리, 인공 감미 등이 포함된다. 일부 가공식품은 부패와 오염을 방지하거나 음식을 더 보기 좋고 맛있게 만들기 위해 고안된 첨가제나 물질을 첨가하고 있다. 일부 가공식품은 비타민, 미네랄, 단백질, 허브, 효소 등과 같은 영양 성분을 가진 식이 보충제를 포함한다.

식품 가공의 이점으로는 보존력 향상, 유통 잠재력 증대, 영양 강화, 소비자 선택, 편리성 등이 있다. 가공식품과 관련된 위해성과 위험성에는 영양가 감소, 건강상의 부작용, 오염, 그리고 가공 과정에서 과도하게 소비되는 에너지 등이 포함된다.

이와는 대조적으로, 소위 자연식품이라고 불리는 것들은 인공 성분이 없는 것으로 알려져 있으며, 흔히 일반적인 식품에 비해 덜 가공된다. 자연식품은 (만약 그것이 정말 자연적인 것이라면) 가공식품 첨가물, 착색제, 향미료 또는 감미료를 함유하지 않는다. 자연식품은 정제된 밀가루, 정제된 설탕, 또는 경화유도 포함하지 않는다. 완전 자연식품인 "호울 푸드(Whole food)"는 가공되거나 정제되지 않은 음식을 말한다. "완전 자연식품 식단"을 지지하는 사람들은 그것이 가공식품보다 건강에 더 좋으며 환경에 덜 해를 끼친다고 주장한다.

"생식(Raw-food)"은 가공이 거의 또는 전혀 이루어지지 않은 "완전 자연식품"이다. "생식 식단"은 전혀 익히지 않은 호울 푸드로 구성되어 있다. 그러한 식이요법을 옹호하는 사람들은 생식의 섭취를 늘리면 상당한 건강상의 이점을 얻을 수 있다고 믿는다. 그들은 생식 식단이 체중 감량을 촉진하고, 질병을 예방하며, 만성질환의 영향을 완화하는 데 도움을 준다고 주장한다.

"유기농 식품"은 살충제, 합성 비료, 하수 침전물, 유전자 변형 유기체 또는 전리방사선을 사용하지 않고 재배하게 되어 있다. 유기농 육류, 가금류, 달걀, 유제품은 그것을 생산하는 동물에게는 항생제나 성장 호르몬을 투여하지 않는 것을 전제로 한다. 유기농 식품이 반드시 완전 자연식품은 아니며, 완전 자연식품이 반드시 유기농인 것도 아니다. 유기농이라는 용어는 작물을 재배하거나 가축을 사육하는 방법과 관련된 것이지 그것에 가하는 가공의 양과 관련된 것은 아니다.

1995년 미국 농무부 국가유기농표준위원회에 따르면, 유기농업은 생물의 다양성, 생물학적 순환, 토양의 생물학적 활동을 촉진하고 강화하는 생태적 생산-관리 시스템을 의미한다. 유기농업은 이론적으로 볼 때, 유해 성분의 최소 투입 그리고 농장 내부 및 외부와의 생태학적 조화와 건강을 회복, 유지, 강화하는 관행과 재료에 기초한다.

유기농업은 토양 생물, 식물, 동물, 사람으로 이루어진 상호 의존적인 공동체의 건강과 생산성을 최적화하는 것을 목표로 한다. 유기농 식품의 옹호자들은 농업과 공업에서 화학물질[농약, 비료 등]의 사용을 줄이거나 없애면 공기, 물, 흙이 더 깨끗해지고, 영양가가 더 높고, 건강에 좋고, 더 양질의 음식을 생산하게 된다고 주장한다. 비판가들은 유기농 식품이 건강과 환경에 주는 이득이 의심스럽고, 소비자들에게 과도한 비용을 부담하게 하며, 유기농 생산에 대한 기준과 관리 감독의 부족으로 인해서 소비자들이 구입한 음식이 광고처럼 "유기농"인지를 확신할 수 없게 만든다고 주장한다.

기술과 안전

매년 거의 200만 명의 사람들(대부분이 어린이들)이 안전하지 않은 식품의 생산, 가공, 조리, 유통의 결과로 식품과 수인성 질병으로 죽는다. 기술은 안전을 보장하는 데 중추적인 역할을 한다. 그런 기술은 음식과 물의 청결한 유지, 음식의 철저한 요리, 음식의 안전한 온도 유지, 유통기한의 연장, 부패와 오염의 방지 등을 위해서 필요하다. 식품 안전은 식품의 영양 품질을 보장하고, 식품에 의한 질병과 건강상의 위험을 예방하며, 영양실조와 기아를 예방하는 데 중요하다.

적절한 식품 안전 관리는 공중 보건, 인간 복지, 경제 발전에 필수적이다. 식품 안전 보장을 위한 책임은 생산자와 소비자뿐 아니라 정책 결정 기관도 함께 공유하는 것이다. 지역, 국가, 국제기구들은 식품 안전 기준이 충족되도록 관리 절차를 수립함으로써 중요한 역할을 할 수 있다. 일부 사람들은 자유 시장 메커니즘이 공중 보건과 소비자 보호를 보장할 수 있다고 주장한다. 하지만 대부분의 사람들은 식품 안전을 위해 적어도 일부 관리 체제가 필요하다는 데 동의한다. 정책 입안자들은 과학적 지식, 기술, 그리고 윤리적 판단을 이용해 식품 생산자, 유통자, 소비자들 간의 경쟁하는 필요, 이익, 가치 들의 균형을 잡아야 한다.

유전자 변형 식품만큼 논란이 되는 첨단 기술 식품은 없다. 유전자 변형 식품은 DNA 재조합 기술 — 이 기술은 단일 분자에 다른 원천에서 가져온 DNA 분자들을 결합시킨다 — 을 사용하여 변형된 식물과 동물로 만든 식품을 말한다. 유전자 변형의 목적은 기존의 기술을 통해서는 얻을 수 없는 새롭고 유용한 형질을 만드는 것이다. 가장 흔한(98%) 유전자 변형 식품은 옥수수, 콩, 카놀라, 목화씨 기름이다. 이런 식품은 대부분 뿌려지는 농약을 견디거나 제초제 내성을 갖도록 유전적으로 변형시킨 것이다. 때때로 그것들은 영양 향상을 목적으로 만들어진다. 예를 들어, 영양실조 어린이들의 영양 결핍을 줄여 주는 비타민 A가 다량 함유된 쌀, 알레르기를 유발하지 않는 우유와 땅콩, 리코펜을 첨가한 토마토, B형 간염과 콜레라 백신을 첨가한 당근과 감자 같은 것들이다.

1990년대 후반 유전자 변형 식품이 도입된 이래로 그것을 둘러싼 논란이 이어지고 있다. 비판자들은 알레르기로 인한 알 수 없는 건강상의 위험, 유전자 전이 그리고 농약과 제초제에 내성을 지닌 새로운 형태의 잡초 출현과 같은 알 수 없는 환경적 결과에 대해 경고한다. 비판자들은 또한 지적 재산권법을 남용하여 생명체를 시유화하고 특허화하는 것을 우려한다. 유전자 변형 식품의 옹호자들은 그것들에 대해 건강상의 위험이 없다고 주장한다. 그들에 따르면, 교차 수분(受粉)의 위험성은 전통적 농경 방식의 작물보다 더하지도 않고 덜하지도 않다. 특허권 보호 문제는 유전자 변형 식품에만 국한되는 것이 아니라 사유재산권에 대한 보다 일반적인 관심과 관련된 것이다.

동물 생명공학은 동물들에게 DNA 재조합 기술을 적용한다. 가장 많은 종류의 유전자 변형(GE) 동물은 의약품("농업 제약"이라고도 알려진)을 생산하도록 계획된 것이다. 또 다른 종류의 유전자 변형 동물은 산업용으로, 또 다른 종류는 식품용으로 계획된다. 가축과 어류는 병에 잘 견디도록 만들어지며, 영양 가치가 향상되고, 성장률이 높아지며, 분뇨로 인한 오염 물질이 감소하며, 대장균(E. coli)과 살모넬라를 타깃으로 하는 항균 성분을 생산한다. 동물 생명공학의 옹호자들은 질병에 대한 저항력 증가, 생산성, 그리고 내구력 등의 이점을 언급한다. 그들에 따르면, 유전공학 동물들은 더 많은 육류, 계란, 우유를 생산하고, 더 건강한 음식을 제공한다.

동물 생명공학의 비판자들은 유전자 조작이 동물의 본래적 가치(또는 그것의 목적, 그것의 자연적 기능)를 침해하고 다른 종의 유전자와 결합함으로써 자연적 질서를 간섭한다고 주장한다. 다른 이들은 우리가 (생명공학 등을 이용하여) 절대로 동물의 처지를 악화시키는 식품 제조 관행에 참여해서는 안 된다는 보다 옹호 가능한 입장을 주장한다.

또 다른 종류의 첨단 기술 식품은 기능성 식품, 즉 "건강 기능 식품"이다. 이것들은 추가적인 건강상의 이점을 제공하는 것으로 여겨지는 성분들을 첨가한 식품 기반 제품들이다. 그것들은 질병의 예방이나 치료를 돕거나 인간의 능력을 향상하고 개선하기 위해 고안되었다. 여기에는 비타민 강화 곡물, 에너지 바, 저지방 또는 저염 식품, 스포츠 음료와 같은 제품들이 포함된다. 기능성 식품은 1900년대 초반부터 갑상선종을 막기 위해 소금에 요오드가 처음 첨가된 이후부터 존재해 왔다. 1930년대부터는 우유에 비타민 D를 첨가하였다. 1940년대부터 아침 식사용 시리얼에 비타민과 미네랄이 추가되었고, 그 직후에는 불소가 첨가되었다. 기존의 강화식품과 새로운 기능성 식품의 차이는 후자가 의약품을 음식으로 대체하기 위해 설계되었다는 점 또는 때로는 영양을 더 많이 공급하기 위해 식품에서 몇몇 성질을 제거하도록 설계되었다는 점이다.

기능성 식품과 관계된 핵심적인 도덕적 문제는 음식과 약물의 경계를 흐리게 하면서 음식이 약물과 같은 기능을 한다는 주장과 관련된다. 공중 보건과 사회정의의 문제는 기능성 식품의 적절한 사용, 유통, 그리고 규제에 대한 것이다. 현재 각 국가는 기능성 식품이 어떤 종류의 건강에 도움이 되는지를 광고하는 경우에 법률을 통해 제약을 가하고 있다. 특히 식품 회사는 (질병을 치료한다는) 구체적인 주장을 하지 않는 한, (건강을 증진한다는) **일반적인** 건강을 주장하는 품목을 생산할 수 있다. 미국에는 기능성 식품에 대한 명확한 법적 정의가 없으며, 안전성에 대한 사전 시장 승인도, 건강에 기여한다는 일반적 주장에 대한 증거도 요구되지 않는다.

또 다른 첨단 식품은 실험실 배양 고기(in-vitro meat)이다. 배양육으로도(또한 프랑켄 고기로도) 알려진 실험실 배양 고기는 실험실의 세포 배양균에서 자란 동물 조직이다. 고기는 실제로 동물을 사용하지 않고, 동물 세포 하나만으로 만들어진다. 배양육의 장점은 가축 생산에 비해 살아 있는 동물에게 피해를 주지 않고, 농지가 적게 사용되며, 화석연료와 물이 적게 사용된다는 점 그리고 동물 배설물이나 온실가스가 생산되지 않고 병원균이나 식품에 의한 질병이 발생하지 않으며, 아마도 추가적인 건강상의 이익을 보완한 고품질 육류를 생산할 수 있다는 점이다. 현재 비용과 기술적 장애가 여전히 부담스럽지만, 배양육이 환경, 동물 복지, 그리고 인간의 건강 이익 문제를 극복할 수 있다면, 배양육의 생산과 소비는 충분히 정당화될 수 있을 것이다.

비판자들은 실험실 배양 고기가 너무 비싸고, 기술적으로 불가능하며, 인기가 없다고 주장한다. 그것은 생산에 너무 많은 비용이 들고, 동물 복지나 환경상의 이익, 건강상의 혜택을 산출할 수 있을 만큼 충분히 생산될 수 없다. 그리고 조사에 참여한 사람들은 그 사실을 모른 채 먹었다고 말한다. 많은 사람들은 실험실 배양 고기라는 생각 자체에서 불쾌감과 혐오감을 느낀다.

또 다른 첨단 기술의 발전은 나노미터, 즉 크기가 1밀리미터의 백만분의 1로 측정되는 물체인 나노 기술이다. 나노 기술은 식품 생산과 식품 포장에 적용되고 있다. 식품에서 나노 입자의 적용에는 식품 안전을 향상하기 위한 항균 필터, 영양분이나 단백질 그리고 항산화제를 대상 신체 부위와 세포에 직접 전달하는 스마트 전달(공간적으로 지시되고 시간적으로 조절되는 지능적 제어), 신선함을 오래 유지하고 유해 물질의 흡수를 억제하는 식품 생산, 그리고 유통기한을 늘리고 부패와 오염을 줄이기 위한 식품 포장의 개선 등이 포함된다.

그러나 나노 기술은 미세한 크기 때문에 공기, 물, 토양, 식품에 도입될 때 잠재적인 위험을 내포할 수 있다. 사람과 환경에 대한 안전은 나노 기술에 관한 가장 중요한 윤리적 문제로 남아 있다. 현재 식품 제조 분야의 나노 기술은 전통적 식품에 비해 미국, 유럽, 일본에서 규제가 불완전하게 이루어지고 있다.

산업농과 환경

집약적 농업, 즉 농업의 산업화는 20세기 북미, 서유럽, 그리고 세계의 다른 선진 지역에서 표준이 되었다. 20세기 후반에 이 모델은 세계의 많은 나라들로 수출되었다 ― 어떤 사람들은 다른 나라에 강요되었다고 말하기도 한다. 산업농은 높은 생산성을 추구하는 농업 시스템인데, (1990년대 이래로 유전공학에 의해 증대된) 산업농은 체계적인 식물 번식, 단일 재배 작물, 화석연료 에너지, 농기계, 인공 화학비료, 살충제, 제초제, 기계화된 관개 시설, 가공 및 장거리 수송, 대량 가공식품과 포장 가공식품 등의 사용에 기초하고 있다. 집약적인 농업은 수익 증가, 생산성 증가, 가용성 증가, 가격 감소를 가져왔지만, 또한 화학비료, 살충제, 제초제의 사용과 같은 것들이 모두 공기와 토양을 오염시키고 물 공급을 오염시킬 수 있어 심각한 건강 및 환경에 대한 우려를 불러일으켰다. 이러한 오염 물질은 종종 식량 공급망으로 유입되어 인간과 동물에게 건강상의 위험을 초래하고, 수생 서식지와 생태계를 위협한다. "집약적 농업"의 가장 집약적인 측면 중 하나는 에너지의 자유로운 사용이다. 특히 화석연료의 사용은 대기 및 해양의 이산화탄소를 증가시키고, 대기 중의 이산화탄소 증가는 다시 지구 기후변화를, 해양의 이산화탄소 증가는 해양의 산성화를 초래한다. 그리고 우리는 이 모든 것이 어떤 결과를 초래할지에 대해서 아는 바가 없다.

산업농은 또한 토양을 바람과 비의 침식 효과에 노출시켜서 종종 심각한 토양 유실을 초래한다. 침식은 다음과 같은 다른 해로운 영향을 미친다. 토양 침식은 엄청난 양의 침니를 씻어 내 식물과 동물의 생명을 손상한다. 또 침식은 먼지의 양을 증가시켜서 대기오염 물질과 전염병 매개체를 증가시키며, 이는 국가의 재정과 생산성 손실을 초래할 수 있다. 생산이 지속되려면 침식으로 손실된 영양소를 대체해야 하는데, 대개 화학비료가 이런 역할을 한다. 그러나 화학비료는 수질과 생물의 다양성을 악화시키고 토양의 질을 저하시킨다.

산업농은 수천 킬로미터의 땅에서 재배되는 단일 작물, 즉 단일 재배 작물을 심는 것을 포함한다. 이처럼 대규모의 단일 작물 재배는 한때 그 땅에서 소규모로 재배되었던 각 지역의 다양한 작물들, 즉 "토착종"으로 대표되는 유전적 다양성의 상실이라는 위협을 초래하고 있다. 단일 재배 작물은 해충과 질병이 만연하는 생태적 공백을 만들어 토양의 질을 더욱 떨어뜨리는 동시에 농작물 수확 실패의 가능성을 높인다. 농업에서 이러한 유전적 생물 다양성의 감소는 자연종의 생물 다양성을 감소시켜 먹이사슬 전체에 걸쳐 영향을 미친다. 농민들은 이전에는 유전적 다양성으로 인해 얻을 수 있었던 회복력을 대신하기 위해 화학비료와 농약에 점점 더 많이 의존할 수밖에 없다.

가축, 가금류, 어류의 산업화된 생산, 소위 "공장식 축산"은 집약적 농업과 동일한 이익과 해악을 많이 가지고 있다. 이익은 효율성, 높은 수익률, 광범위한 가용성, 낮은 가격 및 지역과 국가 경제에 대한 기여를 포함한다. 해악에는 동물 학대, 환경 위험, 농장 노동자에 대한 건강 위험, 식품 안전 문제 등이 있다. 산업용 가축 생산은 엄청난 양의 물, 화석연료, 무기 비료, 그리고 포장용 기계들을 사용한다. 그것은 음식 제조, 포장, 냉장, 운송 등과 같은 정교한 기술을 포함한다. 공장식 축산을 둘러싼 환경은 종종 동물 배설물과 썩은 고기 찌꺼기에 의해 심하게 오염되며, 이는 다시 공기를 오염시키고 지하수와 표층수로 스며든다.

이와는 대조적으로, "지속 가능한 농업"은 환경 파괴를 초래하지 않으면서 지속적인 식량 생산을 목표로 한다. 지속 가능한 농업은 "전통적 농업"과 같을 수도 있고 그렇지 않을 수도 있다. 농업의 형태는 사실 수백 년 동안 지속되어 왔기 때문에 지속 가능하다고 주장하는 경우가 많다. 그것은 책임 있는 환경 관리, 높은 수준의 농장 생산성, 동물과 노동자에 대한 존중, 그리고 지역 농업 공동체에 대한 지원을 결합하고자 한다. 지속 가능한 농업은 전통적인 방법을 확대하거나 아니면 전통적 방법을 점적 관개(drip irrigation)나 고품종의 다년생 혼작 식물 재배와 같은 산업화 이후의 기술로 대체할 수 있다.

1990년 "농업법"에서, 미국 농무부는 "지속 가능한 농업"을 다음과 같이 정의한다. 지속 가능한 농업이란 인간의 식량과 섬유질에 대한 요구의 장기적인 충족, 환경의 질적 향상 및 농업 경제의 기초인 자연 자원의 증진, 재생 불가능한 자원 및 농가 자원 그리고 포괄적인 자연 생물학적 순환 및 통제의 가장 효율적인 사용, 농장 운영의 경제적 생존성 유지, 농민과 사회 전체의 삶의 질 향상을 추구하는 현장 고유의 응용 프로그램을 가진 식물과 동물 생산 관행의 통합된 체계를 의미한다.

지속 가능한 접근법을 취하는 농민들은 농약과 비료를 지식으로 대체한다. 그들은 문제를 해결하기 위해 윤작을 활용하고 다른 농업 시스템의 조정을 사용한다. 지속 가능한 농업의 이점으로는 질병에 저항력 있는 건강한 작물을 생산하는 지력 향상, 침식을 늦추고 잡초를 억제하는 덮개 작물(농한기 동안 토양을 덮어 주는 보조 작물)의 성장, 해충 제거에 도움이 되는 천적의 활용 등이 있다. 지속 가능한 농업은 농약과 비료의 투입을 최소화하여 돈을 절약하고 환경을 보호한다.

　농업과 환경문제에 대한 또 다른 접근법은 철학적 관점의 인간 **중심적**(인간을 중심에 두는) 편향에 의문을 제기하는 것이다. 인간 중심적 관점은 전통적으로 자연환경과 그 구성 요소의 도덕적 지위를 평가절하 해왔다. 1970년대 초부터 환경 윤리에 관한 저술은 인간만이 내재적 가치를 갖는 반면 인간이 아닌 것은 인간의 목적을 위한 수단으로서 외재적 가치를 갖는다는 견해에 도전해 왔다. 일부 환경 철학자들은 자연환경과 동물에 대한 새로운, 탈인간중심주의적 이론을 주장한다. 알도 레오폴드(Aldo Leopold)의 "대지 윤리"는 생물권 전체가 도덕적으로 고려할 가치가 있는 온전함과 아름다움을 지니고 있다고 주장하는 대표적 시도이다. 탈인간중심주의적이고 전일주의적인 접근 방식은 (개체주의보다) 이 땅과 우리의 도덕적 관계를 이해하는 데 가장 적합하다.

　대지 윤리와 관련된 하나의 접근은 미국의 농경 전통에서 찾아볼 수 있다. 농경 철학은 도덕적 성품을 형성하고 문화와 전통을 보존하는 데 있어서 농업과 목축의 역할을 강조한다. 우리는 기후 및 대지와 연결된 농촌 생활을 함으로써 대지와 직접 접촉해야만 생겨날 수 있는 정체성과 고향 의식을 획득하게 된다. 농경 철학은 산업농의 사회적, 환경적 영향에 대해 비판적이다. 예를 들어, 웬델 베리(Wendell Berry)는 현대에 농업과 농장에서 도시로의 이주가 환경을 해치고, 공동체를 파괴하며, 농경 생활에서 오는 인간의 기본적 존엄성을 싱실시킨다고 주장한다. 그의 유명한 말에 따르면, "식사는 농경 행위"이다. 우리는 모두 농업에 관여하고 있고, 우리의 식량 선택은 대지가 어떻게 다루어지는지에 영향을 미친다.

자신과 다른 존재들에 대한 책임

　윤리 이론 가운데 일부는 책무와 책임의 담론, 이른바 의무에 관한 담론이다. 이 모델에서는 단순히 옳은 일이기 때문에 사람들이 해야 할 일들이 있다. 칸트의 유명한 주장대로 어떤 행위가 도덕적 가치를 지니기 위해서는 의무로부터 행위 해야 한다. 자기 이익, 사랑, 또는 예상되는 결과에 의해 동기부여 된 행동은 물론 허용될 수는 있지만, 엄밀한 의미에서 도덕적인 것은 아니다. 단지 옳은 일이기 때문에 우리는 옳은 일을 해야 한다. 칸트는 "완전한"(강한) 의무와 "불완전한"(약한) 의무를 구분한다. 완전한 의무는 항상 우리에게 요구되는 의무이다. 불완전한 의무는 우연적 의무이고, 단지 경우에 따라 우리에게 요구되는 의무이다. 그는 우리가 가지는 의무를 다른 사람을 위한 것과 자기 자신을 위한 것으로 나눈다. 예를 들어, 나 자신에 대한 완전한 의무는 자살을 하지 않는 것이다. 불완전한 의무는 나의 재능을 계발하는 것이다. 다른 사람에 대한 완전한 의무는 폭력과 강요의 행위를 삼가는 것이고, 불완전한 의무는 다른 사람을 돕는 것이다.

음식에 관한 우리의 의무는 무엇인가? 최소한, 우리는 사람들을 잡아먹어서도 안 되며, 그들에게서 음식을 빼앗아서도 안 된다. "우리"가 누구인지는 분명하지 않지만, 우리에게는 아마 기아를 예방하고 배고픈 사람들을 먹여 살려야 할 의무가 있을 것이다. 의사들은 때때로 병원에서 음식을 먹지 못하는 환자들에게 정맥주사를 통해서 또는 강제로 먹여야 할 책무가 있다. 식품 제조업체, 농민, 식당 경영자, 그리고 다른 판매자들은 안전한 식품을 제공해야 하는 (법적 책임뿐만 아니라) 도덕적 책임을 진다. 우리가 타인에 대해 가지는 불완전한 음식의 의무는 고통을 경감시키고 그들을 환대하는 것이다. 그리고 아마도 음식으로 타인을 환대하는 것은 의무라기보다는 미덕에 가까울 것이다.

자기 자신에게 해야 할 의무는 무엇인가? 최소한의 의무는 식량 부족으로 인해 굶거나 위험에 처하지 않을 의무이다. (하지만 단식 파업은 도덕적으로 정당한 형태의 시위이다.) 만약 먹는 것이 우리의 자율성과 인간의 존엄성을 실현하기 위한 필요조건이라면, 각자는 건강하고 영양이 풍부한 식사를 할 의무가 있다. 예를 들어, 치즈 과자와 보드카만 먹는 사람은 자신을 존중하는 게 아니다. 그는 "자신이 하고 싶은 대로 내버려두라"고 말하고 있는 것이다. 음식과 관계된 자신에 대한 불완전한 의무는 자신의 잠재력을 실현하는 데 도움이 되는 방식으로 먹는 것이다. 우리는 살아남기 위해서 뿐만 아니라 우리 자신을 번영하고 향상하기 위해 먹어야 한다. 아마도 운동선수는 경기력을 향상시키기 위해 특화된 식단을 먹어야 할 책임이 있을 것이다. 그러나 보통 사람들은 식단을 통해 우리의 복지를 유지하고 향상하기 위해 노력해야 한다.

이 간단한 음식의 의무 목록은 결정적인 것은 아니다. 하지만 음식의 의무에 대해서 제기할 수 있는 대표적인 논증들이다. 물론 각각의 주장은 정당화되어야 하고, 누가 책임을 지고 누구와 어떤 조건 하에서 책임을 져야 하는지를 명시하기 위해 더욱 명확하게 할 필요가 있다. 음식의 의무에 대한 개념은 그것의 대답보다 다음과 같은 더 많은 의문을 제기한다. 나는 얼마나 많은 사람을 먹여 살려야 할 책임이 있는가? 그것을 위해 내가 치러야 할 대가는 무엇인가? 나는 남들에게 어떤 종류의 음식을 빚지고 있는가? 또 얼마나 빚지고 있는가? 이러한 질문들을 해결하는 것은 그것들을 권리, 의무, 그리고 자기 계발의 틀 안에서 얼마나 효과적으로 다룰 수 있는지에 주목하는 것보다 중요하지는 않다.

음식의 덕. 윤리 이론의 또 다른 부분은 도덕적 덕에 관한 담론이다. 덕 윤리는 도덕적 규칙과 원칙에 관심을 덜 가지고, 성격적 특성과 성질에 더 많은 관심을 기울인다. 덕 윤리의 핵심 질문은 '나는 무엇을 해야만 하는가?'가 아니라 '나는 어떤 종류의 사람이 되어야 하는가?'이다. 그에 대한 대답은 '성실성,' '용기,' '너그러움,' '지혜' 등 사람이 열망해야 할 덕목의 측면에서 주어진다. 우리의 윤리적 삶의 중심은 성격적 특성, 관계, 그리고 공동체에 뿌리를 두고 있다.

덕 윤리는(그리고 배려 윤리도) 영감을 주지 못하는 과도하게 율법주의적인 도덕적 틀에 도전한다. 윤리적인 삶은 엄격한 규칙을 따르는 것이 아니라 좋은 시민이 되는 것과 관련이 있다. 철학자들은 세 가지 음식의 덕인 환대, 절제, 그리고 식사 매너에 주된 관심을 가져왔다. 환대의 덕 또는 후한 대접은 친구, 낯선 사람, 손님과 함께 자신의 거처와 음식을 나누고 마시는 덕이다. 우리는 그렇게 함으로써 우리가 가진 또 하나의 공통의 취약점과 필요를 인식하게 된다. 좋은 주인은 따뜻함과 친목, 그리고 무엇보다도 먹고 마실 것을 제공한다. 이와는 대조적으로, 절제의 미덕은 어떻게 다른 사람에게 음식을 제공할 것인가에 대한 관심이 아니라, 먹고 마시는 자신의 즐거움을 어떻게 다스리는가에 대한 것이다. 그것은 폭식이라는 악덕의 관점에서 가장 잘 이해된다. 폭식은 의지가 약하고, 제멋대로이며, 자제력이 부족한 것이다. 너무 많은 절제는 음식이나 음료에서 즐거움을 찾지 못하는 것이다. 너무 적은 절제는 폭식하는 것이다.

절제와 마찬가지로 식사 매너 또한 적절하게 먹고 마시는 행동에 대한 것이다. 그것은 특히 다른 사람들과 식사하는 행동의 넓은 범위를 — 세세한 것부터 — 규제한다. 매너는 근본적으로 건강, 즐거움, 공동체를 증진하는 것을 목표로 하는 사회적 특성들이다. 준수 사항과 금지 사항의 목록은 사소한 것이 아니다. 매너는 식탁의 외관, 식사하는 사람들의 청결, 몸의 자세, 손과 발의 위치, 도구의 사용, (씹고, 핥고, 삼키는 것을 포함한) 음식을 먹는 방식, 트림, 시선의 조절, 대화 그리고 태도들을 규제한다. 모든 문화는 설령 탁자와 다른 도구를 사용하지 않는 식사 관행일지라도 그것을 규제하는 규칙을 가지고 있다. 심지어 한 문화의 내부에서조차, 다른 맥락과 상황들은(예를 들면, 식당에서 먹는 것이나 소풍 가서 먹는 것 등과 같은 다른 상황들은) 다른 덕들을 포함한다. 도덕적 덕의 담론은 먹고 마시는 것과 관련된 미묘하고 광범위한 음식 윤리 활동과 특히 잘 어울린다.

채식주의와 동물

인간은 동물에 대한 도덕적 책무가 있다. 심지어 육식을 즐기는 사람들도 재미로 동물을 고문하거나 이웃의 애완동물을 잡아먹는 것과 같이 인간이 동물에게 절대 해서는 안 되는 것들이 있음을 인정하고 있다. 물론 음식을 위해 동물을 기르는 것은 더 논쟁의 여지가 있다. 이 문제에는 두 가지 주요한 철학적 접근법이 있다. 의무론적 (권리 기반) 접근법과 공리주의적 (결과 기반) 접근법이 그것이다. 의무론적 접근은 동물의 권리를 지지하며, 따라서 그러한 권리를 존중해야 하는 인간의 책무도 지지한다. 동물도 인간과 마찬가지로 본래적 가치를 지니고 있으므로, 도구로 취급당하지 말아야 한다는 것과 같은 기본적 권리를 누린다. 그것은 동물을 먹거나 단순한 물건으로 사용하지 말아야 할 책무를 내포하고 있다. 다른 권리 이론가들은 동물에 대한 법적 소유권은 부당하며, 따라서 동물이 얼마나 자비롭게 대우받는지에 상관없이 동물을 이용하는 것은 모두 부당하다고 주장한다. 이같이 동물에 대한 법적 소유권 폐지를 주장하는 동물 권리론은 단순히 채식주의적 식단을 주장하는 것이 아니라 완전 채식주의(veganism)를 지지한다.

[계약론에 기반하는] 다른 권리 이론가들은 계약에 의해서 인간만이 책무를 가지기 때문에 오직 인간만이 권리를 가진다고 주장한다. 동물들은 그들의 이익과 해야 하는 옳은 일을 구별할 수 없다. 그러한 구별이 없다면, 어떤 행동이 의무에 근거하여 수행된다고 말하는 것은 이치에 맞지 않는다. 책무로부터의 행동과 욕망으로부터의 행동 사이에서 선택을 할 수 있어야만 의무에 기초해서 행위하는 것이 가능하고, 따라서 권리를 가질 수 있다. 동물의 권리에 반대하는 사람들이 반드시 육식을 지지하는 것은 아니다. 그들은 단지 권리에 기초하여 완전 채식주의를 정당화하는 것에 이의를 제기할 뿐이다.

공리주의(또는 결과주의) 접근법은 동물은 (인간과 마찬가지로) 기본적인 권리가 없다고 주장한다. 오히려 동물은 쾌락을 경험하고 고통을 겪을 수 있으며, 따라서 우리 못지않게 도덕적으로 중요하다. 공리주의적 접근법은 인간과 동물 모두의 이익을 평등하게 고려하도록 요구한다. 고려의 평등은 사실적인 것이 아니라 규범적인 것이다. 그것은 사실에 대한 주장이 아니라 도덕적인 생각이다. 그러나 동물 복지론자들의 강점은 동물의 고통과 동물의 학대라는 명백한 사실에 있다. **윤리적 채식주의와 완전 채식주의에 대한 대부분의 주장은 동물의 복지와 동물들에게 도덕적 고려를 할 필요성에 기초한다.**

또 다른 일련의 논쟁은 목장에 사용되는 엄청난 양의 연료와 물, 온실가스 생산, 사람이 아닌 동물에게 음식을 낭비하는 것, 그리고 고기를 먹음으로써 생기는 심장 질환의 위험 증가와 같은 다른 결과에 초점을 맞추고 있다. 고기를 먹지 말아야 할 좋은 이유들은 많다. 물론 결과주의자들의 주장은 육식을 옹호하는 것으로 나아갈 수도 있다. 표준적인 논증은 동물의 고통이 우리 모두가 육식을 중단했을 경우에 곤경에 처하는 사람들의 경제적 이익에 의해 상쇄된다고 주장한다. 또는 그 오랜 관습과 의식은 동물의 고통보다 우위에 있다는 논증도 가능하다. 또는 행복한 삶을 살다가 신속하게 고통 없는 죽음을 당하는 동물은 전혀 고통받지 않는다는 논증도 가능하다.

도덕적 덕에 대한 논증은 드물기는 하지만 똑같이 동물의 고통을 호소하면서 그 고통을 묵인하거나 반대하는 사람들의 성격적 특성에 호소한다. 예를 들어, 교양이 없는 사람은 동물 학대를 외면하지만, 동정심 많은 사람은 그렇지 않다. 전통적인 덕은 소비주의와 공장식 사육으로 내몰리는 동물에 대한 불감증 같은 것에 반대한다. 하지만 다른 전통적인 덕목들은 육식을 지지한다. 목장, 동물 사육, 도살에 있어서의 덕목은 모두 요리와 고기 한 끼를 즐기는 덕목처럼 가치가 있다. 덕 기반 논증은 동물을 나쁘게 대우하는 것은 나쁜 성격을 반영한다고 주장한다. 우리는 잔혹한 행위로 인해 우리 자신을 타락시키고, 이것은 다른 인간들을 해칠 가능성을 높인다. 다시 말해, 우리는 동물의 이익보다 우리들 자신을 위해 동물을 잘 대우해야 한다.

글로벌 푸드와 로컬 푸드

무역과 농업의 세계화는 음식의 기원과 식품 정책에 대한 정치적 권위를 점점 더 "탈지역화"시키고 있다. 초국가적인 기업식 농업과 이를 지원하는 세계 정치 및 금융 기관들은 식량 생산에 막대한 영향력을 행사하면서 식량 안보와 안전 그리고 지역사회의 사회구조에 영향력을 증대하고 있다. 집약적 농업의 사회적 결과들 중 하나는 소규모 농장을 대규모 단일 재배지로 통합하는 것이다. 산업화된 농업으로 인간의 노동력이 기계로 대체되면서, 매년 수백만 명의 사람들이 고향을 떠나면서 농촌에 기반을 둔 사회가 붕괴하고 도시 지역의 인구가 증가하고 있다.

세계화 된 식품 무역은 많은 가난한 나라의 여건을 개선하는 것이 아니라 오히려 가난한 나라의 빈곤을 악화시키는 경향이 있는데, 이것은 산업화된 나라에서 보조금을 받은 기본 식량으로 인해 인위적인 농작물 가격 하락이 발생하기 때문이다. 지역의 농민들은 공장식 농장의 수입품과 경쟁할 수 없기 때문에, 가난한 나라는 부유한 나라의 식량에 의존할 수밖에 없다. 또 다른 결과는 고칼로리 감미료와 식물성 기름이 첨가된 슈퍼마켓 음식으로 이루어진 세계화 되고 균일화 된 육식 식단이 전통적인 지역 식단을 대체하고 있다는 점이다. 이러한 식생활 및 생활양식의 변화는 건강에 좋지 않은 유럽과 북미식 식단의 세계화로 이어졌으며, 이것은 비만, 당뇨병, 심장병 발생률의 증가를 가져온다.

늘어나는 식품 생산과 유통의 세계화에 대응하여 두 가지 식품 운동이 나타났다. 하나는 로컬 푸드 운동이다. 로컬 푸드의 지지자들은 지역적으로 그리고 지속 가능하게 생산되는 음식이 지역사회의 경제, 환경, 건강 그리고 복지를 증진한다고 주장한다. 지역 식품만 먹는 사람인 로커

보어(locavore: 로컬 푸드 소비자)는 집에서 100마일 이내에서 재배되거나 생산되는 음식만 먹는 것을 목표로 하는 사람을 말한다. 소규모 농장, 지역사회 원예, 종자 은행 및 지역사회 지원 농업과 생활협동조합 및 농민 시장의 로컬 푸드 네트워크는 세계 식량 생산에 대한 대안을 제공하는 동시에 농민과 지역사회 간의 지역 관계를 강화한다.

1980년대 후반, 이탈리아에서 카를로스 페트리니(Carlos Petrini)는 전 지구적인 패스트 푸드의 파괴력에 대항하기 위해 슬로 푸드 운동을 시작하였다. 이 운동은 특정한 생태 권역에서 진화해 온 토착종과 전통적인 생산 방법을 사용해 현지에서 재배한 식품의 소비를 옹호한다. 찬성론자들은 이런 형태의 지역 농업이 환경을 보호하고, 지역의 전통적인 요리 관행과 생활 방식을 촉진할 뿐만 아니라, 농민, 지역사회, 환경 간의 관계를 증진하고, 더 맛있는 음식을 생산한다고 주장한다.

로컬 푸드와 슬로 푸드 운동을 비판하는 사람들은 소비자들이 국제 식량 생산과 무역을 거부한다면, 최근에 산업화된 개발도상국의 수출 지향적인 농민들이 피해를 입게 된다고 주장한다. 그들의 주장은 전 지구적 고통을 경감해야 할 도덕적 책무는 환경 파괴를 완화해야 할 책무 및 지방의 "여유 있는(hobby)" 농민을 지원해야 할 책무에 비해 우선성을 가진다는 것이다. "여유 있는" 농민은 더 가난한 일부 세계에서는 고려할 수 없는 많은 경제적 대안을 가지고 있으며, 인기 있는 것을 좇는 선진국의 부유한 소비자를 위해 유행하는 값비싼 식품을 생산하고 있다.

비판자들은 또한 수송은 식량 생산과 소비가 초래하는 전체 환경 영향들 중에서 단지 일부에 불과하다고 지적한다. 식품에 대한 철저한 환경 평가에는 생산 방법과 사용된 에너지의 양에 대한 분석도 포함된다. 보통 먼 거리에서 생산되고 운반되는 식품에 사용되는 총 에너지는 현지 생산에서 소비되는 에너지보다 적다. 사용되는 에너지 대부분은 수송이 아니라 조리 과정에서 나온다. 찬성론자들과 반대론자들 모두 음식과 농업 관행이 식품 안전, 영양, 맛을 증진하면서도 농장 노동자들과 식량 생산자들 그리고 동물과 지역 생물 다양성을 보호하기 위해서 더 엄격한 도덕적, 정치적 검토를 받아야 한다는 것에 대해서는 동의한다.

생물 연료 대 음식

21세기로 넘어가면서 음식 윤리에서 가장 뜨거운 논쟁이 되고 있는 문제 중 하나는 옥수수와 같은 음식물을 사용해서 생물 연료를 생산하는 것의 타당성에 관한 것이다. 부분적으로 이러한 상품 시장의 변화의 결과로 2007년과 2008년 사이에 식품 가격이 두 배로 뛰었고, 이로 인해 발생한 만성적인 굶주림, 영양실조, 그리고 심지어 기아는 전 세계의 많은 가난한 사람들을 위협했다. 슬로 푸드와 로컬 푸드에 대한 논란과는 달리, 이 논쟁은 개별적인 소비자의 선택을 수반하지 않는다. 왜냐하면 대개 옥수수로 만들어지는 에탄올은 휘발유에 무차별적으로 첨가되기 때문에, 소비자들은 에탄올이 함유되지 않은 휘발유를 윤리적 대안으로 선택할 수 없다. 심지어 더 높은 가격을 주고서라도 에탄올 없는 휘발유를 사고 싶어도 그럴 수 없다. 오히려 이것은 공공 정책의 수준에서 다루어져야 할 집단적인 도덕적 문제이다. 즉, 사람들이 먹어야 할 음식을 에너지로 바꾸는 농민들에 대한 대중의 분노에 응답해서 공공 정책을 마련해야 하는 집단적인 도덕적 문제이다.

생물 연료 산업을 비판하는 사람들은 먼저 옥수수에서 생산되는 에탄올은 그것을 생산하는 데 드는 에너지 — 트랙터 연료, 석유 기반 비료의 형태로 생산하는 데 드는 에너지, 그것을 증류하는 데 소모되는 에너지 및 기타 에너지 집약적인 투입과 공정에 드는 에너지 — 가 추출된 에탄올이 함유하는 에너지보다 더 많다고 지적한다. 기껏해야 순 에너지 이득은 한계 수익점 수준이다. 다음으로, 다른 비식품, 건초용 수수 같은 에너지 집약도가 낮은 작물들은 에탄올과 다른 생물 연료의 원료로 사용될 수 있다. 현재 미국의 정책은 에탄올 생산을 위한 옥수수 증식을 억제하기보다는 장려하고 있는데, 이 정책은 미국의 "에너지 자립"을 달성하기 위한 수단이라는 명분을 내세우고 있지만, 사실은 농업 중심적인 주들의 경제적 이익을 위한 선심성 입법이라는 비난을 받아 왔다.

2007년부터 2008년까지 전 세계적으로 식품 가격이 급등한 또 다른 원인은 중국과 인도의 번영으로 부유한 인구가 늘어나면서 육류 수요가 증가했기 때문이다. 육류를 생산하는 것은, 농작물을 생산할 수 없는 땅을 제외하고, 굶주린 인간이 먹을 수 있는 음식을 동물에게 먹이는 것을 포함한다. 공장식 축산에서 소, 돼지, 닭, 기타 동물들이 소비하는 "사료"의 약 10%만이 고기로 전환된다. 반대로 말하면, 육류 생산을 위해 동물이 소비하는 사료 작물에서 그것이 가진 식량 가치의 90%가 소실된다. 이것은 정말로 개인의 도덕적 선택의 문제일 수 있다. 동물 윤리학자들은 쾌고 감수 능력(유정성)이 있는 동물을 살육하는 것의 부도덕함에 대해서 육식을 하는 다수 사람들이 양심의 가책을 느끼지 않는다면, 아마도 많은 인류의 굶주림과 영양실조, 기아는 계속될 것이라고 주장한다.

참고 문헌

Berry, Wendell. 1977. *The Unsettling of America*. San Francisco: Sierra Club Books.

Comstock, Gary. 2002. *Vexing Nature? On the Ethical Case Against Agricultural Biotechnology*. New York: Springer.

Food, Agriculture, Conservation, and Trade Act of 1990 (FACTA), P.L. 101-624, Title XVI, Subtitle A, Section 1603.

Government Printing Office, Washington, DC, 1990. NAL Call # KF1692.A31.

Holland, Alan. 1997. *Animal Biotechnology and Ethics*. New York: Springer.

Jackson, Wes. 1985. *New Roots for Agriculture*, new edition. Lincoln: University of Nebraska Press. First edition, 1980.

Kaplan, David M., ed. 2009. *The Philosophy of Food*. Berkeley: University of California Press.

Korthals, Michiel. 2004. *Before Dinner: Philosophy and Ethics of Food*. New York: Springer.

Shiva, Vandana. 1992. *The Violence of the Green Revolution: Ecological Degradation and Political Conflict in Punjab*. London: Zed Press.

Shiva, Vandana. 2000. *Stolen Harvest: The Hijacking of the Global Food Supply*. Cambridge, MA: South End Press.

Singer, Peter. 2006. *The Way Eat: Why Our Food Choices Matter*. New York: Rodale.

Thompson, Paul. 1994. *The Spirit of the Soil: Agriculture and Environmental Ethics*. New York: Routledge.

Animal Rights

1부

동물권

도대체 어떤 존재들이 도덕적 고려를 받을 만한 자격이 있는가? 오직 인간만인가? 아니면 인간 아닌 동물도 포함되는가? 우리는 동물을 어떻게 대해야 할까? 동물은 도덕적 권리를 갖고 있는가? 동물의 고통은 인간의 고통과 같다고 할 수 있는가? 동물에 대한 실험은 중단되어야 하는가? 대규모 상업적("공장식") 축산 농장은 동물에게 막대한 고통을 주는 경향이 있기 때문에 폐지되어야 하는가? 우리는 채식주의자가 되어야 할 도덕적 의무가 있는가? 동물의 도덕적 지위란 정확히 무엇인가?

1975년, 철학자 피터 싱어(Peter Singer)는 다음과 같은 말로 시작하는 책을 출간하였다. "이 책은 인간 이외의 동물에 대한 인간의 횡포에 관한 것입니다. 이러한 횡포가 초래해 왔고, 또 오늘날도 여전히 야기하고 있는 통증과 고통의 양은 수 세기 동안 백인이 흑인에게 행한 폭압에 의해 초래된 것과만 오직 비교될 수 있습니다." 그렇게 시작한 『동물 해방(*Animal Liberation*)』은 현대 동물권 운동을 촉발하는 데 일조하였다.

1970년대 이전에 채식주의는 대개 힌두교, 불교, 그리고 도덕적 혹은 정신적 신념과 관련된 소수의 사람들에 의해서만 실행되었다. 오늘날은 수억 명 이상이 채식주의자이다. 물론 정확한 숫자는 단정하기 힘들지만, 많은 조사 결과들은 미국의 20~30%의 사람들이 채식주의의 경향을 보인다고 말해 주고 있다. (예를 들어, 그들은 식당 메뉴에서 채식주의 음식을 찾거나 적어도 그것을 일반적으로 선호한다.) 엄격한 채식주의자 숫자는 대략 5% 내외이다. 물론 채식주의자가 되는 데에는 동물에 대한 우려 외에 또 다른 이유도 있다. 어떤 사람들은 채식주의 식단이 더 건강하다는 믿음이 채식주의의 이유로서 충분하다고 생각한다. 그리고 육류 섭취의 환경적 영향이 그 자체로 채식주의의 이유가 된다고 생각하는 사람들이 점점 늘어나고 있다. 예를 들어, 교통수단보다 육류 섭취가 지구 기후변화에 더 큰 원인을 제공한다. 이러한 문제들은 4부 음식 윤리에서 논의될 것이다. 1부에서 우리는 인간 이외의 동물의 도덕적 지위 문제에 초점을 맞춘다.

　동물의 도덕적 중요성에 대한 두 가지 주요한 변론이 있다. 공리주의와 의무론적 논증이다.[1] (흔히 공리주의 논증은 "동물 복지"에 관한 논증으로 간주되고, 의무론적 논증은 종종 "동물권"에 관한 논증으로 간주된다.) 피터 싱어는 공리주의 논증을 대표한다. 공리주의자들은 제러미 벤담(Jeremy Bentham)을 따라서, 어떤 존재를 도덕적으로 고려하게 만드는 것은 이성이 아니라 유정성(쾌고 감수 능력)이라고 주장한다. 모든 유정적 존재는 고통을 겪을 수 있는 능력을 갖고 있고, 그런 것에 이익이 있다. 구체적으로, 그들은 고통 받지 않는 것에 이익이 있다. 유정적 존재가 고통 받으면, 그들의 이익은 좌절된다. 그들이 고통을 피하게 되면, 그들의 이익은 충족된다. 공리주의는 이익이 인간의 것이든, 동물의 것이든, 그것과 무관하게 이익 만족의 극대화를 추구한다. 어떤 경우에 인간의 이익은 우리에게 특별한 요구를 할 것이다. 예를 들어, 쥐나 돼지가 아닌 인간은 학교와 책을 필요로 할 것이다. 그렇지만 돼지 한 마리와 어린아이 한 명이 고통을 겪고 있고 당신에게 단지 하나의 진통제만 있다면, 많은 공리주의자들의 주장에 따르면, 당신은 이 중에서 누구에게 진통제를 주어야 하는가에 관한 도덕적 딜레마에 직면한다. 공리주의자들은 일반적으로 어느 정도의 동물실험을 허용하는데, 동물실험이 다른 가능한 대안과 비교하여 가장 유익하고 해를 덜 끼치는 경우에 한해서 그러하다. 물론 그들은 그런 경우에 인간에 대한 실험 또한 허용할 것이다.

　동물의 도덕적 중요성에 관한 두 번째 유형의 논증은 의무론적 주장인

---

1. 공리주의는 도덕적으로 옳은 행위는 공리를 극대화하는 것이라는 견해이다. 그것은 최상의 전반적인 결과를 산출하는 것을 목표로 한다. 의무 윤리에서는 결과에 상관없이 도덕적 행위 자체 내의 어떠한 특징이 고유한 가치를 갖거나 무시될 수 있다고 주장한다. 좋은 결과를 얻기 위해 무고한 사람을 죽이는 것은 그르다. 몇몇 공리주의자들은 동물이 권리를 가지고 있다는 것을 부인하지만, 우리가 동물의 복지를 향상하는 데에 노력해야 한다고 주장한다.

데, 이것은 아마도 톰 레건(Tom Regan)의 업적과 가장 밀접하게 관련되어 있다. 레건은 동일한 본질적인 심리적 특성 — 욕구, 기억력, 지능 등 등 — 을 인간을 포함한 많은 동물들이 공유한다고 주장한다. 그러한 능력을 가진 존재들은 동일한 본래적 가치(inherent value)를 지니고 있으며, 그리하여 동등한 권리를 갖는다고 레건은 주장한다. 이러한 권리들은 양도하거나 박탈당할 수 없는 것이다. (이 점에서 레건의 의무론적 접근은 싱어의 공리주의적 접근과 구별된다. 싱어의 경우, 권리의 침해를 통해서 전반적인 이익의 만족이 극대화될 경우에 언제든 권리는 침해될 수 있다.) 싱어의 입장과는 달리, 우리는 이익의 만족을 극대화하기 위해서 동물실험을 할 권리가 전혀 없다 — 그것은 착취이다. 사람과 마찬가지로 동물도 "목적 그 자체"이다. 그렇기 때문에 공리는 동물의 권리를 무시할 충분한 이유가 되지 못한다. 그래서 레건은 싱어보다 더 급진적이다. 그는 개선이 아니라, 상업적 동물 농장의 전면적인 해체, 사냥과 포획의 완전한 철폐, 그리고 동물실험의 총체적인 폐지를 외친다. 우리는 다른 사람들을 위한다는 이유로 어린아이들을 데려가서 그들에게 위험한 실험을 수행하는 과학자를 비난하는 것처럼, 이러한 방법으로 동물을 이용하는 단체를 반드시 비난해야 마땅하다.

공리주의와 의무론적인 동물권 옹호자들은 모두 그 주장의 근거에 대한 공격을 받아왔다. 예를 들어, 프레이(R. G. Frey)는 공리주의가 싱어가 주장하는 광범위한 고발이나 제안을 정당화하지 않는다고 주장한다. 그는 인간의 영혼과 인간의 사회 체계가 더 복잡하기 때문에 인간의 이익을 위해 동물을 착취함으로써 공리가 극대화될 수 있을 것이라고 말한다. 필요한 것은 불필요한 고통을 제거하기 위해서 기존의 대규모 농장과 동물실험에서 안전 조치들을 개선하는 것이다.

우리는 임마누엘 칸트(Immanuel Kant)의 견해로부터 시작할 것이다. 그는 동물이 도덕법칙을 형성할 수 있는 자의식을 지닌 이성적 행위자가 아니기 때문에 직접적인 도덕적 중요성을 가질 수 없다고 주장한다. 이어지는 글에서 홀리 윌슨(Holly Wilson)은 동물의 도덕적 지위에 관한 칸트의 견해를 검토하고, 칸트의 견해가 여전히 동물에 대한 우리의 대우에 상당한 제약을 부과하고 있다고 주장한다. 이어서 우리는 싱어의 『동물 해방』 발췌본을 살펴볼 것인데, 이것은 우리가 보아 온 것처럼, 유정성에 근거한 동등한 고려를 옹호함으로써 이성적 기준을 거부한다.

다음으로 우리는 앞서 논의한 톰 레건의 논증에 대해 의무론적 입장에서 메리 앤 워렌(Mary Anne Warren)이 제기하는 비판을 제시할 것이다. 그 비판의 요체는 레건이 인간과 동물들(심지어 다른 영장류들) 사이의 중요한 차이점을, 특히 우리의 이성적 능력을 보지 못했다는 것이다. 워렌은 우리가 동물에게 친절해야 하고 정당한 이유 없이는 그것들을 죽이지 말아야 하며, 그것들의 삶을 즐겁게 만들기 위해서 우리가 할 수 있는 일을 해야 할 의무가 있다는 점에 관해서는 레건에게 동의한다. 하지만 그녀는 레건의 본래적 가치의 개념이 모호하다고 지적한다.

1장

이성적 존재만이 도덕적 가치를 갖는다

임마누엘 칸트

임마누엘 칸트(Immanuel Kant)는 독일의 쾨니히스베르크에서 경건주의[1] 루터파 교도의 가정에서 태어났으며, 쾨니히스베르크 대학에서 철학 교수를 역임했다. 그는 서구 전통에서 최고의 철학자이며, 형이상학, 종교철학, 윤리학, 인식론, 정치학 그리고 과학철학에서 중요한 저작을 남겼나.

여기에서 칸트는 최초로 이성적 존재는 목적 자체이며, 결코 단순한 수단으로 사용되어서는 안 된다고 주장하였다. 오직 이성적 존재만이 내재적인 도덕적 가치를 가진다. 동물들은 이성적이지 않고 도덕법칙을 이해할 수 있는 자의식을 가진 존재가 아니기 때문에 인격이 아니다. 동물들은 도덕적 입법의 나라의 구성원이 아니기 때문에, 그 나라의 구성원인 우리는 그것들에게 어떤 의무도 지지 않는다. 우리는 동물들에게 친절해야 하는데, 그 이유는 동물에게 친절한 것이 우리 안의 좋은 성격을 계발하는 것을 돕고, 우리가 동료 인간들을 더욱 사려 깊게 대우할 수 있도록 도와주기 때문이다. 즉, 동물에 대한 우리의 의무는 다른 인간에 대한 간접적인 의무이다. 칸트의 입장에 대한 심도 있는 해석을 위해서 다음 장의 홀리 윌슨의 글을 보도록 하자.

I. 정언명령의 제2정식: 목적 자체로서의 인간성

의지란 어떤 법칙의 표상에 맞게 행위하도록 자기 자신을 규정하는 능력이라 생각된다. 그리고 그러한 능력은 오직 이성적 존재자들에게만 발견될 수 있다. 그런데 의지에 있어 자기규정의 객관적 근거로 쓰이는 것이 목적이다. 이 목적은, 그것이 순전히 이성에 의해 주어진다면, 모든 이성적 존재자에게 똑같이 타당함에 틀림없다. 이에 반해 그것의 결과가 목적인 행위의 가능 근거만을 함유하는 것은 수단이라고 한다. 욕구의 주관적 근거는 **동기**이며, 의욕의 객관적 근거는 **동인**이다. 그래서 동기들에 의거한 주관적 목적들과 모든 이성적 존재자에게 타당한 동인들에 달려 있는 객관적 목적들이 구별된다. 실천적 원리들이 모든 주관적 목적들을 도외시한다면, 그것들은 **형식적**이다. 그러나 주관적 목적들을, 그러니까 모종의 동기들을 기초로 한다면, 그것들은 **질료적**이다. 한 이성적 존재자가 기꺼이 그의 행위의 **결과**로서 임의로 앞에 세우는 목적들(질료적 목적들)은 모두 단지 상대적일 뿐이다. 왜냐하면 단지 그것들의 주관의 특정 종류의 욕구 능력과의 관계만이 그것들에게 가치를 부여할 것이고, 그래서 그러한 가치는 모든 이성적 존재자에 대해서 보편적이고, 또한 모든 의욕에 대해 타당하고 필연적인 원리들을, 다시 말해 실천 법칙들을 제공할 수 없기 때문이다. 따라서 이 모든 상대적인 목적들은 단지 가언명령만을 발생시킬 수 있을 뿐이다.

그러나 **그것의 현존재(실존) 그 자체가 절대적 가치를 가지고, 목적 그 자체로서** 일정한 법칙들의 근거일 수 있는 어떤 것이 있다면, 그런 것 안에 그리고 오로지 그런 것 안에만 가능한 정언명령, 다시 말해 실천 법칙의 근거가 놓여 있을 것이다.

이제 나는 말한다. 인간은, 그리고 일반적으로 모든 이성적 존재자는,

목적 그 자체로 **실존**하며, 이런저런 의지의 임의적 사용을 위한 단순한 수단으로서 실존하는 것이 아니다. 인간은 그리고 일반적으로 모든 이성적 존재자는 자기 자신에 관한 행위에 있어서나 다른 이성적 존재자에 관한 행위에 있어서, 그의 모든 행위에 있어서, 항상 동시에 목적으로서 보아야 한다. 경향성들의 모든 대상들은 단지 조건적인 가치만을 갖는다. 왜냐하면 만약 경향성 및 그에 기초한 필요들이 없다면, 그것들의 대상은 아무런 가치도 없을 것이기 때문이다. 그러나 경향성들 자체는 필요의 원천들로서 그 자체를 소망할 만한 절대적 가치를 갖지 못한다. 오히려 그러한 것으로부터 완전히 자유로운 것, 그것이 모든 이성적 존재자의 보편적 소망이어야 하는 것이다. 그러므로 우리의 행위로 얻을 수 있는 모든 대상들의 가치는 항상 조건적이다. 그것들의 현존이 비록 우리의 의지에 의거해 있지 않고 자연에 의거해 있는 존재자들이라 하더라도, 만약 그것들이 이성이 없는 존재자들이라면, 단지 수단으로서 상대적 가치만을 가지며, 그래서 **물건**이라 불린다. 그에 반해 이성적 존재자들은 **인격**이라 불린다. 왜냐하면 그것들의 본성이 그것들을 이미 목적들 그 자체로, 다시 말해 한낱 수단으로 사용되어서는 안 되는 어떤 것으로 표시하고, 그러니까 그런 한에서 모든 자의를 제한하기(그리고 존경의 대상이기) 때문이다. 그러므로 인격들은 단지 그것들의 실존이 우리 행위의 결과로서 우리에 대해서 가치를 갖는 주관적 목적들이 아니라, 오히려 **객관적인 목적들**이다. 즉, 그것들의 현존 그 자체가 목적인, 게다가 다른 어떤 목적도 이것을 대제할 수 없으며, 다른 것들은 **난순한** 수단으로서 쓰여야 할 것이다. 왜냐하면 그렇지 않으면, **절대적 가치**를 가진 것은 어디에도 존재하지 않기 때문이다. 그러나 만약 모든 가치가 조건적이라면, 그러니까 우연적이라면, 이성에 대한 최상의 실천적 원리는 어디서도 만나지 못할 것이다.

그러므로 만약 최상의 실천 원리가 있어야 하고, 그리고 인간의 의지와 관련한 정언명령이 있어야 한다면, 그것은 **목적 그 자체**이기 때문에,

필연적으로 누구에게나 목적인 것의 표상으로부터 의지의 **객관적 원리**를 형성하고, 그러므로 보편적 실천 법칙으로 쓰일 수 있는 것이어야만 한다. 이 원리의 근거는 **이성적 자연은 목적 그 자체로 실존한다는 것이다.** 인간은 필연적으로 자기 자신의 현존을 이렇게 표상한다. 그러므로 그런 한에서 이 원리는 인간 행위들의 **주관적 원리**이다. 그러나 다른 모든 이성적 존재자도 나에게 타당한 그 동일한 이성적 원리에 따라서 자신의 현존재를 동일하게 간주한다. 그러므로 그것은 동시에 객관적 원리로서, 최상의 실천 근거인 이 원리로부터 의지의 모든 법칙들이 도출될 수 있어야만 한다. 따라서 그 실천 명령은 다음과 같은 것일 것이다. 네가 너자신의 인격에서나 다른 모든 사람의 인격에서 인간(성)을 항상 동시에 목적으로 대하고, 결코 한낱 수단으로 대하지 않도록, 그렇게 행위하라.

II. 동물에 대한 의무[2]

동물에 관한 한, 우리는 직접적인 의무를 가지지 않는다. 동물은 자의식이 없고, 목적을 위한 단순한 수단으로서 존재한다. 그 목적은 인간이다. 우리는 동물이 왜 존재하는지에 대해 물을 수 있다. 그러나 왜 인간이 존재하는지 묻는 것은 의미 없는 질문이다. 동물에 대한 우리의 의무는 단지 인간성에 대한 **간접 의무**이다. 동물의 본성은 인간의 본성과 유사한 면이 있다. 그래서 인간 본성의 표현에 상응하는 동물의 표현을 존중하면서 동물에 대한 의무를 행함으로써, 우리는 간접적으로 인간에 대한 의무를 수행한다. 그러므로 개가 주인을 오랫동안 충실하게 섬겼다면, 인간의 봉사와 유사점을 고려해 볼 때, 그의 섬김은 보상 받을 자격이 있으며, 그 개가 너무 늙어서 더 이상 주인을 섬길 수 없을 때, 그 주인은 개가 죽을 때까지 보살펴야 한다. 이러한 행위는 필수적인 의무가 있는 곳에서, 인간의 존재에 대한 우리의 의무를 지지하는 데 도움을 준다. 만약 동물의 행동이 인간의 행동과 유사하고 같은 원리에서 비롯된 것이라면, 우리는 인간에 대한 상응하는 의무를 구축하고 있기 때문에, 우리는 동물에 대한 의무를 가진다. 만약 한 사람이 더 이상 주인을 섬길 수 없는 개를 쏘면, 개는 판단을 할 수 없기 때문에, 그는 개에 대한 의무를 이행하는 데 실패한 것이 아니다. 그러나 그의 행동은 모든 인류에게 보여야 하는 자기 안에 있는 인간애를 손상시키는 일이며, 비인간적 행위이다. 만약 그가 인간의 감정을 억압하지 않는다면, 그는 동물에 대한 친절을 실천해야만 한다. 동물에게 잔인한 사람은 인간을 대우함에 있어서도 역시 가혹할 것이기 때문이다. 우리는 어떤 사람이 동물을 대우하는 것을 보고 그 사람의 마음을 판단할 수 있다. 호가스(Hogarth)는 이것을 그의 판화에 묘사했다. 그는 잔인함이 어떻게 자라고 발전하는지 보여 준다. 그는 개나 고양이의 꼬리를 꼬집는 아이들의 동물에 대한 잔인성을 보여준다. 그런 후, 아이 위를 지나가는 수레를 끄는 사람을 묘사한다. 결국에는 살인으로 잔인성은 정점을 찍는다. 따라서 그는 잔인함의 대가를 끔찍한 방법으로 우리에게 보여 주었다. 이것은 아이들에게 인상적인 교훈이 될 것이다. 우리가 동물들과 더 많이 접촉하고 그것들의 행동을 관찰하면 할수록, 우리는 그것들을 더 사랑하게 된다. 왜냐하면 우리는 동물들이 자신의 새끼들을 얼마나 잘 돌보는지를 볼 수 있기 때문이다. 심지어 늑대조차도 잔인하다는 생각을 하기 어렵게 만든다. … 가엾은 동물에 대한 감수성은 인류에 대한 인간적인 감정을 발달시킨다. 영국에서는 백정과 의사가 배심원석에 앉지 않는다. 왜냐하면 그들은 죽음을 보는 데 익숙하고 단련되어 있기 때문이다. 살아 있는 동물을 실험에 사용하는 생체 해부학자는 그들의 목적이 칭찬받을 만한 것일지라도 확실히 잔인하게 행동한다. 그리고 그들에게 동물은 인간의 도구로 간주되기 때문에, 그들은 자신의 잔인함을 정당화할 수 있다. 그러나 스포츠에서 이루어지는 동물에 대한 잔인함은 정당화될 수 없다. 더 이상 자신의 밥벌이를 할 수 없는 당나귀나 개를 쫓아내는 주인은 자신의 편협한 마음을 드러내는 것이다. … 그러므로 동물에 대한 우리의 의무는 인류에 대한 간접적인 의무이다.

주석

1. 경건주의는 17~18세기 독일에서 부흥한 종교 운동이다. 경건주의는 단순한 교리의 옹호에 반대하여 종교적 헌신의 내면적이고 정서적인 측면을 강조했다.
2. *Lecture on Ethics*, trans. by Louis Infield (New york: Harper & Row, 1963)에서 발췌하여 수록함.

더 생각해 볼 문제

1. 칸트에 따르면 동물은 권리를 갖는가? 동물이 권리를 갖지 못하는 것은 어떤 능력이 부족해서인가?
2. 우리는 왜 동물에게 친절해야 하는가? 당신은 칸트의 의견에 동의하는가? 칸트의 주장에 대하여 반대편의 반응은 어떤 것이 있을까?

2장

환경친화적인 칸트:
칸트의 동물에 대한 처우*

홀리 L. 윌슨

홀리 윌슨(Holly Wilson)은 『칸트의 실용적인 인간학(*Kant's Pragmatic Anthropology*)』의 저자이다. 여기서 그녀는 칸트가 동물의 도덕적 지위를 낮춘 주된 이유는 동물의 지위를 올리는 것이 인간의 지위를 떨어뜨릴 것이라고 보았기 때문이라고 주장한다. 더 나아가 그녀는 칸트가 당연히 동물 평등주의에 대해 문제를 제기할 수 있으며, 더 이상 칸트를 환경적인 사고에 반대하는 입장으로 보아서는 안 된다고 지적한다.

* 홀리 윌슨이 쓴 "The Green Kant: Treatment of Animals"를 저자의 허락을 받아 수록함.

일부 환경 이론가들은 동물에게 권리를 부여하고 그렇게 함으로써 그것들의 도덕적 지위를 높이고 싶어 한다. 이런 이론가들 중 누구도 이런 움직임이 인간의 도덕적 지위를 떨어뜨릴 수도 있다는 염려는 전혀 하지 않는 듯이 보인다. 그들은 일부 또는 모든 동물의 지위가 상승할 때 인간의 지위는 영향받지 않고 그대로 유지될 것이라고 쉽게 가정한다. 반면에 칸트는 인간의 존엄성과 도덕적 지위를 유지하는 것에 관심을 가졌고, 그에게 있어서 그것은 동물은 권리를 가질 수 없고, 인간성의 목적에 대한 "단순한 수단적" 존재로 간주된다는 것을 의미한다. 그가 "단순한 수단"이라고 말할 때, 동물들이 물건과 같은 지위를 갖는다는 것을 의미하지 않음을 주목하는 것이 중요하다. 그러나 동물들은 또한 목적 자체가 아니기 때문에 인간과 같은 지위를 갖지 못한다. 칸트는 동물과 인간을 존재론적으로 구별하는 데 많은 시간을 보냈다. 그렇게 함으로써 그는 인간의 지위가 동물과 같은 지위로 떨어지는 것을 원하지 않았던 것으로 보인다. 그에게 있어 인간의 존엄성은 스스로를 동물성으로부터 거리를 두는 인간 존재에 달려 있었다.

　동물을 "단순한 수단"으로 생각했다는 점을 두고 칸트를 비판하기는 하지만, 그렇게 해석하는 어느 누구도 칸트가 "단순한 수단"이라는 말을 통해 무엇을 의미하고자 했는지 또는 그런 성격 규정이 왜 중요하다고 생각했는지에 대해 올바르게 이해하지는 못하고 있다. 나는 칸트가 목적론적 판단을 이용함으로써 동물들이 도덕적 지위를 갖지 않는 물건임을 의미하지는 않았다는 점을 보여 줄 것이다. 나는 또한 칸트의 목적론적 판단의 활용이 환경 철학에 이바지하는 바가 많다는 것도 보여 줄 것이다. 나는 인간에 대한 칸트의 입장이 환경 철학자들이 씨름하고 있는 일부 문제를 해결할 수 있으며, 그들이 칸트 탓으로 여긴 문제를 피해 갈 수 있다고 생각한다. 동물에 대한 칸트의 관점은 환경친화적인 관심과 양립 가능하며, 흔히 추정하는 것보다 더 적극적이다.

칸트의 동물관

칸트는 동물들이 움직이기 때문에 영혼을 가지고 있다고 주장한다. 이미 이것은 동물과 사물 사이의 존재론적 구별이다. 『형이상학 (*Metaphysics*)』 강의 노트에 칸트는 다음과 같이 적고 있다.

> 동물들은 단순히 기계 또는 그저 물질에 불과한 것이 아닌데, 그것들이 영혼을 가지기 때문이며, 또 자연 안의 모든 것은 무생물이거나 생물이기 때문에, 동물은 영혼을 가진다. 예를 들어, 우리가 종이 위의 점을 보았을 때, 우리는 그것이 움직이는지를 살펴본다. 만약 움직이지 않는다면, 우리는 그것을 무생물체로 받아들일 것이고, 그것이 움직이는 즉시, 우리는 자발적으로 그렇게 하는지를 볼 것이다. 만약 점 속에서 그러한 것을 발견한다면, 우리는 그것을 생물이라고 인지할 것이다. 그래서 동물은 생기가 있는 물질이다. 왜냐하면 생명은 내적 원리에 의해 자신을 결정하는 힘이기 때문이다. 물질은 운동의 자발성의 내적 원리가 결여된 반면, 살아 있는 모든 물질은 내적 감각의 대상으로서 그것을 가지고 있다. 그러므로 모든 생명체는 생명의 원리로 인해 살아 있다. 생명이 있는 만큼 그 정도에 따라 영혼을 가진다.[1]

동물들은 물질과는 대조적으로 자발적인 움직임을 일으키는 내적 원리를 가지고 있다. 여기에 물건과 동물 사이의 분명하고도 중요한 차이가 있다. 그러한 구별은 동물들이 사물들과 다르게 취급되어야 한다는 가정을 불러일으킨다. 그러나 동물이 영혼을 갖는다는 것이 동시에 동물이 목적 그 자체임을 의미하지는 않는다. 동물의 본성이 무엇인지 더 정확히 결정하기 위해서는 칸트가 유기적 존재와 사물을 구별하고 있는 『목적론적 판단력 비판(*Critique of Teleological Judgment*)』을 살펴보아야 한다.

우리의 목적론적 판단은 유기적 존재와 인공물 그리고 다른 자연적 실재 사이에 차이가 있다는 것을 인정한다. 칸트는 유기적 존재(살아 있는 존재)가 내재적 합목적성을 가지고 있다고 주장한다.[2] 이것으로 칸트는 우리가 부분(기관)으로 구성되어 있는 한 유기적 존재의 내부 조직을 판단한다는 것을 의미했는데, 이 부분들은 그 유기체의 목적에 대한 수단이자 또한 각각 다른 부분의 목적에 대한 수단이다. 예를 들어, 시계에서는 찾아볼 수 없는 종류의 조직이 있다. 유기적 존재의 내부 조직은 상호적으로 수단이자 각각에게 있어서는 목적인 반면, 시계는 이와는 다른 사례이다.[3] 신체에서 혈액은 뇌에 산소를 공급하는 수단이다. 뇌는 혈액에 영양분을 공급하는 수단(예를 들어 음식을 섭취함으로써)이다. 시계에서 한 부분이 다른 부분을 움직이게 할 수는 있으나 그렇다고 그 부분이 다른 부분의 생산적인 원인인 것은 아니다. 시계는 다른 시계를 만들어 내지도 않고, 시계가 오래되어 고장 났을 때 부품이 새로운 것을 생산하지도 않는다. 심지어 칸트에게는 나무도 유기적 존재이고, 따라서 물건과는 다르다. 나무는 스스로 생산하고(스스로 유지하고), 번식한다. 그리고 나뭇가지가 한 나무에서 분리되어 다른 나무에게로 접합되는 한에서 그것의 부분은 그 자체로 목적론적 전체이다.[4] 유기적 존재는 만들어 내는 능력[형성력(*Buildingstrieb*)]이 있지만 물건은 없다.[5] 유기적 존재는 내재적 목적성이 있지만 물건은 그렇지 않다. 우리는 또 한 번 동물과 식물, 그리고 물건들 사이에서 중요한 차이점을 발견하게 된다.

이러한 구별은 더 확장되어 나간다. 칸트는 강이나 산 같은 자연적인 것과 유기적 존재를 비교한다. 여기서도 우리는 자연물과의 중요한 차이를 발견한다. 유기적 존재가 오직 내재적 합목적성만 가지는 것은 아니다. 유기적 존재는 또한 다른 것이 자신을 위한 외재적 목적이 될 수 있게 하는 것이다.[6] 칸트는 모래흙이 "광대한 가문비나무 숲이 스스로 형성될 수 있도록 했다. 그리고 우리는 종종 그것의 비합리적 파괴 때문에 우리의 조상들을 비난한다"라고 썼다.[7] 모래흙은 숲에게는 외재적 목적이지만, 숲은 모래에게 외재적 목적이 아니다. 우리가 목적적인 판단을 할 때, 그것은 스스로 내재적인 목적을 지닌 존재에 관한 것이다. 그러므로 동물과 식물은 내재적 목적을 지닌 것이고, 그것들을 위한 다른 것들은 외재적 목적을 지닌 것이다.[8] 우리는 생태계를 유기적인 존재가 서식지를 찾는 것으로 규정할 때마다 이런 판단을 내린다. 그 서식지는 유기적 존재에게 목적이다. 그리고 유기적 존재는 다른 유기적 존재들에게 목적일 수 있다. 하지만 먼지나 돌과 같은 자연 대상 또는 생태계 내에 있는 어떤 다른 대상들에게 얼룩 올빼미는 목적이 아니다.

그러므로 유기적 존재(동물이나 식물)는 물건과 구별되는 또 하나의 특징을 가진다. 유기적 존재는 다른 것들을 목적이게 만드는 존재가 될 수 있다. 그리고 이것은 유기적 존재가 그들을 위한 수단이 존재하는 목적임을 의미한다. 물건은 이런 종류의 구별되는 특징을 갖지 않는다.

칸트에 따르면, 동물들은 내재적으로 그리고 외재적으로 목적을 가지기 때문에 고유한 가치를 가지고 있다고 말할 수 있는 한정된 의미가 있다. 자연적 존재로서 인간 존재에 관한 한, 우리는 내재적·외재적 합목적성의 견지에서 볼 때 다른 유기적 존재들과 다르지 않다. 우리 역시 내재적으로 목적을 지니며, 다른 존재들과 사물들을 합목적적이게 만드는 존재일 수 있으며, 우리 역시 다른 유기적 존재들의 목적을 위한 수단이 될 수 있다(특히 박테리아나 바이러스의 목적을 위한 수단). 칸트는 여러 번에 걸쳐서 생태계에 관한 한 인간이 존재해야 할 이유는 없다고 밀한다.[9] 킨트에 따르면, 자연의 존재로서 우리 역시 한정된 의미의 고유한 가치를 가지고 있지만, 자연적 동물로서 우리는 확실히 목적 그 자체는 아니다. 이런 제한된 의미에서 볼 때 우리는 동물보다 더 낫지 않다. 그러나 그는 우리가 목적 그 자체인 존재라는 지위를 갖는 것은 오직 "도덕법칙 아래에 있는 존재"이기 때문이라는 논증을 전개한다.[10] 왜냐하면 동물들은 "도덕법칙 아래에 있는 존재"일 수 없기 때문에, 그들은 이와 같은 목적 자체로서의 지위를 가지고 있지 않다. 이와 같이 인간은 동물과 스스로를 구별한다.

동물들을 사물들과 구별하고 인간과 비교할 수 있는 또 다른 방법이 있다. 즉, 동물들은 의지[자의(*Willkür*)]를 가지고 있다. 칸트는 『순수이성비판』에서 "의지(자의)는 전적으로 **동물적인 것**(*arbitrium brutum*)이며, 그리고 그것은 감각적 충동을 통하지 않고서는, 즉 생리적(pathologically)이지 않고서는 결정될 수 없다.[11] 이 의지(자의)들은 법칙의 개념에 의해 결정되는 것이 아니라 외부에서 추동되는 힘에 의해서 결정된다.[12] 예를 들어, 사자는 사냥에서 이 얼룩말과 저 영양 중에서 선택할 수 있으며, 따라서 그것은 선택의 자유(*arbitrium brutum*)를 나타낸다. 그러나 사자는 사냥을 하지 않을 자유를 갖지 못한다. 그것은 먹이의 출현에 의해 타율적으로 추동되고 본능에 의해 강요된 반응을 통해 이루어진다. 먹이는 추격과 살생의 충동을 유발하고, 따라서 추격의 동기는 타율적이다. 사자는 포식자가 되지 않기를 선택할 수 있는 자율성이 없고, 따라서 자유로운 의지(*Wille*)가 없으며, 선택의 자유(자의)만 가지고 있다. 인간과 달리 동물은 법칙의 개념(예를 들어, 동물을 죽이는 것을 그만두라는 준칙)에 따라 자신의 경향성(본능 또는 충동)에 저항할 능력이 없다. 반면에 인간은 동물을 죽이는 것은 잘못된 것이라는 개념을 바탕으로 채식주의자가 되는 것을 선택할 수 있다. 그리고 인간은 자유의지(*Wille*)를 통해 자율적인 행동의 가능성을 가지고 있다.[13] 결과적으로, 인간은 감각적으로 결정된 육식의 경향성을 거슬러서 행위할 수 있다. 칸트는 동물들이 법칙의 개념보다는 본능에 따른 충동을 가지며, 인간 존재와의 유사성에도 불구하고, 이런 방식에서 인간 존재와 다르다고 가정한다.

칸트의 인간관

동물과 인간이 다르다는 것을 보여 주는 또 다른 방법이 있다. 인간은 "나"라는 관념을 가질 수 있다. 칸트는 다음과 같이 주장한다.

인간이 "나"라는 의식을 가질 수 있다는 사실은 세상에 살고 있는 다른 생물체들 위로 그를 무한히 끌어올려 놓는다. 이것으로써 그는 인격이 된다. 그리고 그가 겪을 수 있는 모든 변화에도 불구하고 그의 의식의 통일성에 의해서 그는 하나의 동일한 인격이다.[14]

동물들은 실제로 의식이 있고, 표상을 가지고 있으며,[15] 또한 반사 능력을 지니고 있다.[16] 그러나 동물은 자의식을 가지고 있지 않으며 "나"라는 관념이 없다. 칸트의 인간학 강의 노트에서 한 학생은, "만약 말이 나라는 관념을 가질 수 있다면, 나는 말에서 내려서 말을 우리 사회의 구성원으로 여길 것이다"라고 쓰고 있다.[17] 만약 동물들이 "나"라는 관념을 가지고 있지 않다면, 그것들은 우리와 동등하지 않다.

칸트는 『인간학』의 이 지점에서 이상한 일을 하고 있다. 그는 앞의 인용문이 끝난 직후, 인간은 "지위와 존엄성의 측면에서 물건, 예컨대 우리가 원하는 대로 처리할 수 있는 비이성적인 동물과는 완전히 다르다"고 계속해 말한다. 무엇보다도, 그는 동물이 물건[Sachen]이라는 점을 분명히 하고, 이것으로부터 그것들이 인간이 가진 동일한 지위와 존엄을 가질 수 없다고 결론을 내린다. 그는 우리가 마치 우리가 원하는 대로 물건을 처분할 수 있는 것처럼, 원하는 대로 동물을 처분할 수 있음을 강조한다. 그가 이전의 저작에서 동물과 물건은 같지 않다고 분명하게 한 뒤에, 이제(1789) 동물과 물건이 같다고 한 중요한 이유는 무엇인가? 칸트는 체계적으로 그리고 존재론적으로 물건과 동물을 구분하였지만, 이제 와서 그는 사물과 동물을 동일시하고, 우리가 그것들을 같은 방식으로 다룰 수 있다고 주장한다. 이것이 그의 숙고된 입장인가? 아니면 칸트가 인간으로부터 동물을 떼어 내려고 애쓰는 또 다른 이유가 있는가?

나는 『인간 역사의 사변적 기원(The Speculative Beginning of Human History)』(1786)이라는 칸트의 글에서 이 수수께끼를 풀 수 있는 단서를 찾을 수 있다고 생각한다. 칸트는 자신이 인간 자유의 시작과 동물성에서의 출발에 관한 위험한 상상의 비행에 대해 쓰고 있음을 인정한다. 이것은 인간 종에게 있어 이성의 첫 출현에 관한 것이다. 이성의 경험을 통해 인간 존재는 "동물과 함께한 어떤 공동체를 넘어서" 날아올랐다.[18] 인간 존재(아담)는 처음으로 자신들을 "자연의 진정한 목적"으로 바라보았다. "땅 위에 살고 있는 어떤 존재도 인간 존재와는 경쟁할 수는 없기" 때문이다. 그는 양들에게 말한다.

> '자연에 의해 너희가 가지고 있는 가죽은 너희를 위한 것이 아니라 나를 위한 것이다.' 그가 처음 양으로부터 가죽을 벗기고 그의 몸에 걸침과(창세기 3장 21절) 동시에 그는 모든 동물의 본성을 능가하는 자신의 본성의 장점에 의해 특권을 알게 되었다. 그리고 그는 더 이상 동물들을 자신의 창조된 동료로서 간주하지 않았고, 그 자신의 선택된 목적을 성취하기 위한 수단이나 도구처럼 그의 의지에 종속된 것으로 간주하였다.[19]

양 가죽을 사용한 이야기는 우리가 동물들과 관계를 맺어야 하는 방법에 관한 것이 아니라, 우리가 동물을 단지 수단으로 이용할 수 있는 방법에 관한 것이다. 왜냐하면 동물과의 경쟁에서 우리의 능력이 더 우수하기 때문이다. 그것은 기술을 통해 인간이 자의적으로 선택한 목적을 위한 수단으로 어떻게 사용할 수 있는지에 대한 설명이다. 칸트가 옳다. 생존을 위한 투쟁에서 인간은 분명히 다른 동물들보다 더 뛰어난 능력을 가지고 있다. 우리의 성공은 인간 아닌 동물들이 더 이상 우리와 동등한 존재, 우리의 동료, 또는 우리 사회의 구성원이 아니라는 것을 의미한다.

그러나 이 경험은 더 많은 것을 함축한다. 인간은 자신들이 자연의 최종 목적[lezter Zweck]일 뿐만 아니라 동물과는 달리 목적 자체[Endzweck]이며, 어떤 동료 인간도 "단순히 다른 목적을 위한 수단으로서" 사용되어서는 안 된다고 결론짓는다. 다시 말하면, 인간은 "모든 이성적인 존재와 동등"하다고 할 수 있다. 칸트는 인간의 존엄성을 인식하는 순간을 우리가 동물을 단순한 수단으로 사용하는 능력을 인식할 수 있는 순간과 결부시킨다.[20] 이 통찰의 연관성은 정확히 그가 『인간학』에서 하고 있는 것이다. 인간으로서 우리의 존엄성은 부분적으로 동물과 우리 사이에 거리를 두는 능력에 의해서, 즉 우리의 목적을 위한 수단으로 동물들을 사용함으로써 결정된다. 이러한 거리두기는 단지 동물에게만 해당하는 것은 아니다. 우리는 더 이상 동물 사회와 동일시되지 않기 때문에 자신의 동물성으로부터도 거리를 두어야 한다. 동물을 단지 수단으로 만드는 바로 그 능력은 우리가 자신 속에 있는 동물성으로부터 거리를 두는 한 가지 방법이다. 동물을 단순한 수단으로 보지 않고도 이러한 인식이 가능할까? 도구를 사용하는 것을 가지고 우리의 존엄성에 대한 이런 인식에 도달할 수 있었을까?

칸트는 우리가 이성을 사용하기 전까지 동물이었고, 다른 동물들과 함께 사회를 이루었다고 생각하는 듯하다. 그러므로 최초의 이성의 사용은 우리 자신이 다른 동물들로부터 거리를 둘 것을 요구할 뿐만 아니라 우리 자신의 동물성으로부터도 거리를 둘 것을 요구하였다. 그러한 거리두기는 우리가 도구와 다르기 때문에 단지 도구를 사용할 수 있다는 가능성을 알게 됨으로써만 달성할 수 있는 것이 아니다. 우리는 동물과 유사하다. 칸트에게 있어서 우리는 이성 능력을 지닌 동물(*animal rationabilis*)이다.[21] 이성의 한 가지 사용은 우리의 기술적 성향 안에서, 즉 "어떠한 방식으로는" 물건들을 다룰 수 있는 기술에 관한 우리의 능력에서 발견된다.[22] 우리가 동물들을 "단순한 수단"으로 변화시킬 수 있는 것은 우리의 이러한 성향 때문이다. 우리는 생존을 위한 구체적이지 않은 목적 또는 칸트가 『목적론적 판단력 비판』에서 표현한 대로 자의적인 목적을 위한 기술을 개발하기 위한 능력을 갖고 있다.[23] 칸트는 계속해서 기술의 문화는 "의지의 목적을 결정하고 선택하는 데 있어 의지를 지지하기에 적합하지 않다…"고 말한다.[24] 우리의 기술적 성향과 전문적 기술에 관한 어떤 것도 유일하게 가치 있는 목적을 명시하지 않는다. 따라서 우리가 동물을 단순한 수단으로 대하지 못하도록 막는 것이 이 기술들에는 없다.

그러나 우리의 기술적 성향은 이성의 표현들 중의 단지 하나일 뿐이다. 우리는 또한 실용적인 성향과 도덕적인 성향도 가지고 있다. 이 두 가지는 이성의 필수적인 목적을 제시한다. 실용적인 성향은 타산의 기술로 표현되며, 그것은 우리의 행복을 하나의 필수적인 목적으로 제시하고 그것을 목표로 한다. 타산은 우리 자신의 목적을 위한 수단으로 다른 인간을 사용하는 능력이다. 도덕적 성향은 도덕적 이성으로 특정한 기술적 목적과 실용적 목적을 제한하고 거부하는 우리의 능력으로 표현된다.[25] 동물을 단순한 수단으로 다루는 것은 우리의 행복에 해로운 영향을 줄 수 있다. 그래서 우리는 우리가 동물들과 관계를 맺는 방식에 제한을 둘 수도 있다. 많은 사람은 동물을 사랑하고, 동물과 친구가 되고, 그 결과로 동물을 매우 잘 대하며, 때로는 심지어 아이처럼 대하기도 한다. 왜냐하면 그렇게 하는 것이 그들에게 행복을 가져다주기 때문이다. 이 대우는 우리의 실용적인 성향의 결과물이다. 왜냐하면 우리는 동물들이 우리에게 행복을 가져다줄 수 있도록 동물의 이용을 제한하고 있기 때문이다. 어떤 사람들은 동물들이 농장에서 사육되고 도살되는 방식에 슬퍼하기 때문에 동물을 먹는 것을 거부한다. 이러한 거부 역시 우리의 실용적인 성향의 결과다. 다른 이들은 동물들도 우리와 비슷하다 ─ 고통과 기쁨을 느낀다 ─ 고 믿고, 그것들에게 고통을 유발하는 것은 윤리적으로 잘못되었다고 믿기 때문에 동물을 학대로부터 보호하고 싶어 한다. 이러한 보호는 도덕적 추론을 통해서 가능하다. 다른 이들은 심지어 더 강력한 조치를 통해 동물을 단순한 수단으로 취급하는 우리의 능력을 제한하길 원한다. 그들은 동물의 안전과 복지를 보장하기 위해 동물에게 권리를 부여하길 원한다. 그들은 우리의 제한이 내적 척도에, 즉 동물에 대한 (실용적인 성향과 같이) 단순한 주관적 감정이나 심지어 (도덕적인 성향과 같이) 자비심과 선의지에 기초하는 것을 원하지 않는다. 그들은 동물들을 돕는 데 외부의 강압적인 사법적 힘들을 사용하길 원한다. 그들은 동물의 권리를 승인하는 것은 동물의 복지를 더 크게 보장하고, 우리가 더 이상 동물을 단순한 수단으로 다룰 수 없기 때문에 동물의 지위를 인간의 지위로까지 높일 것이라고 믿는다.

동물은 권리를 가질 수 있는가?

칸트에 따르면, 우리가 동물권을 인정하는 방향으로 움직였다면 많은 것이 위험에 처했을 것이다. 무엇보다도 그것은 우리가 심지어 인간 존재는 이용할 수 있지만 동물은 결코 이용할 수 없다는 점을 함의하는데, 왜냐하면 우리는 동물과 충분한 정보에 근거한 합의를 절대로 얻지 못할 것이기 때문이다. 세 번째 정언명령의 정식에 따르면, 우리는 우리 스스로나 다른 사람들 속에 있는 인간성을 결코 단순한 수단으로 대해서는 안 된다. 이 공식은 우리가 인간을 결코 단순한 수단으로 이용하지 말라는 것을 의미한다. 하지만 우리는 항상 사람들을 이용하고 있으며, 우리의 실용적인 성향은 정확히 그 목적을 위한 것이다. 칸트는 『윤리학 강의(Lecture on Ethics)』에서 "일례로 한 인격은 실제로 자신의 일에 따라서 타인을 위한 수단으로서 봉사할 수 있다. 그러나 그렇게 하면서 그는 하나의 인격이자 목적으로서 존재하기를 멈추지 않는다."[26] 우리가 다른 사람들을 단순한 수단으로 만들지 않으면서 이용할 수 있는 이유는 우리가 다른 사람의 동의를 얻거나 그의 자유로운 선택에 기초하고 있기 때문이다.[27] 나는 학생들을 학생으로서 이용하고, 그리고 그들은 나를 교수로서 이용한다. 다른 사람을 이용하는 것이 도덕적으로 허용 가능한 것은 그 사람이 충분한 정보에 기초해 미리 동의했기 때문이다. 그리고 이것이 학생들이 스스로 그들의 강의에 등록하고, 내가 매 학기 시작에 앞서 강의계획서를 제출하는 이유이다. 그들은 강의를 듣는 데 동의하며, 동시에 나는 그들에게 나의 평가 방식에 관해서 충분한 정보에 입각한 결정을 내리는 데 필요한 정보를 제공한다. 그러나 동물에게서 정보에 입각한 동의를 얻는 것은 불가능하다. 왜냐하면 우리는 사용되는 수단과 가능한 결과에 관한 정보를 전달할 필요가 있고, 또 우리는 그들이 동의한다는 확실한 표시를 얻을 필요가 있는데, 동물들은 불가능하기 때문이다. 그런 엄격한 요구 조건은 내가 내 고양이를 수의사에게 데려가는 것을 불가능하게 만들 것이다. 고양이는 운반용 가방 안에 들어가는 것에도, 자동차를 타는 것에도, 수의사에게 가는 것에도 동의하지 않으며, 백신 접종에는 확실히 동의하지 않을 것이다. 동물의 정보에 입각한 동의를 얻어야 한다는 조건은 동물들을 수단으로 다루는 것을 불가능하게 만들 뿐만 아니라 동물들을 돕는 데도 방해가 될 수 있다. 대부분의 경우에, 가능하다면 언제나 반려동물이 대접받고 싶은 대로 반려동물을 대하는 것이 더 바람직할 것이다. 그러나 그럼에도 불구하고 분명히 칸트는 동물을 단순한 수단으로 대우함이라는 표현에 의해서 **다른 무엇보다도** 우리가 그것들을 사용하거나 돌보는 데 동의를 얻어야 할 필요가 없다는 뜻으로 말했다.

그러나 이 입장은 정보에 입각한 동의를 얻을 수 없는 인간의 한계 사례 — 아이들, 정신장애인들, 그리고 혼수상태인 사람들 — 의 문제를 제기한다. 만약 우리가 이러한 한계 사례를 인격 안에 포함시킨다면, 왜 우리는 동물 역시 인격 안에 포함시키지 않는가? 또는 적어도 약간의 합리성을 보이는 동물들을 포함시키지 않는가? 합리성을 보이지 않는 인간도 도덕적 인격임을 인정하면서도 약간의 합리성을 보이는 동물들이 도덕적 인격임을 부인해야 하는 이유는 무엇인가? 칸트의 대답은 인류의 각 구성원들이 합리성의 모든 특징을 보여 주는 것은 중요하지 않다는 것이다. 그 종이 [이성의] 모든 형태를 보여 주기만 하면 충분하다. 그러한 견해는 이성적 동물(rational animal)보다는 이성 능력을 지닌 동물(*animals rationabilis*)로서 인간 종에 대한 그의 정식 안에 암시되어 있다.[28]

인간은 이성 능력을 지닌 동물이다. 종의 일원으로서 각 인간 존재는,

비록 그가 결코 이성을 보여 주지 않더라도, 이성에 대한 가능성을 가지고 있다. 이 잠재력은 우리가 합리성을 보여 주지 못하는 인간 존재들 역시 여전히 목적 자체로서 대우해야 한다는 것을 함의한다. 그들의 동의를 얻는 것이 불가능할 때에도, 그것은 그들을 돕는 우리의 능력을 제한하지 않는다.

여기서 중요한 것은 칸트가 개별 인간을 따로 떼어 놓고, 그 특정 개인이 이성적 능력을 가지고 있는지 여부를 평가하길 원하지 않는다는 점이다. 그의 입장은 인간의 본성은 본질적으로 공유되는 것이며, 따라서 이성 능력은 우리가 개인으로서가 아니라 하나의 종으로서 공유하는 것이다. 인간 존재는 이성 능력을 지닌 **동물**(*animal rationabilis*)로 정의되며, 따라서 한 개인이 이성을 보여 주느냐 그렇지 않느냐 하는 것은 인간의 지위와 본성에 영향을 주지 않는다. 칸트에게 있어서 인간 본성을 정의하는 우리의 자연적인 성향은 우리를 인간 종의 다른 모든 구성원과 연결시킨다.[29] 따라서 한 인간을 목적 그 자체 이하로 대우하는 것은 이미 다른 인간 존재 모두의 지위에 대하여 의문을 제기하는 것이다. 그럼에도 불구하고, 이성 능력을 지닌 **동물**로서 인간 본성에 대한 칸트의 정의는 동물이 "이성과 유사한" 능력을 보여 준다는 점에서 "인간과 유사한" 존재로서 다른 동물들을 정의하는 것을 배제하지 않는다.

그렇다면 동물들이 원시적인 형태의 합리성을 보이는 사례들은 어떨까? 동물들에게 도덕적 인격을 부여해야 하지 않을까? 칸트는 우리와 매우 비슷한 동물들을 어떻게 다루었을까? 동물이 우리와 유사하다는 것은 동물에 대한 도덕적 고려와 관련이 있다. 『윤리학 강의』의 "동물과 영혼에 대한 의무에 관하여"의 그 문단에서, 칸트는 우리에게 동물들을 단순한 수단으로서 사용할 수 있는 허가를 부여한다. 또한 그는 우리가 우리에게 봉사하는 개와 우리처럼 자신의 새끼를 돌보는 늑대와 관련된 간접적 의무를 가진다고 주장한다.[30] 첫째, 그는 동물이 우리와 유사하다는 것(우리의 유사체임)을 분명히 하며, 그리고 그것(우리와 비슷한 동물)에 대한 우리의 학대가 우리의 인간성을 격하시키는 결과를 낳을 것이라고 주장한다. 그 의무는 우리의 인간성이 향상되는지 아니면 감소되는지에 달려 있기 때문에, 그것은 단지 간접적 의무일 뿐이다. 우리는 우리 자신의 인간성에 대해 직접적인 의무가 있다. 하지만 칸트는 동물이 우리와 유사하기 때문에 동물에 대한 우리의 대우가 중요하다는 것도 똑같이 확신했다. 이런 암시로부터 우리는 동물이 우리와 더 비슷할수록, 더 많은 고려를 받을 가치가 있다는 결론을 이끌어 낼 수 있다. 이러한 결론은 칸트주의자들에게 한계 사례의 문제를 이해하게 만든다. 기본적인 합리성을 보이는 동물들은 확실히 파리보다 더 많이 고려될 가치가 있다. 왜냐하면 그 동물들은 우리와 더 비슷하기 때문이다. 칸트의 입장은 또한 동물 평등주의자들이 직면한 문제도 해결한다. 왜냐하면 동물 평등주의자들은 모든 살아 있는 존재가 동등한 고려를 받을 가치가 있다는 터무니없는 주장을 하기 때문이다. 동물들이 우리와 더 비슷할수록 그런 동물들은 더욱 고려될 가치가 있다. 그리고 칸트가, 동물들이 이성과 유사한 능력을 보이는 한에서만 그 동물들이 우리와 유사하다는 주장을 한 것으로 오해되어서는 안 된다. 개는 충성심을 보여 준다는 점에서 우리와 유사하다. 늑대는 자신의 어린 새끼들을 돌본다는 점에서 우리와 유사하다. 그러한 동물들은 고통과 기쁨을 느낄 수 있다거나 이성 능력을 가진다는 점에서 뿐만 아니라 다양한 방법으로 우리와 유사할 수 있다.

인간 아닌 동물들은 도덕적 합리성을 가지지 않기 때문에 인간은 인간 아닌 동물들에게 단지 간접적 의무만을 가진다는 점에서도 칸트는 옳았다. 동물들은 법칙의 개념에 따라 행위하는 능력이 없다. 동물들은 협동과 사회적 행위를 보인다. 그러나 이런 행동 특징들은 생존 메커니즘과 조건화된 경향성의 결과이지, 동물성을 하나의 목적으로 대우하고 결코 단순한 수단으로만 대우하지 않는다는 개념에 따라 행위한 결과는 아니다. 동물들의 행동은 질서와 통일성을 보여 준다. 그러나 이러한 표현은 그들의 본능 안에 있는 자연적 조직화와 사회적으로 학습된 행동에서 기인하는 것이지, 모든 침팬지가 그 준칙에 따라 행동할 수 있는가에 대한 숙고된 반성에서 기인한 것은 아니다. 인간은 자신의 준칙을 도덕법칙에 복종시킬 때에만 질서와 성품을 보여 준다. 인간과 동물 사이에는 존재론적 차이가 있기 때문에 인간은 도덕적으로 더 높은 기준을 가지게 된다. 우리는 기술적이고 실용적인 이성 능력을 가지고 있다. 그리고 우리는 이러한 목적들이 도덕적으로 허용 가능하고 가치 있는 목적들이 되도록 제한하기 위해서 도덕을 필요로 한다.

그렇다면 다음과 같이 말하는 입장은 어떤가? "당연한 일이지만, 동물들은 정보에 입각한 동의를 할 수도, 성품을 계발할 수도, 법칙의 개념에 따른 행동을 할 수도 없다. 그러나 이것은 정확히 아이들의 경우도 마찬가지이다." 우리는 아이들에게 학대받지 않을 권리를 부여하면서, 아이들이 자신에게 최선의 이익이 되는 것을 할 수 있도록 만드는 권위를 지니고 있다. 왜 동물은 같은 방법으로 대우하지 않는가? 그러나 아이들과 동물들 사이에는 존재론적 차이가 없는가? 아이들은 이성을 계발할 수 있는 잠재력을 가지고 있다. 이 사실이 그들을 대우함에 있어서 고려되어야 하는 것 아닌가? 아이들은 훈련받기보다 양육(교육)되어야 한다. 아이들은 자신의 자유의지를 계발하는 방법으로 배울 필요가 있다. 아이들은 다양한 대안들을 가질 필요가 있고, 그 대안들의 행동이 낳는 결과에 대해 평가하도록 만들 필요가 있다. 결국, 아이들은 또한 가능한 행동에 대해 그리고 그 행동들의 이유와 동기에 대해서 반성하고 심사숙고하도록 만들 필요가 있다. 반면에 동물들은 훈련되어야 한다. 동물들은 특정 행동들에 대해서 보상과 처벌을 연상하도록 훈련될 수 있다. 우리는 동물들을 합리적으로 설득할 수 없고, 그들이 대안적인 행동 중에서 선택하도록 만들 수도 없다. 우리가 동물들을 아이처럼 대우한다면, 아이들과 동물들 사이의 구분을 모호하게 하는 것이 아닌가?

인간 존재와 인간 아닌 동물들 사이의 구분을 모호하게 하는 일은 이미 진화 심리학, 진화 윤리학, 행태주의에서 발생하고 있다. 인간의 행동은 동물의 행동 모델에 기초해서 이해되고 있다. 행위보다는 행태에 초점이 맞춰지고 있다. 선택을 하는 것의 중요성과 그러한 선택들에 대한 책임을 지는 것을 가르치고 주입하는 방법을 개발하기보다는 행동을 설명하고 통제하는 데 더 많은 관심이 집중되고 있다. 칸트주의자들은 이것에 관심을 가져야 한다. 그리고 칸트가 오늘 여기에 살아 있다면 그렇게 했을 것이다.

확실히 인간은 동물과 다르게 대우받을 필요가 있다. 왜냐하면 동물과 인간은 다르고, 따라서 동물은 인간과 다르게 대우받을 필요가 있기 때문이다. 동물들은 물건으로서 대우받아서는 안 되지만, 그렇다고 인간처럼 대우받아서도 안 된다. 동물에 대한 대우에서 핵심은 법률적이기보다는 윤리적이어야 한다. 동물에게 잔인한 것은 법칙에 반하는 것이다. 그것은 동물에게 해를 주기 때문이다. 그뿐만 아니라 그것은 또한 우리의 인간성을 해치며, 우리가 다른 인간을 잔인하게 대하는 것을 더 쉽게 만들기 때문이다. 우리는 동물에게 권리는 부여하지 않으면서도 동물들을 인도적으로 대할 수 있고 또 그렇게 대해야 한다. 그러나 크리스틴 코스가드(Christine Korsgaard)의 제안처럼, 우리는 동물적 본성을 목적 자체로서 대우해서는 안 된다. 왜냐하면 동물적 본성은 동물에 의해 타율적으로, 병리적으로 그리고 반사적으로 추구되기 때문이다. 동물적 본성을 목적 자체로서 대하는 것은 동물적 본성이 추구하는 목적들에 협조해야 함을, 그래서 우리의 행위가 타율적으로 동기화되도록 만드는 목적들에 협조해야 함을 의미한다.

결론

칸트에게 인간 존재는 도덕법칙 아래에 있고, 동물은 그렇지 않다. 우리는 동물의 필요에 의해서가 아니라 도덕법칙에 의해서 우리 자신에게 의무가 있음을 발견한다. 동물들은 도덕법칙에 의해서나 우리들에 의해서 자신들에게 의무가 있음을 발견하지 못한다. 그러므로 동물들은 우리에게 직접적으로 의무를 지울 수 없다. 그럼에도 불구하고 동물들은 그것들의 취약성과 필요로 인하여 그것들을 고려해야 할 이유와 그것들을 해치는 것을 억제해야 할 이유를 제시한다. 내가 곤경에 처한 인간 존재에 대한 자비심의 준칙을 가지고 있는 한에서 그리고 내가 동물에게서도 동일한 곤경을 발견할 수 있는 한에서, 나는 나 자신 안에 있는 인간성을 돌보아야 하는 의무로부터 동물을 돌봐야 한다는 의무를 느낄 수 있다. 그러나 그것은 언제나 나 자신의 인간성의 상태에 대한 나의 관심에 의해서이다. 칸트는 우리에게 우리 안에 있는 최선의 것, 즉 우리의 인간성에 가치를 부여하고, 그 인간성으로부터 동물을 돌보려는 동기를 발견할 것을 요청한다. 우리가 그렇게 할 때, 그것은 우리에게 좋은 것을 하는 것과 동물에게 좋은 것을 하는 것 사이에서 발생하는 명백한 갈등의 문제를 해결한다. 동물을 돌보는 것과 동물에게 잔인하지 않는 것은 우리에게 좋다. 우리가 우리의 인간성을 돌보는 것에서 동물을 보살피는 것을 발견하는 것은 동물에 대한 잔인한 대우나 자의적인 대우에 반대하는 입법을 억제하기보다는, 오히려 그런 입법을 해야 할 이유를 준다. 우리는 동물을 목적 자체로 간주하지 않으면서, 또 그렇게 함으로써 인간 존재의 가치를 낮추지 않으면서, 그리고 인간의 삶과 동물의 삶 사이에 있는 존재론적이고 도덕적인 구분선을 모호하게 만들지 않으면서, 그렇게 할 수 있다.

　칸트에게 있어서 인간과 유사한 동물들은 유기적 존재이며, 그것들이 내재적으로 또 외재적으로 목적을 가지고 있는 한, 고유한 가치의 감각(sense of inherent worth)을 가지고 있다. 동물들은 우리의 행위를 수단으로 삼는 목적이 될 수 있다. 그래서 우리가 동물들을 자비심으로 친절하게 대하고 그것들과 그것들의 서식지를 해치는 것을 억제할 때 우리는 그것들을 목적으로서 대우한다. 칸트에게 중요한 것은 동물을 잔인하게 대하지 않으려는 동기이다. 동물 권리론자들은 동물에게 권리를 부여함으로써 사람들이 동물을 잔인하게 대우하지 못하도록 강제적으로 동기화되기를 원한다. 만약 동물들이 잔인하게 대우받지 않을 권리가 있다면, 동물을 잔인하게 대우하는 사람은 처벌받을 수 있다. 칸트는 우리가 동물들을 잔인하게 대우하는 것을 막기 위해서 우리 자신의 인간성에 대한 존중으로부터 우리가 동기화되기를 원한다. 왜냐하면 칸트는 인간으로서 우리의 존엄이 항상 동물에 대한 우리의 대우에 달려 있다는 것을 알았기 때문이다. 칸트는 우리가 동물들을 친절하게 대함으로써 우리의 도덕과 내재적인 존엄을 지킬 수 있다고 주장한다. 왜냐하면 동물은 우리와 비슷하기 때문에, 그렇게 함으로써 우리는 우리의 인간성을 목적 자체로서 여길 수 있다. 만약 우리가 우리와 유사한 동물에게 자의적으로 잔인하게 대한다면, 그것은 우리 자신의 인간성을 단순한 수단으로서 대우하는 것과 같다. 칸트는 우리가 동물을 잘 대하기를 원할 뿐만 아니라 우리 자신의 인간성과 존엄을 존경하는 것을 배우길 원한다. 그리고 그것을 위해서 우리는 인간과 동물 사이를 구분해야 한다.

주석

1. Immanuel Kant, *Metaphysik L1*, in KGS 28:275(1776), translation by Martin Schönfeld.
2. Immanuel Kant, KU, KGS Ⅴ:372-76; pp. 251-56.
3. Immanuel Kant, KU, KGS Ⅴ:373; p. 252.
4. Immanuel Kant, KU, KGS Ⅴ:371; pp. 249-250.
5. Immanuel Kant, KU, KGS Ⅴ:374; p. 253.
6. Immanuel Kant, KU, KGS Ⅴ:367-68; p. 245.
7. Immanuel Kant, Ibid.
8. Immanuel Kant, KU, KGS Ⅴ:369; p. 246.
9. Immanuel Kant, KU, KGS Ⅴ:369; p. 247; KU, KGS Ⅴ:378; p. 258.
10. Immanuel Kant, KU, KGS 435; p. 323.
11. Immanuel Kant, *Critique of Pure Reason* [A802/B830].
12. Immanuel Kant, LoE, KGS 27:344; p. 125. Friedländer, KGS 25 (2,1):577.
13. Immanuel Kant, GR, KGS Ⅳ:412; p. 23.

14. Immanuel Kant, Anth, KGS VII:127; p. 9.
15. Immanuel Kant, KU, KGS Ⅴ:464n; p. 356n.
16. Immanuel Kant, First Intro, KGS, ⅩⅩ:211; p. 400.
17. Immanuel Kant, Menschenkunde, KGS 25(2): 859.
18. Immanuel Kant, Mut, KGS VIII:114; p. 52.
19. Immanuel Kant, Mut, KGS VIII:114; p. 52-53.
20. Immanuel Kant, Ibid.
21. Immanuel Kant, Anth KGS VII:321; p. 183.
22. Immanuel Kant, Anth KGS VII:323; p. 184.
23. Immanuel Kant, KU, KGS Ⅴ:430; p. 317.
24. Immanuel Kant, KU, KGS Ⅴ:432; p. 319.
25. Immanuel Kant, Anth, KGS VII:323-24; p. 185.
26. Immanuel Kant, LoE, KGS 27:343; p. 124.
27. Immanuel Kant, LoE, KGS 27:384; p. 155.
28. Immanuel Kant, Anth, KGS VI:321; p. 183.
29. Holy L. Wilson, *Kant's Pragmatic Anthropology*, Chapter 3.
30. Immanuel Kant, LoE, KGS 27:459; p. 212.

참고 문헌

칸트의 인용문 출처는 아래와 같다.

Kant's Gesammelte Schriften, edited by the Königlich Preußische [now Deutsche] Akademie der Wissenschaft, vols. 1-29 (Berlin: G. Reimer[now de Gruyter], 1902-) [KGS].

Immanuel Kant, *Kritik der Urteilskraft*, in KGS Ⅴ; *Critique of Judgment*, trans. by Werner S. Pluhar (Indianapolis: Hackett Publishing Co., 1987) [KU].

Immanuel Kant, "Erste Einleitung in die Kritik der Urteilskraft" in KGS XX; "First Introduction to the Critique of Judgment" in *Critique of Judgment*, trans. by Werner S. Pluhar (Indianapolis: Hackett Publishing Co., 1987) [First Intro].

Immanuel Kant, *Critique of Pure Reason*, trans. by Normen Kemp Smith (New York: St. Martin's Press, 1965) [A/B].

Immanuel Kant, *Lecture on Ethics*, in KGS, 27, trans. by Peter Heath (Cambridge: Cambridge University Press, 1997) [LoE].

Immanuel Kant, *Grundlegung zur Metaphysik der Sitten*, in KGS IV; *Grounding for the Metaphysics of Morals*, trans. by James W. Ellington (Indianapolis: Hackett Publishing Co., 1981) [GR].

Immanuel Kant, *Anthropologie im pragmatischer Hinsicht*, in KGS, VII; *Anthropology from a Pragmatic Point of View*, trans. by Mary Gregor (The Hague: Maritinus Nijhoff, 1974) [Anth].

Immanuel Kant, *Menschenkunde*, in KGS, XXV(2) [Menschenkunde].

Immanuel Kant, "Muthmaßlicher Anfang der Menschengeschichte" in KGS VIII; "speculative Beginning of Human History" in *Perpetual Peace and Other Essays on Politics, History, and Morals*, trans. by Ted Humphrey (Indianapolis: Hackett Publishing Co., 1983) [Mut].

Christine M. Korsgaard, "Fellow Creatures: Kantian Ethics and Our Duties to Animals" in *The Tanner Lectures on Human Values*, Volume 25/26, ed. by Grethe B. Peterson (Salt Lake City: Utah University Press, 2004).

Holly L. Wilson, *Kant's Pragmatic Anthropology: Its Origin, Meaning, and Critical Significant* (New York: State University of New York Press, 2006).

더 생각해 볼 문제

1. 칸트에 따르면, 인간, 인간 아닌 동물 그리고 식물 사이의 차이점은 무엇인가?
2. 어떤 독립체를 "목적 자체"로 대우하는 것은 무엇을 의미하는 것인가? 윌슨에 따르면, 이러한 방법으로 동물을 대우하는 것은 왜 문제가 되는가?
3. 동물 평등주의는 모든 동물들이 동등한 도덕적 고려를 받을 가치가 있다고 주장한다. 이 관점과 이것이 잘못된 이유에 관한 칸트의 설명을 제시하고 토론하시오.

3장

동물 해방의 공리주의적 변호*

피터 싱어

프린스턴대학 교수인 피터 싱어(Peter Singer)는 『타임(*Time*)』지가 선정한 2005년 세계에서 가장 영향력 있는 인물 명단에 포함되었다. 아래의 글들이 발췌된 그의 책 『동물 해방(*Animal Liberation*)』(1975)은 그 주제에 있어서 가장 영향력 있는 책이며, 현대 동물 권리 운동의 시작점으로 여겨진다.

싱어는 오늘날의 동물 해방 운동은 과거의 인종차별이나 성차별 같은 부당함에 대한 저항과 유사하다고 주장한다. 한때 성차별주의자들과 인종차별주의자들이 여성이나 흑인들을 백인 남성들과 평등하게 내우아는 것을 믿을 수 없는 일이라 생각헸던 깃처럼, 지금의 종차별주의자들은 모든 동물이 평등한 고려를 받아야 한다는 생각을 비웃고 있다. 싱어는 종차별주의(리처드 라이더Richard Ryder가 고안한 용어)를 다른 종보다 자신의 종을 선호하는 편견(부당한 편향)으로 정의한다. 고통을 느낄 수 있는 능력을 가진다는 점에서 모든 유정적 존재는 평등하다. 그런 점에서 우리와 동물은 평등하며, 이익에 대한 평등한 고려를 받을 자격이 있다. 싱어의 주장은 공리주의적인 것이며, 이익 만족의 극대화를 그 목표로 한다.

* 피터 싱어의 허락을 받아 *Animal Rights and Human Obligations*(Englewood Cliffs, NJ: Prentice Hall, 1976)에서 수록함.

최근 몇 년 동안 많은 억압된 집단들이 평등을 위해 왕성하게 운동을 벌여 왔다. 고전적인 예는 흑인들을 이류 시민으로 만든 편견과 차별의 종식을 요구하는 흑인 해방 운동이다. 흑인 해방 운동의 즉각적인 호소력과 초기의 성공은, 비록 제한적이기는 하지만, 다른 억압받는 집단들의 모범이 되었다. 우리는 남미계 미국인, 동성애자, 그리고 다양한 소수자를 위한 해방 운동에 익숙해졌다. 다수의 집단 — 여성들 — 이 그들의 캠페인을 시작할 때, 일부는 우리가 해방 운동의 마지막에 도달했다고 생각했다. 성별에 근거한 차별은 겉치레 없이 공공연하게 실행되었으며, 심지어 소수 인종을 차별하는 편견에서 벗어났다는 사실에 오랜 자부심을 가졌던 자유주의자들마저 당연하게 받아들였다. 그래서 성차별은 보편적으로 받아들여지는 마지막 유형의 차별이라 일컬어졌다.

"차별의 마지막 남은 유형"이라는 말을 할 때는 항상 조심해야 한다. 우리가 해방 운동으로부터 배운 것이 있다면, 대체로 우리는 강제가 개입되기 전에는 이런 편견을 적절히 의식하지 못하며, 특정 집단에 대한 태도에서 잠재적인 편견을 인식하는 것이 매우 어렵다는 것이다.

해방 운동은 우리의 도덕적 지평을 넓히고 평등이라는 기본적인 도덕 원리를 연장하거나 재해석할 것을 요구한다. 그 결과로 이전에는 자연스럽고 피할 수 없는 것으로 간주되었던 관행을 부정의한 편견의 결과로 보게 되었다. 그 누가 자신의 모든 태도와 관행이 비판을 넘어서 있다고 자신 있게 말할 수 있겠는가?

우리가 압제자들 편에 서지 않으려면, 우리의 가장 근본적인 태도조차도 다시 생각할 준비가 되어 있어야 한다. 우리는 우리의 태도로 인해, 그리고 그런 태도에 따르는 관행으로 인해 가장 불리한 처지에 있는 존재의 입장에서 그들을 고려할 필요가 있다. 우리가 이런 익숙하지 않은 정신적 전환을 할 수 있다면, 우리는 한 집단 — 대개 우리 자신이 속한 집단 — 에 이익을 주기 위해 다른 집단을 희생시키도록 일관되게 작동하는 우리의 태도와 관행의 양식을 발견할 수 있을 것이다. 이런 방식으로 우리는 새로운 해방 운동의 사례가 있음을 보게 될 것이다. 나의 목표는 우리가 아주 큰 존재의 범위, 즉 우리가 동물이라고 부르는 우리 자신 이외의 종에 대한 우리의 태도와 관행에 있어서 이러한 정신적 전환을 옹호하는 것이다. 다른 말로 하면, 나는 우리들 대부분이 인식하고 있는 평등이라는 기본적 원리를 다른 종으로 확장해야 한다고 촉구하는 것이다.

이 모든 것들이 진지한 목표라기보다는 다소 억지스럽고, 다른 해방 운동을 모방하는 것처럼 들릴지도 모른다. 사실 과거에는 "동물의 권리"라는 개념이 실제로 여성의 권리를 옹호하는 논증을 풍자하는 데 사용되었다. 오늘날 페미니스트의 선구자인 메리 울스턴크래프트(Mary Wollstonecraft)가 1792년 『여성의 권리 옹호(*Vindication of the Rights of Women*)』를 출판했을 때, 그녀의 생각은 우스꽝스러운 것으로 널리 받아들여졌고, 그것은 『짐승의 권리 옹호(*Vindication of the Rights of Brutes*)』라는 익명의 출판물로 풍자되기도 하였다. 이 풍자적 책의 저자(토머스 테일러Thomas Taylor라는 저명한 케임브리지의 철학자)는 울스턴크래프트의 논증에서 한 단계 더 나아갈 수 있다는 것을 보여 줌으로써 이 주장을 반박하려 했다. 그 논증이 여성에게 적용할 수 있는 건전한 논증이라면, 왜 그 논증을 개, 고양이, 말에는 적용하지 말아야 하는가? 그 논증은 이 "짐승들"에게도 똑같은 주장을 할 것처럼 보인다. 그러나 짐승들이 권리를 가진다는 것은 명백히 불합리하다. 그러므로 이 결론에 도달하게 한 논증은 불건전한 것이며, 짐승들에게 적용되는 것이 불건전한 경우, 여성에게 적용되는 경우에도 마찬가지이다. 왜냐하면 똑같은 논증이 각각의 경우에서 사용되었기 때문이다.

우리가 이 논증에 대답할 수 있는 한 가지 방법은 남성과 여성의 평등을 옹호하는 논거를 인간 아닌 동물에게 확대하는 것이 타당하지 않다고 말하는 것이다. 예를 들어, 여성은 남성과 마찬가지로 합리적 결정을 내릴 수 있기 때문에 투표권이 있는 반면에, 개들은 투표의 중요성을 이해할 수 없으므로 투표권을 가질 수 없다. 인간과 다른 동물들은 아주 다르다. 반면에 남성과 여성이 서로 닮았음을 보여 주는 분명한 방법은 많이 있다. 따라서 남성과 여성은 비슷한 존재이며 평등한 권리를 가져야 하지만, 인간과 인간 아닌 존재는 다르며 평등한 권리를 가져서는 안 된다.

테일러의 유비 추리에 대한 이런 답변과 그 뒤에 놓인 생각은 어느 정도 정확한 것이지만, 충분히 발전된 것은 아니다. 인간과 다른 동물 사이에는 중요한 차이점이 있으며, 이러한 차이점은 각각의 권리에 있어서 약간의 차이를 야기한다. 그러나 이런 명백한 사실을 인정하는 것이 평등의 기본 원리를 인간 아닌 동물로 확대하려는 논증에 장애가 되지는 않는다. 남성과 여성 사이에 존재하는 차이점 또한 부인할 수 없으며, 여성 해방 운동의 지지자들도 이러한 차이가 서로 다른 권리를 유발할 수 있음을 알고 있다. 많은 페미니스트는 여성들이 낙태를 요청할 수 있는 권리가 있다고 주장한다. 이 같은 사람들이 남성과 여성 사이의 평등에 대한 캠페인을 펼친다고 해서, 남성도 낙태할 권리를 가진다고 말할 수는 없다. 남자는 낙태를 할 수 없기 때문에 낙태할 권리가 있다고 말하는 것은 의미가 없다. 돼지는 투표할 수 없기 때문에 돼지의 투표권에 관해 이야기하는 것은 무의미하다. 여성 해방 운동이나 동물 해방 운동이 그런 의미 없는 말에 연루되어야 할 이유는 없다. 한 집단에서 다른 집단으로 평등의 기본 원리를 확대한다고 해서 두 집단을 똑같은 방식으로 다루거나 두 집단 모두에게 똑같은 권리를 부여해야 함을 의미하지는 않는다. 우리가 그렇게 해야 하는지는 두 집단 구성원의 본성에 달려 있다. 내가 말하는 평등의 기본 원리는 고려의 평등(equality of consideration)이다. 그리고 서로 다른 존재에 대한 평등한 고려는 서로 다른 대우와 서로 다른 권리로 이어질 수 있다.

그리고 울스턴크래프트의 주장을 풍자하는 테일러의 시도에 대응하는 또 다른 방법이 있다. 인간과 인간 아닌 존재의 차이점을 부정하지는 않지만, 평등의 문제에 더 깊이 들어가서 평등이라는 기본 원리를 소위 "짐승"이라 부르는 존재에 적용하는 것에도 문제가 없다고 결론 내리는 방법이다. 나는 인종 또는 성별에 근거한 차별에 반대하는 궁극적 기반을 검토한다면 이 결론에 이를 것이라고 믿는다. 우리는 흑인, 여성, 그리고 다른 억압 받는 인간들의 집단에 대한 평등을 요구하면서 인간 아닌 존재에 대한 평등한 고려를 부인한다면, 우리는 그 논거가 취약함을 알게 될 것이다.

인종, 신념, 성별이 무엇이든 간에, 모든 인간이 평등하다고 말할 때 우리가 주장하는 것은 무엇인가? 계층적이고 불평등한 사회를 방어하고자 하는 사람들이 자주 지적하는 문제는 우리가 어떤 기준을 선택하건 모든 사람이 평등하다는 것은 사실이 아니라는 것이다. 좋든 싫든, 우리는 인간들의 체형과 몸집이 서로 다르다는 것을 인정해야 한다. 그들은 도덕적 능력, 지적 능력, 다른 사람들의 필요에 대한 자비심과 감수성, 효과적으로 의사소통하는 능력, 즐거움과 고통을 경험할 수 있는 능력에서 차이가 있다. 간단히 말해서, 평등에 대한 요구가 모든 인간 존재의 사실적 평등을 기반으로 한다면, 우리는 평등을 요구하는 것을 중단해야 한다. 그것은 부당한 요구일 것이다.

그럼에도 불구하고 인간 사이의 평등에 대한 요구가 다른 인종과 성별의 사실적 평등에 근거한다는 견해에 집착하는 사람이 있을 수도 있다. 인간은 다양한 방식에서 개인으로서 디르지만, 인종과 성별 자체에 있어서는 차이가 없다는 것이다. 우리는 그 사람이 흑인이거나 여성이라는 단순한 사실만으로는 그 사람에 대해 다른 것을 추론할 수 없다. 이것이 인종차별주의와 성차별주의가 잘못된 것이라고 말할 수 있는 이유이다. 백인 우월주의자는 백인들이 흑인들보다 우월하다고 주장하지만, 이것은 잘못된 것이다. 비록 개인들 간에 차이가 존재할 수는 있지만, 일부 흑인들은 관련된 모든 역량과 능력에서 백인들보다 우월할 수 있다. 성차별주의자들도 똑같은 말을 할 것이다. 한 개인의 성별은 그 혹은 그녀의 능력에 대한 지침이 아니다. 이것이 성별에 따라 차별하는 것이 정당화될 수 없는 이유이다.

이것은 인종차별주의와 성차별주의에 반대하는 한 가지 가능한 방식이다. 그러나 이것은 평등을 진지하게 고려하는 사람이 선택할 만한 방식은 아니다. 왜냐하면 이 방식을 취하면 어떤 상황에서는 대부분의 불평등한 사회를 받아들일 수 있기 때문이다. 인종이나 성별보다는 인간으로서 개인이 다르다는 사실은 모든 백인이 모든 흑인보다 우월한 지위를 가지는 남아프리카와 같은 계층적 사회를 변호하는 사람에게나 유효한 답변이다. 그러나 인종이나 성별의 경계를 넘어서는 개인적 다양함의 존재를 가지고는 보다 정교한 평등 반대론자들에 대한 방어를 제공하지 못한다. 이 평등 반대론자들에 따르면, IQ가 100 이상인 사람의 이익이 IQ가 100 미만인 사람의 이익보다 선호된다. 이런 종류의 계층적 사회가 인종이나 성별에 근거해 차별하는 사회보다 훨씬 나은가? 나는 그렇게 생각하지 않는다. 그러나 우리가 평등의 도덕원리를 서로 다른 전체로서 인종이나 성별의 사실적 평등이라는 사실과 관련시킬 경우, 인종차별주의와 성차별주의에 대한 반대는 이러한 종류의 불평등주의에 반대하는 근거를 제공하지는 못한다.

역량과 능력의 다양성이 서로 다른 인종과 성별 간에 평등하게 퍼져 있다고 단언할 수 있는 제한된 경우라 할지라도, 우리가 사실적 평등에 기초해서 인종차별과 성차별을 반대하지 말아야 하는 두 번째 중요한 이유가 있다. 우리는 이러한 능력과 역량이 인종이나 성별에 상관없이 실질적으로 평등하게 분배된다는 절대적인 보장을 가질 수 없다. 실제 능력에 관한 한, 인종과 성별 간에 측정 가능한 차이가 있는 것처럼 보인다. 물론 이러한 차이는 각 경우에 나타나는 것이 아니라 평균적으로 나타나는 것이다. 더 중요한 사실은 아직도 우리가 이러한 차이 중 얼마만큼이 실제로 다양한 인종과 성별의 유전적 기질의 차이에서 기인하는 것인지, 그리고 과거에서부터 계속된 차별의 결과인 환경적 차이에서 기인하는 것인지 알지 못한다는 것이다. 아마 모든 중요한 차이점은 결국 유전적이라기보다는 환경적인 것으로 밝혀질지도 모른다. 인종차별주의와 성차별주의에 반대하는 사람은 누구나 이것을 희망할 것이다. 그것이 차별의 종식이라는 과제를 더욱 쉽게 만들 수 있기 때문이다. 그럼에도 불구하고 인종차별주의와 성차별주의에 반대하는 논거를 모든 중대한 차이가 환경적 기원을 가진다는 믿음에 의존하는 것은 위험한 일일 것이다. 이런 방식으로 인종차별주의를 반대하는 사람들은 상대적인 능력의 차이가 결국 인종과 유전적 연관성이 있는 것으로 판명되면 인종차별주의가 어떤 식으로든 방어될 수 있음을 인정하지 않을 수 없다.

인종차별주의의 반대자가 아직 해결해야 할 문제가 많이 남아 있는 어려운 과학적 문제의 한 특정한 결과에 독단적으로 몰입해서 자신의 모든 논거를 이 도박판에 거는 것은 어리석은 일이다. 인종과 성별에 따른 특정 능력의 차이가 주로 유전적 기원을 가진다는 것을 증명하려는 시도는 확실한 결론을 내리지 못했다. 하지만 이러한 차이가 주로 환경의 결과임을 입증하려는 시도 역시 확실한 결론을 내리지 못하기는 마찬가지이다. 연구의 이 단계에서 어떤 견해가 정확한 것인지를 확신할 수는 없지만 우리들 중 다수는 후자가 되기를 희망할 것이다.

다행스럽게도, 이러한 과학 연구의 한 특정 결과에 평등을 옹호하기 위한 근거를 고정시킬 필요는 없다. 인종 간 또는 성별 간의 유전적 차이에 대한 증거를 발견했다고 주장하는 사람들에 대해서 [겉능에] 반대되는 증거의 발견에도 불구하고 [그 증거를 무시하고] 유전적 설명은 틀렸다는 신념을 고수하는 것은 적절한 대응이 아니다. 대신 우리는 평등에 관한 주장이 지능, 도덕적 능력, 체력 또는 이와 유사한 사실에 의존하지 않는다는 것을 분명히 해야 한다. 평등은 도덕적 이념이지 사실에 관한 주장이 아니다. 두 사람 사이의 사실적 능력의 차이가 그들의 필요와 이익의 만족을 차등적으로 고려하는 것을 정당화한다고 추정할 수 있는 논리적으로 강력한 이유는 존재하지 않는다. 인간 평등의 원리는 인간 사이에서 주장되는 사실적 평등에 대한 기술이 아니다. 그것은 우리가 인간을 어떻게 대우해야 하는지에 관한 규정(prescription)이다.

제러미 벤담(Jeremy Bentham)은 도덕적 평등의 핵심적 토대를 그의 공리주의 윤리 체계 속에서 공식화했다. "모든 인간은 하나로 계산되어야지, 누구도 하나 이상으로 계산되어서는 안 된다." 달리 말하면, 어떤 행동에 영향을 받는 모든 존재의 이익은 똑같이 고려되어야 하며, 다른 존재의 유사한 이익과 동등한 비중(가중치)을 부여해야 한다. 이후의 공리주의자인 헨리 시즈윅(Henry Sidgwick)은 이를 다음과 같이 표현한다. "(만약 내가 그렇게 말할 수 있다면) 우주적 관점에서 볼 때, 한 개인의 이익은 다른 사람의 이익보다 중요하지 않다."[1] 최근에 현대 도덕철학의 주요 인물들은 모든 사람의 이익을 평등하게 고려하는 것과 유사한 요구를 도덕 이론의 근본 전제로서 삼는 것에 상당한 합의 — 비록 그들이 이러한 요구를 어떻게 정식화하는 것이 최선인가에 대해 합의하지는 못하였지만 — 를 이루고 있다.[2]

다른 사람들에 대한 우리의 고려의 평등이라는 이 원리는 그들이 어떻게 생겼는지, 그들이 어떤 능력을 가졌는지에 따라 달라져서는 안 된다는 것을 함의한다. 비록 이러한 고려가 우리에게 정확히 무엇을 하도록 요구하는지는 우리의 행위에 의해 영향을 받는 사람들의 특성에 따라 달라진다고 하더라도 말이다. 인종차별주의와 성차별주의에 대한 반대 논의가 궁극적으로 호소해야 하는 것은 바로 이 원리이다. 그리고 종차별주의가 비난받아야 하는 것도 이 원리에 부합한다. 고도의 지능을 소유하는 것이 한 인간이 자신의 목적을 위해 다른 인간을 이용할 수 있는 자격을 부여하지 않는다면, 어떻게 그것이 인간에게 인간 아닌 존재를 착취할 수 있는 자격을 부여할 수 있겠는가?

많은 철학자가 다양한 형태나 방식으로 이익 평등 고려의 원리를 기본적 도덕원리로 제안하였다. 그러나 우리가 곧 더 자세히 보게 되겠지만,

이 원리는 우리 자신뿐만 아니라 다른 종의 구성원에게도 적용된다. 이것을 깨달은 사람은 많지 않다. 벤담은 이것을 깨달은 몇 안 되는 사람 가운데 하나였다. 영국인의 지배하에 있는 흑인 노예들을 지금 우리가 인간 아닌 동물을 대하는 것처럼 다루고 있었을 때, 벤담은 다음과 같은 구절을 썼다.

> 인간 아닌 동물들이 폭군의 손이 아닌 이상 그 누구에게도 빼앗기지 않는 권리를 획득하게 될 날이 올지도 모른다. 프랑스인들은 피부색이 검다는 사실이 그 때문에 괴롭히는 사람이 제멋대로 행동함으로써 입힌 피해를 아무 보상 없이 방치해도 무방하다고 말할 수 있는 이유가 될 수 없음을 이미 깨달았다. 언젠가는 다리의 숫자, 피부의 융모, 또는 천골 끝의 모습 등이 감각을 느낄 수 있는 존재가 동일한 운명을 맞이하도록 방치하는 이유가 될 수 없음을 깨달을 날이 올 것이다. 그렇다면 넘을 수 없는 경계선은 무엇이어야 하는가? 이성의 능력인가, 아니면 대화를 나눌 수 있는 능력인가? 하지만 완전히 성장한 말이나 개는 갓난아기나 생후 일주일 내지 한 달이 된 유아에 비해 훨씬 합리적이며, 훨씬 원활한 의사소통이 가능하다. 하지만 설령 그들이 그렇지 않더라도 무슨 문제가 있겠는가? 중요한 것은 그들이 이성적인지, 또는 그들이 말할 수 있는지가 아니라. 그들이 **고통을 느낄 수 있는가**이다.[3]

이 구절에서 벤담은 어떤 존재에게 평등한 고려의 권리를 부여하는 중요한 특성으로 고통을 느낄 수 있는 능력을 지적한다. 고통을 느낄 수 있는 능력 ― 좀 더 엄격하게 말해, 고통 그리고/또는 행복을 향유할 수 있는 능력 ― 은 언어 능력이나 고등 수학 능력과는 다른 특징이다. 벤담은 어떤 존재의 이익을 고려해야 하는가를 결정하는 "넘을 수 없는 경계선"을 그리려는 사람들이 잘못된 특징을 선택했다고 말하려는 것은 아니다. 고통이나 즐거움을 향유할 수 있는 능력은 어떤 존재가 이익을 가지기 위한 전제 조건이다. 즉, 우리가 이익에 대해 의미 있는 방식으로 이야기하기 전에 만족해야만 하는 하나의 조건이다. 학생이 길에 있는 돌을 차는 행동이 돌의 이익을 고려하지 않는 일이라는 주장은 말이 되지 않는다. 돌은 고통을 느끼지 않으므로 이익을 갖지 않는다. 우리가 그것에 할 수 있는 어떤 일도 그것의 복지에 어떤 변화도 줄 수 없다. 반면에 쥐는 괴로워하지 않을 이익을 가지고 있다. 왜냐하면 쥐는 그것에 고통을 느낄 것이기 때문이다.

만약 어떤 존재가 고통을 느낀다면, 그런 고통에 대한 고려를 거절하는 일은 도덕적으로 정당화될 수 없다. 존재의 본성이 무엇이든 간에, 평등의 원리는 그 존재의 고통을 다른 존재의 동일한 고통 — 대략적으로 비교가 이루어질 수 있다면 — 과 동등하게 계산할 것을 요구한다. 만약 어떤 존재가 고통을 느낄 능력이 없거나 즐거움이나 행복을 경험할 수 없다면, 고려해야 할 것은 없다. 이것이 유정성(쾌고 감수 능력)의 한계 — 정확하지는 않더라도 고통이나 즐거움이나 행복을 경험할 수 있는 능력을 나타내는 용어로 편의상 사용함 — 가 다른 존재의 이익을 고려할지를 정하는 유일하게 옹호 가능한 경계인 이유이다. 지능이나 합리성과 같은 특징으로 이 경계를 가르는 것은 임의적인 방식이다. 이런 방식대로라면 왜 피부색과 같은 다른 특징을 선택하지 말아야 하는가?

인종차별주의자들은 자신의 인종과 다른 인종 간의 이익이 충돌할 때, 자신의 인종 구성원들의 이익에 더 큰 비중을 두어 평등의 원리를 위반한다. 마찬가지로 종차별주의자들은 자기 종의 이익을 위해 다른 종의 구성원들의 더 큰 이익을 무효화하는 것을 허용한다.[4] 각각의 경우에서 문제의 방식은 동일하다. 대부분의 인간들은 종차별주의자이다. 나는 이것을 보여 주는 몇 가지 관행들을 간단하게 설명할 것이다.

산업사회, 특히 도시에 사는 대다수 인간에게 있어서 다른 종의 구성원들과의 가장 직접적인 형태의 접촉은 식사 시간에 이루어진다. 우리는 그것들을 먹는다. 그렇게 함으로써 우리는 순수하게 그것들을 우리의 목적을 위한 수단으로 취급한다. 우리는 그것들의 삶과 복지가 특정한 종류의 요리에 대한 우리의 취향에 종속적인 것이라고 간주한다. 나는 의도적으로 "취향"을 말하고 있다. 이것은 순전히 우리의 입맛을 만족시키는 문제이다. 필요한 영양소의 만족을 위해 육류를 먹는다는 것은 방어가 될 수 없다. 왜냐하면 우리가 단백질 및 다른 필수 영양소를 보다 효율적으로 충족시키기 위한 식단으로 육류를 먹는 것에서 콩 또는 콩에서 파생된 식품 또는 다른 고단백 채소 제품을 먹는 것으로 대체하는 것이 가능하다는 점은 의심의 여지가 없기 때문이다.[5]

우리의 입맛을 만족시키기 위해서 우리가 기꺼이 다른 종들에게 행하는 것이 단지 죽이는 행위만 있는 것은 아니다. 동물들이 살아 있는 동안에 우리가 그것들에게 주는 고통은 아마도 우리가 그것들을 죽일 준비가 되어 있다는 사실보다 우리의 종차별주의에 대한 더 명확한 표시일 것이다. 사람들이 감당할 수 있는 가격으로 육류를 식탁에 올리기 위해, 우리 사회는 유정적 동물들을 살아 있는 동안 비좁고 부적절한 상태로 가두어 두는 육류 생산 방법을 허용한다. 동물은 사료를 육류로 전환시키는 기계처럼 취급되며, 더 높은 "전환율"을 결과하는 혁신이 채택되기 쉽다. 이 주제에 대해 글을 쓴 한 저자는 "잔인함은 수익성이 사라질 경우에만 인정된다"고 말했다.[6] …

내가 말했듯이, 무엇보다도 우리의 입맛을 만족시키는 음식을 제공하기 위한 이런 관행들, 다른 동물을 먹기 위해 그것들을 사육하고 죽이는 관행들은 우리 자신의 사소한 이익을 충족시키기 위해 다른 존재의 가장 중요한 이익을 희생시키는 분명한 사례이다. 종차별주의를 피하기 위해 우리는 반드시 이런 관행을 중단해야 하며, 우리 각자는 이런 관행을 지지하는 것을 중단할 도덕적 책무가 있다. 우리가 중단해야 할 관행은 축산업에 필요한 모든 지원을 말한다. 그러한 지원을 중단하기로 하는 결정은 어려울 수 있다. 하지만 남부 백인 사회가 그들의 전통에서 벗어나 노예를 해방하는 것보다 더 어렵지는 않다. 우리가 식습관을 바꾸지 않으면서 어떻게 자신의 삶의 방식을 바꾸지 않는 노예 소유주를 비난할 수 있겠는가?

동일한 형태의 차별이 다른 종에 대해 널리 퍼져 있는 실험이라는 관행에서 관찰될 수 있다. 특정 물질이 인간에게 안전한지 알아보기 위한 실험 또는 학습에서 심각한 처벌이 미치는 영향을 알아보기 위한 심리학적 이론에서의 실험 또는 다양한 새로운 화합물을 만들어 내는 실험 등에서 차별이 나타난다. …

과거에는 생체 해부에 대한 논의가 종종 초점에서 벗어났는데, 왜냐하면 그것이 절대적인 용어로 사용되었기 때문이다. 만약 한 동물을 실험함으로써 수천 명의 사람을 살릴 수 있다면, [그럼에도] 생체 해부 폐지론자들은 기꺼이 그 사람들이 죽도록 내버려둘 것인가? 순수하게 가상적인 이 질문에 대답하는 방법은 다른 방식으로 제기된다. 실험자는 고아인 인간 유아를 대상으로 실험하는 것이 많은 생명을 살릴 수 있는 유일한 방법이라면 그 실험을 수행할 준비가 되어 있는가? (실험 대상인 인간 아닌 존재가 고아는 아니기 때문에, 비록 내가 이런 단어를 쓰는 것이 실험자에게 과도한 공정함을 요구하는 것이라 할지라도, 부모의 감정이 개입되는 것에서 비롯되는 복잡함을 피하기 위해 "고아"라는 표현을 사용하였다.) 실험자가 고아인 인간 유아를 실험 대상으로 사용하려고 하지 않으면서, 인간 아닌 존재를 실험 대상으로 사용하려고 하는 것은 단순한 차별일 뿐이다. 성숙한 영장류, 고양이, 생쥐 및 다른 포유류는 자신에게 일어나는 일을 유아보다 더 잘 인식하고 있으며, 더 자기 결정적이며, 적어도 인간의 유아만큼 고통에 민감하기 때문이다. 인간 유아가 관련된 특성을 성숙한 포유류만큼 또는 그것보다 더 높은 정도로 소유하는 것 같지는 않다. (어떤 사람들은 인간 유아를 대상으로 실험하는 것이 잘못된 이유로, 유아는 시간이 지나고 그를 홀로 내버려둔다면 인간 아닌 존재 이상으로 성장할 것이기 때문이라 말할지도 모른다. 그러나 이런 주장이 일관성을 유지하기 위해서는 태아도 유아와 똑같은 잠재력을 가지고 있기 때문에 낙태에 반대해야 한다. 심지어 난자와 정자도 같은 잠재력을 가지고 있기 때문에 피임이나 금욕은 이 근거에서 보자면 잘못된 것이다. 어떤 경우에도 이 논증은 우리에게 실험 대상으로 뇌 손상이 심각하여 회생 불가능한 인간 대신에 인간 아닌 존재를 선택해야 할 이유를 제공하지 않는다.)

실험자는 인간 아닌 존재를 대상으로 실험을 할 때마다 자신의 종에 유리하게 편향되어 있음을 보여 준다. 그는 동물과 같거나 낮은 수준의 유정성, 인식 능력, 자기 결정 능력 등을 가지는 인간 존재를 실험 대상으로 사용하는 것이 정당화될 수 있다고 생각하지 않는다. 동물에 대한 대부분의 실험에서 얻은 결과에 익숙한 사람은 누구도, 만약 이런 편견이 제거된다면, 오늘날 수행되고 있는 많은 실험들의 극히 일부만이 실제로 수행될 수 있을 것이라는 점을 조금도 의심하지 않을 것이다.

동물실험과 육식은 우리 사회에서 자행되는 종차별주의의 주요한 두 가지 유형일 것이다. 앞의 두 가지와 비교해 보면, 세 번째이자 마지막 유형의 종차별주의는 미미할 정도로 사소한 것이지만, 이 글의 주된 독자인 [철학을 하는] 사람들에게는 아마도 특별한 관심의 대상일 것이다. 나는 현대 철학에서 종차별주의를 언급하려 한다.

철학은 그 시대의 기본적인 가정들에 의문을 제기해야 한다. 나는 대다수 사람이 당연한 것으로 생각하는 것을 비판적으로 신중하게 검토하는 것이 철학의 주요 임무이며, 철학을 가치 있는 활동으로 만드는 것이 바로 이 임무라고 믿는다. 안타깝게도, 철학이 그것의 역사적 역할을 항상 수행해 온 것은 아니다. 철학자는 인간이며, 그들이 속한 사회의 선입견에 영향을 받게 된다. 때때로 그들은 널리 퍼져 있는 이데올로기로부터 벗어나는 데 성공하기도 한다. 그러나 그것보다 더 자주 그들은 그러한 이데올로기의 가장 정교한 방어자가 된다. 오늘날 대학들에서 이루어지는 철학은 다른 종과 우리의 관계에 대한 누구의 선입견에도 도전하지 않는다. 이 문제를 다루는 철학자들은 그들의 글을 통해 다른 모든 사람들처럼 의문의 여지가 없는 같은 가정을 만들었음을 밝힌다. 그리고 그들이 말하는 것은 사람들이 편안하게 여기는 종차별주의적 습관들에 대한 확신을 독자들에게 주려는 경향이 있다.

나는 이 주장을 다양한 분야의 철학자들의 글을 참고하여 설명할 수 있다. 예를 들어, 권리의 영역을 설정하려는 시도에 관심이 있는 사람들은 그 영역이 호모 사피엔스라는 종의 생물학적 경계와 평행을 이루도록 시도한다. 그들은 권리의 영역에 정신적 결함이 있는 사람들까지 포함시킨다. 그러나 그들은 우리의 식사 시간이나 우리의 실험실에서 유용하게 사용되고 있는 인간 아닌 다른 존재들을 제외시킨다. 그런 존재들이 유아나 정신적 결함이 있는 사람과 같거나 더 뛰어난 능력을 가진 존재들임에도 말이다. 그러나 나는 우리가 주로 관심을 가지고 있는 문제, 즉 평등의 문제에 집중한다면 이 글에 더욱 적절한 결론이 될 것이라고 생각한다.

도덕 및 정치 철학에서 평등의 문제가 항상 인간 평등의 관점에서 정식화된다는 것은 의미심장한 일이다. 이것의 효과는 다른 동물의 평등에 대한 문제를 철학자나 학생들이 그 자체로 직면하지 않으려 한다는 사실을 알려 주는 것이다. 그리고 이것은 이미 받아들여진 신념에 도전해야 할 철학의 임무가 실패했음을 잘 보여 준다. 그래도 철학자들은 비록 한두 단락 정도라고 할지라도 다른 동물들의 지위에 관한 질문을 제기하지 않고는 인간 평등의 문제를 논의하는 것이 어렵다는 사실을 알게되었다. 내가 이미 논의한 것에서 분명해진 바와 같이, 그 이유는 인간이 서로 평등하다고 간주되어야 한다면, 우리에게 필요한 "평등"의 의미는 능력, 재능 또는 기타의 자질과 같은 사실적이고 기술 가능한 평등을 요구하지는 않는 의미의 평등이기 때문이다. 평등에 대한 감각은 능력, 재능 또는 여타의 자질과 같은 사실적이고 기술 가능한 평등을 요구하지 않는다. 만약 평등이 인간의 사실적 특성과 관련된다면, 이러한 특성은 모든 인간에게 부족함이 없을 정도의 가장 낮은 수준의 공통분모가 되어야만 할 것이다. 그러나 어떤 철학자는 모든 인간을 포함하는 그런 일련의 특성들은 인간만이 소유하는 것은 아니라는 사실을 포착하였다. 달리 말해서, 사실에 관한 주장으로서 우리가 참이라고 말할 수 있는 유일한 것은, 모든 인간이 평등하다면 적어도 다른 종의 몇몇 구성원들 역시 평등하다는 것이다. 이때 다른 종의 구성원들은 서로 평등하고 인간과도 평등하다. 다른 한편으로, 만약 우리가 "모든 인간은 평등하다"라는 진술을 비사실적 방법으로, 아마도 규정적인 것으로 간주한다면, 내가 이미 주장한 것처럼 인간 아닌 존재를 평등에서 제외하는 것은 훨씬 더 어려울 것이다.

이런 결론은 평등주의 철학자가 원래 주장하려고 의도했던 것은 아니다. 대부분의 철학자들은 자신의 추론이 자연스럽게 가리키는 급진적인 결과를 수용하지 않는다. 대신에 그들은 우회적인 논증을 통해서 인간의 평등과 동물의 불평등에 대한 자신들의 신념을 조정하려 한다.

첫 번째 예로, 나는 윌리엄 프랑케나(William Frankena)의 유명한 논문인 「사회정의의 개념」을 언급하려 한다. 프랑케나는 공적(merit)을 기준으로 한 정의라는 생각에 반대하는데, 그는 이것이 매우 불평등한 결과를 초래할 수 있다고 보았기 때문이다. 대신에 그는 다음과 같은 원리를 제안한다.

> … 모든 사람은 그들이 모든 측면에서 평등하기 때문이 아니라, 단순히 그들이 인간이라는 이유 하나만으로 평등한 것으로 대우받아야 한다. 그들은 감정과 욕구를 가지고 있고, 생각할 수 있고, 따라서 다른 동물들과는 다른 의미에서 좋은 삶을 누릴 수 있는 능력이 있기 때문에 인간이다.[7]

그러나 모든 인간이 가지고 있는 좋은 삶을 누릴 수 있는 능력이면서, 다른 동물에게는 없는 이 능력은 무엇인가? 다른 동물들도 감정과 욕구를 가지고 있으며, 좋은 삶을 누릴 수 있는 능력이 있는 것처럼 보인다. 우리는 그들이 사유할 수 있다는 것에 의문을 제기할 수도 있을 것이다.

하지만 일부 영장류, 돌고래, 심지어 개의 경우에도 그들의 행태는 사유가 가능하다는 것을 암시하는 것으로 보인다. 그러나 도대체 사유의 관련성이라는 것은 무엇인가? 프랑케나는 "좋은 삶"이 "도덕적으로 좋은 삶이라기보다는 행복하거나 만족스러운 삶이라는 것"을 인정한다. 그러므로 좋은 삶을 누리는 데 사유 능력은 불필요한 것처럼 보인다. 실제로 사유 능력의 필요성을 강조하는 것은 평등주의자들을 곤란하게 만들 것이다. 왜냐하면 일부 사람들만이 지적으로 만족스러운 삶이나 도덕적으로 선한 삶을 영위할 수 있기 때문이다. 이것은 프랑케나의 평등의 원리가 단순히 인간에게만 적용되는 것으로 보아야 한다는 주장을 성립하기 어렵게 만든다. 분명히 모든 유정적 존재는 어떤 대안적 삶보다 더 행복하거나 덜 비참한 삶을 이끌어 갈 능력이 있으며, 따라서 그런 존재는 고려 대상 안에 포함되어야 한다고 주장할 수 있다. 이런 측면에서 볼 때, 인간과 비인간 사이의 구분은 명확한 분리가 아니다. 오히려 즐거움이나 만족 또는 괴로움이나 고통을 느낄 수 있는 단순한 능력에서부터 보다 복잡한 것으로 점진적으로 이행해 나가는 연속체 혹은 종 사이의 중복이라 할 수 있다.

우리는 보통 인간과 동물을 구분한다고 생각하는 도덕적 심연의 기초를 마련해야 할 필요를 느낀다. 하지만 인간의 평등을 훼손하지 않으면서 그 작업을 수행할 구체적인 차이점을 발견할 수 없는 상황에 직면할 때, 철학자들은 모호한 태도를 취하는 경향이 있다. 그들은 "인간 개개인의 본래적 존엄성(intrinsic dignity)"과 같은 과장된 문구에 의존한다.[8] 그들은 "모든 인간의 본래적 존엄 가치(intrinsic worth)"를 말하며, 마치 모든 사람(인간?)이 다른 존재는 가지지 않는 어떤 존엄 가치를 가지는 것처럼 말한다.[9] 또는 그들은 오직 인간만이 "목적 그 자체"인 반면에 "인간이 아닌 다른 존재는 오직 인간을 위해서만 가치를 가질 수 있다"라고 말한다.[10]

인간의 고유한 존엄성과 존엄 가치에 대한 이 생각은 오랜 역사를 가지고 있다. 예를 들어, 그것은 피코 델라 미란돌라(Pico della Mirandola)의 『인간 존엄성에 대한 찬사(*Oration on the Dignity of Man*)』와 같이 르네상스 인본주의자에게 직접적으로 거슬러 올라갈 수 있다. 피코와 다른 인본주의자들은 가장 낮은 형태의 물질에서부터 신에게까지 이르는 "존재의 위대한 사슬"에서 인간이 차지하는 중심적이고 중추적인 위치를 기반으로 인간의 존엄성에 대한 그들의 추정을 내세웠다. 이러한 우주관은 고전적이고 유대-그리스도교적인 교리로 거슬러 올라간다. 현대 철학자들은 이러한 형이상학적이고 종교적인 족쇄를 벗어 버리고 인류의 존엄성을 그것을 정당화할 필요 없이 자유롭게 주장한다. 우리가 우리 자신에게 "본래적 존엄성" 또는 "본래적 존엄 가치"를 부여해서는 안 될 이유가 있는가? 동료 인간들은 우리가 관대하게 그들에게 수여하는 영예를 거부할 것 같지는 않다. 그리고 우리는 그 영예를 거부하는 사람들을 반대할 수도 없다. 사실 오직 인간에 대해서만 생각할 때, 모든 인간 존재들의 존엄성을 말하는 것은 매우 자유주의적이고 진보적일 수 있다. 그렇게 함으로써 우리는 암묵적으로 노예제와 인종차별 및 기타 인권 침해를 비난한다. 우리는 우리 자신이 우리 종의 가장 가난하고 가장 무지한 구성원들과 기본적 감각에 있어서는 동일하다는 것을 인정한다. 인간을 우리 행성에 살고 있는 모든 존재들의 작은 하위 집단 이상이 아니라고 생각할 때에만, 우리는 우리 종족의 지위를 상승시키면서 동시에 다른 모든 종의 상대적 지위를 낮추고 있음을 깨닫게 될 것이다.

진실은, 인간 존재의 본래적 존엄성에 대한 호소가 평등주의자의 문제를 해결하는 것은 오로지 그것이 의심의 여지가 없는 경우로 한정된다는 것이다. 우리가 모든 인간 — 유아, 정신적 결함이 있는 사람, 사이코패스, 히틀러, 스탈린 및 나머지를 포함 — 이 코끼리, 돼지 또는 침팬지가 가질 수 없는 어떤 종류의 존엄성이나 존엄 가치를 가져야 하는 이유를 묻는 순간, 우리는 이 질문이 인간과 다른 동물들 사이의 불평등을 정당화하는 관련 사실에 대한 우리의 최초의 요구에 대답하는 것만큼이나 어렵다는 것을 알게 된다. 사실 이 두 질문이 정말 중요한 것이다. 본래적 존엄성이나 도덕적 존엄 가치에 대해 이야기하는 것은 문제에서 한 걸음 뒤로 도망치는 것일 뿐이다. 왜냐하면 모든 그리고 오직 인간만이 본래적 존엄성을 가진다는 주장을 만족스럽게 방어하기 위해서는 모든 그리고 오직 인간만이 소유하는 몇 가지 관련된 능력들이나 특성들을 언급하는 것이 필요하기 때문이다. 철학자들은 종종 다른 이유가 부족한 것처럼 보일 때 존엄성, 존중, 존엄 가치에 대한 개념을 도입한다. 그러나 이것만으로는 충분히 좋은 설명이라 하기 어렵다. 아름다운 문구는 논증에서 달아나려고 하는 사람들의 마지막 자원이다.

인간과 다른 종의 모든 구성원을 구별하는 관련된 특성을 발견할 수 있다고 여전히 생각하는 사람들이 있을 수도 있다. 그런 경우를 위해, 나는 결론을 내리기 전에 많은 인간 아닌 존재보다 명확히 낮은 수준의 인식, 자의식, 지성, 그리고 유정성을 가지는 일부 인간들의 존재를 다시 언급하려 한다. 내가 염두에 두고 있는 것은 심각하고 돌이킬 수 없을 정도의 뇌 손상을 입은 인간과 유아이다. 존재의 잠재력과 관련된 복잡함을 피하기 위해, 나는 앞으로 영구히 회생 불가능한 인간에 집중할 것이다.

인간과 다른 동물을 구분하는 특성을 찾으려는 철학자들은 이런 부류의 인간들을 다른 동물과 한 덩어리로 묶어서 처리하는 과정을 거의 거치지 않는다. 그들이 그렇게 하지 않는 이유를 찾는 것은 간단하다. 다른 동물에 대한 우리의 태도를 재검토하지 않고 이런 경계를 선택하는 것은, 우리가 사소한 이유로 회생 불가능한 인간들을 대상으로 고통스러운 실험을 수행할 권리를 가지고 있다는 것을 함축할 수 있다. 마찬가지로 우리는 이런 인간들을 음식으로 먹기 위해 그들을 사육하고 죽일 권리를 가진다는 주장도 이끌어 낼 수 있다. 대부분의 철학자들에게 이러한 결과는 우리가 인간 아닌 존재들을 이런 방법으로 대우하는 것을 멈추어야 한다는 견해만큼이나 받아들일 수 없는 일일 것이다.

물론 평등의 문제를 논의할 때, 정신적으로 결함이 있는 사람의 문제

를 무시하거나, 마치 사소한 것처럼 멀리하는 것도 가능하다.[11] 이것이
가장 쉬운 방법이다. 그러면 무엇이 남는가? 현대 철학에서 종차별주의
에 대한 나의 마지막 예는 어떤 저자가 불분명한 난센스에 의지하지 않
고, 정신적으로 결함이 있는 사람의 존재를 무시하지 않으면서 인간의
평등과 동물의 불평등 문제에 직면할 준비가 되어 있을 때, 어떤 일이 일
어나는지를 보여 주기 위해서 선택되었다. 스탠리 벤(Stanley Benn)의 명
확하고 정직한 논문인 「평등주의와 이익의 평등한 고려」[12]가 이 설명에
부합한다.

　내 생각이 맞다면, 벤은 일상적인 "명백한 인간 불평등"을 지적한 이
후에, 평등주의를 위한 유일하게 가능한 근거로서 고려의 평등을 주장
한다. 그러나 벤은 다른 저자들과 마찬가지로 오직 "인간의 이익에 대한
평등한 고려"만을 생각하고 있다. 평등한 고려라는 이 제한 사항에 대한
벤의 방어는 상당히 느슨하다.

　　… 인간의 형상을 소유하지 않는 것은 실격 조건이다. 그러나 개가 충
　　실하거나 지능을 가질 수는 있다. 그렇다고 해서 인간 존재가 가지는
　　것과 똑같은 비중으로 개에게 이익을 부여하는 것은 괴상한 감상적 태
　　도일 것이다 … 만약, 예를 들어 배고픈 아이에게 음식을 줄 것인지 배
　　고픈 개를 먹일 것인지를 결정해야 하는 경우에 개를 선택한 사람은 일
　　반적으로 도덕적인 결함이 있는 것으로 간주된다. 그는 기본적인 불평
　　등의 요구를 인식하지 못하였다.

　　이것이 동물에 대한 우리의 태도와 지적장애인에 대한 우리의 태도가
　　구분되는 측면이다. 우리가 지적장애인과 이성적 인간의 존엄성과 인성
　　을 평등하게 존중해야만 한다고 말하는 것은 이상할 것이다. … 그러나
　　우리가 그들의 이익을 평등하게 존중해야 한다고 말하는 것은 전혀 이
　　상하지 않다. 다시 말해, 우리는 우리가 인식하고 승인할 수 있는 복지
　　의 표준에 필요한 고려 사항에 대한 요구로서 그들 각자의 중대한 고려

사항에 동일한 이익을 부여해야 한다.

우리가 지적장애인에 대해 가져야 하는 고려의 기초에 대한 벤의 진술은 나에게 옳은 것으로 보인다. 그러나 왜 개와 지적장애인 사이에 근본적인 불평등이 요구되는가? 벤은 만약 평등한 고려가 합리성에 달려 있다면, 우리가 지금 개나 기니피그를 사용하는 것처럼, 지적장애인을 연구 목적으로 사용하는 것에 반대할 어떤 이유도 없다고 본다. 이것은 해서는 안 될 일이다. 그는 "그러나 물론 우리는 이와 관련하여 동물로부터 지적장애인을 구별해야 한다"고 말한다. 그 일반적인 구분이 정당한지에 관해서 벤은 의문을 제기하지 않는다. 그의 문제는 그것이 어떻게 정당화되는가에 대한 것이다. 그의 대답은 다음과 같다.

> ⋯ 우리는 인간이 합리적인 범주에 속하기 때문이 아니라 합리성이 인간의 기준이기 때문에 인간의 이익을 존중하고 개에 앞서는 우선성을 부여한다. 우리는 맹인에게서 물건을 훔치는 것이 일상적인 의미에서 부정직할 뿐만 아니라 **불공정한** 것과 마찬가지로, 평범한 인간의 기준에 미치지 못하는 지적장애인의 결함을 악용하는 것이 불공정하다고 말한다. 만약 우리가 개에 대해 이런 방식으로 생각하지 않는다면, 그것은 개의 비합리성을 결핍이나 장애로 보지 않고 그 종에 있어서 정상적인 것으로 보기 때문이다. 그러므로 정상적인 사람을 정상적인 개와 구별하는 특징은 다른 사람도 우리가 우리 입장에서 가지는 것만큼 명확하게 같은 종류의 이익과 능력을 가진다고 말하는 것을 이해할 수 있게 해 준다. 그러나 비록 이런 특징들이 인간과 다른 종 사이의 구별되는 측면을 제공해 줄 수는 있지만, 그것들이 구성원이 되기 위한 자격 요건이라거나 도덕적으로 고려해야 할 사람의 등급에 대한 구별의 기준인 것은 아니다. 그리고 정확히 이것이 어떤 한 사람이 인간 종의 정상 상태의 표준에 맞는 그 특징들을 소유하지 않는다는 이유로 다른

종의 구성원이 되지 않는 이유이다.

이 구절의 마지막 문장은 논증을 붕괴시킨다. 벤이 인정하듯이, 지적장애인은 개가 가지는 것보다 우월한 특징을 어떤 것도 가지지 않는다. 그럼에도 불구하고 이것이 지적장애인을 개와 같은 "다른 종"의 구성원으로 만들지는 않는다. **그러므로** 지적장애인을 마치 우리가 개를 이용하는 것처럼 의학 연구에 이용하는 일은 "부당한" 것이다. 그러나 왜 그런가? 지적장애인이 합리적이지 않다는 것이 문제 해결의 핵심이다. 그리고 이것은 개에게도 마찬가지로 참이다. 둘 중 어느 것도 자신의 정신적 수준에 대해서 어떠한 책임도 없다. 만약 한 가지 개별적인 [정신적] 결함을 이용하여 이익을 취하는 것이 부당하다면, 보다 일반적인 한계를 이용하여 이익을 취하는 것은 왜 공정한가? 나는 이 논증에서 그들이 우리 종의 구성원이기 때문에 우리 종의 구성원의 이익을 선호해야 한다는 방어를 제외하고는 그 어떤 것도 발견하기가 어렵다. 그것에 더 많은 것이 있으리라 생각하는 사람들에게, 나는 다음과 같은 정신적 연습을 제안한다. 백인과 흑인이라 불리는 다른 두 인종 사이에 평균 내지 정상적인 지능 지수에 차이가 있음이 입증되었다고 가정해 보자. 그리고 나서 인용구에 "인간"이 나타날 때마다 "백인," "개"가 나타날 때마다 "흑인"이라는 용어로 교체해 보자. 그리고 "합리성"을 "높은 IQ"로 교체하고, 벤이 말하는 "지적장애인"을 "우둔한 백인"이라는 용어로 교체해 보자. 여기서 우둔한 백인은 정상적인 백인의 IQ 점수보다 훨씬 아래에 있는 경우를 말한다. 마지막으로 "종"을 "인종"으로 변경해 보자. 이제 이 구절을 다시 읽어 보자. 그것은 IQ 점수에 근거하여, 백인과 흑인 사이의 어떠한 예외적 구분도 허용하지 않고, 백인과 흑인 사이의 **중첩되는 측면**을 인정하지 않는다는 측면에서 융통성 없는 방어가 된다. 바뀐 문장은 당연히 터무니없다. 그리고 이것은 우리가 교체된 표현 속에서 가상의 가정을 만들었기 때문만은 아니다. 중요한 점은 벤이 원래의 구절 속에서, 서로 다른 종의 구성원들 사이에 중첩되는 측면이 있음에도 불구하고, 다른 종의 구성원에 대한 고려의 양에 있어서 융통성이 없는 분리를 방어하고 있다는 것이다. 만약 바뀐 버전의 터무니없음과 같은 충격을 원래 구절을 처음 읽었을 때 우리가 느끼지 못했다면, 이것은 우리가 비록 우리 스스로 인종차별주의자는 아니지만, 우리 대부분은 종차별주의자이기 때문일 것이다. 다른 논문들과 마찬가지로, 벤의 입장은 가장 선량한 마음이 지배적인 이데올로기에 의해 쉽게 희생될 수 있음을 나타내는 하나의 경고라 할 수 있다.

주석

1. *The Methods of Ethics* (7th Ed.), p. 382.
2. 예를 들어, R. M. Hare, *Freedom and Reason* (Oxford, 1963); J. Rawls, *A Theory of Justice* (Harvard, 1972)가 있다. 이 주제에 대한 서로 다른 입장 사이의 핵심적 논의에 대한 간략한 설명은, R. M. Hare, "Rules of War and Moral Reasoning," *Philosophy and Public Affairs*, vol. 1, no. 2 (1972)을 보라.
3. *Introduction to the Principles of Morals and Legislation*, ch. XVII.
4. 나는 "종차별주의"라는 용어를 리처드 라이더에게서 빌려 왔다.
5. 쇠고기 또는 송아지 고기의 형태로 1파운드의 단백질을 생산하려면 21파운드의 단백질을 동물에게 먹여야 한다. 다른 형태의 가축은 덜 비효율적이기는 하지만, 미국의 평균 비율은 여전히 1 대 8이다. 이런 방식으로 인간이 상실하는 단백질의 양은 연간 세계 단백질 결핍의 90%에 해당하는 것으로 추산된다. 이에 대한 간략한 설명은 Frances Moore Lappé, *Diet for a Small Planet* (Friends of The Earth/Ballantine, New York, 1971), pp. 4-11을 보라.
6. Ruth Harrison, *Animal Machines* (Stuart, London, 1964). 사육 여건들에 대한 설명은 나의 책 *Animal Liberation* (New York Review Company, 1975)을 보라.
7. In R. Brandt (ed.), *Social Justice* (Prentice-Hall, Englewood Cliffs, 1962), p. 19.
8. Frankena, op. cit., p. 23.
9. H. A. Bedau, "Egalitarianism and the Idea of Equality," in *Nomos IX: Equality*, ed. J. R. Pennock and J. W. Chapman (Atherton Press, New York, 1967).
10. C. Vlastos, "Justice and Equality," in Brandt, *Social Justice*, p. 48.
11. 예를 들어, Bernard Williams, "The Idea of Equality," in *Philosophy, Politics, and Society* (second series), ed. P. Laslett and W. Runciman (Blackwell, Oxford, 1962), p.

118; J. Rawls, *A Theory of Justice*, pp. 509-10.

12. *Nomos IX: Equality*; 인용된 구절은 p. 62ff.

더 생각해 볼 문제

1. 싱어에 따르면, 인권 운동과 동물 권리 운동 사이의 관계는 무엇인가?
2. **종차별주의**는 무엇인가? 싱어에 따르면 그것은 왜 나쁜가? 당신은 그것에 동의하는가?
3. 싱어에 따르면, 모든 인간은 평등한가? 모든 유정적 존재들은 어떤 면에서 평등한가?
4. 싱어에 따르면, 평등한 고려와 평등한 대우 사이의 차이는 무엇인가?
5. 싱어는 어떻게 이익의 평등한 고려라는 개념을 적용하는가?

4장

레건의 동물 권리론에 대한 비판*

메리 앤 워렌

도덕철학에 관한 많은 논문과 책의 저자인 메리 앤 워렌(Mary Anne Warren, 1946-2010)은 샌프란시스코주립대학에서 철학을 가르쳤다.

워렌은 동물권에 대한 레건이 주장을 재구성하고, 그의 동물 권리론이 본래적 가치 (inherent value)라는 모호한 개념에 의존하고 있다고 비판한다. 그리고 나서 워렌은 이성적 인간은 누구나 도덕 공동체의 평등한 일원이라고 주장한다. 왜냐하면 우리는 동물과는 논쟁할 수 없지만, 사람들 간에는 서로의 행위에 대해 논쟁할 수 있기 때문이다. 워렌은 동물들을 잔인하게 대하거나 정당한 이유 없이 죽이지 말아야 한다는 "약한 동물 권리론"을 주장한다.

* *Between the Species*, vol. 2. no. 4, pp. 163-73(1986). 메리 앤 워렌의 허락을 받아 수록함.

톰 레건(Tom Regan)은 적어도 인간 아닌 동물들 가운데 일부는 기본적인 도덕적 권리를 가지며, 그들의 기본적인 도덕적 권리는 우리 인간의 것보다 열등하지 않다는 관점을 고수해 왔다. 레건은『동물 권리론(*The Case for Animal Rights*)』에서, '1살 이상의 모든 정상적인 포유류는 똑같이 기본적인 도덕적 권리를 가진다'라고 주장한다.[1] 인간 아닌 포유류는 인간과 마찬가지로 해를 입거나 죽임을 당하지 않을 본질적으로 동일한 권리를 가진다는 것이다. 이 주장은 유정성(쾌고 감수 능력)을 지닌 일부 동물들에게만 권리를 부여한다는 점에서 동물 해방론자들의 주장보다 약하기는 하지만, 그래도 나는 이 주장을 "강한 동물 권리론의 입장"이라 부를 것이다.[2]

나는 강한 동물 권리에 대한 그의 주장이 설득력이 없으며 더 나아가 이 입장은 합리적인 사람이 받아들일 수 없는 결과를 수반한다고 주장할 것이다. 인간 아닌 일부 동물들이 도덕적 권리를 가지고 있음을 부정하는 것은 아니다. 오히려 나는 모든 유정적 동물들, 즉 즐거움과 만족, 통증, 고통 또는 좌절 등을 경험할 수 있는 동물들 모두를 포함하는 범위까지 권리의 범위를 확장하고자 한다.[3] 그러나 나는 인간 아닌 대다수 동물들의 도덕적 권리가 인간의 도덕적 권리와 동일하다고는 생각하지 않는다.[4] 인간의 권리가 무시당하는 것이 정당화될 수 없는 수많은 상황에서 동물의 권리는 무시될 수 있다. 예를 들어, 사람을 죽이는 이유로서는 정당화될 수 없는 이유가 동물을 죽이는 정당한 이유가 될 수 있는, 주목하지 않을 수 없는 현실이 있다. 이러한 관점은 강한 동물 권리론에 비해 더 넓은 범위의 동물에게까지 권리를 부여한다. 그렇지만 나는 이 관점을 "약한 동물 권리론"이라고 부를 것이다.

나는 레건의 강한 동물 권리론에 대한 입장을 요약하고, 그 주장이 가지는 두 가지 문제점을 지적하는 것으로 논의를 시작하고자 한다. 다음으로, 내가 받아들일 수 없다고 생각하는 강한 동물 권리론의 몇 가지 결과를 탐구할 것이다. 마지막으로 약한 동물 권리론의 입장에 대한 개요를 설명할 것이다.

레건의 논거

레건의 논증은 세 단계로 진행된다. 첫째, 그는 정상적이고 성숙한 포유류들은 유정성을 지닐 뿐 아니라 다른 정신적 능력도 지닌다고 주장한다. 여기에는 감정, 기억, 믿음, 욕구, 일반적인 개념들의 활용, 의도적인 행위, 미래에 대한 감각, 그리고 어느 정도의 자기 인식 능력이 포함된다. 이와 같은 능력을 지닌 생명체를 '삶의 주체(subjects-of-a-life)'라고 부른다. 그리고 그들은 생물학적 의미에서 살아 있을 뿐 아니라 시간이 지남에 따라 더 좋거나 나빠질 수 있는 심리적인 정체성을 지닌 존재이다. 그러므로 그들은 해악을 입을 수도 있고, 이익을 얻을 수도 있다. 이러한 주장은 이치에 맞기도 하고 충분히 옹호될 수도 있다. 레건 책의 이 부분에서 가장 강조하고 있는 것은 인간의 언어를 사용하지 않는 존재들에게 정신적 용어를 적용하는 것에 반대하는 R. G. 프레이(R. G. Frey)와 같은 철학자들에 대한 논박이다.[5] 논증의 두 번째와 세 번째 단계는 문제가 더 많다.

두 번째 단계에서, 레건은 삶의 주체는 본래적 가치(inherent value)를 가진다고 주장한다. 레건의 본래적 가치라는 개념은 공리주의에 대한 반박에서 비롯된다. 레건에 의하면, 공리주의 도덕 이론은 개체들을 도덕적으로 중요한 가치들을 담는 "단순한 수용기(mere receptacles)" 정도로 여긴다. 그래서 공리주의는 그 "단순한 수용기"에게 행해지는 해악이 다른 개체들에게 더 큰 순이익을 창출하는 경우, 이를 정당화한다. 레건은 이러한 공리주의 주장에 반대하면서, 삶의 주체는 그에게 주어진 삶의 경험에 있는 가치와 또 다른 이들의 삶의 경험에 있는 가치들이 각각

독립적이라고 주장한다.

레건이 주장하듯이, 본래적 가치는 정도를 나타내지 않는다. 어떤 개체가 다른 개체보다 더 본래적 가치를 가진다고 주장하는 것은 "완전주의" 이론을 채택하는 것이다. 완전주의 이론은 개체들이 지능이나 도덕적 자율성과 같은 일부 덕목의 전형을 얼마나 갖추고 있느냐에 따라 개체에게 각기 다른 도덕적 가치(worth)를 부여한다. 완전주의 이론은 적어도 아리스토텔레스 이래로 동물에 대한 무제약적인 착취뿐만 아니라 노예제나 남성의 지배와 같은 부정의를 합리화하는 데 이용되어 왔다. 레건은 우리가 이러한 부정의를 거부한다면, 우리는 완전주의 역시 거부할 수밖에 없고, 따라서 모든 삶의 주체가 동등한 본래적 가치를 가지고 있다는 결론을 내려야 한다고 주장한다. 도덕적 행위자(moral agents)는 그들의 행위에 대해 도덕적 책임을 지지 않는 삶의 주체, 즉 도덕적 무능력자(도덕적 수혜자, moral patients)보다 더 많은 본래적 가치를 지니지 않는다.

논증의 세 번째 단계에서, 레건은 모든 삶의 주체의 강한 도덕적 권리를 도출하기 위해 동등한 본래적 가치 논제를 이용한다. 이 논제는 본래적 가치를 지닌 존재들을 "단순한 수용기"처럼 다루는 것을 금지하는 존중의 원리(Respect Principle)를 정초한다. 여기에서 '단순'하다는 것은 최대한의 전반적 선(good)의 창출을 위한 수단을 의미한다. 이러한 존중의 원리는 다음으로 해악의 원리(Harm Principle)의 기반을 제공한다. 해악의 원리는 우리가 본래적 가치를 가진 존재를 해치지 않을 직접적인 **직견적 의무**(*prima facie* duty)를 가지고 있다고 말한다. 이 두 가지 원리, 즉 존중의 원리와 해악의 원리는 도덕적 권리를 낳는다. 권리는 정당한 요구, 특정한 재화에 대한 요구 및 특정 존재, 즉 도덕적 행위자에 대해서 청구할 수 있는 요구로 정의된다. 도덕적 권리는 본래적 가치를 지닌 존재에게 해악을 가하지 말아야 할 의무를 발생시키며, 또한 그들이 다른 도덕적 행위자로부터 위협을 당할 때 그들을 도와야 할 의무를 발생시킨다. 권리는 절대적인 것이 아니기 때문에 특정한 상황에서는 무시될 수 있다. 이런 상황들이 어떤 것인지는 나중에 생각해 볼 것이다. 먼저 지금까지 제시된 이론의 몇 가지 난제를 살펴보도록 한다.

본래적 가치의 수수께끼

본래적 가치는 레건 이론의 핵심 개념이다. 본래적 가치라는 개념은 인간이든 아니든 모든 정상적이고 성숙한 포유류들이 삶의 주체라는 이치에 맞는 주장과 그들이 모두 같은 강도의 기본적인 도덕적 권리를 가진다는 논쟁의 여지가 있는 주장 사이에 걸쳐져 있다. 그러나 본래적 가치는 매우 모호한 개념이며, 그 모호함은 이 용어가 맡은 중요한 역할을 수행할 수 없게 만든다.

본래적 가치는 거의 대부분의 경우에 부정적 용어를 사용해서 소극적으로 정의된다. 본래적 가치는 개체나 다른 누군가가 그 개체의 삶이나 경험에 부여하는 가치에 의존하지 않는다. 레건은 본래적 가치가 (반드시) 유정성이나 어떤 다른 정신적 능력의 함수는 아니라고 말한다. 왜냐하면 비유정적 실체들(예를 들어, 나무, 강, 혹은 바위)도 본래적 가치를 가질 수 있기 때문이다(246쪽). 하지만 개체가 아닌 것들, 즉 종(種), 생태계와 같은 것들은 본래적 가치를 지니지 않는다.

이것들은 본래적 가치가 아닌 것들의 일부이다. 하지만 도대체 본래적 가치란 무엇인가? 유감스럽게도 우리는 레건에게 그것이 무엇인지 듣지 못했다. 본래적 가치는 우리가 단지 믿음으로 받아들여야 할 신비한 비자연적 속성으로 나타난다. 레건에 의하면, '삶의 주체'가 본래적 가치를 가진다는 것은 하나의 가정이다. 이러한 가정은 그것이 순수 공리주의 이론으로부터 파생된 특정한 부조리를 피할 수 있다는 사실에 의해서 정당화된다(247쪽). 하지만 왜 삶의 주체가 본래적 가치를 지닌다고 가정해야 하는가? 어떤 존재자의 본래적 가치가 그 존재자 자신이나 누군가 다른 존재자가 그의 경험에 대해 부여하는 가치로부터 완전히 독립되어 있다면, 왜 그가 특정한 종류의 경험을 가진다는 사실이 그가 본래적 가치를 지닌다는 증거가 되는가? 만약에 그 이유가 '삶의 주체'는 스스로를 더 좋게 하거나 더 나쁘게 할 수 있는 존재이기 때문이라면, 유정적 존재는 모두 그 조건을 만족시키므로, 모든 유정적 존재자는 본래적 가치를 지닌다는 결론이 적절하지 않겠는가? 유정적이지만 정신적으로 다소 미약한 존재는 만족과 좌절에 대해 느끼는 범위가 협소할지도 모른다. 하지만 그렇다고 해서 왜 이들이 본래적 가치를 전혀 가지지 않는다는 혹은 가지지 않을 것이라는 견해에 따라야 하는가?

본래적 가치에 대한 적극적 설명의 부재는 본래적으로 가치 있는 존재와 도덕적 권리를 지니는 존재의 상관관계를 파악하는 것을 어렵게 만든다. 직관적으로 보았을 때, 가치와 권리는 별개이다. 어떤 것들이(예를 들어, 산, 강, 삼나무 등이) 도덕적 권리를 지니지는 않지만 본래적으로 가치 있다고 말하는 것에 논리적 비정합성은 없어 보인다. 또한 식물 종이나 동물 종과 같이 개체가 아닌 종들이 도덕적 권리를 가진다고 말하는 것은 비정합적일지 몰라도, 그런 것들이 본래적 가치를 가진다고 말하는 것은 비정합적으로 보이지는 않는다.

한마디로, 본래적 가치라는 개념은 풀어야 할 너무 많은 문제점을 안고 있는 것으로 보인다. [비자연적 속성의] 본래적 가치에 호소하기보다는 차라리 본래적 가치가 어떤 자연적 속성에 기초해 있다면, 그 속성을 확인하고 그것이 지니는 도덕적 중요성을 설명하는 것이 낫지 않겠는가? 그리고 만약 본래적 가치가 자연적 속성에 기초한 것이 아니라면, 왜 우리는 그것의 존재를 믿어야 하는가? 본래적 가치라는 개념이 이처럼 중대한 다른 문제점을 만들어 낸다면, 비록 그 개념이 공리주의자들이 직면했던 문제들을 피할 수 있게 해 준다고 해도, 그 개념을 받아들여야 할 충분한 이유는 될 수 없다.

뚜렷한 경계선이 있는가?

아마도 가장 심각한 문제는 강한 동물 권리론을 정상적이고 성숙한 포유류가 아닌 동물들에게 적용하려고 시도할 때 발생할 것이다. 레건의 이론은 모든 생명체를 '우리와 같은 본래적 가치와 기본적인 도덕적 권리를 가진 존재'와 '본래적 가치와 도덕적 권리를 지니지 않은 존재,' 두 개의 범주로 나눌 것을 요구한다. 하지만 우리가 그 구분선을 긋더라도, 그와 같은 정확한 구분을 하려는 시도는 적절해 보이지 않는다.

정상적이고 성숙한 포유류들과 그 외의 생명체들을 정확히 구분하고자 하는 것은 매우 임의적이다. 까마귀, 까치, 앵무새, 구관조 등과 같은 새들은 대개의 포유류와 유사한 정신적 섬세함을 지닌 것으로 보인다. 그러므로 그것들은 삶의 주체라는 기준을 똑같이 만족시킬 수 있는 유력한 후보자들이다. 사실 레건도 분명한 구분선을 그으려는 시도에 찬성하지 않는다. 그는 오직 정상적이고 성숙한 포유류들이 [삶의 주체의] 명확한 사례이고, 다른 사례들은 덜 명확하다고 주장했을 뿐이다. 하지만 본래적 가치는 정도의 문제가 아니기 때문에, 그의 이론에서도 이러한 명확한 구분선은 어느 지점이든지 그어져야만 한다. 하지만 우리가 왜 삶의 주체와 그렇지 않은 존재들 사이에 구분선이 있다고 믿어야 하는가? 오히려 어떤 존재들은 약한 자기 인식, 미약한 미래 예측 능력을 지닌 데 비해서, 다른 존재들은 조금 더, 또 다른 존재들은 훨씬 더 많이 기지고 있다고 보는 "주체성(subjecthood)" 개념, 즉 그 정도의 차이를 인정하는 개념이 더 적절하지 않을까?

예를 들어, 물고기, 양서류와 파충류를 삶의 주체로 간주할 수는 없는가? 단순하게 '그렇다'와 '아니다'로 대답할 수 있는 문제는 아닌 듯하다. 어떤 면에서 보면, 그것들의 행위 중 일부는 그것들이 감각, 믿음, 욕구, 감정과 기억이 있다고 가정하지 않고는 설명하기 어렵다. 다른 한편으로 보면, 그것들은 정교한 자기 인식을 보이거나 매우 의식적인 미래 예측을 보여 주는 것 같지는 않다. 그것들은 삶의 주체로 간주해도 될 만큼 충분한 정신적 정교함을 가지고 있는가? 정확하게 얼마만큼이 충분한 것인가?

곤충, 거미, 문어 혹은 무척추동물들은 뇌와 감각기관을 가지고 있지만, 그것들의 마음은 (그것들에게 마음이 있다면) 우리에게는 물고기나 파충류의 것보다 이질적으로 받아들여질 것이다. 그러므로 이것들에 대해서 말하기는 더더욱 어렵다. 이러한 생명체들은 유정적인 듯하지만, 몇몇 사람들은 그것들이 고통을 느낄 수 있다는 것에 대해 의문을 제기한다. 왜냐하면 그것들은 척추동물이 지니는 고통의 충격 과정을 이루는 중요한 신경학적 구조를 결여하고 있기 때문이다. 그것들의 신경 시스템은 우리가 고통을 느끼는 방식과 다를 수도 있기 때문에 이 논증은 결정적인 것이 못 된다. 다쳤을 때 그것들은 마치 고통을 느끼는 것처럼 행동하기도 한다. 이와 같은 쾌고 감수 능력은 명백한 생존적 가치이기 때문에, 진화론적 관점에서 보면 복잡한 감각 체계를 지니고 있고 움직임이 가능한 고등 생명체가 고통(그리고 쾌락)을 느끼기 위한 능력을 계발하지 않았다는 것은 적절하지 않아 보인다. 그러나 거미가 감정, 기억, 신념, 욕구, 자기 인식, 혹은 미래에 대한 감각을 지니는지 여부는 물론이거니와, 그것이 고통을 느끼는지, 무엇을 좋아하는지에 대해서도 우리는 알지 못한다는 것을 인정해야 한다.

보다 더 수수께끼 같은 것은 움직이는 미소동물상(microfauna)의 정신적 능력에 관한 것이다. 기생동물은 눈, 귀, 뇌, 그리고 보다 복잡한 유기체들에게 있는 유정성과 관련된 다른 기관들을 결여하고 있지만, 먹이를 찾는 그것들의 빠르고 효율적인 움직임은 유정성의 한 지표일지도 모른다. 그것들 역시 그다지 개연성이 높지는 않지만 삶의 주체일 가능성은 존재하는 듯하다.

경계선이 명확하지 않은 몇몇 사례들이 존재한다는 것 자체가 도덕 이론에 심각한 문제를 야기하지는 않는다. 하지만 위와 같은 불분명한 사레들 대부분은 타당한 동물 권리론이 다룰 필요가 있는 사례들이다. 삶의 주체라는 기준은 대다수 동물과 우리의 상호작용에 대해서 도덕적인 지침을 거의 또는 전혀 제공하지 못한다. 그러한 도덕적 지침을 제공하는 추가 원칙이 보완될 경우에만 삶의 주체 기준은 받아들여질 수 있을 것이다. 하지만 이 이론의 철저한 이원론이 이런 식으로 그것을 보완하는 것을 방해한다. [이 이원론은] 우리에게 거미가 당신과 나와 마찬가지로 삶에 대한 동등한 권리를 가진다고 말하거나, 아니면 거미는 삶에 대한 권리가 없다고 말해야만 하는 양자택일을 강요한다. 그러나 이원론의 두 선택 중 어느 것이 진실인지는 오직 신만이 알 것이다.

이같이 불명확한 사례들을 다루기 위해 레건은 "의심의 이득(benefit of the doubt)" 원리를 제안한다. "의심의 이득" 원리란, 삶의 주체일 수도 있고 아닐 수도 있는 존재들을 대할 때 우리는 그 존재들이 마치 삶의 주체인 것처럼 행동해야 한다는 것이다.[6] 하지만 이 원리를 의심스러운 모든 사례에 적용하면, 우리는 충족 불가능한 도덕적 의무에 맞닥뜨리게 된다. 많은 기후 환경에서 모기를 쫓거나 바퀴벌레를 박멸하지 않고 사는 것은 실질적으로 불가능하며, 개미를 밟지 않기 위해서 걷기 전에 길을 쓸어 줄 사람을 고용할 수 있는 것도 아니다. 그러므로 우리는 여전히 다양한 생명 형태들의 연속체 위의 어딘가에 분명한 구분선을 그어야 하는 힘든 과제에 직면해 있다. 이번 과제에서는 의심의 이득 원리에 한계를 설정하는 구분선을 그어야 한다.

약한 동물 권리론은 다양한 종류의 동물의 권리에 다양한 강도를 부여할 수 있다는 점에서 이런 범주의 사례들을 다루는 데 좀 더 현실적인 방법을 제공한다. …

왜 동물의 권리는 사람의 권리보다 약한가?

어떻게 우리는 인간의 권리가 인간이 아닌 유정적 존재의 권리보다 일반적으로 더 강하다는 것을 정당화할 수 있는가? 종교적 전제나 거짓 주장 또는 증명되지 않은 주장들에 근거해서 인간과 인간 아닌 존재 사이의 차이를 정당화하려는 잘못된 논의들이 넘쳐난다. 하지만 분명하게 도덕적으로 관련 있는 차이점이 하나 있다. 인간은 (최소한 때때로) 이성적 논증의 힘에 의해 행동을 하거나 하지 않을 수 있는 능력이 있는 존재라는 것이다. 합리성은 다른 정신적 능력들에, 특히 레건이 삶의 주체 기준으로 언급한 능력들에 달려 있고, 우리는 많은 다른 동물들과 이러한 능력들을 공유한다. 그러나 우리가 서로를 기본적인 도덕적 권리를 가진 동등한 존재로서 인식할 수 있고 또 인식해야 한다고 도덕적으로 강제하는 것이 단지 우리가 삶의 주체이기 때문만은 아니다. 그것은 또한 우리가 우리의 갈등을 해결하고 공동의 과제에 협력하기 위해 "이성에 귀를 기울일" 수 있기 때문이기도 하다. 이 능력은, 여타의 능력들과는 달리, 인간 언어와 같은 것을 필요로 한다.

왜 합리성이 도덕과 관련성이 있는가? 합리성이 인간을 다른 동물들보다 "더 나은 존재" 혹은 좀 더 "완벽한 존재"로 만들지 않는다. 합리성을 지닌다고 해서 우리가 자동적으로 지성적인 존재가 되는 것도 아니다. (나쁜 추론은 우리의 지성의 효율성을 증대하기보다 오히려 감소시킨다.) 하지만 그것은 협력의 가능성과 문제의 비폭력적인 해결의 가능성을 높인다는 점에서 도덕과 관련이 있다. 또한 그것은 우리를 비이성적인 존재들보다 더 위험하게 만들기도 한다. 우리는 늑대보다 잠재적으로 더 위험하고 더 예측할 수 없다. 그렇기 때문에 우리는 행위를 규제하기 위한 확실한 도덕 체계를 필요로 한다. 장기적으로 작동 가능한 인간의 도덕은 모든 사람의 평등한 도덕적 지위를 인정해야만 한다. 동등하게 기본적인 도덕적 권리를 가정해서건, 아니면 다른 방식을 통해서건, 어떤 식으로든 모든 사람의 평등한 도덕적 지위를 인정해야만 한다. 다른 사람의 도덕적 평등을 인정하는 것은 우리의 도덕적 평등을 인정받기 위해 우리 각자가 지불해야만 하는 대가이다. 도덕적 평등의 상호 인정이 없다면,

인간 사회에는 혼란과 쓰디쓴 분쟁의 상태만이 존재할 것이다. 성별 간의 전쟁은 성차별주의와 남성 지배가 존재하는 한 지속될 것이다. 인종차별주의 법률과 관행이 존재하는 한 인종 갈등은 결코 없어지지 않을 것이다. 하지만 우리가 평등에 대한 상호 인정을 이룩하는 한에서 우리는 늑대들처럼 평화롭게 더불어 살아가기를 희망할 수도 있다. 늑대들은 명시적인 도덕적 원리를 필요로 하지 않겠지만, 우리는 명시적인 도덕원리를 통해서 (부분적으로) 평등에 대한 상호 인정을 성취한다.

다른 생물체들은 도덕적 평등에 대한 인식을 가질 수 없고, 그래서 우리를 도덕적으로 평등하게 대해 줄 수도 없다. 그렇다고 하더라도 우리의 도덕적 평등에 대한 인식을 그것들에게까지 확장하는 것은 어떨까? 대답은, 우리는 그렇게 할 수 없다는 것이다. 물론 우리는 항상 인간 아닌 동물들에게 해를 끼치지 않기 위해서 노력해야 한다. 우리는 대부분의 인간 아닌 동물들과 함께 이성적 논의를 할 수 없기 때문에 동물들에게 해를 끼치지 않으면서 그들이 야기한 문제들을 늘 해결할 수는 없다. 우리가 야생 고양이 및 여우와 협상을 통해서 적당한 먹이 공급을 대가로 멸종 위기에 처한 토착종에 대한 포식을 금지하는 조약을 맺을 수는 없는 것이다.

> 집 안으로 침입한 쥐와 … 이성적 논의를 통해서 그것이 우리에게 저지른 부정의를 설득하는 것은 불가능하다. 우리는 단지 그것을 제거할 수 있을 뿐이다.[7]

온전한 도덕적 지위는 이성적 논의에 기초해서 자신의 행동을 바꿀 수 있는 능력과 관련 있다는 아리스토텔레스의 논증은 틀리지 않았다. 그는 자유인이 이 온전한 도덕적 지위를 가진다고 생각했다. 하지만 여자와 노예는 그 본성상 자율적인 도덕적 행위자로서 기능하기에 충분한 이성적 능력을 지니지 못했다는 그의 전제는 틀렸다. 이 전제가 참이라면,

여성과 노예는 자유인(남성)과 도덕적으로 동등하지 않다는 결론이 나온다. 대다수 인간 아닌 동물들에게 적용될 경우에 이 전제는 참이다. 다른 한편으로, 만약에 우리와 함께 이성적 논의를 할 수 있는 동물들 또는 우리가 이성적 논의를 가르칠 수 있는 동물들이 있다면, 우리는 그것들과 이성적 논의를 할 의무가 있고 또 그것들을 우리와 도덕적으로 동등한 존재로 대해야 할 의무가 있다.

그래서 우리는 아리스토텔레스의 논증과 같은 종류의 완전주의 이론을 받아들이지 않고도, 오직 인간만이 이성적 논증에 기초해 스스로의 행동을 바꿀 수 있다는 것을 근거로 해서 인간의 권리와 대다수 다른 동물의 권리를 정당하게 구별할 수 있다. 우리가 일부 사람들이 우리만큼 충분히 이성적이지 않다는 것을 근거로 그들의 도덕적 평등을 인정하지 않는 것은 정당하지 않다. 왜냐하면 아주 분명한 것은 대부분의 사람들은 다른 사람들의 기본권을 존중하기 위해 (그들이 그렇게 하기로 선택한다면) 어떻게 행동해야 하는지를 결정하기에 충분한 이성을 가지고 있다는 것이며, 그리고 도덕적 평등을 위해서라면 그 정도만으로도 충분하기 때문이다.

하지만 이성적이지 않은 게 분명한 사람들은 어떠한가? 고등 정신 능력이 결여되어 있는 유아와 정신적으로 무능한 사람들도 동등한 기본적인 도덕적 권리를 가진다는 데 대해서는 거의 모든 사람들이 동의한다. 그렇기 때문에 합리성과 같은 높은 수준의 정신 능력이 평등한 기본적인 도덕적 권리를 소유하는 데 필수적인 것은 아니라는 주장이 제기된다. 그러나 이 논증이 결정적인 것은 아니다. 왜냐하면 이성 능력을 소유하지 못한 인간을 보호하기 위한 강력한 실천적·감정적 이유들이 존재하는 반면에 대부분의 인간 아닌 동물들의 경우에는 이러한 이유들이 존재하지 않기 때문이다. 유아나 정신적으로 무능한 사람은 우리 모두가 언젠가 경험했거나 경험할 가능성이 있는 인간의 조건이다. 또 우리가 유아나 정신적으로 무능한 사람들을 보호하는 것은 그들을 배려하기 때문이다. 우리는 보통 이와 같은 방식으로 동물들을 배려하지 않는다. 우리가 동물들을 이와 같은 방식으로 배려한다면(예를 들어, 매우 애정이 있는 애완동물의 경우와 같이), 그것은 동물들이 우리와의 관계 때문에 특별한 권리들을 가진다고 생각하기 때문이다. 우리는 동물들을 위해서 뿐만 아니라 우리 스스로를 위해서, 즉 그것들에게 가해진 해악 때문에 우리가 마음 아프지 않기 위해서 그것들을 보호하는 것이다. 레건은 이러한 "부수적인 효과"는 도덕적 권리와 무관하다고 주장한다. 그리고 아마 그럴 것이다. 하지만 일상적인 용법에서, 도덕적 권리와 권리가 아닌 도덕적 보호 사이에 명확한 구분선이 없다. 유아나 정신적으로 무능한 사람도 강한 도덕적 보호를 받는 것이 인간 아닌 동물들이 인간들과 동일한 기본적인 도덕적 권리를 가지고 있다는 것을 증명해 주는 것은 아니다.

도대체 왜 "동물 권리"에 대해 말하는가?

만약, 내가 주장한 바와 같이, 현실이 우리가 모든 동물을 우리와 도덕적으로 대등한 존재로 취급하는 것을 막는다면, 왜 우리는 여전히 그것들에게 권리를 부여해야 하는가? 동물들이 인간의 학대로부터 어느 정도 보호받을 권리가 있음은 모두들 동의한다. 하지만 우리가 대부분의 동물들을 우리와 도덕적으로 동등하다고 받아들일 준비가 되어 있지 않다면, 왜 동물의 권리를 말하는가? 약한 동물 권리론의 입장은 동물이 우리와 같은 기본적인 도덕적 권리를 가지고 있다는 대담한 주장과 동물에게는 전혀 권리가 없다는 보다 더 일반적인 견해 사이에 있는 불안정한 절충안으로 보일 수도 있다.

도덕적 권리의 개념을 분석하고 몇몇 혹은 모든 동물이 권리를 소유할 만한 조건을 충족하는지 확인함으로써 그것들이 도덕적 권리를 가진다는 논제를 증명하거나 반증하는 것은 아마도 불가능할 것이다. 도덕적 권리라는 개념은 복잡하다. 그리고 그 개념의 본질적 의미의 맥락이 명확하지 않다. 권리라는 패러다임의 소유자들, 즉 성숙하고 정신적으로 온전한 인간들은 이성적이면서 도덕적인 두 측면에서 자율적인 존재이며 유정적인 삶의 주체이다. 동물 권리에 반대하는 사람들은 이성과 도덕적 자율성이 권리를 소유하는 데 필수적이라고 주장하는 반면, 동물 권리의 옹호자들은 그들이 틀렸다고 주장한다. 도덕적 권리의 일반적인 개념으로, 즉 그 개념의 순수한 정의(定義)만 가지고 누가 권리를 가지는지 결정하는 것은 충분하지 않을 것이다.

　논리적인 분석이 동물이 도덕적 권리를 가지는지에 관해서 답을 주지 못할 수 있다. 그렇다면 실천적인 고려가 우리에게 동물이 도덕적 권리를 가진다고 말해 줄 수 있을 것이다. 동물들이 도덕적 권리를 가지고 있다는 견해에 대한 가장 타당한 대안은 동물이 권리를 가지지 않음에도 불구하고 우리는 그것들을 잔인하게 대하지 말아야 한다는 것이다. 동물들을 잔인하게 대하지 말라는 명령이 동물에 대한 우리의 의무를 표현하기에 부적절하다는 레건의 주장은 설득력이 있다. 왜냐하면 그것은 동물들 스스로가 겪을 해악보다, 동물들에게 고통을 주는 사람들의 정신 상태에 초점을 맞추기 때문이다(158쪽). 잔인함은 아픔이나 고통을 주거나, 아픔이나 고통을 통해 즐거움을 느끼는 것 혹은 그것에 대해 다소 무관심한 것이다. 그러므로 잔인함의 거부라는 관점에서 동물의 적절한 대우에 대한 요구를 표현하는 것은 동물에게 고통을 주는 사람은 잔인하지 않다는 너무 쉬운 대답을 불러들이는 것이다. 왜냐하면 그들은 그들이 야기한 고통을 후회하지만 그들이 한 행동이 정당하다고 진심으로 믿기 때문이다. 동물 살해가 비교적 고통 없이 행해지는 한 [잔인하지 않기 때문에] 어떤 이유로도 동물들의 살해를 방지할 수 없다. 이 점에서 잔인함을 피하라는 명령 역시 동물의 적절한 대우를 표현하는 데는 충분하지 않다.

　잔인함 반대론의 불충분성은 동물 권리론을 주장하기 위한 하나의 실천적 이유를 제시한다. 또 다른 실천적 이유는 오늘날 거의 모든 중요한 도덕적 주장이 권리라는 용어로 표현되는 경향이 있다는 것이다. 그러므로 동물이 권리를 가지고 있다는 것을 부정하는 것은, 아무리 신중하게 제한 조건을 달더라도, 우리가 인간의 권리를 침해하지 않는 한 동물들에게 하고 싶은 것은 무엇이든 해도 된다는 오해를 불러일으킬 가능성이 크다. 이와 같은 맥락에서, 동물의 권리에 대해 말하는 것은 많은 사람이 동물 학대에 대해 진지하게 항의하도록 설득하는 유일한 방법일 수 있다.

이와 같은 노선의 논증을 더 확대해서 나무, 산, 바다 혹은 그 외의 파괴로부터 보호하고 싶은 것 등이 권리를 가진다고 말하는 것은 어떨까? 어떤 환경주의자들은 주저 없이 이와 같은 방식으로 말한다. 그들은 자연 세계의 그러한 구성 요소들을 보호하는 것에 중요성을 부여하기 위해서 이런 수사적인 장치를 사용한다. 그렇다고 해서 그들을 비난할 수는 없다. 하지만 나는 도덕적 권리가 일부 유정적 능력을 지닌 개체에게만 의미 있게 적용될 수 있다고 주장한다. 왜냐하면 도덕적 권리는 권리 소유자들을 해악으로부터 보호하거나 그들에게 중요한 이익을 제공하기 위해 고안된 보호물이기 때문이다. 오직 유정적 존재들만이 그들에게 중요한 방식으로 해를 입거나 이익을 얻을 수 있다. 왜냐하면 유정적 존재만이 그들에게 발생한 무엇을 좋아하거나 싫어할 수 있고, 다른 존재를 위해 어떤 조건을 더 선호할 수 있기 때문이다. 따라서 산, 강 혹은 종(種)과는 달리 유정적 동물들이 최소한 논리적으로 가능한 도덕적 권리를 가질 수 있는 후보자들이다. 이 사실은 오늘날 과학 분야 등에서 동물 학대를 종식시킴과 동시에 동물의 권리를 말할 수 있는 타당한 사례를 제시한다.

결론

나는 정상적이고 성숙한 포유류에게 강한 도덕적 권리가 있다는 레건의 강한 도덕 권리론은 설득력이 떨어진다고 주장한다. 왜냐하면 (1) 단지 소극적 용어로서 정의된 본래적 가치라는 개념에는 여전히 모호함이 남아 있고, (2) 대부분의 유정적 동물의 도덕적 지위에 관한 어떤 타당한 답변도 제공하지 못하고 있는 듯하기 때문이다. …

약한 동물 권리론은 다음과 같이 주장한다. (1) 자연적 삶의 방식이 특정한 만족의 추구를 포함하는 모든 생물체는 그러한 만족을 추구할 기회를 박탈당하지 않을 권리가 있다. (2) 고통, 괴로움 혹은 좌절을 느낄 수 있는 어떤 생물체도 어떤 타당한 이유 없이 이와 같은 경험을 하지 않을 권리를 가진다. 그리고 (3) 어떠한 유정적 존재도 합당한 이유 없이 죽임을 당해서는 안 된다. 하지만 도덕적 권리는 전부 아니면 무(all or nothing)의 문제가 아니다. 인간 아닌 유기체의 권리는 이성을 지닌 정도에 따라서 무시될 수 있다. 어떤 하나의 인간 아닌 유기체가 지닌 이성의 정도는 그 유기체가 유정적 존재일 확률과 (유정적 존재임이 분명하다면) 그것이 어느 정도 정교한 정신적 능력을 지닐지의 확률에 따라 달라진다. …

주석

1. Tom Regan, *The case for Animal Rights* (Berkeley: University of California Press, 1983) 이 글에 인용된 부분은 모두 이 판본에서 참조한 것이다.
2. 예를 들어, 피터 싱어 스스로는 권리에 대해 언급하는 것을 좋아하지 않음에도 불구하고, 같은 이익에 대한 동등한 존중이라는 기본적인 공리주의 원리의 보호 안에 모든 유정적 존재를 포함시킨다. (*Animal Liberation* [New York: Avon Books, 1975], p. 3)
3. 본문에 언급된 모든 정신적 능력들과 마찬가지로 유정적 존재의 능력은 성향이다. 성향은 현재 나타나지 않는다고 해도 사라지지 않는다. 그러므로 잠자고 있거나 일시적인 무의식 상태인 인간 혹은 인간 아닌 동물들도 그들이 경험하기 위해 필요한 신경계를 가지고 있는 한 유정성을 지닐 수 있다는 의미에서 여전히 유정적 존재이다.
4. 아마도 고래목과 유인원 같은 몇몇 인간 아닌 동물들이 인격체로 간주될 가능성이 있다. 만약 그렇다면, 약한 동물 권리론은 이 동물들이 인간들과 같은 기본적인 도덕적 권

리를 가진다고 주장할 것이다.

5. R. G. 프레이의 다음 책을 참조하라. *Interests and Rights: The Case Against Animals* (Oxford: Oxford University Press, 1980).

6. 예를 들어 레건의 p. 319를 보라. 이 부분에서 레건은 의심의 이득 원리에 호소해서 영아 살해와 임신 후기의 낙태 문제를 다룬다.

7. Bonnie Steinbock, "Speciesism and the Idea of Equality," *Philosophy* 53(1978), p. 253.

더 생각해 볼 문제

1. 레건 입장에 대한 워렌의 비판을 검토해 보라. 그녀의 비판의 요지는 무엇인가? 그녀의 비판은 얼마나 설득력이 있는가?

2. 우리가 동물들에게는 부여하지 않지만 인간에게는 부여하는 도덕적 권리의 기준은 무엇인가? 당신은 워렌의 논증에 동의하는가?

3. 약한 동물 권리론이란 무엇인가? 그것에 대한 워렌의 논증은 무엇인가?

Population and Consumption

2부

인구와 소비

약 2,000년 전 지구에는 3억 명의 사람들이 있었다. 이는 2006년 미국 인구에 해당한다. 19세기에 인구는 10억에 이르렀고, 20세기 말에 60억, 2012년에는 70억에 도달했다. 2024년에는 80억에 도달할 것으로 예측된다. UN이 제시한 최근 예측에 따르면 인구는 2100년경 109억 명에 도달할 것으로 예상된다.[1] 인구 증가는 얼마나 심각한 문제인가? 사람이 많을수록 더 많은 음식, 물, 에너지가 필요하고 사람에 의해 산출되는 오염 역시 증가한다. 지구가 적절하게 유지할 수 있는 사람의 숫자는 얼마일까?

1972년, 베리 코모너(Barry Commoner), 파울 에를리히(Paul Ehrlich), 그리고 존 홀드렌(John Holdren)은 현재 **IPAT 방정식**으로 알려진 공식을 개발했다.[2] 이 방정식에 따르면, 환경 영향(I)은 인구(P), 풍요도(A), 기술(T)의 함수, 즉 $I = P \times A \times T$이다.

인구는 인류에게 미치는 전반적인 환경 영향의 중요한 구성 요소이지만, 단지 하나의 구성 요소일 뿐이다. 인구 증가는 사망률(연간 사망자 수)과 출산율(연간 출생자 수)의 문제이다. 지난 2세기 동안 인구 증가의 대부분은 사망률 감소에 의한 것이었다. 전보다 많은 질병을 예방하거나 치료할 수 있게 되었고, 특히 선진국에 사는 사람들은 더 건강하고 오래 살 수 있게 되었다. 최근 총 인구는 증가한 반면, 출산율은 사실상

---

1. United Nations, Department of Economic and Social Affairs, Population Division, "World Population Prospects: The 2012 Revision, Volume I: Comprehensive Tables ST/ESA/ SER.A/33," 2013, http://esa.un.org/wpp/Documentation/pdf/WP 원리2012_Volume-I_ Comprehensive-Tables.pdf.
2. Paul Ehrlich and John Holdren, "A Bulletin Dialogue on the 'Closing Circle' Critique: One-Dimensional Ecology," *Bulletin of the Atomic Scientists* 28(1972): 16, 18-27; and Barry Commoner, "A Bulletin Dialogue on the 'Closing Circle' Critique-Response," *Bulletin of the Atomic Scientists* 28(1972): 17, 42-56를 참조하라.

감소했다(1960년대 여성 1인당 평균 5명에서 오늘날 여성 1인당 평균 2.5명으로 출산 감소). 선진국과 개발도상국의 출산율에는 큰 차이점이 있다. 대부분의 선진국에서는 대체로 출산율이 낮으며, 인구 성장보다는 감소를 경험한다. 반면 최빈국에 해당하는 개발도상국은 높은 출산율(또한 높은 사망률, 특히 어린이의 높은 사망률)을 보이는 경향이 있다. 출산율은 다음 세기에 걸쳐 전 세계적으로 감소할 것으로 예상된다. 만약 현 상태로 출산율이 유지된다면, 2100년까지 인구는 109억이 아닌 286억 명으로 증가할 것이다.[3]

환경 영향에 기여하는 또 다른 구성 요소는 풍요도이다. 현재 맥락에서 풍요도란 1인당 재화 소비량을 의미한다. 각 개인의 소비 수준이 높을수록 (자원의 사용, 오염 방출 등의 측면에서) 각 개인이 환경에 미치는 영향은 더 커진다. 그러므로 우리는 인구의 숫자뿐만 아니라 각 개인이 소비하는 자원의 양에도 관심을 기울여야 한다. 지난 세기 동안, 특히 부유한 국가에서의 소비율이 증가해 왔다. 사실, 인류는 그 이전의 모든 인류 역사에서 소비한 것보다 1958년에서 2008년 사이에 더 많은 자원을 소비했다.[4] 예를 들어, 1960년과 2008년 사이에 미국인 1인당 소비율은 세 배 가까이 증가했다.[5] 오늘날 미국인은 유럽인의 2배, 중국인의 5배, 인도인의 11배, 아이티인의 18배에 해당하는 환경 피해를 유발하고 있다. 전 세계 인구의 5%에 불과한 미국인들이 33%의 자원, 25%의 재생불가능 에너지를 사용하고, 33%의 환경오염 물질을 방출한다. 중국의 14억 인구가 전 세계 생태 수용력(biocapacity)의 21%를 사용하는 동안

3. United Nations, Department of Economic and Social Affairs, Population Division, "World Population Prospects: The 2012 Revision."
4. International Partnerships for Sustainable Resource Management, "Exploring Elements for a Work Plan (2008–2010)" (UNEP/IRM/SC/0711/06) (Geneva: United Nations Environment Program, 2008).
5. Erik Assadourian, "The Rise and Fall of Consumer Cultures," in Linda Starke and Lisa Mastny, eds., *State of the World 2010: Transforming Cultures From Consumerism to Sustainability* (New York: W.W. Norton, 2010), 4.

미국의 3억 2백만의 사람들이 전 세계 생태 수용력의 23%를 사용한다.[6]

많은 관측통들이 이 같은 수치들은 부유한 국가들이 그들의 소비 열정을 완화해야 함을 보여 주는 것이라 주장한다. 풍요로운 서구 사회는 소비 지상주의를 거부하고 삶을 단순화시켜야 한다. 빈곤한 개발도상국은 교육과 적절한 기술을 통해 삶의 질을 향상시킬 수 있어야 한다(머독과 오튼의 주장대로, 빈곤국의 경제 사회 개발은 종종 출산율을 현저히 감소시킨다).

기술은 환경에 영향을 미치는 세 번째 요소이다. 기술은 동일한 면적의 땅에서 더 많은 사람들을 먹여 살릴 수 있도록 농작물 수확량을 증가시킬 수 있고, 소비의 파괴력을 감소시켜서 오염을 줄일 수 있다. 기술은 에너지 생산성과 효율성을 향상시킬 수 있고, 자원 분배를 개선해서 낭비를 줄일 수 있다. 또한 기술은 건강, 교육 및 출산율 감소를 위한 여타의 사회적 조건들을 향상시킬 수 있다.

우리는 인구 증가를 제한하는 사례를 간단명료하게 제시하는 빌 매키번(Bill Mckibben)의 글로 논의를 시작한다. 이 글은 몇 가지 데이터를 제공한다.

다음으로 엘리노어 오스트롬(Elinor Ostrom)과 공동 저자들은 하딘의 공유물 문제 분석이 잘못되었다고 주장한다. 실제 공유 자원이 어떻게 관리되는지에 관한 연구를 인용하면서, 많은 집단이 민영화나 법적 제재보다는 진화된 상호 호혜적 규범에 성공적으로 의존하고 있다는 점을 지적한다. 그러나 모든 공유물이 성공적으로 관리되는 것은 아니다. 저자들은 성공적인 관리 혹은 실패한 관리를 이끄는 다양한 요인들에 대해 논의한다.

세 번째 글에서 재클린 카선(Jacqueline Kasun)은 매키번이나 하딘과 같은 이론가들을 비판한다. 카선은 현재 지구에 살고 있는 사람들보다

---

6. Global Footprint Network, "Humanity Now Demanding 1.4 Earths," http://www.footprintnetwork.org/en/index.php/newsletter/bv/humanity_now_demanding_1.4_earths.

훨씬 더 많은 사람을 부양할 수 있는 충분한 식량과 자원이 존재하며, 기술은 우리의 자원 사용의 효율성 증가를 약속한다고 주장한다. 인구 증가는 부담이 아니라, 실제로는 축복이다. 인구 증가는 농업과 경제 투자를 자극하고, 정부와 부모가 교육에 더 많은 자원을 투자하도록 장려하며, 더 많은 사람이 더 많은 아이디어를 창출하고 교환하도록 영감을 불어넣는다. 카선은 지배 엘리트들의 이해 관심과는 반대로, 우리는 인구 증가가 제공하는 확대된 기회를 가지고 창의적으로 살아가는 방법을 배워야 한다고 주장한다.

마지막 글에서 하딘은 그의 유명한 글인 「구명보트 윤리(Lifeboat Ethics)」를 통해, 마치 구명보트와도 같은 풍요로운 사회는 자원 공유를 거부함으로써 그들 스스로 생존을 지켜야 한다고 주장한다. 이들이 자신의 자원을 가난한 나라에 나누어 주거나 가난한 이민자를 받아들이는 것은 구명보트를 전복시킬 위험이 있는 승객을 추가로 탑승시키는 것과 같다. 그것은 그들에게도 우리 자신에게도 도움이 되지 않는다. 완벽한 분배 정의를 목표로 하는 것은 완벽한 재앙을 초래한다. 게다가 우리는 우리가 가난한 사람들을 돕고자 할 때 고통을 받게 될 우리의 자녀와 후손에 대해 의무를 져야 한다.

5장

역사의 특별한 순간:
인구과잉과 과소비의 도전*

빌 매키번

빌 매키번(Bill McKibben)은 뉴욕주 애디론댁에 살고 있는 환경주의자이자 작가이다. 2009년 『포린폴리시(*Foreign Policy*)』지는 매키번을 세계 100대 사상가 중 한 명으로 선정하였다. 그는 기후변하 활동에 전념하는 국제기구인 350.org의 창립자이다. 매키번은 23개 국어로 번역된 『자연의 종말(*The End of Nature*)』(1989)을 비롯한 15권의 책의 저자이기도 하다.

그는 이 책을 통해 우리가 직면한 환경적 위기 때문에 우리는 지구의 단기적 혹은 장기적 미래를 결정할 수 있는 특별한 시기에 살고 있다고 주장한다. 세계 인구는 두 배로 증가하고, 더 많은 사람이 더 많은 자원을 소비하면서 더 많은 오염 물질을 발생시키고 있고, 그 오염 물질을 투기할 곳은 점점 줄어들고 있다. 그래서 우리가 앞으로 몇 십 년 동안 내리는 결정들이 지구와 다음 세대의 운명을 결정짓게 될 것이다.

* *The Atlantic Monthly* (May, 1998)에 실린 글을 저자의 허락을 얻어 수록함.

… 우리는 특별한 시기를 살고 있는 것 같다. 우리는 인간이 농경을 시작한 1만 년 전 이래로 가장 이상하고 완전히 색다른 순간을 살고 있는 것 같다. 그때부터 시간은 한 방향에서 더 많은 방향으로 흘렀고, 우리는 그것이 곧 진보라 여겼다. 처음에 그 진보의 가속은 거의 감지할 수 없을 만큼 서서히 진행되었고, 전쟁과 암흑기, 전염병과 금지로 인한 통제를 받기도 했다. 그러나 최근 몇 세기 동안의 움직임은 마치 아시아 초원에서 히말라야에 오르는 것과 같은 가파른 그래프 곡선을 그리고 있다. 우리는 꽤 높은 곳까지 올라왔다. 물론 50년 전에도, 그보다 50년 전에도, 또 그보다 50년 전에도 누군가가 이렇게 얘기했을 것이다. 그러나 그 판단들은 시기상조였다. 지난 150년간 인구는 4배 증가했다. 우리가 재배하는 식량의 양은 지속적으로 빠르게 늘어나고 있다. 우리의 경제 규모는 그야말로 폭발적이다.

그러나 지금, 바로 지금이 특별한 순간인 것 같다. 서구 사회에서 일어난 많은 일 가운데서도 아주 특별한 것은 인간이 한 명의 아이만 출산한다는 것, 그래서 인간이 이렇게 자발적으로 낮은 출산을 유지한다는 것이다. 이러한 노력이 정말 필요한 것일까? 우리는 마침내 한계에 부딪힌 것일까?

이 질문에 답하기 위해서 우리는 또 다른 질문을 해 볼 필요가 있다. 가까운 미래에 얼마나 많은 사람이 살게 될까? 우리가 지구를 바라보는 방식을 바꿀 수 있는 새로운 소식이 있다. 이 소식은 우리가 특별한 순간을 살고 있다는 지표이고, 적어도 언뜻 보기에는 희망적이다. 새로운 인구학적 증거가 보여 주는 바에 따르면, 최소한 오늘 태어난 아이는 그의 생전에 인구의 최고 정점을 볼 수 있게 될 것이다.

아프리카의 최빈국을 제외하고, 국가에서 출산을 통제하는 중국뿐만 아니라 전 세계 거의 모든 국가에서 사람들이 점점 아이를 적게 낳는 추세이다. 2차 세계대전 이후 어느 시기보다 지금의 인구 증가율은 최저 수준이다. 지난 30여 년간 중국을 제외한 개발도상국 여성들이 가지는 아이의 숫자는 평균 6명에서 4명으로 줄었다. 심지어 방글라데시에서도 아이의 숫자는 평균 6명에서 4명 미만으로 줄었고, 무슬림인 이란에서도 4명으로 줄어들었다. 이와 같은 추세가 계속된다면, 세계의 인구가 다시는 두 배로 증가하지 않을 것이다. 유엔의 중간 보고서는 현재 60억 미만의 인구가 100억에서 110억으로 늘어날 것이라고 예측한다. 세계 인구는 여전히 기록적인 속도로 성장하고 있다. 우리는 매달마다 뉴욕시만큼의 인구를, 매년마다 멕시코만큼의 인구를, 매 10년마다 거의 인도만큼의 인구를 증가시키고 있다. 그러나 인구 성장률은 더 이상 "기하급수적인," "불가피한," "거침없는," "억제되지 않는," "방지할 수 없는"이라는 수식어를 붙이지 않아도 될 만큼 둔화하고 있다. 현재의 추세가 지속된다면, 세계 인구는 21세기가 끝나기 전에 거의 성장을 멈출 것이다.

그래도 아주 금방 그렇게 되지는 않을 것이다. 우리가 해왔던 것을 계속해서 유지할 수 있는 방안은 없다. 1990년대에 발생한 인구의 증가는 1600년대의 총 인구를 능가한다. 1950년 이래로 이루어진 인구 증가는 그 이전의 400만 년 동안에 이루어진 인구 증가를 넘어선다. 최근 급격한 증가율을 보이는 이유는 분명하다. 역사적으로 산업혁명이 인구 증가율을 상당히 빠르게 높인 것은 사실이지만, 정말로 증가율을 가속화한 것은 2차 세계대전이 끝난 후 제3세계로 확산된 공중 보건 혁명이었다. 백신과 항생제가 거의 같은 시기에 등장하였고, 곧바로 인구 성장이 찾아왔다. 1940년대 후반 스리랑카의 기대 수명은 매해 매달마다 지속적으로 상승했다. 이것이 중대한 차이를 만들어 냈다. 미국의 경우, 만약 20세기 내내 사망자 수의 비율이 20세기 초반과 같았다면, 미국의 인구는 2억 7천만 명이 아니라 1억 4천만 명이 되었을 것이다.

2차 세계대전 이후 인구 증가 속도가 빨랐던 이유에 대한 설명이 상대적으로 쉬운 일이라면, 현재 성장이 둔화한 이유를 설명하는 것은 어려운 일이다. 전문가들은 확신에 찬 답을 제공하지만, 이 대답들 중에는 모순되는 것도 있다. 즉, "발전이 최고의 피임" ─ 혹은 교육, 여성의 권한 증대, 가족이 아이 갖는 것을 미루는 힘든 시기가 그러한 것들이다. 이러한 답변들 각각에는 반대되는 사례들이 존재한다. 아랍의 오만 지역 여성의 97%가 피임을 알고 있지만, 그녀들은 아직도 6명 이상의 자녀를 출산한다. 터키 여성도 일본 여성만큼 피임을 하지만, 일본 여성에 비해 2배 이상의 출산을 한다. 이 외에도 많은 사례들이 있다. 아프리카 몇몇 나라를 제외하고 인구 성장률을 늦추는 것은 에이즈가 아니다. 50만 명을 죽음에 이르게 한 르완다의 내전과 같은 공포도 아니다. 그 정도의 인구 손실은 이틀이면 지구가 만회할 수 있는 숫자이다. 중요한 것은 남녀들이 얼마나 많은 아이를 출산하고 싶어 하느냐 하는 것이다.

감소가 지속될 것인가? 그렇게 된다면 더 좋을 것이다. 유엔 중간 보고서는 개발도상국의 여성들이 이제 곧 인구 성장이 안정되는 비율인 한 명당 2명의 자녀를 출산할 것이라 추정한다. 만약 출산율이 현재 수준을 유지한다면, 인구는 150년 만에 2,960억 명이라는 어마어마한 숫자에 도달할 것이다. 여성 한 명당 자녀 수가 2.5명으로 감소하고 그 이후 감소하지 않더라도, 인구는 280억 명에 도달할 것이다.

하지만 이번엔 인구통계학자들의 말이 옳다고 믿어 보자. 우리는 이미 방향을 전환했고, 그래서 우리가 성장의 최종 지점에 들어섰다고 믿어 보자. 지구의 인구가 정말로 딱 한 번만 더 두 배가 된다고 하면, 여기에 좋은 소식과 나쁜 소식이 있다. 좋은 소식은 우리 인구수가 영원히 증가하지 않는다는 것이다. 나쁜 소식은, 이미 우리는 60억에 이르렀고, 이는 지구가 지탱하기 위해 안간힘을 쓰는 숫자라는 점이다. 여기에 인구가 40억이나 50억 정도 더 늘어나 두 배 가까이 될수록 그 부담 역시 거의 두 배가 될 것이다. 이것들이 낙타의 등을 부러뜨리는 50억 개의 짚들이 될까?

커다란 의문들

우리는 가까운 미래에 얼마나 많은 사람이 살게 될까라는 물음에 답을 찾아 왔다. 하지만 우리가 한계점에 얼마나 근접했는지 알아내기 위해서, 우리는 다른 질문을 할 필요가 있다. 우리는 얼마만큼 큰가? 이것은 그렇게 단순한 문제가 아니다. 우리가 얼마나 많은 음식과 에너지, 물과 미네랄을 소비하느냐에 따라 크게 달라질 뿐 아니라, 시간이 지남에 따라 우리들 각각도 변화하기 때문이다. 워싱턴 주립대학의 사회학자였고 지금은 은퇴한 윌리엄 캐턴(William Catton)은 인간이 매일 사용하는 에너지의 양을 계산하려고 노력했다. 수렵-채취 시대에 인류는 2,500칼로리를 소비했고, 이는 전부 음식에서 비롯되었다. 이것은 평범한 돌고래가 매일 섭취하는 에너지의 양과 같다. 현대인은 하루에 31,000칼로리를 소비하는데, 이 대부분은 화석연료의 형태로 소비된다. 이것은 파일럿 고래가 섭취하는 양이다. 그리고 평균적인 미국인은 향유고래의 6배만큼의 에너지를 사용한다. 다시 말해, 우리는 예전과는 달라졌다. 호메로스 이후로 우리의 본성은 더 친절하지도 않고 더 야박하지도 않으며, 더 사려 깊지도 않고 더 어리석지도 않다. 우리의 본성은 거의 변하지 않은 것처럼 보인다. 우리는 단지 크기가 커졌을 뿐이다. 우리는 이전과 같은 크기의 위를 가진 같은 종으로 보이지만, 실상은 그렇지 않다. 이것은 마치 우리들 각자가 거대한 추수감사절 축제용 풍선 주변을 따라다니며 그 안에 꾸준히 바람을 집어넣는 것과 같다.

그래서 뉴욕에서 LA로 가는 737 비행기 안에서 창밖을 한가하게 응시할 때, 지상에 빈 공간이 많이 남아 있는 것은 그렇게 좋은 것만은 아니다. 물론, 당신은 국가 내에서 혹은 지구 위에서 더 많은 사람들과 북적이고 있는지도 모르겠다. 전 세계 인구가 텍사스 안에 들어갈 수 있고, 모든 사람이 똑같이 전형적인 미국 가정의 공간쯤 되는 면적을 가질 수 있다. 만약 사람들이 일어서 있기를 원한다면, 지구의 모든 사람이 로드아일랜드의 절반쯤 되는 크기에서 편안하게 서 있을 수도 있다. 네덜란드라면 이 모든 사람들로 가득 채워지겠지만, 그럭저럭 잘 지낼 수는 있다.

하지만 이것은 우리 머리 위에 떠 있는 풍선, 굶주리고 있는 자신의 그림자, 향유고래와 같은 우리의 식욕을 무시하는 것이다. 농경이 시작되면서, 우리는 우리 자신을 부양하기 위해 여분의 땅을 마련하기 시작했다. 이제 우리에게는 경작을 위한 토지와 식용 고기를 기르기 위한 목초지 외에도 목재와 종이를 얻을 수 있는 숲, 광산, 유전도 필요하다. 거인은 큰 발을 가지고 있다. 밴쿠버의 일부 과학자들은 이러한 "발자국"을 계산하려고 노력했다. 그리고 170만 명의 사람들이 그들의 도시를 둘러싸고 있는 100만 에이커의 면적에 살고 있지만, 이들을 지탱하기 위해서는 앨버타의 밀밭, 사우디아라비아의 유전, 캘리포니아의 토마토 농장 등 2,150만 에이커의 땅이 추가적으로 필요하다는 것을 발견했다. 맨해튼 주민들은 미르 우주 정거장에 있는 우주인들만큼이나 먼 거리에 있는 자원에 의존하고 있다.

우리 머리 위에 있는 풍선은 우리가 어떠한 삶을 선택하느냐에 따라 바람이 빠질 수도, 팽팽해질 수도 있다. 지구상에서 한때는 자그마한 크기였던 사람들이 마치 케이크를 먹었을 때의 앨리스처럼 갑자기 커지고 있다. 중국의 1인당 소득은 1980년대 초보다 두 배로 증가했다. 우리와 비교해 중국 사람들은 아직도 소인국 사람들(Lilliputian)이지만, 이전보다 두 배로 크기가 커졌다. 당연히, 이전에 비해 그들은 먹이사슬의 상위에 있는 음식들을 더 많이 섭취한다. 중국은 다른 나라들에 비해 도살을 많이 하는 편이고, 1파운드의 돼지고기를 얻기 위해서는 4파운드의 곡식을 필요로 한다. 10년 전, 유엔은 지속 가능한 발전에 관한 연구를 실행했다. 이 연구에서 발표된 보고서에 따르면, 후진국의 경제가 가난한 사람들의 생활을 적정한 수준으로 끌어올리기 위해서는 석유와 숲에 대한 수요가 5배에서 10배 정도 커져야 한다.

이것은 거의 불가능한 이야기로 들린다. 하지만 일단은 판단을 유보하

자. 우리는 여전히 산수를 하고 있다. 우리의 숫자는 많아질 것이다. 우리는 커질 것이다. 하지만 우리 중 많은 사람이 무엇과 관련이 있는가? 크다는 것은 무엇과 관련이 있는가? 우리가 살고 있는 세상에 비하면, 우리는 여전히 두렵고 작은 존재일 수 있다. 하지만 아닐 수도 있다. 그러므로 이제 우리는 세 번째 물음에 대해 생각해 볼 필요가 있다.

지구는 얼마나 큰가?

어떤 지역의 야생 생물학자는 얼마나 많은 사슴이 일정한 영역 안에서 생활할 수 있는지, 그것들이 얼마나 많은 먹이를 구할 수 있는지에 대해 말해 줄 수 있으며, 이로써 언제 나무의 번식이 줄어들고, 굶주리는 겨울이 찾아올지에 대해서 말해 줄 수 있다. 또한 이 생물학자는 특정 지역 사슴 숫자의 계산을 통해서 이곳에 얼마나 많은 늑대가 살 수 있는지를 계산할 수 있다. 이와 같이 먹이사슬의 위아래를 계산할 수 있다. 이것을 정밀과학이라고 할 수는 없지만, 지구가 수용할 수 있는 인구수를 알아내고자 하는 것에 비하면, 정밀과학에 가깝다. 지구가 수용할 수 있는 인구수를 알아내는 것은 인간의 감각으로 파악하기 어려운 일이다.

그 어려움들에 대해 생각해 보자. 인간은 사슴과 달리 거의 모든 것을 먹을 수 있고 자신이 선택한 거의 모든 장소에서 살 수 있다. 수렵 채취인들이 하루에 2,500칼로리의 에너지를 소비했던 데 비해 현대 미국인들은 그들의 75배를 소비한다. 사슴과 딜리 인간은 그들에게 필요한 것을 수천 마일 떨어진 곳에서도 구해 올 수 있다. 또한 사슴과 달리 인간은 이전부터 해오던 일을 수행하기 위해 새로운 방법을 고안할 수 있다. 만약 사슴처럼 생존을 위해 침엽수를 탐색해야 한다면, 인간은 수많은 새로운 종들을 교배하고, 경쟁하는 나무를 자르고, 숲을 관개하고, 수천 가지의 화학물질을 뿌리고, 수확의 절정기에 부드러운 종자를 동결시키거나, 유전자 조작을 통해 신품종을 만들 수 있으며, 모두가 바꿀 준비가 될 때까지 단풍나무 새싹의 장점을 세상에 널리 알릴 수도 있다. 이처럼 변수가 너무 커서 전문 인구통계학자들은 지구의 수용 능력을 파악하려는 시도조차 하지 않는다. 인구통계학자인 조엘 코헨(Joel Cohen)은 그의 저서 『지구는 얼마나 많은 인구를 수용할 수 있는가(How many People can the Earth support?)』(1995)에서, 미국인구협회가 최근에 개최한 두 차례 학회에서 열린 200여 개 이상의 학술 토론회 어디에서도 지구의 인구 수용 능력에 대해 다루지 않았다고 전하고 있다.

하지만 이러한 어려움이 다른 사상가들을 멈추게 한 것은 아니었다. 결과적으로, 이 문제는 세상이 제시하는 것만큼 커다란 질문이다. 플라톤(Plato), 에우리피데스(Euripides), 폴리비오스(Polybius)는 모두 인구가 계속 증가하면 식량이 고갈될 것이라는 우려를 표명하였다. 수 세기 동안 경제학자, 환경학자, 온갖 종류의 광신자 및 괴짜들이 연이어서 아주 부정적이거나 아니면 긍정적인 추정치를 제시하는 작업을 하였다. 물론 가장 유명한 것은 토머스 맬서스(Thomas Malthus) 목사의 평가이다. 1798년 저서에서 그는 인구 증가율이 "기하급수적(geometric)"이어서 곧 식량 공급을 능가할 것이라는 견해를 내놓았다. 비록 그가 곧 견해를 바꾸어 유명한 책을 다시 썼지만, 이것이 사람들이 기억하는 원본이고 줄곧 혹평을 받고 있는 부분이다. 맬서스처럼 여기저기서 많은 비판을 받은 작가도 거의 없다. 비단 보수주의자들만이 맬서스라는 이름을 터무니없는 경고의 대명사로 여긴 것은 아니다. 마르크스(Karl Marx)는 맬서스의 글이 "인류에 대한 명예훼손"이라고 평가했고, 프리드리히 엥겔스(Friedrich Engels)는 "우리는 인구과잉의 공포로부터 영원히 안전하다"라고 말했다. 심지어 마오쩌둥조차 "세상 모든 것들 중 인간이 가장 소중하다"는 말을 덧붙이며 맬서스를 공격했다.

맬서스 학파의 새로운 이론가들은 종말이 임박했다는 새로운 예언을 했지만, 이는 잘못된 것으로 판명되었다. 1960년대 후반은 맬서스의 공포가 고조되었던 시기였다. 1967년에 윌리엄 패독(William Paddock)과

폴 패독(Paul Paddock)은 『기근-1975(*Famine-1975*)!』라는 제목의 책을 출판했다. 이 책에는 다음과 같은 눈에 띄는 목차가 실려 있다. "이집트: 구조 포기… 튀니지: 식량지원을 받아야 함… 인도: 구조 포기." 거의 같은 시기에 파울 에를리히(Paul Erhlich)는 그의 베스트셀러인 『인구 폭탄(*The Population Bomb*)』(1968)에서, "인류의 식량 전쟁은 끝났다. 1970년대가 되면 지구상의 수억 명의 사람들이 기근에 시달리며 굶어 죽게 될 것이다"라고 말했다. 이 모든 것은 거의 확실한 듯이 보였고, 첫 석유 파동으로 암울해진 세계와 잘 들어맞는 듯했다.

하지만 세상은 그렇게 돌아가지 않았다. 인도는 식량을 자급자족한다. 미국은 여전히 전 세계로 잉여 곡물을 실어 나르고 있다. 명철한 하버드 대학의 사회과학자 아마르티아 센(Amartya Sen)이 지적했듯이, "통화가치(경상달러)로 보았을 때, 식량을 구입하는 데 있어 일반적으로 맬서스 시대보다 현재가 훨씬 더 저렴할 뿐만 아니라, 최근 몇 십 년 동안 더욱 저렴해졌다." 달리 말해, 지금까지 지구는 그럭저럭 인류를 부양해 왔다. 수많은 사람이 굶주리고 있지만(남아시아의 60%의 어린이들이 영양실조로 발육이 정지되었다), 녹색혁명의 성공으로 인해 최근 수십 년간 굶주림의 총량과 비율 모두 감소해 왔다. 식량 생산은 2차 세계대전 이후 인구 증가율을 앞지르면서 3배가 되었다. 우리가 거인이 되었는지 몰라도, 만약 그렇다면, 우리는 영리한 거인이다.

따라서 맬서스는 틀렸다. 거듭 생각해 봐도 그는 틀렸다. 다른 어떤 예언자도 그렇게 여러 번 틀린 것으로 증명된 적은 없다. 현재 그의 수가는 매우 낮다. 일부의 과학기술 낙관주의자들은 사람들의 숫자가 늘어나기 때문에 삶의 수준 역시 향상될 것이라고 믿는다. 이 집단의 지성적인 선도자는 반(反)맬서스주의자인 덴마크의 경제학자 에스테르 보세룹(Ester Boserup)이다. 1965년, 보세룹은 이 우울한 성직자[맬서스]는 한물갔다고 주장했다. 그녀의 주장에 따르면, 사람들이 더 많을수록 더 진보한다. 농업을 예로 들어 보자. 보세룹에 따르면, 최초의 농민은 1년이나 2년간

한 경작지에서 농사를 지은 후 이동해, 대략 20여 년간 돌아오지 않는 화전 농업을 하였다. 하지만 인구가 증가함에 따라, 그들이 같은 경작지에 돌아오는 횟수가 잦아졌다. 이는 곧 토질의 경화, 양분의 감소, 메마름이라는 문제를 야기했다. 하지만 새로운 문제의 등장은 곧 괭이, 거름, 퇴비, 윤작, 관개와 같은 새로운 해결책도 있음을 의미했다. 보세룹에 의하면, 필요는 발명을 낳는다. 이번 세기에도 "집약적 농업 시스템이 조방적 농업 시스템을 대체했고," 이는 식량 생산의 속도를 가속화했다.

전 세계적으로 인구가 증가함에 따라 생활수준 역시 상승했다는 그녀의 지적은 그동안 이 분야에 관심이 시들했던 대중들을 고무시켰다. 올해 초 사망한 낙관적 미래파로 불리는 줄리언 사이먼(Julian Simon)은, 인구 증가가 경제 분야에 기여하는 가장 중요한 이익은 유용한 지식의 증가라고 주장했다. 우리는 구리를 다 소진할지도 모르지만, 그것이 무슨 걱정인가? 부족함은 대체품의 발명을 이끌기 마련이다. 사이먼은 다음과 같이 말했다. "우리의 진보를 가속화시키는 주된 원동력은 지식의 양이고, 제동장치는 우리의 상상력 부족이다. 궁극적인 자원은 숙련되고, 활기차고, 희망에 찬 사람들이며, 그들은 자신의 의지와 상상을 자신의 이익을 위해 행사할 것이기 때문에, 결과적으로 모두에게 이익을 줄 것이다."

사이먼과 그의 추종자들의 주장은 성공을 거두었다. 지금까지 그들은 옳았다. 세상은 그들이 예상한 대로 움직였다. 인도인들은 굶주리지 않고 있다. 식량의 가격은 낮아졌다. 하지만 맬서스는 결코 우리 곁을 떠나지 않았다. 우리가 아주 크게 자랄 수 있다는 생각은 조만간 틀린 것으로 입증될 것이다. 그 생각은 잘못된 것이다. 보세룹과 사이먼에 의해 그려진 메커니즘이 작동을 멈추면 우리는 언제든 특별한 순간의 문턱에 놓일 수 있다. 인구가 7억 5천만에서 15억으로 두 배가 되었을 때, 인구가 15억에서 30억으로 두 배가 되었을 때, 인구가 30억에서 60억으로 두 배가 되었을 때, 그때까지는 맬서스가 틀린 것이 사실이다. 그렇다면 향후

50년 후에도 여전히 맬서스가 틀릴까?

한계에 대한 고찰

인구수가 또다시 두 배로 증가하는 사례, 우리가 현재 경험하고 있는 어려운 사례에 대해서 다른 누구보다도 스탠퍼드의 생물학자인 피터 비토섹(Peter Vitousek)의 논의를 가지고 시작해 보자. 1986년 그는 인류를 부양할 수 있는 지구의 "1차 생산성"이 얼마만큼 되는지 계산하기로 결심했다. 그는 인간이 먹는 곡식들과 소에게 먹이는 옥수수, 그리고 목재와 종이로 사용하기 위한 벌목 양을 모두 더했다. 그리고 우리의 지나친 방목으로 인한 초지의 사막화가 초래한 식량의 손실 양을 더했다. 모든 계산을 마친 후에, 그가 얻은 숫자는 38.8%였다. 우리는 지구 식물들의 생존 유지를 위해 필요한 것을 제외하고 남은 모든 것들 중 38.8%를 사용한다. 직간접적으로, 우리는 먹을 수 있는 것들 중 38.8%를 소비하는 것이다. 비토섹은 다음과 같이 말한다. "그것은 상대적으로 큰 숫자이다." "우리가 한계로부터 멀리 떨어져 있다고 생각하는 사람들은 그 생각을 멈추어야 한다." 학자적 어조를 유지하면서 비토섹은 다음과 같이 강조해서 말한다. "일부 경제학자들 사이에 우리가 생물학적 한계에서 꽤 멀리 떨어져 있다는 견해가 있다. 나는 그것을 뒷받침할 만한 증거가 없다고 생각한다."

줄리언 사이먼과 같은 닉관주의자들의 전망에 반대하는 또 다른 사람은 코넬대학교의 생물학자인 데이비드 피멘텔(David Pimentel)이다. 그는 우리가 커다란 어려움에 봉착해 있다고 믿는다. 그의 이야기 속에는 이상한 사실이 포함되어 있다. 예를 들어, 싱싱한 양상추에는 95%의 수분과 단 50칼로리의 에너지가 함유되어 있다. 캘리포니아 센트럴밸리에서 이 양상추를 기르기 위해서는 400칼로리가 필요하고, 이것을 동쪽 지역으로 운송하기 위해서는 또 다른 1,800칼로리가 더 필요하다. ("어쨌든 이 쓸모없는 것에는 실질적으로 아무런 영양소도 없다"라고 피멘텔은 말한다. "이보다 양배추를 기르는 것이 훨씬 낫고, 우리는 뉴욕 북부 지역에서 양배추를 키울 수 있다.") 피멘텔은 지난 30년 동안 지구의 수용 능력을 추적하는 데 헌신했고, 우리가 이미 너무 붐비고 있다고 믿고 있다. 장기적인 관점에서, 중산층 정도의 생활수준을 유지하기 위해서는 20억 명의 인구수만을 지구가 부양할 수 있을 것이고, 더 많은 인구를 유지하기 위해 노력하는 것에는 큰 위험이 뒤따른다. 이를 뒷받침하기 위해, 그가 오랜 시간 연구해 온 토양 침식에 관한 연구 사례를 살펴보자. 노면에 떨어지는 모든 빗방울은 흙 입자들을 공중으로 분사시키면서 작은 침식을 만들어 낸다. 경사면에서 흙을 함유한 빗방울들의 절반 이상이 언덕 아래로 이동하게 된다. 만약 추수 후에 옥수숫대와 같은 작은 잔여물들이 들판에 남아 있다면, 이것들은 빗방울이 노면을 강하게 때리는 것을 막으면서 토양을 보호하는 역할을 한다. 하지만 땔감이 부족한 개발도상국에서, 소작농들은 음식을 요리할 때 연료로 이런 옥수숫대들을 사용한다. 피멘텔은 중국에서는 경작 잔여물의 60%가, 방글라데시에서는 90%가 사라지거나 불태워진다고 말한다. 경작기가 되면, 메마른 토양은 바람을 따라서 날아간다. 그는 "우리 측정소가 있는 하와이 대기에서 경작기의 중국 토양을 발견했다. 매해 경작기가 되면 플로리다 대기에서 아프리카 토양을 발견한다"고 말한다.

놀라운 녹색혁명을 만든 그것 — 바로 그것이 최근의 인구 2배 증가를 가능하게 했다 — 이 문제를 낳고 있다. 예를 들어, 용수로는 전 경작지의 17%에 물을 공급하고, 모든 작물의 1/3의 생산에 도움을 준다. 그러나 홍수가 났던 토양이 태양에 의해 달궈지면, 물은 증발하고 관개수의 미네랄은 땅에 침전된다. 매년 1헥타르(2.47에이커)에 2~5톤의 소금이 축적되고, 결과적으로 그곳에서는 식물이 자라지 않게 된다. 아마도 관개지의 10%가 이러한 영향을 받게 될 것이다.

이번에는 인간이 사용할 수 있는 담수에 대해 생각해 보자. 지구 표면에 많은 비가 내리지만, 이 중 대부분은 증발하거나 봄철 홍수 때 바다로 흘러간다. 세계 물 정책 프로젝트의 책임자인 샌드라 포스텔(Sandra Postel)에 따르면, 우리는 땅 위를 흐르는 12,500㎦의 물을 가지고 있다. 이 담수가 전 세계에 잘 분배되어 있지 않다는 점만 제외하면, 현재의 수요를 충족시킬 수 있는 양이다. 우리는 철저한 자연보호론자가 아니다. 우리는 1900년에 사용했던 물의 거의 7배를 사용한다. 이미 전 세계 인구의 20%에 달하는 사람들이 깨끗한 물을 공급받는 데 어려움을 겪고 있고, 많은 지역에서 물 공급을 위해 분투하고 있다. 20세기 중반의 자연보호론자인 알도 레오폴드(Aldo Leopold)가 북아메리카에서 가장 험한 지역의 일부로서 "젖과 꿀이 흐르는 야생지"라고 불렀던 콜로라도강은 코르테스해에 이르기 전에 사막에서 대부분 말라 버린다. 이미 황하는 1년 중 1/3은 말라 있을 가능성이 있다. 이미 나일강 담수의 2%만이 바다에 도달할 수 있을 만큼 흐른다. 그리고 우리는 항상 더 많은 물이 필요하다. 1톤의 곡식을 생산하기 위해 1,000톤의 물을 사용해야 한다. 그것은 밀이 자라면서 얼마만큼 호흡하는지 알 수 있게 하는 양이다. "우리는 생명공학이 식물이 사용하는 물의 양을 10% 줄일 수 있을 것이라고 추정했다"라고 하면서, 피멘텔은 다음과 같이 말했다. "하지만 식물 생리학자들은 물이 광합성의 매우 중요한 부분이라는 것을 우리에게 상기시키면서, 이는 낙관적인 전망이라고 말한다. 아마도 우리가 줄일 수 있는 물의 양은 5% 정도일 것이다."

나는 예전부터 2차 세계대전 이후로 식량 생산량이 인구 증가 속도보다 훨씬 더 빠르다고 말해 왔다. 해마다 밀, 옥수수, 쌀의 생산량이 약 3%씩 증가했다. 그것은 영원한 낙관주의자들이 좋아하는 통계치이다. 줄리언 사이먼은 자신의 책 『최후의 자원(Ultimate Resources)』(1981)에서 그 성장이 얼마나 빨랐는지, 그리고 그것이 어떻게 지속적으로 식량 비용을 줄였는지 도표로 보여 주었다. 사이먼은 다음과 같이 쓰고 있다. "식량 가격이 점점 더 낮아지는 이러한 역사적 흐름 — 아마도 농경의 시초까지 거슬러 올라가는 흐름 — 은 식량의 실제 가격이 지속적으로 하락할 것이라는 명백한 지표이다. … 이것은 미래에는 가격이 더 낮아지고 공급의 부족도 줄어들 것이라는 사실을 예고한다."

그러나 사이먼의 책이 출판된 지 몇 년 지나지 않아, 데이터 곡선이 바뀌기 시작했다. 곡식 생산의 급격한 성장이 중지되었다. 현재의 증가는 너무 적어서 인구 증가 속도에 보조를 맞출 수 없다. 1984년에 세계의 1인당 곡물 수확량이 가장 많았다. 그 이후로 1인당 옥수수, 밀, 쌀의 양이 6% 감소했다. 물 비축량은 2달 공급량 미만으로 줄었다.

아무도 그 정확한 이유를 모른다. 그 당시 유행하던 협동 농장의 인기에 기여했던 소련의 붕괴로 인해, 갑자기 비료 공급이 줄어들고 트랙터의 예비 부품을 얻기 힘들어졌다. 하지만 또 다른 원인이 있었다. 전 세계적으로 관개 밭의 염분화, 표토의 침식, 주요 농지의 주거지로의 전환, 이를 비롯한 모든 것들이 수년간 환경론자들이 경고해 왔던 것들이다. 우리는 여전히 생산방식을 바꾸어 생산량을 증폭시킬 수 있다. 찰스 C. 만(Charles C. Mann)은 『사이언스(*Science*)』에 기고한 글에서, 미래에 "광대한, 다년간의, 수십억 달러의 과학적 노력, 일종의 농업에서 '유인 달착륙' 프로젝트"가 그런 재주를 부릴지도 모른다고 믿는 전문가의 말을 인용했다. 낙관론자들이 그 다음으로 희망을 품는 분야는 유전공학이다. 그리고 과학자들은 실제로 몇몇 식물에서 해충과 질병에 대한 저항력을 이끌어 냈다. 생산량을 늘리기 위해서는 옥수수 줄기에서 이삭이 나오도록 만들어야 하지만, 재래식 농업 방식으로는 그 가능성이 고갈되었을지도 모른다. 우리는 한계에 부딪혔다는 느낌이 든다.

우리가 생산하는 식량의 양이 줄어들지는 않을 것이다. 유전에서 흘러 나오는 석유 생산 속도는 언젠가는 느려질 테지만, 밀은 그렇지 않다. 그러나 지금 우리는 수확물이 줄어들고 얻기 어려운 지점에 이른 것 같다. 급격한 증가는 옛일이 될지 모른다. 한 연구자는 만에게 다음과 같이 말했다. "많은 양의 농작물 생산은 더 이상 새로운 자동차 모델의 발표회장 같지는 않을 것이다. 우리가 가림막을 벗기면 거기에 두 배의 증가된 농작물이 등장하는, 그런 일은 없을 것이다." 그 대신에 그 과정은 "점진적이고, 고통스럽고, 느려질" 것이다. 그리고 50억 명의 인구 증가가 있을 것이다.

아직 우리는 먹는 데 문제가 없다. 펌프에서 나오는 기름의 가격은 낮다. 슈퍼마켓의 규모는 점점 더 커지고 있다. 우리는 한계에 다다른 것 같다는 경고를 반복적으로 들어왔다. 하지만 아직 한계에 도달한 적은 없다. 그러니 어찌 그것을 믿을 수 있겠는가! 한계라는 것은 실제로 존재하지 않는다. 파울 에를리히 같은 사람이 있다면, 로렌스 서머스(Lawrence Summers) 같은 사람도 있다. 현 재무부 차관이자 전직 세계은행 총재였던 로렌스 서머스는 다음과 같이 쓰고 있다. "지구의 수용 능력이 가까운 미래의 어느 시점에 한계에 도달할 가능성은 없다." 우리가 미래에 관해 말하는 것들 가운데 증명할 수 있는 것은 아무것도 없다.

그러나 우리는 위험을 계산함으로써 양쪽 중 어느 쪽이 맞을지 그 확률을 따질 수 있다. 조엘 코헨은 지구가 얼마나 많은 사람을 수용할 수 있는가에 대해 가장 철저한 계산을 시도했던 사람이다. 코헨은 최근 수십 년간 만들어진 수용 능력에 대한 모든 추정치를 수집하여 조사했다. 1976년에 하버드의 한 해양학자는 우리에게 400억 인구를 충분히 부양할 수 있는 식량이 있다고 추정했고, 1991년에 브라운 대학의 연구자는 우리가 59억 명(현재 인구)을 수용할 능력이 있다고 계산하였다. 하지만 이는 우리가 주로 채식주의일 때에만 성립이 가능한 수지이나 한 연구 결과는 광합성이 제한 요인이라면, 지구는 1조의 인구를 수용할 수 있다고 제시했다. 호주의 한 경제학자는 10년 간격으로 계산해서, 우리가 280억 명에서 1,570억 명의 인구를 감당할 수 있다는 것을 증명했다. 이 중 어떤 연구도 모든 변수를 조사하여 "적합한" 수치에 도달할 수 있을 만큼 정확하지 않다. 그러나 코헨은 수십 개의 연구를 비교하면서 무언가 상당히 흥미로운 것을 발견했다. 지구의 수용 능력의 중간값의 하단은 77억 명이고, 상단은 120억 명이다. 이 숫자는 우리가 다음 세기의 중반쯤 살고 있을 때를 가정하고 유엔이 예상한 수치의 범위이다. 코헨은 다음과 같이 말한다.

> 현재 지구의 인구수는 상당수의 학자들이 인구 규모에 대한 상한선으로 추정했던 그 구역을 지나는 중이다. … 우리와 우리의 아이들, 또 그 아이들의 아이들이 기꺼이 선택할 수 있는 삶의 방식을 유지하는 가운데 지구가 지탱할 수 있는 최대의 인구수는 이미 그 상한선에 도달했거나 혹은 반세기 안에 도달할 것이라는 가능성을 심각하게 고려해야 한다.

지구 2

인류의 역사가 기록된 지난 만 년 동안 물리적 의미의 행성으로서 지구는 안정된 장소였다. 만 년 동안 지진, 화산 폭발, 허리케인, 사이클론, 태풍, 홍수, 산불, 모래 폭풍, 우박 폭풍, 전염병, 흉작, 혹서, 한파, 눈보라 그리고 가뭄 등의 재해는 매년 있는 일이었다. 하지만 이러한 재해들이 전 지구의 기본적 예측 가능성의 범위를 벗어난 적은 없었다. 지구의 어떤 지역, 예컨대 지중해 같은 일부 지역은 회복할 수 없을 정도로 숲이 파괴되었지만, 현재까지 이런 변화는 거의 국지적이었다.

다른 무엇보다 이러한 안정성은 보험 산업을 가능케 했다. 보험회사는 기본 규칙을 알고 있었기 때문에 대개의 위험을 분석할 수 있었다. 만약 당신이 플로리다 해변가에 집을 짓고 싶어 한다면, 보험회사는 당신의 집이 허리케인을 맞을 가능성과 허리케인의 눈의 풍속을 정밀하게 합리적으로 계산할 수 있다. 보험회사가 이러한 작업을 해내지 못한다면, 그들은 당신의 보험료를 산정할 마땅한 방법 없이 그저 도박을 하고 있을 뿐이다. 물론 그들은 상당히 많은 도박을 하고 있다. 그들은 허리케인이 내년에 찾아올지 아니면 다음 세기에 찾아올지 알지 못한다. 하지만 지구의 물리적 안정성이 이 카지노 안의 어딘가에 자리하고 있다. 줄리언 사이먼은 다음과 같이 지적한다. "과거 데이터에 기초한 예언은 과거와 미래가 동일한 통계의 세상 속에 속한다고 가정할 수 있을 때 타당하다."

그렇다면 지구상의 거대한 자본과 권력 중에서 보험회사만이 홀로 지구 기후변화에 대해 꽤 심각하게 고려하기 시작했다는 것은 무엇을 의미하는가? 1980년대 전반에 160억 달러였던 기상 관련 피해 지급액이 1990-1994년 동안 480억 달러로 치솟았다는 것은 무엇을 의미하는가? 유럽 굴지의 보험회사 대표가 지구 온난화에 대해 그린피스와 의논하기 시작했다는 것은 무엇을 의미하는가? 허리케인 앤드류의 피해 때문에 2억 9,150만 달러를 지불했던 거대 보험사인 스위스 레(Swiss Re)가 『파이낸셜 타임스』에 폭풍에 의해 옆으로 구부러진 회사 로고를 보여 주는 광고를 낸 것은 무엇을 의미하는가?

나는 이러한 것들이 우리가 새로운 지구에서 살아갈 가능성을 완전히 말도 안 되는 꿈으로 폄하해서는 안 된다는 것을 의미한다고 생각한다. 앞서서 나는 우리가 익히 알고 있던 세계, 우리가 태어난 세계의 수용 능력을 계산하려는 여러 시도를 살펴보았다. 그런데 우리가 갑자기 어떤 다른 행성에 살게 된다면 어찌 될까? 지구 2라면?

1955년에 프린스턴 대학교에서 "지구가 직면한 변화 앞에서 인간의 역할"이라는 주제의 국제 학술 대회가 개최되었다. 그 학술 대회가 진행될 즈음에는 인위 개변 탄소, 황, 질소가 대기 중에 쏟아지고 있었고, 삼림 벌채는 이미 만연해 있었고, 인구수는 30억 명에 가까웠다. 그렇지만 질주에 가까운 현재와 비교할 때, 그것은 여전히 작은 경주에 지나지 않을 때였다. [그 당시만 해도] 많은 곳에서 자동차는 여전히 신기한 물건으로 여겨지던 때였다. 서부 해안, 캐나다, 시베리아의 원시림처럼, 열대우림 역시 보존되고 있었다. 세계 경제는 현재의 1/4 수준의 규모였다. 대략 계산해 본 바로는 1955년 이래로 우리는 인류 역사의 그 어느 때보다 더 많은 천연자원을 사용해 왔다.

또 다른 학술 대회가 1987년에 매사추세츠주에 있는 클라크 대학교에서 개최되었다. 이번에는 대회의 이름부터 더 명확해져서, "인간과 자연," "지구가 직면한 변화 앞에서 인간의 역할"이 아니라 "인간의 행동에 의해 변형된 지구"가 되었다. 참석자들은 더 이상 지엽적인 변화라든지 미래에 일어날 일에 관해 얘기하지 않았다. 그들은 말했다. "우리의 판단으로는 생물권은 축적되었거나 축적되는 과정에 있으며, 이러한 변화의 규모와 다양성은 변형되고 있다는 표현을 사용해도 될 정도이다."

이런 변화 중 많은 부분은 맬서스가 고려하지 않은 방향에서 나온 것이다. 그와 그의 추종자들은 우리가 충분한 나무나 옥수수, 석유를 찾을 수 있는지, 그리고 어떻게 찾을 수 있는지를 알아내는 데, 즉 원천을 찾는 데 집중해 왔다. 우리는 더 많은 것을 찾는 데 능숙하다. 가격이 오를수록 우리는 더 열심히 찾는다. 그 불빛은, 정반대의 많은 예측에도 불구하고 제1회 지구의 날에도 결코 꺼지지 않았다. 우리는 더 많은 석유를 발견했고, 여전히 많은 석탄을 가지고 있다. 그러는 동안에도 우리는 다시 큰 자동차를 몰게 되었는데, 그러면 안 될 이유가 무엇인가? 이 글을 쓰는 시점에, 전국 대부분 지역에서 가솔린 가격은 1갤런당 1달러 이하로 곤두박질쳤다. 누가 한적한 교외를 운전하면서 한계를 믿겠는가? 하지만 마술사가 흔드는 지팡이를 보고 있는 관객들처럼, 우리 자신은 진실된 이야기에서 멀어져 있는지도 모른다.

그 진실된 이야기는 지난여름에 발간된 『사이언스』의 특집편에 실린, 우리의 크기를 계산하려는 시도이다. 이 글의 저자들은 주요 논문을 통해 자연을 "변형시키는" 사람은 잊으라고 단도직입적으로 말한다. 그들의 결론에 따르면, 우리는 "인간이 지배하는 행성," 지구 표면의 어떤 생태계도 인간의 영향을 받지 않는 곳이 없는 그런 행성에서 살고 있다. 우리는 물질들을 고갈시키고 있는 것이 아니다. 우리가 고갈시키고 있는 것은 우리의 광범위한 욕망으로부터 발생한 부산물들을 집어넣기 위한 장소, 과학자들이 "수채통(sinks)"이라고 부르는 그것이다. 이것은 쓰레기 더미에 관한 이야기가 아니라(언제까지나 팸퍼스 기저귀를 사용할 수 있고 여전히 그것들을 버릴 빈 공간이 남아 있지만), 쓰레기 더미에 버금가는 대기권에 관한 이야기이다.

한 도시 내에서 대기 중으로 쏟아지는 석탄 매연 양을 측정하는 것은 그다지 어렵지 않다. 더 높은 건물의 굴뚝에서 나오는 연기가 더 멀리 이동해서, 동쪽 산맥에 산성비를 내리게 한다는 것을 알아내는 데에는 조금 더 오랜 시간이 걸린다. 세정 집진 장치와 연료의 다른 혼합물들을 활용해 서서히 이에 대한 대비책을 마련하고 있으나, 새로운 종류의 오염을 해결하기는 그렇게 쉽지 않다. 새로운 종류의 오염은 촉매 변환 장치 없는 엔진, 정화 장치 없는 오수관, 세정 집진 장치 없는 굴뚝처럼 어떤 잘못에 의한 것이 아니다. 그것은 당연히 있어 왔던 것에서 온 것인데, 너무 많은 양이 지구를 압도하고 있다는 점이 문제이다. 즉, 새로운 종류의 오염은 평범한 인간의 삶에서 비롯된다. 많은 사람이 사는 평범한 삶 속에서 비정상적인 일들이 일어나고 있는 것이다. 그리고 이러한 것은 기존의 오염과 너무 다르기 때문에 심지어 단어 사용에 있어서도 혼란을 야기한다.

예를 들어, 질소를 생각해 보자. 대기 중 80%가 질소이다. 하지만 질소는 식물이 그것을 흡수하기 전에 탄소, 수소 또는 산소와 묶여서 "고정"되어 있어야만 한다. 자연은 어떤 종류의 해조류, 실박테리아, 혹은 번개 등을 가지고 이런 묘기를 부린다. 인간이 질소 순환 과정을 바꾸기 전까지, 이 구조는 연간 9,000만-1억 5,000만 톤의 질소를 제공해 왔다. 이제 인간의 활동은 1억 3,000만-1억 5,000만 톤의 질소를 추가시키고 있다. 질소는 오염이 아니다. 질소는 지구의 삶에서 극히 중요한 것이다. 그리고 지금 우리는 그것을 더 많이 사용하고 있다. 인류 역사에서 사용된 인공 질소 비료의 절반이 1984년 이후 사용되어 왔다. 이로 인해 산소 농도가 감소된 연안 해역과 강어귀는 독성 조류로 뒤덮이고, 물고기는 죽게 된다. 그 결과, 아산화질소가 태양열을 가두게 된다. 그리고 일단 아산화질소가 공중에 퍼지면, 그것은 한 세기 혹은 그 이상 그곳에 머무른다.

또 다른 예로 메탄을 생각해 보자. 메탄은 소의 방귀나 흰개미 언덕의 꼭대기, 혹은 논바닥에서 방출된다. 더 많은 소를 기르고, 더 많은 열대 우림을 줄이고(따라서 흰개미 개체군이 폭발적으로 늘고), 더 많은 쌀을 재배하려는 우리의 결정으로 인해, 현재 대기 중의 메탄 농도는 지난 16만 년간의 어떤 수치보다도 더 높다. 이러한 메탄은 열을 매우 효율적으로 잡아 둔다.

또 다른 예로 이산화탄소를 생각해 보자. 우리는 이 이산화탄소에 주의를 기울여야 한다. 만약 우리가 향후 50년 동안 집중할 한 가지 환경 문제를 선택해야 한다면, 바로 이 문제, 즉 이산화탄소를 잘 다루는 것을 생각해 봐야 한다. 이산화탄소 역시 오염이 아니다. 많이 흡입하면 사망에 이르는 일산화탄소가 오염이다. 그러나 두 개의 산소와 한 개의 탄소 원자로 구성된 이산화탄소는 우리에게 그런 역할을 하지 않는다. 만약 당신이 실내에서 이 글을 읽고 있다면, 당신은 실외에 있을 때보다 더 많은 이산화탄소를 흡입하게 될 것이다. 수 세대 동안, 기술자들은 엔진이 수증기와 이산화탄소만 발생시켰다면 깨끗하게 연소시킨 것이라고 말해 왔다.

여기에 함정이 있다. 엔진은 **많은** 양의 이산화탄소를 발생시킨다. 1갤런의 가솔린의 무게는 약 8파운드이다. 이 가솔린이 자동차에서 연소하면, 약 5.5파운드의 탄소가 이산화탄소의 형태로 배기통에서 뿜어져 나온다. 이러한 과정은 1958년형 셰비(Chevy)든 1998년형 사브(Saab)든 차종과 무관하다. 어떤 필터도 그 흐름을 줄일 수 없다. 그것은 화석연료 연소로 인한 불가피한 부산물이기 때문이다. 이것이 산업혁명 이후 이산화탄소가 대기 중에 쌓여 온 이유이다. 우리가 석유와 석탄 그리고 가솔린을 연소하기 전에, 대기에는 약 280ppm의 이산화탄소가 포함되어 있었다. 현재 이 수치는 360ppm이다. 우리가 우리의 식단에서 화석연료를 제거하기 위해 생각해 낼 수 있는 모든 것을 하지 않는 한, 지금으로부터 50년 또는 60년 이내에 대기는 500ppm 이상의 이산화탄소를 보유하게 될 것이다. 사우스브롱스나 남극에서 추출한 대기 표본에도 그만큼의 이산화탄소가 포함되어 있을 것이다.

이것이 문제가 되는 이유는, 우리가 이미 알고 있다시피, 깨끗하고 자연스럽고 평범한 이 분자 구조가 우리를 둘러싼 주변 대기에 추가되면, 이는 우주로 방출되어야 하는 열을 가두어 놓기 때문이다. 메탄이나 질소보다는 이산화탄소가 지구 온난화 ― 온실효과 ― 와 기후변화의 원인이다. 그 어떤 요인보다 이산화탄소가 우리가 태어난 지구를 새로운 행성으로 바꾸고 있다.

이것은 우리가 알고 있던 오염이 아니라는 점을 상기해 보라. 지난해 봄 미국 환경보호국(Environmental Protection Agency)은 「10년간 공기질과 대기 방출물의 경향」이라는 보고서를 발표했다. 1986년 이래로 일산화탄소의 양은 37%, 납의 양은 78%, 미세먼지의 양은 거의 절반 가까이 떨어졌다. 만약 당신이 산페르난도 계곡에 살았더라면, 10년 전보다도 더 자주 산을 보았을 것이다. 공기가 더 깨끗해지기는 했으나 다른 변화도 있었다. 즉, 이산화탄소가 더 많아졌다. 그리고 새로운 구성이 거의 모든 것을 바꿀 것이다.

10년 전에 나는 『자연의 종말(*The End of Nature*)』이라는 책을 썼다. 이 책은 일반 대중을 대상으로 이산화탄소와 기후변화에 대해 다룬 첫 번째 책이었다. 이것은 인류가 현재 지구를 지배하고 있다는 것을 보여주기 위한 초창기 시도였다. 그때까지만 해도 지구가 온난화되고 있다는 주장은 강력하고 신뢰를 얻을 만했지만, 그럼에도 가설에 불과했다. 하지만 1990년대 후반, 이것은 사실로 드러났다. 10년 동안, 과학자들은 세계 각국 정부로부터 많은 자금을 지원 받으면서 위성을 발사하고,

기상 관측 장비로 관찰하고, 구름에 관해 연구했다. 1995년 가을, 기후변화에 관한 정부간 협의체(IPCC)는 오랫동안 기다려 왔던 보고서를 발표했다. 세계 각지에서 모인 2천여 명의 그 협의체 소속 과학자들은 다소 무미건조하지만 역사적인, 약간은 절제된 표현의 보고서를 발표했다. "증거들은 일관되게 지구 기후에 인간이 뚜렷하게 영향을 주고 있다는 것을 암시한다." 즉, 우리는 지구를 상당히 뜨겁게 달구고 있다. 한 참여자는, 만약 우리가 이산화탄소와 다른 가스의 방출을 줄이지 않는다면, 2100년까지 기온은 약 화씨 3.6도, 그리고 아마도 최대 6.3도까지 상승할 것이라고 경고했다.

당신은 지구 온난화에 대해 이미 많이 들어봤다고 스스로 생각할 것이다. 그러나 지구 온난화에 대한 우리의 인식은 대개 시대에 뒤떨어져 있다. 여기 다음과 같은 새로운 소식이 있다. 변화는 벌써 꽤 진행되었다. 정치인들과 사업가들이 "미래의 위험"에 대해 말하고 있을 때, 이미 그들의 말은 시대에 뒤떨어진 것이다. 이것은 먼 미래 혹은 심지어 가까운 미래에 대한 문제가 아니다. 지구는 이미 1도 혹은 그 이상 온도가 올라가 있다. 어쩌면 우리는 온실 시대로 들어가는 길목을 1/4쯤 진입했으며, 이미 그 영향을 체감하고 있다. 질소, 메탄, 탄소로 가득 찬 새로운 대기에서 새로운 지구가 태어나고 있다. 만약 어떤 외계 천문학자가 우리를 지켜보고 있다면, 그는 분명 어리둥절할 것이다. 이러한 변화는 인구수와 우리의 욕망이 가져온 가장 분명한 결과이다. 그리고 이것이 인구 규모가 갑자기 왜 위험으로 여겨지는지를 이해하는 열쇠이다.

폭풍우와 온난화

우리에게 닥친 이 새로운 세상이 어떻게 느껴지는가? 우선, 이 새로운 세상에서는 예전보다 폭풍우가 더 몰아친다. 국립해양대기청(NOAA)의 토머스 칼(Thomas Karl)이 지난해에 분석한 자료에 따르면, 1900년 이후 미국의 총 겨울 강수량은 10% 증가했고, "극단적 강수 사건" — 24시간 동안 2인치 이상의 강수를 쏟아 붓는 폭풍우와 눈보라 — 은 20% 증가했다. 왜냐하면 예전 지구의 찬 대기에 비해 비교적 따뜻해진 대기가 더 많은 수증기를 함유하고 있기 때문이다. 바다로부터 더 많은 수증기가 증발하는 것은 더 많은 구름, 비, 눈의 발생을 의미한다. 우수관(storm sewers), 다리, 지하 배수로를 디자인하는 공학자들은 그들이 "100년 폭풍"이라고 부르는 것에 대한 대책을 계획해 왔다. 그것은 한 세기 동안 그들이 예측할 수 있는 역사상 최악의 홍수나 바람을 견딜 수 있도록 건설하는 것이다. 하지만 이것은 더 이상 오늘날 현실에는 적용되지 않는다. 칼은 말한다. "정말로 더 이상 100년의 사건은 없다. … 우리는 2년마다 이러한 세기의 폭풍을 겪을 것이다." 작년 봄, 노스다코타의 그랜드폭스시가 레드 리버의 범람으로 물에 잠겼을 때, 일부 기상학자들은 이것을 "500년 만의 홍수"라 언급했다. 즉, 모든 계획이 근본적으로 물거품이 되었다는 것이다. 이것은 신의 행위가 아니라는 뜻이다. 칼은 또 말한다. "당신이 창밖을 내다볼 때, 당신이 날씨라는 용어를 염두에 두며 보고 있는 것들의 일부는 우리 스스로 만들어 낸 것들이다. 지금으로부터 50년 후에 창밖을 내다본다면, 우리는 지금보다 더 많은 책임을 져야 할 것이다."

20% 더 악화된 폭풍우, 10% 더 많은 겨울 강수량, 실로 엄청난 숫자다. 이는 신문을 펴서 미국인의 평균 IQ가 30점이나 더 상승했다는 기사를 읽는 것과 같다. 그리고 이 데이터는 가뭄도 증가했음을 보여 준다. 국립대기연구소(NCAR)의 케빈 트렌버스(Kevin Trenberth)는 대기 중에 습기가 더 많으면 토양의 수분은 더 적다고 말한다. 일반적으로 건조한 대륙의 일부 — 산맥의 동쪽, 평야와 사막 — 는 더 건조해졌다. 평균 기온이 높아지면서 빗물이 더 많이 증발하기 때문이다. "식물은 타들어 가고, 결국에는 다른 때보다 더 빨리 가뭄을 겪을 것이다"라고 트렌버스는 말한다. 그리고 비가 올 때, 그 빗줄기가 너무 강해서, 그것의 많은 부분

이 흙에 스며들기 전에 흘러가 버린다.

그래서 더 습해지면서 더 건조해진다. 이것이 다르다.

스크립스 해양연구소의 찰스 킬링(Charles Keeling)은 1958년에 하와이 마우나로아 화산의 경사면에 있는 작은 오두막에 세계에서 가장 의미 있는 과학 장비 하나를 설치했고, 이는 40년이 지난 후에도 대기 중의 이산화탄소 양 측정을 무리 없이 해내고 있다. 그 장비에서 생산해 낸 그래프는 온실가스의 주범이 40년 동안 꾸준히 증가해 왔다는 것을 보여 준다. 바로 이것이 중요한 소식이다.

또한 이 그래프는 최근 몇 년간 새로운 대기가 지구를 변화시키고 있다는 흥미로운 신호를 보여 주었다. 매년 봄 북반구의 식물들이 자라면서 이산화탄소를 흡수하기 때문에 대기 중 이산화탄소 수치는 감소한다. 그리고 매년 가을마다 시들어 가는 식물과 토양이 대기 중으로 이산화탄소를 방출한다. 지속적인 온도 상승 추세와 함께, 매년 봄과 가을에 이산화탄소 양이 줄었다가 다시 늘어나는 반복되는 변화의 움직임이 더 확연히 커지고 있다. 1996년 7월 킬링이 『네이처(Nature)』에 투고한 글에 따르면, 그래프의 연간 최고-최저 차이는 1960년에 비해 20% 더 벌어졌다. 리스 로스(Rhys Roth)가 대기 연합(Atmosphere Alliance)의 소식지에 쓴 말을 빌리면, "지구는 더 깊게 호흡하고 있다." 더 많은 초목들이 보다 높은 온도에 자극을 받아야 자랄 수 있다. 그리고 킬링에 따르면, 지구는 너무 빨리 숨을 쉬고 있다. 1970년대에 비해 1990년대에 봄은 한 주 정도 일찍 시작된다.

기후가 따뜻해짐에 따라 곡창 지대에 필요한 물이 그 수요만큼 충분할지는 분명하지 않다. 1988년, 비구름대를 가로지르는 기록적인 여름의 열기로 인해 수확량은 곤두박질쳤다. 왜냐하면 그 열기가 더 많은 폭풍을 일으켜 추가적인 증발의 원인이 되었기 때문이다. 분명한 것은 지구의 작동에 근본적인 변화가 진행되고 있고, 우리는 아직 온실 시대의 초기에 살고 있다는 것이다.

그 변화들은 기본적이다. 대기의 어는점 고도 ─ 기온이 화씨 32도인 고도 ─ 는 1970년부터 매년 거의 15피트의 비율로 상승하고 있다. 오하이오주의 한 연구팀이 "강타(striking)"라고 부르는 지점에서 열대 빙하와 아열대 빙하가 녹고 있는 것은 별로 놀랍지 않다. 지난 봄 기자회견에서, 한 기자가 오하이오주 연구진 중의 한 명인 엘렌 모슬리-톰슨(Ellen Mosely-Thompson)에게 그 결과가 확실한지 물었다. 그녀는 다음과 같이 답변했다. "정확히 어떻게 말해야 할지 모르겠지만, 내가 제시한 증거들이 있다. 나는 쿠엘카야(Quelccaya) 지방의 빙하 샘플을 제시했다. 그것은 높은 고도에서 발생한 일들을 모아 놓은 편집본을 바로 떠올리게 한다. 케냐산의 루이스 빙하는 40%가 손실되었다. 루웬조리 지역에서는 모든 빙하가 사라졌다. 약간의 빙하를 제외하고, 사실상 파타고니아의 모든 빙하가 사라지고 있다… 우리가 보고 있는 바와 같이… 식물들의 서식지가 산의 위쪽으로 상승하고 있다. 솔직히 추가적으로 어떤 증거들을 더 내놓아야 하는지 모르겠다."

빙하가 사라짐에 따라, 수많은 열대 국가의 중요한 식수원이 사라지고 있다. 모슬리-톰슨이 작년 미국 지리학회에서 말한 바와 같이, 이 지역들은 "이미 물 부족" 지역이다. 이제 정말로 그들은 절박한 상황이 되었다.

극지방의 상황도 열대 지역과 마찬가지이다. 컴퓨터 모형이 제시하는 바에 따르면, 극지방에서 나타나는 현상은 조금 더 확연하다. 북극과 님극은 이산화탄소가 축적되면서 적도보다 훨씬 빨리 따뜻해질 것이다. 과학자들은 북극권에서 북쪽으로 170마일 떨어진 알래스카의 툴릭 호수에 연구소를 건설했다. 그들은 지난 20년 동안 여름 평균 기온이 약 7도 상승하는 것을 지켜보았다. 『페어뱅크스 데일리 뉴스-마이너(Fairbanks Daily News-Miner)』의 웬디 하우어(Wendy Hower)는 다음과 같은 기사를 썼다. "'지구 온난화'라는 단어가 존재하기 전인 1970년대 여름에 오리털 파카를 입었던 것을 기억하는 사람들이 최근 여름에는 티셔츠로 갈아입었다." 1997년 남반구의 여름에 남극 맥머도 사운드에 있는 미국 기지에 잠시 비가 내렸다. 이것은 사우디아라비아에 눈이 내리는 것만큼이나 이상한 일이다. 그러나 이 중 어느 것도 만년설이 곧 바다로 미끄러져 들어가 테네시주를 해안으로 바꾼다는 의미는 아니다. 그것은 수천 년간 안정된 상태였던 장소에서 갑작스럽게 불안정한 사태가 일어나는 것을 묘사한다. 한 연구자는 황제펭귄이 이전보다 일찍 갈라지는 얼음에 대처하는 장면을 보았다. 황제펭귄의 새끼들은 예정보다 2주 일찍 물 위로 뛰어내려야 했고, 아마도 그것들은 곧 머잖아 죽을 것이다. 그것들도 우리와 마찬가지로 옛 지구 진화의 산물이다. …

온난화의 효과는 광범위한 현상들에서 발견할 수 있다. 날씨가 따뜻해짐에 따라 빙하가 녹고 물의 양이 늘어나기 때문에 지구의 표면을 덮고 있는 해수면은 분명히 상승하고 있다. 그 결과, 이미 태평양 섬들 중 얕은 산호섬들은 바다에 잠기고 있다. "날씨가 좋았는데 갑자기 물이 우리 집 거실에 들이닥쳤다. 태평양에서 무슨 일이 일어나고 있는 것은 분명하고, 이 섬들이 그것을 느끼고 있다." 이는 마셜 군도의 주민이 신문 인터뷰에서 한 말이다. 지구 온난화는 전 지구를 뒤덮고 있고, 영원히 혹은 적어도 다른 소행성과의 충돌이 있기 전까지는 지속될 엘니뇨의 훨씬 더 강력한 판본처럼 보일 것이다.

가까운 미래에 일어날 수 있는 일을 짐작하는 것만으로도 당신은 두려움을 느끼게 될 가능성이 크다. 예를 들어, 과학자들은 이미 엘니뇨 해양 온난화 기간에 대규모의 변화를 관찰했다. 북극 툰드라는 너무 많이 따뜻해져서, 일부 지역에서는 흡수하는 양보다 더 많은 양의 이산화탄소를 배출한다. 이것은 온난화를 심화시킬 수 있는 잠재적 피드백의 연결 고리를 촉발할 수 있는 스위치가 된다. 그리고 그린란드의 빙하 핵을 연구하는 연구원들은 지역의 기후변화가 이제는 믿을 수 없을 만큼 빠른 속도 — 3년간 18도 — 로 일어난다고 결론 내렸다. 또 다른 과학자들은 그러한 변화가 바다를 담수로 범람하게 하고 멕시코 만류나 북대서양의 현재 경로를 변경하거나 차단하여 유럽을 다른 어느 지역보다 훨씬 뜨겁게 할 것이라 우려한다. … 이 분야의 개척자인 컬럼비아대학교의 월러스 브로커(Wallace Broecker)는 "기후는 화난 야수인데, 우리는 그것을 막대기로 찌르고 있다"라고 말한다. 그렇다 해도 우리가 최악의 시나리오를 구상할 필요는 없다. 최고의 시나리오가 중요하다. 다시 한 번 지구의 인구는 거의 두 배로 늘어날 것이다. 그것은 우리가 태어난 안정적인 옛 지구조차도 부양하기 어려울 정도의 숫자일지 모른다. 모든 것들이 가능한 한 부드럽게 작동할 필요가 있는 이 순간에 우리는 아직 그 수용 능력을 추정조차 할 수 없는 새로운 행성에 우리 자신이 거주하고 있음을 발견한다. 우리는 이 행성에서 얼마나 많은 밀을 재배할 수 있을지 모른다. 우리는 그 사회의 모습이 어떨지 알지 못한다. 1995년 시카고에서 700명 이상의 사망자를 초래한 것과 같은 혹서가 있을지, 해수면 상승과 기후변화의 다른 영향으로 수천만의 환경 난민을 만들 것인지, 인도의 온도를 1.5도 상승시켜 밀 작물 생산을 10% 줄이거나 몬순 기후를 변화시킬지 알지 못한다.

우리는 매우 크고 강력해졌다. 그리고 예측 가능한 미래를 보기 위해 우리는 그 결과에 집착한다. 빙하는 곧바로 다시 자라지는 않을 것이다. 대양의 해수면이 다시 줄어들지도 않을 것이다. 우리는 이미 심각하고 체계적인 피해를 초래했다. 인간에 비유하면, 우리는 이미 우리의 결혼 생활이 끝날 때까지 지속될, 분노하고 용서할 수 없는 말들을 내뱉었다. 하지만 우린 그냥 문밖으로 나갈 수 없다. 우리는 갈 곳이 없다. 우리는 지구와의 관계를 유지하기 위해서 우리가 할 수 있는 최선을 다해야 한다. 사태가 지금보다 더 나빠지는 것을 방지하기 위해서 말이다.

만약 우리가 다양한 배출물들을 신속하고 확실하게 통제할 수 있다면, 우리는 피해를 제한할 수 있고, 끔찍한 일들이 일어날 가능성을 극적으로 줄일 수 있고, 우리가 태어난 생물계를 더 많이 보존할 수 있을 것이다. 하지만 위험을 과소평가하지는 말자. 유엔의 기후변화에 관한 정부간 협의체(IPCC)는 현재의 파괴 수준에서 기후를 안정시키기 위해서 즉시 화석연료 사용을 60% 줄여야 한다고 주장한다. 우리가 자연과 조화할 수 있는 길은 여전히 남아 있다. 하지만 그 길은 우리가 지금 있는 곳에서 멀리 떨어져 있다. 게다가 우리는 지체할 수 없다. 만약 우리가 시작하는 데 몇 십 년을 기다려야 한다면, 우리는 시작조차 하지 않는 편이 나을 것이다. 그것은 문명이 항상 다루어야 할 문제인 빈곤과는 다르다. 이것은 대학수학능력시험(SAT)처럼 시간이 한정된 시험이다. 20년 혹은 30년 후에 우리는 펜을 내려놓아야 한다. 그것은 바로 우리 세대에 대한 시험이고, 인구는 그 해답 중 일부분이다. …

더 생각해 볼 문제

1. 매키번이 우리가 역사의 특별한 순간에 살고 있다고 생각하는 이유를 설명하시오. 당신은 그의 주장이 설득력 있다고 생각하는가?
2. 예전에 하늘이 무너지고 있다고 예언했던 사람들의 예상은 틀렸다. 매키번은 자신과 파울 에를리히 같은 사람들이 지나치게 비관적이라는 주장에 대해 어떻게 대응하는가?
3. 인류가 온실효과에 대한 책임이 있고, 이러한 온실효과가 지구 기후에 어떠한 극적인 영향을 주었는가라는 지구 온난화 논제를 이끌어가기 위해 매키번이 지지하고 있는 증거는 무엇인가? 온실효과는 얼마나 심각한가?

6장

공유물에 대한 재검토:
지역적 교훈들, 전 지구적 과제들[*]

엘리노어 오스트롬, 조애너 버거, 크리스토퍼 B. 필드,
리처드 B. 노어가드, 데이비드 폴리칸스키

엘리노어 오스트롬(Elinor Ostrom, 1933-2012)은 인디애나대학교의 정치경제학자였다. 2009년에 그녀는 올리버 윌리엄슨(Oliver Williamson)과 함께 공유물에 대한 경제적 지배 구조에 관한 연구로 노벨 경제학상을 공동 수상하였다. 그녀는 노벨 경제학상 부문에서 첫 여성 수상자가 되었다. 그녀는 『공유물 관리: 집단 행동을 위한 제도의 진화』(1990), 에이미 R. 포티테(Amy R. Poteete), 마르코 A. 얀센(Marco A. Janssen)과 같이 저술한 『함께 일하기: 집단 행동, 공유물, 그리고 다양한 실천 방법들』(2010) 등을 포함한 많은 논문과 책을 단독 또는 공동으로 저술, 편집하였다. 이 논문의 공동 저자는 럿거스대학의 행동 생태학자 조애너 버거(Joanna Burger), 스탠퍼드대학에서 환경을 연구하는 교수이자 카네기 연구소의 지구 생태학과 창립 이사인 크리스토퍼 B. 필드(Christopher B. Field), 버클리에 있는 캘리포니아대학에서 에너지와 자원을 연구하는 교수이자 경제학자인 리처드 B. 노어가드(Richard B. Norgaard), 국립연구위원회에서 환경 및 독성학 연구를 수행하는 연구원인 데이비드 폴리칸스키(David Policansky)이다.

저자들이 제공한 논문 요지는 다음과 같다. 개럿 하딘은 1968년 그의 생산적인 논문에서 공유물의 사용자들은 그들이 의존하는 자원이 파괴로 이어지는 피할 수 없는 과정에 빠진다고 말했다. 이 논문에서는 하딘이 제시한 문제에 대한 새로운 통찰과 함께 공유 자원(common-pool resources)의 지속 가능한 이용에 가장 유리한 조건에 대해 논의한다. 가장 어려운 과제들 가운데 일부는 여러 국가에 걸쳐 있는 저지대의 담수나 거대한 해양 생태계와 같이 국제적 협력이 필요한 대규모의 자원 관리와 관련되어 있다. 제도적 다양성은 우리가 장기적으로 생존하는 데 있어 생물학적 다양성만큼이나 중요할 수 있다.

[*] 미국과학진흥협회(The American Association for the Advancement of Science)의 허락 하에 1999년 4월 9일 『사이언스』 284권 5412호 278-82쪽 내용을 다시 출판하였음; Clearance Center, Inc.를 통해 저작권이 허가되었음.

개릿 하딘의 영향력 있는 논문인 「공유물의 비극」이 나온 지 30년이 지났다.[1] 처음에는, 공유물의 사용자들이 그들이 의존하는 자원의 파괴로 이어지는 피할 수 없는 과정에 빠진다는 하딘의 은유에 많은 사람이 동의하였다. 하딘의 말에 의하면, 공유물의 "합리적" 사용자는 그들이 기대하는 이익이 예상 비용과 같아질 때까지 자원을 요구한다고 주장했다. 왜냐하면 각 사용자는 다른 사람에게 부과되는 비용을 무시하기 때문에, 개인의 결정은 비극적인 과용과 접근이 개방된 공유물의 파괴 가능성을 누적시킨다. 하딘이 제안한 해결책은 "사회주의 또는 자유 기업의 민영화"였다.[2]

하딘의 원래 진술은 많은 학자에 의해 사용되어 왔고, 정책 입안자들은 모든 공유 자원에 대한 중앙정부의 통제를 합리화하고,[3] 인류의 전망에 대한 무력한 비관적 시각을 드러냈다.[4] 사용자들은 변화시킬 수 없는 상황에 갇혀 있는 것으로 그려진다. 따라서 해결책은 외부 당국에 의해 사용자들에게 부과되어야 한다고 주장한다. 비록 비극이 의심할 여지없이 발생했지만, 수천 년 동안 사람들은 공유 자원을 관리하기 위해 자기-조직화 해왔으며, 사용자들은 종종 이러한 자원을 관리하기 위한 장기적이고 지속 가능한 제도들을 고안한다.[5,6-7] 이제 하딘의 논문에서 발전된 이론을 재평가할 때가 되었다.

여기서 우리는 1968년 이후 공유물 문제를 이해하고 관리하는 데 있어서 이루어진 발전들을 기술한다. 또한 연구 과제, 특히 세계적인 공유지 문제에 대한 우리의 이해를 증진하는 것과 관련된 과제를 기술한다.

지속 가능한 자원에 대한 경험적 연구에서 얻은 중요한 교훈은 하딘이 제안한 것보다 더 많은 해결책이 존재한다는 것이다. 정부 소유권과 민영화 둘 다 어떤 경우에는 실패한다. 예를 들어, 스니스(Sneath)는 전통적인 자기 조직적 집단 소유 체제 하에서 초원 황폐화와 중앙정부 관리 하에서 초원 황폐화 사이에는 큰 차이가 있음을 보여 준다. 중국 북부, 몽골, 남부 시베리아의 위성사진은 러시아 쪽에서 뚜렷한 황폐화를 보이는 반면, 사진의 절반인 몽골 쪽은 황폐화가 훨씬 덜하다는 것을 보여 준다.[8] 이 경우, 몽골은 목축업자들에게 계절마다 목초지를 대규모로 옮겨 다니는 전통적 집단 소유 제도를 계속하도록 허용한 반면, 러시아와 중국은 영구 정착이 포함된 정부 소유의 농업 집단화를 강행했다. 최근에, 중국의 해결 방안은 "목초지를 나누어 각 가구의 가축 수에 따라 개별 할당하는 민영화가 이루어졌다."[8] 이 생태 구역에 있는 러시아 지역의 목초지 4분의 3과 중국 지역의 3분의 1 이상이 황폐화되었으나, 몽골 지역은 10분의 1만이 같은 피해를 입었다.[8, 9] 여기서, 사회주의와 민영화는 모두 전통적인 집단 소유제에 의한 것보다 더 많은 황폐화를 초래하였다.

성공적인 관리의 이론과 실천 대부분은 한 국가 내에 살고 있는 작은 집단들과 비교적 큰 집단들에 의해서 효과적으로 관리되는 자원과 관계된다. 그리고 그 집단들은 다양한 규모의 전통적 제도들을 포함하고 있다. 이러한 자원들은 지속적인 생물 다양성과 인간 복지의 원천으로서 계속해서 중요하다. 그러나 가장 어려운 미래의 문제들 중 일부는 마을이나 강 유역, 심지어 단일 국가의 규모에서는 관리하기 어려운 자원들을 포함할 것이다. 이러한 자원들 중 일부 — 예를 들어, 여러 국가에 걸쳐 있는 저지대의 담수나 거대한 해양 생태계 — 는 사실상 단지 국제적 맥락에서만 고갈된다.[10] 이러한 자원의 관리는 적절한 국제적 차원의 제도들과 국가 차원, 지역 차원, 지방 차원의 제도들의 협력에 달려 있다. 본질적으로 측정하기 어려운 자원이나 해양 어류 또는 석유 매장량과 같이 첨단 기술로 측정해야 하는 자원은 그 규모에 관계없이 관리하기 어렵다. 다른 것들은, 예를 들어 전 지구적 기후는 광범위한 인간의 행동들이 특정 임계값을 초과하기 전까지는 그러한 행동들에 반응해서 대개 자가 치유된다.[11]

비록 지방적 또는 지역적 규모에서는 공유물 문제의 수와 중요성이 감소할 것임에도 불구하고, 전 지구적 규모의 공유물 문제에 대한 효과적인 접근법의 필요성은 분명히 증가할 것이다. 여기서 우리는 공유 자원의 성격을 분석하는 맥락에서 그리고 그 공공 자원에 대한 공정한 접근과 지속적인 가용성을 보장하기 위한 성공한 제도와 실패한 제도의 역사를 분석하는 맥락에서 이 필요를 검토한다. 소규모 시스템에서 얻은 일부 경험은 전 지구적 시스템으로 직접 이전되지만, 전 지구적 공유물은 주로 그 극단적인 크기와 복잡성으로 인해 광범위한 새로운 문제를 야기한다.[12]

공유 자원의 성격

공유 자원 문제를 더 잘 이해하려면 자원 시스템 관련 개념과 재산권 관련 개념을 구분해야 한다. 우리가 사용하는 공유 자원(CPR: common-pool resources)이라는 용어는 관련된 재산권과 무관한 자원 시스템을 지칭한다. 공유 자원(CPR)은 (i) 물리적 수단과 제도적 수단을 통해 수혜자를 배제하는 데 특히 많은 비용이 들고, (ii) 한 사용자에 의한 착취는 다른 사용자의 자원 가용성을 감소시키는 자연 자원과 인적 자원을 포함한다.[13] 이 두 가지 특성 — 배제의 난점과 감소 가능성 — 은 자신의 단기 이익을 따르는 사람들이 누구에게도 장기 이익이 되지 않는 결과를 산출하는 잠재적 CPR 딜레마를 만들어 낸다. 자원 이용자들이 접근을 제한하고 권리와 의무를 규정하는 효과적인 규칙이 주는 편익 없이 상호작용할 때, 두 가지 형태의 실질적인 무임승차 행위가 나타날 가능성이 있다. 그 하나는 타인에게 주는 부정적 영향은 아랑곳하지 않으면서 과도하게 사용하는 것이고, 다른 하나는 CPR 자체의 유지와 증진을 위해 지원되는 자원의 결핍이다.

CPR들은 전통적으로 지상 생태계와 해양 생태계를 포함하는데, 이것들은 동시에 고갈될 수도 있고 재생될 수도 있는 것으로 여겨진다. 많은 자원의 특성은 한 사람의 사용이 다른 사람이 사용할 수 있는 양이나 질을 줄이고, 다른 사람의 사용은 자원에 부정적인 속성을 추가하는 것이다. CPR은 (지하수나 대기와 같은) 지구 시스템의 구성 요소와 (관개 시스템이나 월드와이드웹과 같은) 문명의 산물을 포함한다.

CPR의 특성은 통제 체제(governance regime)를 고안하는 문제에 영향을 미친다. 이런 특성들에는 자원 시스템의 규모와 수용 능력, 자원의 측정 가능성, 자원 흐름의 시간적 · 공간적 가용성, 시스템 내의 자원 저장량, (물, 야생동물, 그리고 대부분의 어류같이) 자원이 움직이는지 아니면 (나무와 약초같이) 자원이 움직이지 않는지, 자원이 얼마나 빨리 재생되는지, 다양한 수확 기술이 재생 패턴에 어떤 영향을 미치는지 등이 포함된다.[14] 숲속 나무들의 수와 크기를 추정하고 그에 따라 그 용도를 할당하는 것은 비교적 쉽지만, 저장 능력이 없는 시스템에서 회유성 어족 자원과 사용 가능한 관개수를 평가하는 것은 훨씬 더 어렵다. 기술은 자원의 식별과 감시를 개선함으로써 의사 결정에 정보를 제공할 수 있지만, 기술이 의사 결정을 대체할 수는 없다. 한편, 지하수 저장 용량, 공급 및 관련 오염의 평가에 있어 주요한 기술적 발전은 이러한 자원에 대한 더 효과적인 관리를 가능하게 했다.[15] 특정 위치의 특정 자원 시스템에는 다양한 유형의 CPR들과 상이한 공간적 · 시간적 척도를 지닌 공공재(public goods), 상이한 불확실성의 정도, 그것들 간의 복잡한 상호작용이 포함된다.[16]

공유 자원 통제 및 관리 제도

CPR 문제의 해결에는 두 가지 구별되는 요소, 즉 접근 제한과 인센티브 창조가 수반된다. 이 두 가지 요소는 (보통 자원에 대한 개인적 권리 또는 자원 공유를 할당함으로써) 사용자가 자원을 과도하게 착취하는 대신에 자원에 투자하도록 만든다. 두 가지 변화가 모두 필요하다. 예를 들어, 접근 제한이 이루어지지 않았던 북태평양 해조류 어업은 최근에 개인적

표 1. 공유 자원 규제에 사용되는 소유권 체제의 유형[7]

소유권	특징
개방 접근	소유권 부재
집단 소유	다른 사람들의 사용을 배제할 수 있는 이용자 집단이 소유하는 자원권
개인 소유	다른 사람들의 사용을 배제할 수 있는 개인(또는 회사)이 소유하는 자원권
정부 소유	이용을 규제하거나 이용 대금을 징수할 수 있는 정부가 소유하는 자원권

으로 이전 가능한 몫과 어획 한도가 도입된 후에야 접근 제한이 이루어졌고, 이를 통해서 수십 년 동안 자원을 보호해 왔다. 그러나 다른 이들이 차지하기 전에 더 많은 몫의 자원을 차지하기 위한 엄청난 경쟁은 경제적 낭비를 초래하였으며, 어부들에게는 위험을, 소비자에게는 질 낮은 어류 공급을 초래하였다. 자원 이용자들이 몫을 차지하기 위해 경쟁할 경우, 접근 제한만으로는 실패할 수 있으며, 인센티브 또는 규제를 통해서 과도한 착취를 방지하지 않는 한 자원은 고갈될 수 있다.[17, 18]

CPR과 관련하여 네 가지 광범위한 유형의 재산권이 발전 또는 고안되었다(표 1). 가치 있는 CPR이 개방 접근 체제(open-access regime)에 방치될 경우, 결과적으로 황폐화와 잠재적 파괴로 이어진다. 그러나 자원 이용자들은 어떤 소유권도 인정하지 않는 체제(개방 접근 체제)에서 집단 소유나 개인 소유로 자발적으로 바꾸지 않는다는 명제는 자원 이용자들이 오랜 세월 동안 바로 그렇게[집단 소유나 개인 소유로의 자발적 변경] 해왔다는 증거에 의해 철저히 논박될 수 있다.[5-7, 13, 15, 19] 집단 소유 체제(group-property regime)와 개인 소유 체제(individual-property regime)는 둘 다 자원의 접근과 사용에 대한 다양한 권리를 부여함으로써 자원을 관리하는 데 사용된다. 집단 소유와 개인 소유 사이의 중요한 차이는 개인 소유주가 자기 몫의 자원을 쉽게 구입하거나 판매할 수 있다는 것이다. 정부 소유는 개인의 사용을 금지하거나 허용할 수 있는 국가나 지역 또는 지방의 공공 기관에 의한 소유권을 포함한다. 경험적 연구는 어떠한 단일 유형의 소유 체제도 모든 CPR과 관련하여 효과적이고 공정하며 지속 가능하게 작동하지 않는다는 것을 보여 준다. CPR 문제는 많은 규제 환경 안에서 계속 존재한다.[17] 그러나 여러 세대에 걸쳐서 성공적으로 CPR을 통제해 온 강력한 제도와 관련된 설계 원리를 확인하는 것이 가능하다.[19]

규범과 규칙 설계의 진화

사람들이 필연적으로 CPR을 파괴할 것이라는 예측은 모든 개인이 이기적이고, 규범을 지키지 않으며, 단기적인 결과의 극대화를 추구하는 개인이라고 가정하는 모델에 근거한 것이다. 이 모델은 왜 시장 제도가 사적인 재화와 용역의 효율적 배분을 용이하게 하는지를 설명하며, 이것은 산업사회의 열린 경쟁 시장으로부터 얻은 경험적 자료에 의해 강력하게 지지된다.[20] 그러나 이 모델에 기반한 예측은 현장 연구에서는 지지되지 않으며 또한 개인이 공공재나 CPR 문제에 직면해서 의사소통하고, 서로 제재하고, 새로운 규칙을 수립할 수 있는 조건에서 실시되는 실험에서도 지지되지 않는다.[21] 인간은 많은 상황에서 편협하고 이기적인 관점을 채택하지만, 사회적 딜레마를 극복하기 위해 호혜성을 사용할 수도 있다.[22] CPR 사용자 중에는 (i) 항상 편협하게 자기중심적인 방식으로 행동하며 딜레마 상황에서 결코 협조하지 않는 사람들(무임승차자들), (ii) 무임승차자들에 의해 착취당하지 않을 것이라는 점이 보장되지 않는 한, 다른 사람들과 협력하기를 꺼리는 사람들, (iii) 타인이 신뢰를 되찾길 희망하면서 호혜적 협력을 기꺼이 시작하는 사람들, (iv) 항상 집단의 더 큰 수익을 달성하려고 노력하는 몇몇 진정한 이타주의자들이 포함된다.

CPR 딜레마에 대처하는 규범들이 광범위한 자기 의식적인 설계 없이도 진화할 수 있는지 여부는 특정 환경에서 이러한 행동 유형들의 상대적 비율에 달려 있다. 항상 편협하게 이기적인 방식으로 행동하는 사람들의 비율이 처음에 너무 높지 않다면, 호혜적 협력은 확립되고 지속되며, 심지어 성장할 수도 있다.[23] 상호작용을 통해 호혜성을 보이는 사람들이 신뢰할 만하다는 평판을 얻게 되면, 다른 사람들은 기꺼이 그들과 협력해서 CPR 딜레마를 극복하려고 할 것이고, 이것은 자신과 그들의 자손에게 더 많은 이익을 가져다줄 것이다.[24] 따라서 서로의 신원을 확인할 수 있는 사람들의 집단은 서로 모르는 사람들로 이루어진 집단보다 신뢰, 호혜성, 평판을 끌어들여서 사용을 제한하는 규범을 개발할 가능성이 더 크다. 초기에 이것은 진화된 공유 규범에 주로 의존하는 집단으로 그 규모가 제한되었다. 시민 밴드 라디오, 추적 장치, 인터넷, 지리 정보 시스템 및 현대 기술의 다른 측면들과 새로운 뉴스 매체들은 이제 큰 집단들이 CPR 문제를 해결하기 위해 서로의 행동을 감시하고 활동을 조정할 수 있게 해 준다.

그러나 진화된 규범이 과도한 착취를 방지하는 데 항상 충분한 것은 아니다. 참가자 또는 외부 당국은 CPR을 사용할 수 있는 사람을 제한하고, 그 사용을 언제 얼마나 허용할 것인지 명시하며, 공식적인 감시 장치를 만들고 재정을 지원하고, 위반자에 대한 제재를 설정하는 규칙을 신중히 고안해야만 한다(그리고 감시하고 집행해야 한다). 사용자들이 스스로 통제(거버넌스) 시스템을 설계, 시험 및 수정하는 데 소요되는 비용을 감내하면서 그들이 직면한 높은 수준의 딜레마를 극복할 수 있는지 여부는 변화로 인한 이익뿐만 아니라 협상, 감시 및 이 규칙들을 집행하는 데 드는 기대 비용에 달려 있다.[25] 자원이 사용자에게 가치 있는 생산물을 안정적으로 생성할 때 지각되는 이익은 더 크다. 사용자들은 자신들의 규칙을 만들고 시행하기 위해 자율성이 필요하며, 자원의 미래 지속 가능성에 높은 가치를 부여해야만 한다. 자원이 크고 복잡할 때 지각되는 비용은 더 높고, 사용자는 자원 역학에 대한 공통의 이해를 결여하게 되고, 사용자들은 실질적으로 다양한 이익을 가진다.[26]

표 2. 지배 구조와 경작 강도의 관계[(27), p. 106]. 100%의 경작 강도는 관개 시스템의 모든 토지가 한 계절 동안 완전히 사용되거나 여러 계절에 걸쳐 부분적으로 사용되어 동일한 적용 범위에 해당한다는 것을 의미한다. 마찬가지로, 200%의 경작 강도는 두 계절 동안 모든 땅을 완전히 사용하고, 300%는 세 계절 동안 완전히 사용한다.

매개변수	농민 소유 시스템 (N=97)	정부 소유 시스템 (N=21)	F	P
첫머리 작물 강도	246%	208%	10.51	0.002
맨 끝의 작물 강도	237%	182%	20.33	0.004

네팔의 농민 관리 관개 시스템은 진화된 규범뿐만 아니라 지방에 맞게 만들어진 강력한 규칙에 의존하는 잘 관리된 CPR의 예이다.[27] 관개 시스템이 잘 작동하도록 하는 규칙과 규범은 외부 관찰자들에게 보이지 않기 때문에, 농민들이 건설한 원시적 시스템을 새로 건설된 정부 소유의 시스템으로 대체하려는 선의의 기부자들의 노력은 성능을 개선하기보다는 오히려 감소시켰다.[28] 정부 소유의 시스템은 콘크리트와 철골 구조의 관개시설로 만들어진 데 반해서, 농민들은 단순히 진흙, 돌, 나무로 만들었다. 그러나 농민 관리 시스템에 의해 달성된 경작 강도는 정부 시스템보다 상당히 높다(표 2). 시스템 성능의 회귀 모델에서는 지형의 기울기, 농민 소득의 변화 및 대체 수자원의 존재를 통제하기 때문에, 정부 소유와 현대적인 관개시설의 존재가 모두 시스템의 끝부분에 전달되는 물에 부정적인 영향을 미치며, 따라서 전체 시스템의 생산성에 부정적인 영향을 준다.[27]

자원 사용에 강한 제한을 부과하는 것은 어떤 사용자 공농체가 처음에 사용권을 가지는지, 그리고 누가 CPR에 대한 접근에서 배제되는지에 관한 물음을 제기한다. 배제 방법을 고안하는 바로 그 과정이 실질적인 분배 결과를 낳는다.[29] 어떤 경우에는 오랫동안 자원에 대한 관리권을 행사해 온 사람들이 배제될 수 있다. 이와 같은 실질적 분배는, 예를 들어 규제 당국이 누가 대기 중으로 탄소를 방출할 권리를 받게 될지를 지정할 때 발생할 것이다. 일반적으로 그러한 권리는 일정 기간에 걸쳐 일관된 사용 유형을 보인 사람에게 부여된다. 따라서 나중에 자원을 사용할 필요가 있는 사람들은 전적으로 배제되거나 매우 큰 입장 비용을 지불해야 할 수도 있다.

배제의 대척점은 빠른 사용자 유입이다. 어떤 사용자 집단이 빠르게 성장하면 자원에 부담을 줄 수 있다. 예를 들어, 지난 10년 동안 미국에서 개인용 선박(PWC)의 연간 판매 대수는 약 5만 대에서 15만 대 이상으로 증가했다. 이것은 지표수의 사용에 부담을 주고, 주택 소유자, 다른 선박 이용자, 어부, 자연주의자들과 갈등을 양산한다. PWC(개인용 선박)의 급속한 증가는 해안선 이용에 부담을 주고, 사고와 부상자가 크게 증가했으며, 수생 천연 자원에 교란을 일으켰다.[30] 새롭고, 더 빠르고, 더 큰 보트들이 표층수의 가치를 감소시키고, 자신들의 공간을 침입하는 것에 대해서 전통적인 사용자들은 위협을 느낀다. 다른 많은 환경에서, 새로 이주해 오는 사용자들은 자원의 작동 방식과 다른 사람들이 공유하고 있는 규칙과 규범을 이해하지 못한다. 초기 공동체의 구성원들은 위협을 느끼고 그들 자신의 자제력을 발휘하지 못하거나, 심지어 자원을 다 써 버리기 위한 경쟁에 참여할 수도 있다.[31]

CPR 간의 실질적인 차이점을 감안할 때, 자원의 복잡한 상호작용과 역학에 일치하면서도 사용자가 합법적이고, 공정하며, 효과적이라고 인식하는 효과적인 규칙을 찾기란 어렵다. 때로는 자원 평가에 대한 의견 불일치가 다른 사람에게 비용을 떠넘기는 식으로 일부가 크게 편익을 취하는 정책을 제안하는 데 전략적으로 이용될 수도 있다.[4] 고도로 복잡한 시스템에서 최적의 규칙을 찾는 것은 불가능하지는 않더라도 극히 어려운 일이다. 그러나 그런 문제들에도 불구하고, 많은 사용자가 자신들만의 규칙을 고안해 왔고 오랜 시기에 걸쳐서 자원을 유지해 왔다. 병렬적으로 자기 조직화된 거버넌스 체제가 광범위한 시행착오적 학습에 참여하도록 허용한다고 해서 그것이 어느 한 자원에 대한 오류 확률을 감소시키지는 않지만, 한 지역의 모든 자원에 대해 재앙적 오류가 일어날 확률은 크게 감소시킨다.

지방 및 지역의 공유 자원으로부터 얻는 교훈

개릿 하딘의 논문에서 자극을 받아 진행된 지난 30년 동안의 경험적·이론적 연구 결과에 따르면, 공유물의 비극은 실제로 발생하지만, 반드시 불가피하지는 않다. 지속 가능한 사용의 딜레마를 해결하는 것은 지방의 자원에 대해서조차 쉽지도 않고, 문제가 없지도 않다. 하지만 지방적이고 지역적인 공유 자원을 위한 성공적인 자기 조직화 과정을 자극할 가능성이 큰 조건들에 관해서는 학문적 합의가 이루어지고 있다.[6, 26, 32] 자원 시스템 및 그 사용자의 특성이 사용자가 지각하는 비용과 편익에 영향을 미친다. 사용자가 주요한 편익에 주안점을 두게 하기 위해서는 자원이 쓸모없게 될 정도로 자원 조건이 악화되어서는 안 되며, 조직화로 인한 이득이 거의 없을 정도로 자원 사용이 없어서도 안 된다. 사용자가 외부 경계와 내부의 미세 환경에 대해 정확한 지식을 갖고 있고, 또 자원 조건에 대한 믿을 만한 타당한 지표를 가지고 있는 경우, 이들은 이익을 더 쉽게 파악할 수 있다. 또한 자원의 흐름에 대한 예측이 상대적으로 용이할 때, 다양한 관리 체계가 장기적인 편익과 비용에 얼마나 영향을 주는지를 평가하기가 더 쉽다.

생계의 많은 부분을 자원에 의존하고, 또 스스로 접근 규칙과 수확 규칙을 정하는 약간의 자율성을 가신 사용자들은 자발적인 자원의 제한에서 얻는 편익을 다른 사람들보다 쉽게 알아챌 가능성이 크다. 그러나 그들은 자원 시스템이 어떻게 운영되고, 자신들의 행동이 서로에게 그리고 자원에 어떠한 영향을 미치는지에 대한 이미지를 공유할 필요가 있다.

또한 사용자들은 기대되는 공동 편익이 현재 발생하는 비용을 능가하도록 특정 자원의 지속 가능성에 관심을 가져야만 한다. 만약에 사용자들이 초기에 다른 사람들이 약속을 지킬 것이라는 신뢰를 가진다면, 비용이 적게 드는 감시 방법과 제재 방법을 고안할 수 있게 된다. 과거의 조직화 경험과 현지의 지도력은 합의를 이루고 특수한 환경에 대한 효과적인 해결책을 찾아내는 사용자들의 비용을 줄인다. 어떠한 경우에도 개인은 집단 전체의 편익과 비용보다 자기 자신의 편익과 비용을 더 중요하게 평가하는 경향을 극복해야만 한다. 집단 선택 규칙은 앞으로 규칙에 관한 결정에 누가 참여할지 그리고 집단의 선호를 어떻게 총합할지에 영향을 미친다. 따라서 이러한 규칙은 이익의 폭에 영향을 주어서 제도 변화를 만들어 내는 것과 관련되며, 또한 어떤 정책 수단을 채택해야 할지를 결정하는 데 영향을 미친다.[33]

보다 넓은 사회적 배경

사람들이 공유 자원을 자기 조직화 하고 관리할 수 있는지 여부는 그들이 속한 더 넓은 사회적 배경에 달려 있다. 정부는 지역적 자기 조직화를 도울 수도 있고 방해할 수도 있다. 정부의 "고위"급은 기관 회의에서 공유 자원 사용자의 참여를 촉진하고, 문제와 가능한 해결책을 파악하는 데 도움이 되는 정보를 제공하며, 지방 사용자들이 자체적으로 도달한 합의를 합법화하고 집행하도록 도울 수 있다. 그러나 중앙정부는 종종 자원의 남용으로 이어지는 권리를 옹호하거나, 아니면 기존 규제들을 감시·집행하지 않고 자원에 대한 궁극적인 통제권만을 주장함으로써 지방의 자기 조직화를 방해한다.

자원 문제를 완전히 무시하는 체제나 중앙정부가 모든 결정을 내려야 한다고 가정하는 체제보다 사용자들은 자신들의 노력을 장려하는 대규모-체제에서 효과적인 규칙을 채택할 가능성이 높다. 만약 중앙정부가 지방정부를 공식적으로 인정하지 않는다면, 사용자들이 집행력 있는 규칙을 수립하기가 어렵다. 한편, 규칙이 현지의 참여자들과 상의 없이 외부인에 의해서 부과된다면, 현지의 사용자들은 외부 당국과 "도둑 잡기

놀이"의 상황에 빠져들게 된다. 많은 나라가 2세기 동안 식민지를 경험했기 때문에, 일부 공유 자원에 영향을 주는 국영 개발 정책은 외부에서 부과되는 제도에 큰 저항을 불러왔다.

이렇듯 국가의 보다 넓은 경제적 상황 역시 공유 자원의 조직과 관리에 따르는 이익과 비용의 수준과 분포에 영향을 미친다. 자원 가격이 오를 것이라는 기대감이 있으면 보다 효율적인 경영을 위한 인센티브가 있는 반면, 가치의 하락, 불안정 또는 불확실한 자원 가격은 미래의 이용 가능성을 조직적으로 지킬 인센티브를 감소시킨다.[34] 국가 정책은 또한 이주율, 자본의 흐름, 기술 정책과 같은 요인에도 영향을 미치며, 따라서 지방의 기관들이 효율적으로 업무를 수행하기 위해 고려해야만 하는 조건의 범위에도 영향을 준다. 마지막으로, 지방의 기관들은 내전이나 국제 전쟁에는 거의 대처할 수 없다.

전 지구적 공유물의 과제

지역 및 지방의 공유 자원으로부터 우리가 얻을 수 있는 교훈은 고무적이지만, 오늘날 인류는 생물 다양성, 기후변화, 기타 생태계 서비스를 관리하기 위한 전 지구적 제도를 설립해야 하는 새로운 과제에 직면하고 있다. 이러한 새로운 도전은 적어도 다음과 같은 이유로 인해 특히 난관이 예상된다.

규모 증대의 문제. 공유 자원에 대한 이해관계자의 수가 증가함에 따라 조직을 구성하고, 규칙에 동의하며, 규칙을 시행하는 데 있어서 어려움이 증가한다. 지구의 환경 자원은 이제 지구상의 60억 인구를 모두 이해관계자로 포함한다. 국가 및 지방 수준의 조직은 도움이 될 수도 있지만, 해결책을 찾는 과정에 걸림돌이 될 수도 있다.

문화적 다양성의 도전. 경제적 세계화와 함께, 인류는 재문화화(recul-turalization)의 시기에 있다. 문화 다양성이 커짐에 따라, 공유 자원을 조직해 온 다양한 지역 사람들의 다양한 방법들이 빨리 사라지지 않을 것이라는 희망과 지역 차원에서 다양한 새로운 방식이 계속해서 발전할 것이라는 희망이 커지고 있다. 그러나 문화적 다양성은 반대로 이해 당사자끼리 공동의 이해관계와 이해를 발견할 가능성을 감소시킬 수 있다. 문화 다양성의 문제는 선진국과 비선진국 사이의 경제적 차이로 인한 "남-북" 갈등에 의해 악화될 수도 있다.

상호 연결된 공유 자원의 복잡성. 초원과 산림 관리는 매우 복잡하게 얽혀 있다. 하지만 생물 다양성을 유지하고 기후변화를 개선하는 것만큼 복잡하지는 않다. 전 지구적 문제들을 다룰 때, 우리는 전 지구적 시스템들 간의 더 증대된 상호작용에 직면한다. 마찬가지로, 전문성이 커지면서 사람들 사이의 상호 의존성 역시 커진다. 따라서 우리는 모두 상호 공통의 이해관계를 공유하고 있다. 그러나 이는 숲이나 초원의 사용자보다 훨씬 복잡한 방식으로 이루어진다. 우리는 더 복잡하게 상호 연관되어 있으면서도, 또한 서로로부터 그리고 우리의 환경문제로부터 더욱 멀어지고 있다. 우리의 늘어나는 전문화된 이해와 지구상의 특정 지역 때문에, 전 지구적 공유 자원의 중요성을 이해하고 이러한 자원을 성공적으로 관리하기 위해 어떻게 협력해야 하는지를 파악하기란 어렵다. 이러한 복잡성으로 인해 공정한 해결 방법을 찾는 것이 훨씬 더 어려워지고 있다.

가속화하는 변화율. 이전 세대의 사람들은 변화가 점점 더 빠르게 일어나고 그 가속화가 계속되고 있다고 불평한다. 인구 증가, 경제 개발, 자본 및 노동 이동성, 기술적 변화는 우리가 알아채기도 전에 환경적 문턱을 뛰어넘게 만든다. 과거의 지식은 현재의 문제에 적용하기가 점점 더 어려워지고 있기 때문에, '경험으로부터 배운다'라는 말이 점점 더 현실성이 떨어지고 있다.

집단적 선택 규칙으로서 만장일치의 요구. 전 지구적 자원 관리를 위한 집단적 선택의 기본 규칙은 협약에 대한 자발적 동의이다.[36] 이로 인해서 일부 국가의 정부는 특권을 요구하면서 규제 달성을 위한 협정 참여를 지연시킨다. 따라서 이것은 이런 수준에서 채택할 수 있는 자원 관리 정책의 종류에 큰 영향을 미친다.

하나뿐인 지구에서 실험하기. 역사적으로 볼 때, 사람들은 지역의 공유 자원 관리에 중대한 문제가 발생하면 자원이 있는 다른 지역으로 이주할 수 있었다. 오늘날 우리는 지역 수준에서는 실수에 대한 여지가 훨씬 적으며, 지구적 수준에서는 더 이상 이주할 곳도 없다.

이러한 새로운 도전 과제들은 분명히 미래의 공유 자원 문제를 해결하는 데 있어서 성공적인 관리의 과거와 현재의 사례들로부터 우리가 얻을 수 있는 자신감을 잃어버리게 만든다. 그럼에도 불구하고, 공유 자원 관리의 성공적인 사례를 통해 얻은 교훈은 향후 과제 해결을 위한 출발점을 제공한다. 이것 중 일부는 제도적일 것인데, 예컨대 진정한 전 지구적 문제들에 초점을 맞추기 위해서 지방적 제도들과 지역적 제도들을 구축하고 보완하는 다차원적 제도들과 같은 것이다. 다른 일부는 향상된 기술을 토대로 자원 관리를 구축할 수도 있다. 예를 들어, 더 정확한 장기 일기 예보는 관개 관리를 개선할 수 있다. 또한 어군 탐지 기술의 발전은 더 정확한 어류 개체 수 추정 및 어획 관리를 가능하게 할 수 있다. 그리고 믿을 수 있는 데이터의 광범위한 보급은 효과적인 공유 자원 관리에 있어서 핵심인 신뢰도를 높이는 데 주요한 공헌을 할 수 있다.

결국, 과거의 성공에서 얻은 교훈을 바탕으로 효과적인 관리 방법을 구축하는 것은 과거를 뛰어넘는 광범위하고 심층적인 형식의 의사소통, 정보, 신뢰를 필요로 한다. 하지만 이것은 불가능한 것은 아니다. 사람들이 공유 자원 문제에 대처하는 방법은 매우 다양하다. 그리고 이와 관련된 제도적 다양성을 보호하는 것은 생물 다양성을 보존하는 것만큼이나 우리의 장기 생존을 위해서 중요할 것이다. 우리는 과거의 실패뿐만 아니라 성공적인 노력에서도 많은 것을 배울 수 있다.

* 이 논문은 1998년 6월, SCOPE(Scientific Committee on Environment) X 총회와 연계하여 개최된 "공유물 재검토: 미국의 관점" 심포지움에서 논의된 아이디어에서 도움을 받았다. 우리는 이러한 노력의 출발점인 SCOPE 전미위원회를 지원해 준 미국 환경보호국, NSF, NASA에 감사한다. 또한 우리는 F. Berkes, A. Blomqvist, P. Dalecki, D. Dodds, K. Dougherty, D. Feeny, T. Hargis-Young, C. Hess, B. J. McCay, M. McGinnis, M. Polski, E. Schlager, N. Sengupta, J. Unruh, O. Young 그리고 익명의 논평자들의 유익한 논평에 감사한다. 이 논문은 NSF SBR-9521918, 유엔식량농업기구(FAO), 포드재단, 맥아더재단(E.O)의 후원을 받았고, 또한 미국 에너지부 이해관계 당사자 참여 위험 평가 컨소시움 AI DE-FCO1-95EW5508 및 국립환경보건과학원(National Institute of Environmental Health Sciences) ESO 5022(J.B)의 후원을 받았다.

주석

1. G. Hardin, *Science* 162, 1243 (1968).
2. G. Hardin, *ibid.* 280, 682 (1998).
3. J. E. M. Arnold, *Managing Forests as Common Property* (FAO Forestry Paper 136, Rome, 1998); D. Feeny, S. Hanna, A. F. McEvoy, *Land Econ.* 72, 187 (1996); F. Berkes and C. Folke, Eds., *Linking Social and Ecological Systems: Management Practices and Social Mechanisms for Building Resilience* (Cambridge Univ. Press, New York, 1998); A. C. Finlayson and B. J. McCay, *ibid.*, pp. 311–337; R. Repetto, *Skimming the Water: Rent-seeking and the Performance of Public Irrigation Systems* (Research Report 4, World Resources Institute, Washington, DC, 1986).
4. D. Ludwig, R. Hilborn, C. Walters, *Science* 260, 17 (1993).
5. B. J. McCay and J. M. Acheson, *The Question of the Commons: The Culture and Ecology of Communal Resources* (Univ. of Arizona Press, Tucson, AZ, 1987); F. Berkes, D. Feeny, B. J. McCay, J. M. Acheson, *Nature* 340, 91 (1989); F. Berkes, *Common Property Resources: Ecology and Community-Based Sustainable Development* (Belhaven, London, 1989); D. W. Bromley et al., *Making the Commons Work: Theory, Practice, and Policy* (ICS Press, San Francisco, 1992); S. Y. Tang, *Institutions and Collective Action: Self-Governance in Irrigation* (ICS Press, San Francisco, 1992); E. Pinkerton, Ed., *Co-operative Management of Local Fisheries: New Directions for Improved Management and Community Development* (Univ. of British Columbia Press, Vancouver, Canada, 1989); C. Hess, *Common-Pool Resources and Collective Action: A Bibliography*, Vol. 3, and *Forest Resources*

and Institutions: A Bibliography (Workshop in Political Theory and Policy Analysis, Indiana Univ., Bloomington, IN, 1996) (www.indiana.edu/;workshop/wsl/wsl.html).

6. R. Wade, *Village Republics: Economic Conditions for Collective Action in South India* (ICS Press, San Francisco, 1994).

7. D. Feeny, F. Berkes, B. J. McCay, J. M. Acheson, *Hum. Ecol.* 18, 1 (1990).

8. D. Sneath, Science 281, 1147 (1998).

9. C. Humphrey and D. Sneath, Eds., *Culture and Environment in Inner Asia* (White Horse Press, Cambridge, 1996), vol. 1.

10. R. Costanza et al., *Science* 281, 198 (1998).

11. W. S. Broecker, *ibid.* 278, 1582 (1997).

12. M. McGinnis and E. Ostrom, in *The International Political Economy and International Institutions*, O. R. Young, Ed. (Elgar, Cheltenham, UK, 1996), vol. 2, pp. 465– 493; R. O. Keohane and E. Ostrom, Eds., *Local Commons and Global Interdependence: Heterogeneity and Cooperation in Two Domains* (Sage, London, 1995); S. Buck, *The Global Commons: An Introduction* (Island, Washington, DC, 1998).

13. E. Ostrom, R. Gardner, J. Walker, *Rules, Games, and Common-Pool Resources* (Univ. of Michigan Press, Ann Arbor, MI, 1994).

14. E. Schlager, W. Blomquist, S. Y. Tang, *Land Econ.* 70, 294 (1994).

15. W. Blomquist, *Dividing the Waters: Governing Groundwater in Southern California* (ICS Press, San Francisco, 1992).

16. R. Norgaard, *Adv. Hum. Ecol.* 4, 141 (1995); C. Gibson, *Politicians and Poachers: The Political Economy of Wildlife Policy in Africa* (Cambridge Univ. Press, New York, 1999); A. Agrawal, *Greener Pastures: Politics, Markets, and Community Among a Migrant Pastoral People* (Duke Univ. Press, Durham, NC, 1999).

17. Organisation for Economic Co-operation and Development (OECD), *Towards Sustainable Fisheries: Economic Aspects of the Management of Living Marine Resources* (OECD, Paris, 1997); National Research Council, *Sustaining Marine Fisheries* (National Academy Press, Washington, DC, 1999).

18. H. S. Gordon, *J. Pol. Econ.* 62, 124 (1954); B. J. McCay, *Coastal Ocean Manage.* 28, 3 (1995).

19. E. Ostrom, *Governing the Commons: The Evolution of Institutions for Collective Action* (Cambridge Univ. Press, New York, 1990).

20. C. R. Plott, *Science* 232, 732 (1986); K. A. McCabe, S. J. Rassenti, V. L. Smith, *ibid.* 254, 534 (1991).

21. 다음을 보라. S. Bowles, R. Boyd, E. Fehr, H. Gintis, *Homo reciprocans: A Research Initiative on the Origins, Dimensions, and Policy Implications of Reciprocal Fairness* (working paper, University of Massachusetts, 1997); E. Ostrom and J. M. Walker, in *Perspectives on Public Choice: A Handbook*, D. C. Mueller, Ed. (Cambridge Univ. Press, New York, 1997), pp. 35–72; J. M. Orbell, A. van de

Kragt, R. M. Dawes, *J. Personality Soc. Psych.* 54, 811 (1988); E. Ostrom, *Am. Pol. Sci. Rev.* 92, 1 (1998). 이러한 실험에서 딜레마의 형식적 구조는 자기 자신과 타인의 결정의 결과로 금전적으로 보상을 받는 주체에 의해 이루어지는 일련의 결정으로 전환된다. 또한 다음을 보라. J. H. Kagel and A. E. Roth, Eds., *The Handbook of Experimental Economics* (Princeton Univ. Press, Princeton, NJ, 1995). 이 모델은 또한 진화된 규범이 여전히 행동에 강하게 영향을 미치는 전통적인 사회에서 교환 행동을 설명하는 데 있어서 확고하지 않다.

22. L. Cosmides and J. Tooby, in *The Adapted Mind: Evolutionary Psychology and the Generation of Culture*, J. H. Barkow, L. Cosmides, J. Tooby, Eds. (Oxford Univ. Press, New York, 1992), pp. 163–228; L. Cosmides and J. Tooby, *Am. Econ. Rev.* 84, 327 (1994); E. Hoffman, K. McCabe, V. Smith, *ibid.* 86, 653 (1996).

23. R. Axelrod, *The Evolution of Cooperation* (Basic Books, New York, 1984); *Am. Pol. Sci. Rev.* 80, 1095 (1986).

24. M. A. Nowak and K. Sigmund, *Nature* 355, 250 (1992); D. M. Kreps, P. Milgrom, J. Roberts, R. Wilson, *J. Econ. Theory* 27, 245 (1982).

25. H. Demsetz, *Am. Econ. Rev.* 62, 347 (1967); D. North, *ibid.* 84, 359 (1994); C. M. Rose, *Property & Persuasion: Essays on the History, Theory, and Rhetoric of Ownership* (Westview, Boulder, CO, 1994); J. E. Krier, *Harvard J. Law Pub. Policy* 15, 325 (1992); F. Michelman, in *Liberty, Property, and the Future of Constitutional Development*, E. F. Paul and H. Dickman, Eds. (State Univ. of New York Press, Albany, NY, 1990), pp. 127–171; V. Ostrom, *Brigham Young Univ. Law Rev.* 3, 857 (1990).

26. E. Ostrom, in *The Commons Revisited: An Americas Perspective*, J. Burger, R. B. Norgaard, E. Ostrom, D. Policansky, B. Goldstein, Eds. (Island, Washington, DC, in press).

27. W. F. Lam, *Governing Irrigation Systems in Nepal: Institutions, Infrastructure, and Collective Action* (ICS Press, Oakland, CA, 1998).

28. W. F. Lam, *World Dev.* 24, 1301 (1996).

29. G. D. Libecap, *J. Instl. Theor. Econ.* 145, 6 (1989).

30. J. Burger, *Condor* 100, 528 (1998); in (26); L. Whiteman, *National Parks* 71, 22 (1997).

31. F. G. Speck and W. S. Hadlock, *Am. Anthropol.* 48, 355 (1946); C. Safina, *Issues Sci. Technol.* 10, 37 (1994).

32. J.-M. Baland and J.-P. Platteau, *Halting Degradation of Natural Resources: Is There a Role for Rural Communities?* (Clarendon, Oxford, 1996); M. A. McKean, J. Theor. Pol. 4, 247 (1992).

33. J. Buchanan and G. Tullock, *The Calculus of Consent* (Univ. of Michigan Press, Ann Arbor, MI, 1962); J. B. Wiener, *Yale Law J.* 108, 677 (1999).

34. C. W. Clark and G. R. Munro, in *Investing in Natural Capital: The Ecological Economics Approach to Sustainability*, A. M. Jansson, M. Hammer, C. Folke, R.

Costanza, Eds. (Island, Washington, DC, 1994), pp. 343-361.

35. 다음을 보라. O. Young, Ed., *Science Plan for Institutional Dimensions of Global Environmental Change* (International Human Dimensions Programme on Global Environmental Change, Bonn, Germany, 1999); *Global Governance: Drawing Insights from the Environmental Experience* (MIT Press, Cambridge, MA, 1997); P. Haas, R. Keohane, M. Levy, *Institutions for the Earth: Sources of Effective Environmental Protection* (MIT Press, Cambridge, MA, 1993).

36. J. B. Wiener, *Georgetown Law J.*, in press.

더 생각해 볼 문제

1. 오스트롬과 그의 공저자들이 말한 "공유 자원"이 무엇을 의미하는지 설명해 보라. 이 글에서 논의되지 않은 공유 자원의 예를 들어 보라.

2. 저자들은 공유물 문제에 대한 해결책은 인센티브의 생성과 접근의 제한 모두를 포함해야 한다고 주장한다. 각각에 대해 그것이 왜 필요한지와 다른 하나가 없으면 해결책이 왜 작동하지 않는지를 설명해 보라.

3. 저자들은 공유물 문제에 대한 표준적 설명이 사용자들을 "이기적이고, 규범을 따르지 않으며, 단기간의 결과를 최대화하려는 사람"으로 가정한다고 생각한다. 모든 사용자가 이와 같지는 않다고 주장하며 저자들이 제시한 증거를 기술하라.

4. 공유물 문제에 대한 자기 조직적 해결책이 나타날 가능성이 크다고 저자들이 주장하는 조건늘을 기술하라.

5. 저자들이 보기에 공유 자원을 성공적으로 관리하는 데 있어서 가장 중요한 과제는 무엇인가?

7장

부당한 인구 전쟁*

재클린 카선

재클린 카선(Jacqueline Kasun)은 캘리포니아 아카타에 위치한 훔볼트대학의 경제학 교수이다. 그녀의 글들은 『월스트리트 저널』, 『아메리칸 스펙테이터』, 『크리스천 사이언스 모니터』에 실려 있다. 그녀는 이번 장에서 발췌한 『인구 전쟁(The War against Population)』(1988)의 저자이기도 하다.

　카선은 스미스소니언 재단과 개릿 하딘 같은 "종말론자들"이 우리의 자유에 반하는 비합리적인 선전 캠페인을 진행하고 있다고 주장한다. 인류가 엄청난 비율로 증가하고 있다는 생각은 우리 시대의 검증되지 않은 독단 중 하나이다. 카선은 이를 반박하는 증거들을 제시하면서 종말론자의 잘못된 신념을 비판하고, 가족, 교회, 그리고 세계 곳곳의 다른 자선 기관을 장악하려는 종말론자의 시도를 고발한다.

* *The War Against Population* (San Francisco: Ignatius, 1988). 저자의 허락을 받고 수록함.

"인구: 문제는 우리다"라는 제목의 순회 전시회가 어린 학생들을 위해 열렸는데, 이 전시회는 1970년대 중반에 정부의 경비로 각 지역을 순회하는 것이었다. 전시는 다음과 같은 문구를 포함한 일련의 사진 게시판으로 이루어졌다.

> 이 세계에는 너무 많은 사람이 살고 있다. 우리는 공간을 다 써 버리고 있다. 우리는 에너지를 다 써 버리고 있다. 우리는 식량을 다 써 버리고 있다. 그리고 이것은 극소수의 사람만이 깨닫고 있는 사실인데, 우리에게는 시간이 없다.[1]

그것은 아이들에게 자원이 거의 고갈되었고 대규모의 굶주림이 임박했기 때문에 "출생률을 감소시키고, 사망률을 증가시켜야 한다"고 말했다. "굶주림이 극심하면 사람은 개, 고양이, 새의 배설물을 먹으며, 심지어 자신의 아이들마저도 먹는다"고 경고하기도 하고, 또 미래의 "식량 자원"의 한 사례로 저녁 밥상에 올라온 죽은 쥐의 사진을 걸어 두기도 했다. 또한 인구 과잉은 기아와 식인 문화로 이어질 뿐만 아니라 시민의 폭력과 핵전쟁으로 번질 수도 있다고 위협했다.

이 전시회는 스미스소니언 재단 ― 미국 정부의 국립 박물관 ― 에서 개최하였는데, 이곳은 미국 정부의 하위 기관인 국립과학재단이 제공하는 연방 기금을 사용한다.

동시에, 미국의 다른 어린 학생들은 "지구 자원, 식량, 일자리, 정치적 안정성에 대한 압박 증가"에 대해 가르치는, 역시 연방 정부에서 자금을 지원하는 "인구 교육"을 받았다. 그 학생들은 파울 에를리히의 책 『인구 폭탄』을 읽었다. 그들은 "세계 인구는 매년 2%의 비율로 증가하고 있는 반면에, 식량 공급은 매년 1% 비율로 증가하고 있다"는 잘못된 교육을 받았다. 그리고 "인구 증가와 부의 증대는 세계의 광물 매장량을 감소시킨다"는, 마찬가지로 잘못된 교육도 받았다. 학생들은 인구과잉에서 비롯되는 "생물학적 재앙"에 관한 영상 자료를 보고, '인구과잉의 세계'에서 책임 있는 개인이 인구 증가에 관해서 무엇을 해야 하며, 또 무엇을 할 수 있는지에 대해 학급 토론을 벌였다. 그들은 세계가 우주선 혹은 인원이 가득 찬 구명보트와 같다고 배우면서 "인구 위기"에 직면한 인류의 운명을 추론했다. 그런 다음에 이제는 가정으로 눈을 돌려서, 자녀들이 있는 가족은 인구과잉 문제를 심화시킨다고 배운다. 게다가 자녀들은 "하루 종일 … 보살핌이 필요한" 부담스러운 존재이며, 아버지의 "질투"를 유발하고 어머니들의 "착취"를 발생시킴으로써 결혼생활을 망친다고 배운다. 학생들은 인간의 인구 폭발의 결과로 멸종의 운명에 처한 수많은 야생생물 종에게 "작별 인사"를 해야 한다는 말을 듣는다.

한 세대의 아이들에게 주입된, 공교육에서 실행된 이러한 선전 캠페인은, 미국이 이 정책을 승인한 법률이 없음에도 불구하고, 연방 정부의 자금 지원을 받았다. 사실 "인구과잉" 문제가 정말로 존재하는가에 대해서는 전문가 집단 사이에서도 합의된 바가 없다. 정부가 인구를 줄이려는 노력에 가속도를 붙인 것과 같은 시기에, 이와 대조적으로 [인구 증가의] 반대 증거들이 급증하고 있었다. 세계에서 가장 저명한 경제 인구통계학자 중 한 명인 옥스퍼드대학교의 콜린 클라크(Colin Clark)는 『인구 성장: 그 이점』이라는 제목의 책을 출간하였다. 그리고 런던정경대학교의 피터 바우어(Peter Bauer)와 바실 야미(Basil Yamey)는 인구 공포가 "잘못된 통계 … 경제 발전의 결정 요인에 대한 오해 … 출산과 수입의 변화에 있어서 잘못된 인과관계의 해석에 의존"한다는 것과 "자녀를 오로지 부담으로만 여긴다"는 것을 발견하였다. 이에 더해서 줄리언 사이먼은 『인구 증가의 경제학』이라는 자신의 주요한 연구에서 인구 증가가 경제적으로 이익이 된다는 것을 발견했다. 다른 경제학자들도 공식적인 인구 억제론자와는 다른 방식으로 논의에 참여했다.

『인구 폭탄』의 저자인 생물학자 파울 에를리히는 이러한 경제적 발견의 핵심을 언급하면서, 경제학자가 "정치가의 귓가에 모든 종류의 헛소리를 계속해서 속삭이고 있다"고 비난했다. 에를리히가 정의에 편에 선 것인지는 확실하지 않지만, 그가 분명히 1960년대 중반 이후로 인구 증가를 낮추려는 세계적인 움직임에 점점 더 전념하고 있던 미국 정부의 편을 든 것은 분명하다. 인구 증가를 낮추려는 움직임은 점증하는 공공기관과 공적 지원을 받는 민간단체의 원동력뿐만 아니라, 급격히 증가한 막대한 공적 자금까지 흡수하게 되었다.

이 선전의 정신은 연방 관료 체제의 최고위층에서부터 미디어에 의한 인구과잉 문제의 지속적인 보도와 공립학교에서 주입하는 인구 교육에 이르기까지 미국인의 모든 삶의 수준에 스며들고 있다. 이 정신의 전제 조건과 함의는 거의 검증된 바 없지만, 일상적인 미국인의 삶에서 큰 부분을 차지하게 되었다. 이 주제에 대한 서적이 꾸준히 출판되기는 하지만, 한층 "더 나은" 인구계획에 대한 방법을 제안하는 서두로서 전제 조건을 다시 진술하는 차원을 넘어서지는 못한다.

하지만 더 염려스러운 것은 제시된 요구에서 무시된 일부 특징들과 인구계획의 예상되는 결과이다. 사실적 오류는 터무니가 없다. 실제로 그렇다. 인구 경고론자들이 1인당 세계 식량 생산과 세계 광물 보유량이 줄어든다고 주장할 때도, 그리고 모든 가능한 객관적 기준에 비추어 보면 인간의 경제적 전망은 안전하고 번영하기보다는 실제로 더 악화되어 왔다고 주장할 때도 오류를 범한다. 그러나 이러한 것들이 정부의 인구계획 옹호자들이 제기한 가장 중요한 주장은 아니다. 가장 근본적인 주장은 세계가 어떤 방법으로도 해결할 수 없는 전례 없는 "위기" 상황의 문제에 직면했다는 것이다. 보통 이 주장은 명시적으로가 아니라 암묵적으로 제기된다.

특히, 희소성에 대한 인간의 잘 알려진 반응(아끼는 것)은 "새로운" 조건 아래에서는 불충분하다는 것을 함의한다. 따라서 비인격적인 시장에서 선택하는 개인의 능력에 대한 경제학자들의 전통적 신뢰는 그 자격을 잃는다. 경우에 따라서는 시장 메커니즘이 "외부 효과" 때문에 실패할 것이라 가정한다. 하지만 더 자주 언급되는 것은 인류가 비약적 발전에 의해 모든 전통적 방법과 가치들이 적용될 수 없는 질적으로 새로운 시대로 진입하고 있다는 것이다. 종종 그것은 이러한 새로운 시대의 독특함이 그 새로운 기술에 의해 타고난 것임을 함의하며, 다른 경우에는 인간 본성 그 자체가 근본적인 측면에서 변화하고 있음을 의미한다.

이 계획되지 않은 미래로의 도약의 원인이 무엇이든 간에, 널리 받아들여지는 결론은 인간의 모든 익숙한 제도가 실패하고 있으며 또 "새로운" 환경에서도 계속 실패할 것이기 때문에, 그것을 버리거나 대체해야 한다는 것이다. 실패할 것으로 추정되는 이러한 제도 중 첫 번째 것은 시장 메커니즘, 즉 개인과 집단이 생산을 수행하고 자원의 할당과 수입의 분배에 대해 의사 결정을 내리는 제도들의 집합과 활동이다. 시장뿐 아니라 민주적 정치 제도도 마찬가지로 "새로운" 환경에 분명 적합하지 않다. 심지어 전통적 가족도 진화하는 상황에 적응하는 데 무능함을 보이기 때문에 소멸의 꼬리표가 따라 붙는다. 예를 들어, 새로운 방식의 가족생활과 성교육 프로그램은 이른바 전통적 가족(이성 간의 결혼, 혈연이나 입양 관계)이 감소되고, 공동사회 및 동성 배우자처럼 새롭고 "선택적인" 형식에 의해 대체되는 것을 강조한다. 전통적인 도덕적·윤리적 가르침이 폐기되어야 한다는 것은 놀랄 일도 아니다.

시상을 거부하는 결성은 경제학사뿐만 아니라, 비이걱적인 시장이 어떻게 소비자의 욕구와 자원 희소성 사이에 존재하는 선천적 갈등을 조정할 수 있는지를 관찰해 온 자본주의자와 시장 사회주의자 모두에게도 관심의 대상이 된다. 가장 세련된 사회주의 모델은 근본적 설계에 시장 메커니즘을 포함해 왔다. 많은 사회주의 국가들이 애덤 스미스(Adam Smith)의 "보이지 않는 손," 즉 사람들은 각자의 이익을 추구하기 때문에 서로에게 도움을 주며 자원을 절약하게 된다는 것에 상당한 정도로 의

존한다. 그것은 각자가 노력을 줄이기보다는 오히려 증가시킴으로써 자신의 이익을 증가시키는 간단한 기적을 수행하기 때문에, 존 모리스 클라크(John Maurice Clark)는 이를 "착취에 대항하는 우리의 중요한 안전장치"라고 불렀다. 또 발터 오이켄(Walter Eucken)은 이것이 경제력의 과도한 집중을 해체함으로써 개인을 보호한다고 말했다. 물론 여기서 공통적인 요소는 개인의 의사 결정이 혼란이 아닌 사회적 화합으로 나아간다는 인식이다.

인구계획론자는 이 견해에 동의하지 않기에 여기서는 그 논쟁을 다루도록 하겠다. 정부의 인구계획 옹호자들은 왜 시장 메커니즘이 인구 증가를 통제할 수 없다고 확신하는 것일까? 그들은 왜 시장이 과거에 자원 희소성에 대해 보였던 방식으로, 즉 가격이 올라감으로써 소비자는 절약하고 생산자는 대체 상품을 제공하도록 유도하는 방식으로 대응하지 않을 것이라 확신하는 것일까? 왜 개별 가족들이 자녀수를 가족의 수입과 그에 따라 주어진 자원의 유용성에 비추어 적절히 조정하리라고 믿지 못하는가? 정부의 인구 통제 옹호자들은 왜 인간 존재가 "과잉 번식"을 통해서 자신의 손실과 사회의 손실을 초래할 수밖에 없을 것이라고 가정하는가?

간혹 이러한 실패가 나타나는 원인으로 개인이 출산 결정에 따른 비용을 모두 부담하는 것이 아니라 대부분을 사회로 떠넘겨서 "너무 많은" 자녀들을 가지는 경향이 있기 때문이라는 주장이 제시되기도 한다. 이것은 의심스러운 주장인데, 왜냐하면 출산으로 인해 발생하는 모든 이익을 개별 가족들이 받지는 않는다는 사실을 간과하기 때문이다. 자녀들이 평생에 하는 생산과 사회적 기여는 대개 그들의 부모가 아닌 그 외의 사람들에게 흘러간다. 이것 때문에 각 가정은 사회에 가장 큰 이익이 되는 아이 숫자보다 더 적은 아이를 갖는다는 주장이 제기되기도 한다. 이러한 "외부 효과" 중에서 어떤 것이 더 중요한가, 혹은 그것들이 서로 균형을 이루고 있는가 하는 문제는 단순하게 대답해서는 안 되고 합리적인 연구를 기다려야 한다.

　개인의 결정이 실패한다고 가정하는 또 다른 이유는, 개인은 자신의 가족 규모를 통제하는 방법을 알지 못한다는 것이다. 그러나 좀 더 깊이 살펴보면, 그 근원적인 이유는 적절한 선택을 내리는 데 있어서 개인을 믿지 못하는, 심지어 충분히 교육받은 개인도 믿지 못하는 인구계획론자에게 있음이 분명하다. "구제 활동"의 강조와 미국의 국내외 인구 활동에 스며든 유인책이 이를 증명하며, 머지않아 더 심층적으로 증명될 것이다.

　하지만 이러한 논증보다 더 중요한 것은, 기술에서 새로운 발전은 시장의 힘에 의해 통제될 수 없다는 주장이다. 이것은 사회주의를 지지하는 전통적 논증이기도 하다. 생시몽(Saint Simon)에서 베블런(Veblen)의 시대까지 그리고 우리 시대에 이르기까지, 이 논증은 공급과 수요에 작용하는 시장의 힘으로는 현대 과학의 막강한 힘을 통제할 수 없다고 주장해 왔다. 19세기 초 생시몽은 과학이 촉발한 새로운 힘에 대처하기 위해서 인간 사회를 재설계할 것을 요청하였다. 그는 계획된 조직과 통제만으로도 충분할 것이라고 주장하였다. "기업가"와 그들을 대표하는 시장의 힘은 계획 "전문가"로 대체되어야만 한다고 역설하였다. 19세기 중반 마르크스(Marx)는 자본주의 시장의 이론적 모델을 만들었는데, 그는 그 모델을 통해 새로운 기술적 발전이 사유재산과 자본주의 시장의 형태를 붕괴시킨다는 것을 증명하고자 하였다. 75년 뒤, 베블런은 1921년에 쓴 자신의 글에서 이 계획 정신을 지지한다고 밝혔다.

> 공동체의 물질적 복지는 이 산업 체계의 적절한 작동과 전적으로 결부되어 있으며, 따라서 그 산업 체계를 관리할 능력이 있는 유일한 집단인 기술자 집단에 의한 전적인 통제와도 밀접히 결부되어 있다. 기술자의 작업이 제대로 수행되기 위해서는, 산업의 일반 구성원 중에서도 이러한 사람들이 상업적 고려에 구애받지 않는 자유로운 손을 가질 수 있

어야 한다. …

현시대에는 하일브로너(Heilbroner)가 이와 유사한 주장을 펼치지만, 시장의 힘에 대해 한층 깊은 불신을 표현하고 있다.

> … 통제 불능의 인구, 파괴적인 전쟁, 잠재적인 환경 파괴 등의 위협과 더불어 인류의 전망에 대한 외적인 도전은 자연적 과정과 힘에 대한 지배력의 출현에 의해 야기된 위기의 확대와 증가로 볼 수 있다. 그런데 이러한 자연적 과정과 힘에 대한 지배력은 우리의 현재 사회 통제 메커니즘의 범위를 훨씬 넘어서는 것이다.

하일브로너의 입장은 그 비관주의에 있어서 특히 현대적이다. 공급과 수요의 이익 추구 양상이 신기술의 유익한(beneficent) 잠재력을 과도하게 제한한다고 믿었던 마르크스나 베블런과 달리, 하일브로너는 시장이 본질적으로 **파괴적인**(destructive) 기술을 통제할 수 없다고 본다. 하일브로너의 관점에서, 기술은 핵무기, 산업 오염, 그리고 인구 "폭발"의 원인이 되는 사망률 감소를 가져온다. 이러한 모든 것들은 시장에 의해서든 아니면 선의에서 이루어진 기술적 진보에 의해서든 통제하기 어렵다. 예컨대, 하일브로너는 오염-관리 기술이 산업 오염의 나쁜 결과를 제거할 수 있으리라는 희망을 헛된 것이라고 본다.

부가적인 논증은 인류가 "성장의 한계" 또는 "유한한" 자원을 가진 지구의 "수용 능력"에 급속하게 접근 중이거나 이미 도달했다는 것이다. 이것은 식량 공급에 비해 인구 증가가 더 빠르게 진행되는 것은 불가피하다는 입장을 담고 있는 토머스 맬서스(Thomas Malthus)의 『인구론(Essay on the Principle of Population)』(1798)까지 거슬러 올라가는 것으로, 전혀 새로운 주장이 아니다. 맬서스의 예측이 틀렸다는 것이 입증되었음에도, 즉 사실상 평균적인 생활수준은 역사상 최고 수준에 도달했는데도 여전히 종말이 공공연하게 예측되고 있다는 점은 분명 우리 시대의 불가사의 중 하나이다. "한계"를 다룬 현대의 문헌은 방대한데, 여기에는 로마 클럽이 출판한 『성장의 한계(*Limits to Growth*)』와 카터 행정부의 『글로벌 2000(*Global 2000*)』을 비롯해 많은 비판을 받은 서적들이 포함된다. 이러한 서적들은 공통적으로 세계의 다양한 경제적 자원을 그 양에 있어서 절대적으로 고정되어 있고 그 대체물을 발견할 수 없다고 가정하면서, 그러한 자원 고갈이 임박했다고 예측한다. 볼딩과 아시모프(Asimov)의 글에서처럼 세계를 "우주선"에 비유하거나, 심지어 더 비관적으로는 개릿 하딘의 논문에서처럼 과적 "구명보트"로 여겼다.

우선, 이 문헌 속의 공통된 가정은, 한계는 정해져 있고 알려져 있다는 것이다(또는 개릿 하딘의 표현대로, 각 국가의 "구명보트"에는 그 "수용 능력"을 나타내는 표식이 붙어 있다). 그러나 그러한 지식은 사실 존재하지 않는다. 지구에 관해서든, 어떤 개별적 국가에 관해서든, 아니면 어떠한 자원에 관련된 것이든, 그런 지식은 존재하지 않는다. 지구에 얼마나 많은 석유가 있는지 또는 일리노이주에서 얼마나 많은 사람이 먹고 살 수 있는지는 아무도 모른다. 알려진 것은 삶을 지탱하는 주어진 지역의 능력이 계속해서 변하듯이, 경제적 자원의 종류와 양도 계속해서 변한다는 것이다. 이전에는 사람들이 투쟁하고 굶주렸던 지역에서, 오늘날에는 훨씬 더 많은 인구가 안락한 생활을 하고 있다. 물론 그 차이는 자원을 발견하고 관리하는 인간의 지식에 달려 있다.

그렇다면 두 번째로 지적할 것은, 이러한 문헌이 이처럼 증가하는 지식들을 배제한다는 점이다. 실제로 구명보트나 우주선 비유를 적용하는 데 있어서, 한계의 주창자들은 새로운 지식뿐만 아니라 새로운 자원의 발견, 그리고 사실상 모든 생산을 다 배제했다. 만약 세계가 정말 한 척의 우주선이나 구명보트라면, 그래서 기술과 자원 모두가 절대적으로 고정되어 있다면, 그 한계를 넘어선 인구 증가는 분명 재앙이 될 것이다. 이 견해의 지지자들은 그 한계에 빠르게 접근하거나 이미 통과해 버렸다고 주장한다. 이에 대해서는 나중에 살펴볼 것이다. 여기서는 인간 상황에 대한 이 극단적인 관점조차 시장의 힘이 가진 잠재력을 배제하지는 않는다는 점이 중요하다. 역사를 통틀어 대부분의 인류는 오늘날의 관점에서 보자면 극단적 궁핍, 심지어 절망적일 정도의 궁핍이라고 할 만한 상태에서 살았다. 수천 년 동안 사적 의사 결정과 사적 거래는 경제적 삶에서 중요하고, 자주 지배적인 역할을 수행하였다. 역사적 기록은 인간이 아주 열악한 조건 하에서도 최선의 생존 이익을 위해서 자발적으로 행동하고 협동할 수 있음을 분명하게 보여 주고 있다. 그러나 이러한 역사적 사실에도 불구하고, 어떤 형태이든지 비상사태는 중앙집권적인 경제적 삶의 방향을 필요로 한다는 주장들이 반복적으로 제기되었는데, 역설적이게도, 특히 경제적으로 가장 번영한 이번 세기 동안에 이런 일이 벌어지고 있다. 오늘날 강제의 옹호자들, 즉 인구 통제의 제안자들은 자원 고갈의 임박한 접근과 인간이 모든 형태의 합리적이고 문명화된 행위를 버리게 된다는 조건을 사실로 간주한다.

그 "비상사태"를 피하기 위해 인구 통제의 제안자는 정상적으로는 허용될 수 없는 조치들의 적용을 요구한다. 이것은 분명 이미 선동된 조치들을 신중하고 철저하게 검토하는 데 대한 충분한 이유가 된다.

사회적·경제적 계획은 집행 권한을 가진 행정 관료를 필요로 한다. 현대 경제 분석은 사적 영역에서의 시장의 "실패"를 간단하고 완벽하게 보상할 수 있는 공적 영역에서의 비인격적이고 자동적인 메커니즘이 존재하지 않는다는 것을 분명하게 보여 준다. 공적 대안은 불평등과 비효율성으로 가득한데, 이는 실제적이면서도 대단히 중요할 수 있다. 개인 소비자 선택 이론에 비해서 관료제적 행동 이론이 덜 주목받기는 했지만, 그 이론에 따르면 공무원들 역시 탐욕적이기 때문에 사회적 조화를 이끌 수 없다는 것이 밝혀졌다. 공무원과 공기업도 민간 기업과 마찬가지로 경쟁을 피하고 독점을 형성하려는 동일한 유인을 가진다. 그들은 비용을 추가하고 사업을 부풀리면서 자신들의 소득을 증가시킬 수 있다. 또

업무의 필요성을 과장하고 대안적인 해결책에 대한 불신을 조장함으로써 변명하기도 한다.

조세 제도를 통해 필요 자금을 강제로 모으는 동안에, 정부 사업의 관리자는 적절한 시장 조사를 수행하지 않는다. 왜냐하면 그들은 자신들의 생산물을 거저 나누어 주기 때문인데, 심지어 원하지도 않는 사람들에게 강요하기도 한다. 그들은 자신들의 정부 지원금을 더 많은 지원금을 얻기 위한 로비 활동에 사용할 수도 있고, 권력을 증진하기 위한 법적 활동에 필요한 자금을 조달하는 데 사용할 수도 있다. 그들은 자신들의 사업을 후원하는 다른 관료들과 지원금 수령자들에게 호혜적인 보답을 약속함으로써 그들을 매수할 수도 있다. 그들은 자신들이 결정한 프로그램에 대해 아무런 책임도 지지 않으려고, 정부 간의 지원금과 "보조금"을 통해 재정적인 업무를 처리할 수도 있다. 간단히 말해서, 관료적 행태에 대한 기록은 위대한 사회주의 학자인 오스카르 랑게(Oskar Lange)의 다음 진술과 일치한다. "사회주의의 진짜 위험은 경제적 삶의 관료화이다." 그 위험은 우리가 알고 있는 것보다 어쩌면 더 심각할 수도 있다. 그것은 전체주의와 다를 바가 없다.

마지막으로, "인구 위기"를 제안하는 자들은 "새로운" 여건 아래에서는 통제의 기관 및 **방법**뿐만 아니라 **선택의 기준**도 변해야 한다고 믿는다. 그들은 현대의 기술적이고 인구통계적인 발달이 가치와 좋음의 모든 전통적 기준을 폐기하거나 의심스럽게 만들기 때문에, 이런 것들이 수정되어야 한다고 주장한다. 물론 이러한 수정은 새로운 발전의 함의를 이해하는 사람들의 지도력 아래에서 이루어져야 할 것이다.

그들은 무엇보다도 개인들의 가치와 존엄성에 대한 전통적 개념을 철저히 검토해야 한다고 주장한다. 그 새로운 관점의 옹호자만이 온전히 이해하고 있는 그 종(*species*)의 좋음이라는 것이 개인들이 좋은 것으로 인식하고 추구하는 것보다 모든 경우에 우선되어야 한다.

20세기 후반에 등장한 세계관이 경제학의 많은 가정뿐만 아니라 일부 기본적인 정치사상과 철학사상에 의문을 제기한 것은 틀림없다. 우리 시대의 역사는 이러한 견해들 간의 대립 결과에 따라 결정될 것이다.

분명하게 강조되어야 할 것은, 중요한 문제는 산아제한이나 가족계획이 아니라는 점이다. 역사 전반에 걸쳐서 사람들은 수없이 많은 토론과 논쟁을 하면서 가족의 규모를 결정하기 위한 다양한 수단을 사용해 왔다. 그러나 최근 역사를 통해서, 특히 미국에서 제기된 중요한 문제는 과연 정부가 출산 과정을 감독할 권리나 의무를 가질 수 있느냐는 것이다. … [만약 가진다면] 그 근거는 무엇이며, 그 범위는 어디까지인가?

최근 미국의 공식적인 조치는 마치 이 물음이 이미 해결된 것처럼 진행해 왔다. 하지만 이 물음에 대한 긍정적 대답으로 만들어진 미래를 향해 질주하는 바로 이 순간, 그것은 분명하게 요구된 적도 없고 또 논의된 적도 없다는 것이 현실이다. 이 물음은 반드시 검토되어야 한다.

희소성인가 아니면 구명보트 경제학인가: 어떤 것이 옳은가?

희소성에 대한 사실은 경제학의 근본적인 관심사이다. 한 선도적인 교재의 첫 지면에 표현된 바와 같이, "원하는 것은 이용할 수 있는 것을 넘어선다."[2] 희소성은 빈곤과는 다르기 때문에 가난한 사람들뿐만 아니라 부자들과도 관련된다. 또 다른 교재에서는 학생들에게 다음과 같이 말하고 있다. "더 높은 생산수준은 결과적으로 언제나 더 높은 소비 기준을 초래하는 것처럼 보인다. 희소성은 없어지지 않는다."[3]

달리 설명하면,

> 우리는 모든 사람이 이용하기를 원하는 모든 것들을 전부 다 생산할 수는 없다. 따라서 우리는 자원을 "절약"하거나 아니면 가능한 효율적으로 사용해야만 한다. … 설령 인간의 욕망이 … 무한하지는 않다고 하더라도 그 욕망을 충족시킬 수 있는 자원 생산 능력은 훨씬 뛰어넘는

다…'.[4]

대안들이 존재하는 경우라면 언제나 **선택**을 내려야 한다고 강조하는 다른 경제학자들은 가난한 사회 못지않게 부유한 사회에서도 희소성이 존재한다는 사실을 더 일반적인 용어로 설명한다. 매켄지(McKenzie)와 털럭(Tullock)의 말 속에서 이러한 설명을 찾아볼 수 있다.

> 개인은 다수의 대안들 중에서 **선택**을 한다. … 각각의 선택 상황에서 한 사람이 어떤 것을 선택하는 경우라면 언제나 그 밖의 하나 혹은 그 이상의 것을 포기해야만 한다. 포기된 대안들 중 가장 높은 가치를 지니는 것이 **비용**이기 때문에, 모든 합리적 행위는 비용을 포함한다.[5]

확실히, 부유한 사람이나 사회는 높은 가치를 지닌 폭넓은 대안들의 목록을 보게 될 것이고, 결정하기 어려운 선택에 놓이기 쉽다. 이로 인해 하나를 얻기 위해 다른 것을 포기하는 희소성과 욕구를 더 강력하게 인식하게 된다. 풍요 속에서 희소성은 줄어드는 것이 아니라 증가하기 쉽다는 결론이 뒤따른다.

간단히 말해서, 경제학자는 희소성을 불가피한 사실로 여긴다. 캔디바와 아이스크림을 동일한 우유와 초콜릿으로 만들 수는 없다. 우유와 초콜릿이 얼마나 있든지 간에 반드시 선택이 내려져야 한다. 그리고 치즈와 커피가 아니라 우유와 초콜릿을 생산하려는 결정은 피할 수 없는 또 다른 결정이다. 그래서 이러한 목록은 경제학의 핵심을 구성하면서 끝없이 계속된다. 무엇을, 누구를 위해서, 어떤 방식으로 생산할 것인지를 선택하는 방법은 경제학에서 매우 중요한 요소이다.

여기서 주목해야 할 중요한 사항은 희소성과 선택에 대한 이러한 전통적인 경제관이 "구명보트 경제학"의 개념과는 매우 다르다는 점이다. 개릿 하딘의 구명보트 비유에서, 구명보트의 수용력은 배의 옆면에 명시되어 있다. 한계를 논하는 종말적인 문헌은 절대적 수용력에 대한 비유로 가득 차 있는데, 이것은 경제학과는 거리가 멀다. 경제학에서는 인간을 여러 형태의 부를 향유하는 주체일 뿐만 아니라 부의 원천들 가운데 하나로 본다. 이 차이는 매우 중요한 것이다. 인간의 노동력과 독창성은 자원 및 부를 창출해 내는 수단이다. 그런데 구명보트 안에서 인간 존재는 배의 수용력에 부담을 주는, 순전히 짐일 뿐이다. 이러한 견해들 가운데 어떤 것이 현실에 더 가까울까?

지구는 인간 삶을 지탱하는 수용력의 한계에 빠르게 접근하고 있는 중인가? 아니면 이미 그 한계를 초과한 것인가? 그러나 그 한계의 존재와 본성에 대해 탐구를 더 진행하기 전에, 제한된 수용 능력이라는 개념이 인구 통제에 찬성하는 유일한 논증은 아니라는 점을 염두에 두어야 한다. 사람을 또는 적어도 더 많은 사람을 단순히 저주나 고통으로 보는 견해도 지지를 얻고 있다. 그래서 작가 킹슬리 데이비스(Kingsley Davis)는 [사람을] 전염병으로 묘사하고, 파울 에를리히는 "사람, 사람, 사람, 사람"이라고 노골적인 혐오감을 가지고 말한다. 다른 작가들은 구세대와 신세대를 막론하고 부정적이지 않은, 적어도 중립적인 평가를 내린다. 이 때문에 존 록펠러 3세(John D. Rockefeller III)는 '인구 성장과 미국의 미래 위원회'의 최종 보고서를 제출하면서, 다음과 같이 진술하였다.

> 장기적으로 볼 때, 국가 인구의 추가적인 증가로 인한 실질적인 이득은 없을 것이다. 오히려 … 우리 인구의 점진적 안정은 그 문제를 해결할 수 있는 국가의 능력에 중대한 기여를 하게 될 것이다. 우리는 계속되는 인구 증가를 지지하는 설득력 있는 경제적 논증을 찾아왔지만, 결국은 찾지 못했다. 우리 국가의 번영은 인구 증가에 달려 있지 않으며, 사업의 활력이나 보통 사람의 복지도 인구 증가에 달려 있지 않다.[6]

이 진술 안에 구체화된 견해 — 실존에 대한 권리를 주장하려면 인간 삶은 "사업의 활력"과 같은 것들에 기여함으로써 스스로를 정당화해야 한다 — 는 공리주의 윤리의 완벽한 예시이다. 경제학이 한때 공리주의 주변을 맴돌았지만, 결코 이런 의미에서 그랬던 것은 아니었다. 오히려 인간 존재가 합리적 선택을 할 수 있다는 믿음을 공리주의와 공유했기 때문이다. 경제학은 모든 것의 가치를 개인의 견지에서, 즉 개인이 그것들에 부여하는 의미의 견지에서 평가하는 데에 만족한다. 경제학은 그 이상의 고차원의 가치를 가정하고 그것에 의해서 인간 존재를 가치 평가한 적은 전혀 없다.

지구가 인간 삶을 계속 지탱할 수 없다는 생각은 미국 정부 간행물에 퍼지고 있다. 1978년 하원 인구특별위원회(The House Select Committee on Population)는 인구에 관해 다음과 같이 보고했다.

> 식량과 원자재를 얻기 위해 인류가 의존하는 네 가지 주요한 생물학적 체계(원양 어업, 목초지, 숲, 농경지)는 급속한 인구 증가로 인해 혹사당하고 있으며, 몇몇 경우에는 실제 생산 능력을 잃게 될 만큼 혹사당하고 있다.[7]

연구 전문가들에게 많은 비판을 받은 카터 행정부의 『글로벌 2000』 보고서는 다음과 같이 예측하였다.

> 인간의 빈곤과 고통의 지속, 인구의 충격적인 성장, 그리고 끝없는 인간 요구의 증가로 말미암아 지구 자원의 토대에 점증하는 압박 및 영구적 손상을 초래할 가능성은 매우 현실적이 되었다.

이와는 완전히 다른 내용을 말하는 사실들에도 불구하고 이러한 진술들은 매체들을 통해 때를 맞춰 방송되었다.

우선, 최근 몇 십 년간, 세계 식량 생산은 인구보다 상당히 빠르게 증가하였다. 줄리언 사이먼이 보여 준 바와 같이, 1950년에서 1977년 사이에 1인당 식량 생산의 증가는, 국제연합의 통계를 사용하느냐 미국 농무부의 통계를 사용하느냐에 따라서 차이가 나긴 하지만, 28% 또는 37%에 이른다. 이것은 분명 매우 중요한 증가량이다. 국제연합과 미국 농무부의 보다 최근 자료는 1977년 이래로 몇 년 동안 세계 식량 생산이 지속적으로 증가해서 인구 증가와 엇비슷하거나 그것을 능가했다는 것을 보여 준다. 가장 극단적인 증가 중 일부는 종말의 전도사들에 의해 "구제하지 말아야 할 대상(triage)"으로 지정된 가장 가난한 나라에서 발생했다. 예를 들어, 1983년 인도의 쌀과 밀 생산량은 1950년보다 거의 3.5배나 증가했다. 이것은 같은 기간 동안 인도에서 발생한 인구 증가율의 두 배를 훨씬 뛰어넘는 수치이다.[8]

하버드 인구연구소(Harvard Center for Population Studies)에서 최근 작성한 논문을 살펴보면, 닉 에버스타트(Nick Eberstadt)는 최근 수십 년간 세계 식량 공급에서 발생한 엄청난 증가에 관심을 기울인다. 그는 심각한 굶주림으로 고통 받는 세계의 인구는 약 2%에 불과하다는 점을 지적한다. 이와는 대조적으로 국제연합의 식량농업기구는 세계의 기아 문제를 "해결"하려는 시도를 계속 이어 가기 위해 보조금을 교부하면서 훨씬 더 큰 추정치를 발표하였다. 에버스타트의 지적에 의하면, "지난 30년 동안, 중국을 제외한 저개발국가에서 기대 수명이 3분의 1 이상 증가"했다는 것, 그리고 "지난 20년 동안 이와 같은 나라들에서, 영양상의 문제에 가장 취약한 집단인 1-4세의 사망률이 거의 절반으로 감소"했다는 사실이 바로 세계 식량 상황이 개선되고 있음을 반영한다.

그는 일부 저개발국에서 식량 수입이 증가했다는 사실은 비난받을 만한 경고의 징후가 아니라고 말한다. 실제로 1960년에 비해 그 나라들은 수출에서 얻는 재정적 이득이 늘어나면서, 식량 수입에 들어가는 재정 비율은 더 줄어들었다.

에버스타트에 따르면, 1980년에는 가장 가난한 저개발국가조차도 수

출액 중 10% 미만만을 식량 수입을 위해 지불하였다. 이 좋은 소식은 이러한 나라들도 선진국과 마찬가지로 최근에 공산품과 비식량 제품들을 수출해서 식량으로 교환함으로써 ― 이것이 효율적인 선택이다 ― 이득을 얻는다는 사실에 의해서 뒷받침된다.

최근 아프리카에서의 기근은 이 낙관적 발견이 착각임을 보여 주는 것 같기도 하다. 하지만 아프리카는 전쟁으로 인해 황폐화된 대륙이다. 농민이 전쟁터에서 농작물을 경작하여 수확할 수는 없으며, 적군은 매번 농작물을 빼앗거나 불태워 버린다. 또한 아프리카에 만연한 집산주의 정부는 보통 농민의 요구를 무시하고 농작물과 가축을 강탈한다. 다른 대륙에서 그랬던 것과 마찬가지로, 아프리카에서도 식량 공급을 파괴하는 두 가지 중요한 요인은 전쟁과 사회주의이다.

최고 권위자들에 따르면, 최근 수십 년 동안 발생한 식량 생산에서의 인상적인 증가는 이용 가능한 식량 자원의 극히 일부에 지나지 않는다. 농민들은 지구의 경작지 중에서 절반이 채 안 되는 부분과 관개에 이용할 수 있는 물 중 아주 일부분만을 사용한다. 사실, 이용할 수 있는 세계의 경작지 중 4분의 3은 관개가 필요하지 않다.

현재 알려진 농법을 사용해서 세계의 농업 자원이 부양할 수 있는 인구는 얼마나 될까? 옥스퍼드대학교의 농업경제연구소의 전임 소장이었던 콜린 클라크는 세계의 경작지를 식량 생산 능력에 따라 분류하였다. 그리고 모든 농민이 최선의 방법을 사용한다면, 현재 인구의 7배가 넘는 351억 명의 사람들에게 미국식 식단을 제공하는 데 충분한 식량을 생산할 수 있다는 것을 발견했다. 클라크의 논의에 의하면, 미국식 식단은 아주 풍요롭기 때문에 그것을 일본의 음식 섭취 기준으로 환산한다면, 다시 세 배의 사람을 더 먹이거나 지금 존재하는 인구의 22배 이상을 먹이는 것이 가능하다. 클라크의 계산법에서는 지구 영토 중 거의 절반을 휴양지와 야생 동물의 보존을 위한 보호 구역으로 유지한다는 가정이 포함되어 있다.

하버드 인구연구소의 전 소장이었던 로저 르벨(Roger Revelle)은 세계의 농업 자원이 현재 인구수의 8배에 달하는 400억 명의 사람들에게 섬유질, 고무, 담배, 음료뿐만 아니라, (하루 2,500칼로리의) 충분한 식사를 제공할 수 있다고 추정하였다. 그는 이를 위해서는 지구의 얼지 않는 땅중 4분의 1(오늘날과 비교하면 9분의 1)이면 충분할 것이라고 생각했다. 평균 수확은 현재 미국 중부에서 생산되는 것의 약 절반 정도가 될 것으로 추정하였다. 분명히, 수확량이 더 증가하고 경작지가 더 늘어나면 또는 둘 중 하나만으로도 400억 이상의 사람들을 부양할 것이다.

르벨은 현재 식량 공급이 가장 불안정한 저개발 대륙에서도 현재 인구의 6배에 달하는 180억 명에게 음식을 먹일 수 있다고 추정하였다. 그는 아프리카 대륙에서만 100억 명을 먹일 수 있다고 추정했는데, 이는 현재 세계 인구의 두 배에 해당하며, 1980년 아프리카 인구의 20배를 넘어서는 수치이다. 그는 아시아에서 농업 생산량이 크게 증가하지 못할 그 어떤 "알려진 물리적 이유나 생물학적 이유"도 발견하지 못했다. 이와 유사한 맥락에서, 인도의 경제학자 라지 크리슈나(Raj Krishna)는 다음과 같이 말했다.

> … 관개를 할 수 있는 인도 경작지는 여전히 두 배로 증가할 수 있다. … 심지어 농업이 가장 발달한 인도 지역인 펀자브에서도 밀 수확량은 두 배로 늘어날 수 있다. 다른 지역에서는 3배에서 7배까지 수확량이 증가할 수 있다. 우기의 쌀 생산량은 3배에서 13배까지, 건기의 쌀 생산량은 2배에서 3.5배까지, 조와(인도의 수수) 생산량은 2배에서 11배까지, 옥수수 생산량은 2배에서 10배까지, 땅콩 생산량은 3.5배에서 5.5배까지, 그리고 감자 생산량은 1.5배에서 5.5배까지 증가할 수 있다.[9]

사실상, 크리슈나가 말하고 있는 것은 인도의 농업이 잠재적으로 인도 사람들뿐만 아니라 세계 전체 인구도 먹일 수 있다는 것이다.

르벨은 또 다른 농업 권위자인 데이비드 호퍼(David Hopper) 박사를 인용하면서 자신과 다른 전문가들의 결론을 요약한다.

> 세계의 식량 문제는 잠재적 생산에 가해지는 물리적 한계나 환경에 과도한 부담을 주는 위험으로 인해 발생하는 것이 아니다. 풍요의 한계는 사회적이고 정치적인 구조, 그리고 그들 사이의 경제적 관계에서 발견된다. 미개척된 지구의 식량 자원은 북회귀선과 남회귀선 사이에 존재한다. 그 자원의 성공적인 관리는 인간의 의지와 행동에 달려 있다.[10]

분명히, 이러한 엄청난 생산량의 팽창은 비료, 에너지, 인간의 노동력의 대량 투입을 요구하게 될 것이다. 르벨이 다음과 같이 지적한 것처럼 말이다.

> 인구밀도가 높은 가난한 나라에 필요한 자본 설비의 대부분은 현대식 기계의 도움 없이도 인간의 노동력만으로 설치될 수 있다. 이 과정에서 지방의 많은 실업과 불완전 고용이 완화될 수 있다.

달리 표현하면, 클라크가 지적한 것처럼, 미래 세대들은 그들 소유의 농장과 집을 지을 수 있으며, 또 그렇게 될 것이다. 마치 과거에 그랬던 것처럼 말이다. 비료와 관련해서 클라크는 칼륨 및 인산과 같은 기본 성분의 세계적 공급은 몇 세기 동안 충분하게 이루어졌다는 점을 시적했다. 반면 세 번째 주요 성분인 질소는 추출하는 데 에너지가 필요하긴 하나 대기에서 자유롭게 이용할 수 있다. 세계 석탄 공급이 대략 2,000년 동안은 충분하기 때문에, 이것은 큰 문제가 되지는 않을 것이다. 르벨은 원칙적으로 현대 고수확 농업에 필요한 에너지의 대부분(어쩌면 모든)은 농민들 스스로가 공급할 수 있다고 말한다. 왜냐하면 1톤의 곡물마다 인간이 먹을 수 없는 수확 잔여물이 1-2톤 정도가 나오는데, 거기에는 곡물에 포함된 음식 에너지보다 훨씬 더 큰 에너지가 함유되어 있기 때문이다.

놀랍게도, 농경지의 양을 감소시키는 것으로 추정되는 사막화, 도시의 확장, 그리고 다른 힘들에 관한 반복되는 경고 속에서도 농경지는 실제로 증가하고 있다. 줄리언 사이먼은 이러한 경향을 나타내는 자료에 주목했다.

> 인구통계학자인 조긴더 쿠마르(Joginder Kumar)는 버클리의 캘리포니아대학에서 실시한 한 연구를 통해 87개국에서 1950년에 비해 1960년에 경작 가능한 토지가 9% 더 증가했다는 사실을 발견했다. 이 자료는 신빙성이 있으며, 이러한 토지는 세계 전체 토지 면적의 73%에 해당한다. 그리고 국제연합의 자료는 1963년경부터 1977년(자료를 통해 알 수 있는 가장 최근의 기간)까지 세계의 경작 가능한 영구 경작지가 6%나 증가했음을 보여 준다.[11]

또한 유엔 자료는 1977년과 1980년 사이에 거의 1%에 이르는 추가적 증가가 있었음을 보여 준다. 사이먼은 또한 다음과 같이 지적한다.

> 미국[의 면적]은 총 23억 에이커이다. 고속도로, 비농업 도로, 철도와 공항을 합한 도시 지역은 총 6,100만 에이커이다. 이는 전체의 2.7%에 불과하다. 확실히, 농업과 도시 및 도로 사이의 경합은 거의 없다.

또한,

> 게다가 관개, 습지 배수 및 다른 간척 기술로 인해 125만에서 170만 에이커에 이르는 경작지가 매년 조성되고 있다. 이는 매년 도시와 고속도로로 전환되는 양보다 훨씬 더 많은 양의 새로운 농지가 생긴다는 것을

의미한다.

사이먼의 지적은 중요하다. 전체 토지 면적 중 도시의 용도로 사용되는 영역은 극히 일부이다. 이는 미국에서 3%도 채 되지 않는다. 미국이 유독 불규칙한 확장 유형(sprawling type)의 발전을 겪었기 때문에, 이것마저 세계적 기준과 비교한다면 아마도 높은 비율일 것이다. 독시아디스(Doxiadis)와 파파이오아누(Papaioannou)는 지구 육지 면적 중 "인간 정착지"의 비율은 0.3%에 불과하다고 평가했다.

이와 유사하게, 생물학자 프랜시스 P. 펠리스(Francis P. Felice)는 기존의 대다수 도시들보다 비교적 낮은 인구밀도를 가진 텍사스주 크기와 유사한 거대 도시 하나를 건설한다면, 세계의 나머지 영역들은 비워둔 채로도 모든 세계 사람들이 그곳에 모여 살 수 있음을 보여 주었다. 1984년의 세계 인구를 기준으로 보면, 남성, 여성, 그리고 아이들 각자는 이러한 도시에서 1,500평방피트 이상의 토지 공간을 가질 수 있다. (미국의 가정은 평균적으로 1,400에서 1,800평방피트 정도의 크기를 가진다). 이 도시 공간 중 3분의 1이 공원이고, 3분의 1이 산업에 쓰였다고 한다면, 각 가족은 여전히 평균적인 미국 크기의 단층 주택을 점유할 수 있다.

같은 맥락에서, 사소네(R. L. Sassone)는 세계 전체 인구가 서 있을 수 있는 공간이 플로리다주 잭슨빌의 4분의 1 이내일 것으로 계산했다.

만약 세계 사람들이 구명보트 안에서 표류하고 있는 중이라면, 그 구명보트는 분명 현재 승객들을 여러 번 수송하기에 충분한 수용력을 가진 엄청난 크기일 것이다. 현재 점유자는 구명보트의 공간 중 단지 1%만을 차지한 채 식량과 다른 농산품을 기르기 위해 얼지 않은 토지의 9분의 1이 채 되지 않는 부분만을 사용하기 때문에, 이를 관찰하는 사람은 텅 빈 구명보트를 보고 있다는 인상을 받게 될 것이다. 비행기에서 지상을 내려다보면 텅 비어 있다는 느낌을 받는데, 이 느낌이 정확한 것이다.

기술 개선이 일어나지 않고, 인구 성장이 현재와 같은 속도로 계속될 것이라는 믿기 어려운 극단적인 가정을 한다고 해도, 르벨이 평가한 공급 능력의 한계에 이르기까지 125년 이상이 걸리며, 클라크가 추정한 한계에 도달하려면 거의 두 세기가 걸린다. 다시 한 번 이러한 엉터리 추측에 따른다고 할 때, 세계는 도대체 어떻게 될 것인가? 적어도 세계 육지의 절반은 여전히 보호 지역이나 야생 지역으로 남아 있을 것이다. 그리고 인간의 정착지는 육지의 8%도 차지하지 못할 것이다. 우리의 가정에 따른 것이지만, 한마디로 평균적인 생활수준은 더 이상 향상될 수 없을 것이며, 구명보트는 여전히 거의 텅 비어 있게 될 것이다.

아직도 농사를 짓는 삶에 대한 낙관론이 남아 있고, 또 저개발된 세계의 대부분의 사람이 여전히 이러한 업종에 종사하지만, 우리는 산업화 시대를 살고 있다. 산업국가에 사는 사람은 대략 3분의 1 정도이며, 이중 농민의 비율은 아주 적은 수준이다. 미국의 경우를 예로 들면, 노동에 참여하는 30명의 사람들 중 농민은 단 한 명뿐이다.

산업 경제와 농업 경제가 얼마나 많이 다른 것인지는 가장 피상적인 산업 경제론으로도 증명된다. 산업은 높은 비율의 화석연료와 금속 자원을 사용한다. 상대적으로 기후와 계절의 영향을 거의 받지 않는다. 그 폐기물의 많은 부분이 "생물적으로 분해되지 않는다." 그리고 생산 단위의 분산보다는 밀집을 요구하는데, 이것은 도시화를 촉진한다. 초기 자본의 축적을 비롯해서 자원의 상당 부분을 농업에 의존하지만, 산업 경제는 에너지와 노동력을 줄이는 기계, 화학비료를 제공함으로써 농업의 생산성과 안정에 커다란 기여를 한다. 그중에서도 산업 경제는 특히 값싸고 빠른 교통을 농업에 제공했기 때문에, 이제 지방에서 흉작이 발생해도 더 이상 기근을 초래하지 않게 되었다.

산업화가 사망률의 감소와 그에 따른 인구 증가에 영향을 준다는 것은 일반적으로 합의된 사항이다. 그리고 산업의 한계에 관한 염려는 농업 생산력에 관한 염려와 일치한다. 우리가 산업에 필수적인 광물과 에너지를 다 써 버리기 전에 산업화 과정을 얼마나 진행해 나갈 수 있을까? 산업 시스템이 얼마나 많은 자연의 "파괴"를 가져올 것이며, 지구와 여기에 살고 있는 주민은 얼마나 견딜 수 있을까?

약간의 예외가 있으나, 대다수 지식인이 산업화 과정을 그다지 좋아하지 않는다는 것은 아주 명백하다. 자연적인 아름다움을 소멸시키는 소음과 냄새는 결코 고상한 계층들이 좋아할 만한 것이 아니다. 아니 아마 누구도 그런 것들을 좋아하지는 않을 것이다. 한때 이 불쾌한 특성들은 인간의 편익에 따르는 불가피한 비용으로 여겨졌다. 그러나 이제는 이러한 비용을 참을 수 없고 인구의 일정 부분을 줄여야만 이것을 피할 수 있다는 확신이 생겨나고 있다. 특히 환경주의자들 사이에서 그렇다. 이것은 우리가 단지 "모든 것을 고갈하고 있는지"의 여부보다 훨씬 더 광범위한 질문을 야기하는 일련의 복잡한 대안들 중에서 찾을 수 있는 한 가지 선택이다.

그럼에도 그러한 질문을 우선 살펴보아야 한다. 우리는 모든 것을 고갈시키고 있는가? 만약 그렇다고 한다면, 산업화가 만들어 내는 모든 편익과 문제점뿐만 아니라 산업화 과정도 곧 끝나게 될 것이다. (산업을 좋아하지 않는 사람들에게 이것은 사실상 희소식임에 틀림없다. 비록 그들이 논쟁을 피하고 있지만 말이다.)

이를 통해 알 수 있는 징후는 분명하다. 예측할 수 있는 미래의 어느 시점에 우리가 산업화 과정에 필수적인 것들을 전부 다 써 버릴 가능성은 거의 없다. 지난 수십 년 동안 모든 에너지와 기초 금속의 고갈이 임박했다는 예측이 반복되었지만 그러한 예측 중 어떤 것도 실현된 것은 없다. 그리고 아마 앞으로도 그럴 것인데, 완전히 "소모되는" 것은 아무것도 없다는 것은 잘 알려진 화학적 원리이기 때문이다. 물질은 단지 다른 형태로 변화할 뿐이다. 이러한 형태들 중 어떤 것은 그 다음으로의 재활용이 더 쉬운 반면, 다른 것들은 덜 쉬울 뿐이다. 금속의 경우에는 쓰레기 처리장에서 사용 가능한 금속을 회수하는 것이 원래의 광물에서 얻는 것보다 돈이 적게 들지만, 휘발유는 일단 연소되고 나면 다시 휘발유로 사용할 수 없다. 경제학자는 기간 경과에 따른 가격 변화를 측정함으로써 기초 물질의 가용성을 측정한다. (평균적인 돈의 가치가 변한다는 것을 감안한다면) 시간이 경과하면서 수요와 관련해 가격이 상승하는 물질은 더 희소해지고 있는 반면에, 가격이 떨어지는 것은 더 풍부해지고 있는 것이다. 1870-1972년 사이에 기초 금속과 연료의 가용성을 분석한 두 가지 중요한 경제적 연구는 희소성 증가의 증거가 없음을 보여 준다. 그리고 1984년에 저명한 한 자원 전문가 집단은 1950-1980년 사이에 비-연료 광물의 단가 경향은 희소성 가설을 지지하지 않는다고 보고했다.

줄리언 사이먼은 최근 모든 원자재의 희소성이 감소하는 경향에 주목했다.

> 1800년부터 현재에 이르기까지, 미국에서는 시간당 노동에서 (대표적이고 중요한 원자재인) 구리, 밀, 그리고 석유를 더 많이 구매했다. 그리고 같은 경향이 인간의 역사를 통해서 거의 확실히 유지되었다. 총 가계 예산 중 한 부분인 원자재에 대한 지출을 계산해 보면, 동일한 특성을 훨씬 더 강력하게 보여 준다. 이러한 경향은 가장 중요하고 근본적인 삶의 요소인 인간의 노동시간에 비해서 원자재의 이용 가능성은 증가하고, 희소성은 줄어들고 있다는 점을 함의한다. 원자재의 가격은 소비재와 소비자 물가 지수에 비해서 떨어지고 있다. 소비자 물가 지수의 모든 항목들 중에서 노동력과 자본 부분에서는 수년간 효율성을 증가시키며 생산해 왔지만, 원자재의 비용은 다른 상품에 비해 훨씬 크게 감소해 왔다. 이는 희소성은 꾸준히 감소하고 원자재의 가용성은 증가한다는 것을 보여 주는 매우 강력한 증거이다.[12]

또한 사이먼은 1970년대 말에 전기의 실제 가격이 1920년대의 3분의 1 정도 수준까지 떨어졌음을 언급하였다.

심지어 카터 정부의 우울한 『지구 2000 보고서』에서도 희소성이 줄어든 것을 제시하면서 "대부분의 광물 상품의 실제 가격이 수년 동안 지속되거나 감소했다는 것"을 인정했다. 하지만 산업 자원의 희소성에서 역사적 감소를 보이는 모든 증거에도 불구하고, 이 보고서는 이러한 경향의 반전이 임박했으며, 곧 원자재의 가격과 희소성이 갑작스럽게 증가할 것이라고 경고하고 있다.

다른 분석가들은 이에 동의하지 않는다. 앤슬리 콜(Ansley Coale)이 지적한 바와 같이, 더 낮은 농도를 가진 엄청난 양의 금속이 존재한다. 지질학자들은 6%의 농도를 5%로 낮추면, 금속에 따라서는 이용 가능한 양이 10배에서 1,000배까지 증가한다는 것을 알고 있다.

미래를 위한 자원(Resources for the Future)의 리드커(Ridker)와 세셀스키(Cecelski) 역시 이 같은 사실을 재확인하면서 다음과 같이 결론짓고 있다. "장기적으로 금속에 관한 우리의 요구는 철, 알루미늄, 마그네슘으로 채워질 수 있다. 이 모든 금속은 본질적으로 고갈되지 않는 자원에서 추출되는 것이다."[13]

설사 이러한 물질에 희소성이 생기더라도 그에 따른 경제적 타격은 미미할 것이다.

> 금속은 … 완제품 가격의 극히 일부에 불과할 뿐이다. 에너지도 마찬가지이다. … 예컨대, 미국에서 비-연료 광물은 상품과 서비스의 총생산에서 0.5% 이하를 차지한다. 또 에너지 비용은 1% 미만을 치지할 뿐이다.

연료의 경우, 미국은 현재 저가 석유의 원천을 줄이고 있다. 이것을 "위기"로 설명하기는 대단히 어려운데, 여기에는 저가 석유 매장량이 충분함에도 불구하고 고가 석유의 공급이 충분하고, 비록 기업들의 담합이 현재 가격에 영향을 미치기는 하지만, 세계의 다른 지역에서 고가 석유가 발견되기 때문이다. 미국과 세계 도처에는 엄청나게 많은 석탄이 매장되어 있다. 이는 예측 가능한 수요 증가율을 고려할 경우 1,000년 동안 사용하기에 충분하다. 어쩌면 그 두 배가 될 수도 있다.

사이먼과 칸(Kahn)은 1984년의 에너지 전문가 단체의 결론을 요약하면서 다음과 같이 말했다.

> 특별한 정치적 문제를 제외한다면, 우리는 석유 가격이 떨어질 것으로 예상한다. … 인류가 경제적 측면에서 지금 겪고 있는 것보다 더 큰 석유 부족에 직면할 것이라는 … 결론에는 근거가 없다. 오히려, 그 부족함은 줄어들 가능성이 더 크다.

그들은 모든 종류의 에너지에 대해 말하면서 다음과 같이 결론 내렸다.

> 에너지를 고갈시키고 있다는 전망은 순전히 유령에 불과하다. 인류 역사의 전반적 과정을 살펴보면, 에너지의 가용성은 증가하고, 중요한 비용은 감소하고 있다. 우리는 이 긍정적 추세가 적어도 태양이 빛을 내는 것을 멈출 때까지 계속될 것이라 예상한다. 아마도 70억 년 이후가 될 것이다….

더군다나 미국은 에너지를 절약할 수 있는, 아직 활용하지 않은 엄청나게 많은 기회를 가지고 있다. 에너지가 지나치게 저렴하기 때문에, 미국인은 다른 나라 사람들보다 더 많이 자가용을 운전하며, 미국 일부 지역에서는 단열재도 쓰지 않은 집에 난방을 한다. 심지어 문을 열어 둔 채로 난방을 한다. 미국에서 에너지 소비를 절반 정도로만 줄여도 미국 정도의 생활수준을 누리는 서유럽 사람들이 사용하는 에너지 양과 유사해진다.

역사는 우리가 미래에 더 큰 기술적 변화를 기대할 수 있다고 가르친다. 하지만 그 변화의 본성은 아직 알려져 있지 않다. 그렇다면 우리 구명보트의 안전한 수용력을 결정하려고 시도함에 있어서 태양력이나 원자력을 이용해서 돌파구를 찾으려는 어떤 기적을 기대하지 않는 것이 더 현명해 보인다. 오래된 표현처럼 보일지도 모르겠으나 배에 실려 있는 석탄만으로도 적어도 1,000년 동안은 에너지 공급이 가능할 것이다. 석유와 천연가스는 말할 것도 없고, (태양과 핵의 사용 가능성도 포함하여) 이러한 모든 에너지는 상당한 양이 남아 있다.

이제 메시지는 분명하다. 구명보트에는 [필요한 자원이] 아주 충분히 비축되어 있다. 공급 부족으로 인해 산업 시스템이 작동을 멈추지는 않을 것이다.

그러나 어쩌면 인구 성장이나 산업화 또는 이 둘 모두에 의해 만들어진 혼란(애매한 용어와 그에 따라 커진 모든 불안)은 어떠한가? 하일브로너는 다음과 같이 말했다. "이제는 연약한 생물권에 대한 우리의 순수한 개입 규모가 너무 커져서, 우리는 부주의로 인해 견딜 수 없는 환경적 손실이 발생하지 않도록 엄청난 주의를 기울이지 않을 수 없다."

물론 인간은 수천 년 동안 생물권에 개입해 왔다. 가장 거대한 인간의 개입은 아마도 농업의 발명이었을 것이다. 훨씬 더 좁은 공간에 한정된 현대 산업도 이 같은 영향을 미칠지는 확실하지 않다. 인류와 나머지 생물권의 모두는 농업의 개입에도 분명히 그럭저럭 잘 살아남았다. 사실상 우리 중 너무 많은 사람이 살아남은 것은 아닌지를 걱정할 정도로 우리는 충분히 잘 살아남았다.

"도대체 무엇이 너무 많다는 것인가?" 하는 실문이 마음속에 떠오른다. 지금 더 많은 사람이 더 오래, 더 건강하게, 더 살 먹으면서, 더 편안한 삶을 살아가는 것과 이것이 수십 년간 지속되었다는 사실은 그러한 개입이 견딜 수 없는 것이 아니라 오히려 완전히 그 반대임을 암시한다. 많은 권위자에 따르면, 환경의 질을 나타내는 가장 좋은 전반적 지표는 기대 수명이다. 이 지표는 금세기 동안 전 세계적으로 증가하고 있다. 출생률이 떨어졌음에도 불구하고 인구가 늘어난 것은 바로 이 기대 수명의 증가 때문이다. 물론 인구 경고론자들이 실제로 의미하는 것은 자신들의 취향에 비추어 볼 때 너무 많은 **다른** 사람들이 있다는 것을 말하는 것일 수도 있다. 그게 아니면 고독을 선호하는 사람의 입장에서 많다는 것을 의미할 수도 있다. 하지만 이때 이것은 전혀 다른 문제이다….

이러한 사람들과 다른 경제학자들은 인구 폭탄론자들의 가정과 교훈에 반대되는 사례를 상세히 살펴보았다. 인구 증가는 경제적 인프라(현대 교통·통신 체계), 그리고 교육, 전기, 관개와 폐기물 처리 체계를 더 효율적으로 사용하게 할 뿐만 아니라 더 손쉽게 획득하도록 해 준다. 인구 증가는 토지를 개간하고 배수하는 것, 창고와 울타리를 건설하는 것, 물 공급을 개선하는 것과 같이 농업에 투자를 권장한다. 인구 증가는 시장의 규모를 확대하여, 생산자가 대량생산의 비용 절감 방법을 특화해 사용하도록 유도한다. 인구 증가는 학부모, 자선가, 납세자뿐만 아니라 정부도 교육에 더 많은 자원을 할당하도록 한다. 만약 분별 있게 규제된다면, 이러한 노력은 노동력에 있어서 더 높은 수준의 능력으로 나타날 수 있다. 더 많은 인구는 더 많은 아이디어에 영감을 줄 뿐만 아니라, 사람들 사이에서 아이디어를 서로 **교환**하거나 개선하도록 만든다. 이때 교환의 비율은 반드시 추가되는 사람들의 숫자에 비례하는 값 이상으로 증가한다. (예컨대, 만일 한 사람이 기존의 한 쌍에 가담한다면, 가능한 교환의 숫자는 3분의 1만큼 증가하는 것이 아니라 세 배가 된다.) 도시의 장점 중 한 가지는, 규모가 큰 대학에서와 마찬가지로, 서로가 정신적으로 자극을 주고받으며 창의성을 증진한다는 것이다.

인구 증가가 자원 고갈, 기아, 환경 재앙으로 이어지지 않는다는 주장과 증거는 인구 폭발 신봉자를 설득하지 못한다. 결국, 그들은 멸망의 공포에 대한 자신들만의 다른 합리화를 가지고 있는 셈이다. 종말을 주장하는 사람들이 자주 들고 나오는 또 다른 주제는, 미국 국무부가 발표한 공보 자료에 나타난 용어로 표현하면, 인구 증가가 "정치적으로 혼란스러운 시기의 연령대(15-24살)"를 늘리고 있으며, 이것이 정치적 불안을 초래한다는 것이다. 1980년 미국 국무부의 인구 담당 조정관인 리처드 엘리엇 베네딕(Richard Elliot Benedick) 대사는 미국 상원 외교위원회에서 그러한 우려를 표현했다.

> 급격한 인구 증가는 … 청소년의 비율을 높인다. 이란 및 다른 국가들에서의 최근 경험에 따르면, (보통 실직 이후 도시 빈민가로 몰려든) 이러한 어린 연령의 집단이 유독 극단주의, 테러, 불만을 배출하는 수단으로서 폭력에 빠지기 쉽다는 것을 보여 주었다.[14]

베네딕 대사는 인구 증가가 "정치적 불안정"을 유도한다고 주장하면서, 미국에 경제적·전략적 중요성을 가진 나라의 목록을 길게 나열하였다. 그 목록에는 터키, 이집트, 이란, 파키스탄, 인도네시아, 멕시코, 베네수엘라, 나이지리아, 볼리비아, 브라질, 모로코, 필리핀, 짐바브웨, 그리고 태국이 포함되었다. 이러한 나라가 미국에 특별히 중요한 이유는 "전략적 위치, 군사 기지의 제공이나 지원, 그리고 석유나 다른 중대한 원자재의 공급" 때문이다. 베네딕 대사는 국내 질서 또는 국제 질서에서 특정한 역사적 실패에 대한 정확한 원인을 찾아냄에 있어서 엄밀한 분석이 어렵다는 것을 인정한다. 그럼에도 불구하도 그는 "전례 없는 인구의 압력"이 대단히 중요하다고 주장한다.

　베네딕의 믿음을 지지하는 과학적 연구 결과는 없다. 그것은 인구 통제를 옹호하는 사람들이 자신의 주장을 위해 의존하는, 단지 검증되지 않은 또 다른 가설일 뿐이다. 물론 베네딕 대사가 옳을지노 모른다. 즉, 젊은이는 혁명적인 성향이 좀 더 강하며, 권력을 유지하고자 하는 공직자라면 낮은 출생률을 통해 인구의 노화를 장려하는 편이 현명할지도 모른다. 정부가 성장하는 이 시기에 공직자는 자신의 권력을 키워 나가면서 노년층과 온순한 시민들을 확보하기 위해서 다양한 인구 조작을 쓸지도 모른다. 하지만 윤리적 영향과 사회복지는 차치하고라도 지배 관료의 사익의 관점으로만 보아도 위험은 분명하다. 이러한 정책은 그 대상 목록에 포함된 사람들 사이에서 깊은 적대감을 불러일으킬 수 있다. 특히 이 정책을 자신들이 가장 정통한 국정 운영에 대한 외적인 간섭의 도구로 이해하는 나라의 시민이라면 더욱 그러하다.

그렇다면 문제는 절대적 한계를 표현하는 구명보트의 모델보다 희소성에 대한 경제적 개념이 더 정확하다는 입장을 지지함으로써 해결된다. 인간의 자원에 대한 수요에 비해서 자원이 항상 부족하다고 하더라도, 임박한 절대적 한계에 대한 징후는 어디에도 없다. 그 한계는 현재 우리의 자원 사용 수준을 훨씬 뛰어넘어 거의 보이지 않는 정도이며, 실제로 새로운 지식이 발달함에 따라 희미해지고 있다. 하지만 아이러니하게도 경제적 희소성의 인식은 부와 수입이 증대함에 따라서 증가할 수도 있다. 더 느린 인구 증가 비율이 경제 성장이나 복지를 가져온다는 그 어떠한 증거도 없다. 이와는 반대로 1950년대 이래로 더 높은 인구 증가율을 보인 개발도상국들이 더 높은 1인당 생산량 증가율을 기록했다. 물론 골치 아픈 말썽을 일으키는 사람들을 제거하는 것이 지배 관료의 이익이 될 수 있을지는 모르지만, 그러한 정책은 복지를 향상할 수도 없고, 심지어 지배 엘리트에게도 많은 비용을 유발할 것이다.

주석

1. 전시회에서 사용된 프로젝트북은 『인구: 문제는 우리다』이다. 이 책은 협회 차원에서의 제안이나 전시회 시행에 대한 것이다(Washington: The Smithsonian Institution, 날짜 미표기, 1970년 후반 배포됨), p. 9.
2. Armen A. Alchian and William R. Allen, *University Economics*, 3rd ed. (Belmont: Wardworth Publishing Co., 1972), p. 7.
3. Paul A. Samuelson, *Economics*, 11th ed. (New York: McGraw Hill, 1980), p. 17.
4. George Leland Bach, *Economics: An Introduction to Analysis and Policy*, 10th ed. (Englewood Cliffs: Prentice-Hall, Inc., 1980), p. 3.
5. Richard B. McKenzie and Gordon Tullock, *Modern Political Economy* (New York: McGraw-Hill, 1978), p. 18.

6. 인구 성장과 미국의 미래 위원회의 최종 보고서에 기록된 John D. Rockefeller III가 1972년 3월 28일자로 대통령과 의회에 보낸 서한.

7. Select Commitee on Population, Report, "World Population: Myths and Realities," U.S. House of Representative, 95th Congress, 2nd Session (Washington: U.S. Government Printing Office, 1978), p. 5.

8. *The Global 2000 Report to the President: Global Future: Time to Act*, prepared by the Council on Environmental Quality and the U.S. Department of State (Washington: U.S. Government Printing Office, January 1981), p. ix.

9. Raj Krishna, "The Economic Development of India," *Scientific American*, vol. 243, no. 3. September 1980, pp. 173-174.

10. Revelle, "The World Supply of Agricultural Land," op. cit., p. 184, quoting W. David Hopper, "The Development of Agriculture in Developing Countries," *Scientific American*, September 1976, pp. 197-205.

11. Julian L. Simon, "Worldwide, Land for Agriculture Is Increasing, Actually," *New York Times*, October 7, 1980, p. 23.

12. Simon, "Global Confusion," op. cit., p. 11.

13. Ronald G. Ridker and Elizabeth W. Cecelski, "Resources, Environments, and Population: The Nature of Future Limits," *Population Bulletin*, vol. 34, no. 3, August 1979, p. 29.

14. Richard Elliot Benedick, Statement before the Senate Foreign Relations Committee, April 29, 1980, reprinted in *Department of State Bullentin*, vol. 80, no. 2042, September 1980, p. 58.

더 생각해 볼 문제

1. "인구 통제 산업"이 현재 인구 증가의 위험성에 관해 우리를 오해하도록 한다는 가선의 주장은 얼마나 설득력이 있는가?

2. 카선에 따르면, 자원의 희소성과 관계된 인구 증가에 대한 신실은 무엇인가?

3. 카선의 주장을 하딘의 주장과 비교해 보자. 어느 쪽의 주장이 더 설득력이 있는가? 이유는 무엇인가?

4. 카선은 어떤 종류의 기술 발전이 지구의 수용 능력을 증대시킬 것이라고 생각하는가? 당신은 이러한 수용 능력의 증대가 무한히 계속될 수

있다고 생각하는가? 그렇게 생각한다면 그 이유는 무엇이며, 그렇게
생각하지 않는다면 그 이유는 무엇인가?

8장

구명보트 윤리*

개릿 하딘

개릿 하딘(Garrett Hardin, 1915-2003)은 캘리포니아대학교 산타바바라의 인간 생태학 교수를 역임하였다. 『새로운 생존 윤리학 탐구(*Exploring New Ethics for Survival*)』(1972), 『한계 내에서 살아가기(*Living within Limits*)』(2000)를 비롯하여 생물학과 윤리학 분야에서 많은 저작을 저술하였다. 그는 환경적 사유에서 극단적 인물이었고, 여전히 극단적 인물로 남아 있다. 기아 희생자들에 대한 식량 원조 반대, 낙태 찬성, 출산의 자유 반대, 이민 반대, 다민족 사회 반대 등 많은 논란이 있는 입장을 지지하였다. 그는 환경 단체와 학술 단체로부터 많은 상을 받았다. 하지만 그는 동시에 남부 빈곤 · 법 센터에 의해서 백인 민족주의 극단주의자 명단에 등록되어 있다. 그는 네 명의 자녀를 두었다.

이 글에서 하딘은 우리 지구 생태계 상황을 특징짓는 적절한 비유는 "우주선"이 아닌 "구명보트"라고 주장하고 있다. 우주선의 비유는 잘못되었다. 지구에는 시구의 현재와 미래 문제들 사이에서 조종을 담낭할 선장이 없기 때문이다. 오히려 부유한 나라는 바다 위에 떠 있는 구명보트와 같다. 그 바다 위에서는 세계의 가난한 사람들이 익사의 위험 속에서 허우적기리고 있다. 하딘은 구명보트와 유사한 부유한 사회는 자원의 안전율(safety factor)을 보존함으로써 스스로 생존을 보장해야 한다고 주장한다. 사회가 자원을 궁핍한 나라에 나눠 주거나 곤궁한 이민자를 허용하는 것은 구명보트에 추가로 더 많은 승객을 태우는 것과 마찬가지이고, 이것은 구명보트를 전복시키는 원인이 될 수 있다. 이러한 상황에서는 가난한 사람에 대한 원조를 중단하는 것이 우리의 도덕적 의무이다.

---

* *Bioscience* 24(10) [1974. 10]; 561-68. 허락을 받고 수록함.

… 어떤 세대도 인류의 생존 문제를 우리만큼 심각하게 바라보지는 않았다. 어쩔 수 없이 우리는 비유의 문을 통해 이 걱정의 세계로 들어왔다. 환경론자들은 우주선으로서 지구의 이미지를 강조한다. 이른바 우주선 지구호이다. 케네스 볼딩(Kenneth Boulding)이 … 이 비유의 선구적인 설계자이다. 그는 이제는 과거의 낭비적인 "카우보이 경제"에서 절약하는 "우주선 경제"로 변화할 시간이라고 말한다. 우리가 현재 마주한 제한된 세계에서 계속 살아남기 위해서는 이런 변화가 요구된다. 이 비유는 특히 오염 관리 조치를 정당화하는 데 있어서 유용하다.

유감스럽게도, 우주선의 이미지는 자멸적 조치를 뒷받침하는 데에도 이용된다. 그중 하나가 관대한 이민 정책인데, 이는 공유물의 비극을 초래하는 잘못된 정책들 중 구체적인 단 한 가지 사례에 불과하다. … 이러한 자멸적 정책들이 매력적인 이유는 그것이 우리가 별 생각 없이 "가장 좋은 사람"의 이상형이라고 여기는 것과 결부되기 때문이다. 이상적인 관점은 권리와 책임은 반드시 함께 논의해야 한다는 점을 놓치고 있다. 너무도 많은 사람들이 말하는 "관대한" 태도는 양도할 수 없는 권리를 주장하는 반면에, 그에 대응하는 책임은 무시하거나 거부하는 결과를 낳는다.

우주선의 비유가 적합하기 위해선 탑승한 사람들의 집합체가 단일한 최고 권력의 통제 아래에 있어야만 한다. … 진짜 우주선에는 항상 선장이 있기 마련이다. 한 척의 배를 한 협의체가 운항한다는 것은 가능한 일이다. 그러나 책임은 지지 않고 권리만을 주장하며 다툼을 벌이는 집단이 항로를 결정한다면 살아남을 수 없을 것이다.

우주선 지구호는 어떠할까? 이곳에는 확실히 선장도 없고, 운영 협의체도 존재하지 않는다. 국제연합은 이빨 빠진 호랑이에 불과하다. 유엔 헌장에 서명한 국가들이 그것을 원했기 때문이다. 우주선 비유는 우주선이 공공 자원을 요구하는 일만을 정당화할 뿐 그에 상응하는 책임에 대한 인정은 빠져 있다.

결정 행위에 대한 이해 가능한 두려움은 사람들에게 "점진주의(incrementalism)"를 수용하도록 만든다. 조그만 변화들을 거쳐 개선으로 향하는 것이다. 앞으로 살펴보겠지만, 만약 이 전략이 책임 없는 권리의 수용을 의미한다면, 여기서 논의되고 있는 영역에서는 역효과를 낼 것이다. 인간 생존이 위태로운 곳에서, 만약 권리와 책임 두 가지가 동시에 제시될 수 없다면, 책임 수용은 권리 수용에 대한 전제 조건이 된다.

구명보트 윤리

어떤 실질적인 쟁점을 채택하여 논하기 전에 대안적인 비유, 즉 구명보트를 살펴보자. 관련된 특정 사례를 고안하기 위해서 수치는 다음과 같이 가정한다. 세계의 약 3분의 2는 극심하게 가난하며, 오직 3분의 1만이 비교적 부유하다. 가난한 나라에 사는 국민의 1인당 국민총생산(GNP)은 대략 200달러 정도이고, 부자 나라의 경우에는 대략 3,000달러이다. (미국의 경우에는 매년 거의 5,000달러에 이른다.) 비유하자면, 각각의 부유한 나라는 비교적 부자로 채워진 구명보트에 해당한다. 세계의 가난한 사람들은 훨씬 더 북적거리는 다른 구명보트에 타고 있다. 말하자면, 가난한 사람들은 계속해서 자신들의 구명보트에서 떨어져 얼마간 물속에서 허우적거린다. 그러면서 그들은 부유한 구명보트에서 탑승을 허락해 주거나 배 안에서 던져 주는 "구호품"을 통해 도움을 받는 다른 방법을 바라고 있다. 부유한 구명보트의 승객들은 어떻게 해야 할까? 이것이 "구명보트 윤리"의 핵심적 문제이다.

우선 우리는 각각의 구명보트가 사실상 제한된 수용력을 가지고 있다는 것을 인정해야 한다. 모든 국가의 영토는 제한된 수용 능력을 지니고 있다. 그 정확한 한계에 대해서는 논쟁의 여지가 있다. 하지만 에너지 부족 사태로 인해 날마다 더 많은 사람들이, 우리가 이미 토지의 수용 능력을 초과했음을 납득하고 있다. 우리는 매장된 석유 및 석탄과 같은 "자본"을 기반으로 살아왔으며, 이제 곧 수입에만 의존해서 살아가야만 한다.

우리가 타고 있는 구명보트 한 척만 살펴보자. 윤리적 문제는 모두에게 동일한 것이며, 그것은 다음과 같다. 우리가 지금 50명이 타고 있는 구명보트에 앉아 있다고 상상해 보자. 여유를 두어서, 우리의 보트가 10명을 더 태워 60명을 수용할 능력이 있다고 가정하자. (하지만 이것은 "안전율"의 공학적 원칙을 어기는 것이다. 만약 우리가 안전율에 따라 어느 정도의 초과 수용력을 비축하지 않는다면, 새로운 식물 질병이나 기후의 대이변이 인구를 모조리 죽일 수도 있다.)

구명보트 안에 있는 50명은 물속에서 허우적거리는 100명의 다른 사람들을 보고 있다. 그들은 구명보트에 탑승하는 것 또는 구호품을 요청한다. 그들의 요청에 우리는 어떻게 대응해야 할까? 여기에는 몇 가지 가능성이 있다.

하나. 우리는 "우리 형제의 보호자"가 되어라는 기독교적 이상에 따라 살기를 바랄 수 있다. 또는 "각자는 능력에 따라 일하고, 각자의 필요에 따라 분배받는" … 마르크스주의적 이상에 따르기를 원할 수도 있다. 모든 사람의 필요는 동등한 것이기에, 우리는 곤경에 처한 모든 사람을 구명보트에 태워야 하고, 결과적으로 60명 정원의 구명보트에 150명을 태우게 된다. 구명보트는 물에 잠기고, 모든 사람은 익사해 버린다. 완벽한 정의가 완벽한 파국을 초래한다.

둘. 구명보트는 아직 사용하지 않은 10명의 초과 수용력을 가지고 있기 때문에, 우리는 딱 10명의 탑승을 추가로 허용할 수 있다. 이것은 안전율을 제거한다는 단점을 가지는데, 이러한 행위로 말미암아 우리는 곧 엄청난 대가를 치르게 된다. 더군다나 그중 어떤 10명을 탑승시킬 것인가? 먼저 도착한 사람을 선택할까? 가장 훌륭한 10명? 가장 열악한 처

지에 있는 10명? 그것을 어떻게 식별할 것인가? 또 탑승에서 제외된 90
명에게는 뭐라고 말할 것인가?

셋. 더 이상 구명보트에 탑승을 허용하지 않고, 적은 안전율을 유지하
는 것이다. 구명보트에 탑승한 사람들의 생존은 그런 이후에야 가능하
다(하지만 우리는 탑승을 막는 경비원이 되어야 할 것이다).

이 마지막 해결책에 많은 사람이 혐오감을 느낀다. 그들은 그것이 부
정의하다고 말한다. 그들이 옳다고 인정해 보자.

"내가 운이 좋은 것에 대해 죄책감이 느껴져요"라고 누군가는 말한다.
이에 대한 대답은 간단하다. 구명보트에서 내리고 당신의 자리를 다른 사
람에게 양보하라. 이러한 이타적 행위가 죄책감을 느끼는 사람의 양심을
만족시킬 수는 있겠으나 그렇다고 이것이 구명보트 윤리를 바꾸지는 않
을 것이다. 죄책감에 빠진 사람에게 자리를 양보 받은 곤경에 처한 사람
이 갑작스러운 자신의 행운에 죄책감을 갖지는 않을 것이다. (만약 그랬
다면 그는 구명보트에 올라타지 않았을 것이다.) 양심의 가책을 느낀 사람들
이 불공정하게 차지하고 있던 자리를 양보한 최종 결과로[양심의 가책을
느낀 사람들의 죽음으로] 구명보트에서 그들의 양심을 제거한다. 말하자면
구명보트는 그 자체로 죄책감을 정화해 준다. 구명보트 윤리는 이러한
순간적인 일탈에도 달라지지 않는다.

그렇다면 이것이 우리가 해결책을 찾아야만 하는 문제가 포함된 기본
적 비유이다. 현실 세계의 실질적 내용을 덧붙이면서 차근차근 그 이미
지를 풍성하게 만들어 보자.

출산

구명보트 윤리의 냉혹한 특징은 출산, 특히 출산의 차별에서 두드러진
다. 부유한 국가의 구명보트 안에 있는 사람들은 87년마다 숫자상으로
두 배로 늘고 있다. 구명보트 밖에 있는 사람들의 숫자는 평균적으로 35

년마다 두 배로 늘고 있다. 또 풍요의 측면에서 상대적인 차이는 점점 더 커지고 있다.

잠시 미국의 구명보트에 대해 주로 생각해 보자. 1973년을 기준으로 미국의 인구는 2억 2천만 명인데, 이는 매년 0.8%씩 증가한 것이다. 즉, 87년마다 그 수가 두 배로 증가하고 있다.

우리의 구명보트 바깥에 이와 동일한 숫자의 사람들이 있다고 상상해 보자. 물론 실제로는 부유한 국가의 국민에 비해 가난한 사람들의 수가 두 배나 더 많지만 말이다. 즉, 완전히 다른 속도로 출산하는 가난한 사람들이 여기서는 2억 2천만 명뿐이라고 가정하자. 콜롬비아, 베네수엘라, 에콰도르, 모로코, 태국, 파키스탄, 필리핀의 인구를 합친 것이 이러한 수치라고 생각했을 때, 이러한 "바깥" 사람들의 평균 증가율은 매년 3.3%이다. 이 인구가 두 배가 되는 데 필요한 기간은 21년이다.

이런 모든 국가들과 미국이 "각자의 필요에 따라서"라는 마르크스의 이상에 동의했다고 가정해 보자. 대부분의 기독교적 이상이라고 해도 좋다. 당연히 필요는 인구 크기에 의해 결정된다. 그리고 인구 크기는 출산에 영향을 받는다. 모든 국가는 자신들의 출산율을 주권적 권리로 생각한다. 만약 우리의 구명보트가 시작부터 충분히 큰 것이었다면, 잠시 동안은 기독교-마르크스적 이상에 따라 사는 것이 가능할지도 모르겠다. 어쩌면 말이다.

우리가 가정한 비유에서 처음에는 비-미국인과 미국인의 비율은 1:1일 것이다. 그러나 87년 이후에는 이 비율이 어떨지 생각해 보자. 그때쯤이면 미국인은 두 배인 4억 2천만 명이 될 것이다. (21년마다 두 배가 되는) 다른 집단은 이제 35억 4천만 명으로 불어나게 된다. 미국인 한 명당 8명 이상의 사람들과 자신의 몫을 나누어야 할 것이다. 구명보트가 어떻게 물위에 떠 있을 수 있겠는가?

이 모든 것은 현재의 경향을 추정하여 미래에 대입하고 있는 것이다. 따라서 의심의 여지가 있다. 경향은 변하기 마련이기 때문이다. 나 또한 인정한다. 하지만 변화라는 것이 반드시 우호적인 방향으로 나아간다는 보장은 없다. 만약 현재 구명보트 안에 있는 민족 집단에서의 인구 증가율이 구명보트 밖에 있는 집단의 증가율보다 더 빠른 속도로 떨어진다면, 미래는 수학적 예측보다 훨씬 더 나빠질 것이다. 그리고 공유하는 것은 훨씬 더 자멸적이 될 것이다.

공유물의 붕괴

공유 윤리의 근본적인 문제점은 그것이 공유물의 비극으로 이어진다는 것이다. 사유재산의 체계 아래에서 재산을 소유한 사람(혹은 사람들의 집단)은 그 재산을 관리해야 하는 자신의 책임을 인정한다. 만약 그렇게 하지 않으면 결과적으로 손해를 보기 때문이다. 예컨대, 농민이 영리하다면, 목초지에 그것의 수용 능력 이상으로 소를 풀어 놓지는 않을 것이다. 만약 농민이 목초지에 지나치게 많은 소를 풀어 놓고 풀을 뜯게 한다면, 황폐화가 시작되어 장기적으로는 그 소유주도 피해를 보게 된다.

목초지를 모두에게 공동으로 개방하여 운영한다면, 목초지를 사용할 각자의 권리와 그것을 관리해야 할 운영상의 책임이 서로 일치하지 않게 된다. 공유지에서 목동들 각자에게 책임감 있는 행동을 요구하는 것은 아무 소용이 없다. 그들은 그렇게 하려고 하지 않을 것이기 때문이다. 공유지에 과중한 부담을 주지 않으려는 사려 깊은 목동은 자신의 필요가 더 크다고 말하는 이기적인 목동보다 더 큰 손해를 본다. (리오 더로셔Leo Durocher가 말한 것처럼, "사람 좋으면 꼴찌이다.") 기독교-마르크스적 이상주의는 역효과를 일으킨다. 듣기 좋은 소리라 해서 양해해 줄 수는 없다. 개인의 도덕에서와 마찬가지로, 분배 체계에서도 선한 의도가 좋은 성과를 대체하지 않는다.

사회 체계는 오류에 영향을 받지 않을 때에만 안정적이다. 기독교-마르크스적 이상주의자에게 이기적인 사람은 "오류"의 한 부류이다. 공유지 체계의 번영은 오류에서 살아남을 수 없다. **모든 사람**이 스스로 절제하기만 한다면 모든 일은 다 잘될 것이다. 그러나 자발적 통제 시스템을 망치는 일은 **모든 사람**이 아니라 단지 **한 사람**에 의해 발생한다. 완벽한 인간 존재가 아닌 사람들 ― 우리는 다른 존재에 대해서는 결코 알지 못한다 ― 이 사는 복잡한 세계에서, 공유지에서 발생하는 상호 파멸은 불가피하다. 이것이 공유물의 비극의 핵심이다….

세계 식량 은행

최근 우리는 국제 무대에서 새로운 공유물을 만들자는 제안을 들은 바 있다. 즉, 국가들이 자신의 능력에 따라 식량을 기부하여 국제적인 식량 저장소에 저축하고, 필요에 따라서 국가가 식량을 인출하자는 제안이다. 노벨상 수상자인 노먼 볼로그(Norman Borlaug)는 이 제안으로 현재의 명성을 얻었다.

세계 식량 은행은 우리가 가진 인도주의적 감성에 강력히 호소한다. 우리는 존 던(John Donne)의 유명한 구절을 기억하고 있다. "누구의 죽음이든 그것은 내가 줄어든 것이다." 하지만 누구를 위하여 종이 울리는가를 알려고 서두르기 전에, 나중에 환상이 깨지지 않도록 하기 위해서, 국제적 식량 저장소를 위한 가장 큰 정치적 압력이 어디에서 나오는지를 알아보자. 미국 공법 480호에 대한 우리의 경험이 그에 대한 분명한 답을 보여 준다. 이는 지난 20여 년간 수십억 달러의 가치를 가지는 미국의 곡식을 식량이 부족하고 인구가 많은 국가로 수출한 법이다. 미국 공법 480호가 처음 등장했을 때, 경제 잡지 『포브스(*Forbes*)』는 "세계의 굶주린 수백만 명에게 식량 제공: 이것이 어떻게 미국 기업에게 수십억을 의미하는가?"라는 헤드라인의 기사를 통해 … 그 배후의 권력을 밝혀 냈다.

사실 그것이 맞았다. 미국 공법 480호에서 밝힌 것과 같이, 1960년부터

1970년까지의 기간 동안 "식량과 평화"의 프로그램에 총 79억 달러를 소비했다. 1948년부터 1970년까지의 기간 동안 다른 경제적 원조 프로그램의 운영을 위해 미국 납세자에게 추가적으로 499억 달러를 징수했는데, 이 돈 중 일부는 식량과 식량 생산 기계에 쓰였다. (이 수치에 군사적 원조는 포함되지 않았다.) 미국 공법 480호가 기부 프로그램이었다는 점은 감춰져 있었다. 수령국들은 차용증서를 작성해 미국 공법 480호에 대한 비용을 지불하는 시늉만 했다. 1973년 10월 미국이 인도의 32억 달러의 빚을 탕감해 주었을 때, 걱정하는 척하던 인도의 가식도 끝이 났다. … 이때 채무 취소에 대한 발표는 두 달간 연기되었다. 그 이유가 궁금하다. …

합리적인 정당화를 찾는 것은 "비상사태"라는 말을 끼워 넣음으로써 일단락될 수 있다. 볼로그가 이 단어를 사용한다. 우리는 이 단어를 세심하게 볼 필요가 있다. "비상사태"라는 것이 무엇인가? 그것은 분명 사고와 같은 무엇이다. 그리고 정확히 말하자면, 낮은 빈도이긴 하지만 틀림없이 발생하는 사건이라고 정의된다. … 잘 운영되는 조직은 사고와 비상사태를 포함해 분명히 발생하는 모든 것들에 대해 대비한다. 그것을 위해 예산을 짠다. 또 저축을 한다. 이런 조직은 그런 것들을 예측한다. 그리고 그것이 발생할 때, 분별력 있는 의사 결정 당사자는 사고에 관한 불평으로 시간을 낭비하지 않는다.

만약 어떤 조직은 비상사태를 위한 예산을 편성하고 다른 조직은 그렇게 하지 않는다면 무슨 일이 벌어질까? 각 조직이 스스로의 복지에 대해 독자적 책임이 있다면, 관리가 잘못된 조직은 고봉을 겪을 것이다. 그러나 그들은 경험을 통해 배울 수도 있을 것이다. 그들은 자신의 방법을 고칠 기회가 있으며, 드물게 발생하는 확실한 비상사태에 대해 예산을 편성하는 것을 배운다. 예를 들어, 날씨는 항상 변하고, 주기적인 흉작이 나타나는 것은 확실하다. 현명하고 유능한 정부는 흉작을 예상하고 풍년에 생산된 작물을 비축해 둔다. 이것은 새로운 생각이 아니다. 성경에서는 이미 2,000년 전에 요셉이 이집트의 파라오에게 이 정책을 가르쳤다고 전하고 있다. 하지만 오늘날 세계의 상당수 정부가 이러한 정책을 실시하지 않는다. 그런 정부는 지혜나 유능함이 없는 것이다. 아니면 둘 모두가 부족하다. 한 나라에서 다른 나라로 부가 이동하는 것보다 훨씬 더 어려운 일은 최고 권력들 사이에서 또는 세대들 간에 지혜가 전승되는 것이다.

"하지만 그건 그 사람들의 잘못이 아니잖습니까! 비상사태에 빠진 가난한 사람들을 어떻게 우리가 비난할 수 있겠습니까? 왜 우리가 그들을 처벌해야 합니까?" 비난과 처벌의 개념은 서로 관련이 없다. 문제는 세계 식량 은행을 설립하여 운영한 결과가 무엇이냐는 것이다. 만약 필요가 생겨날 때마다 모든 나라에 개방된다면, 부주의한 통치자는 요셉의 조언을 선택할 동기를 갖지 않을 것이다. 왜 그렇게 하겠는가? 곤경에 처할 때면 언제나 다른 나라에서 그들을 구제해 줄 것인데 말이다.

일부 나라는 세계 식량 은행에 저축을 하고, 다른 나라는 그것을 인출할 것이다. 여기에 서로 중첩되는 일은 거의 없을 것이다. 이러한 예금-이체의 구성을 "은행"이라고 부르는 것은 은행이 가진 융통성의 한계를 넘어서는 과장된 비유이다. 물론 이 비유의 제안자들은 그들이 사용하는 단어의 비유적 본성에 대해 결코 주의를 기울이지 않는다.

톱니바퀴 효과

그렇다면 "국제 식량 은행"은 진정한 은행이 아니라 부자 나라의 부를 가난한 나라로 이동시키는 위장된 일방통행의 전송 장치인 것이다. 이러한 은행이 없을 때, 개별적인 주권 국가들로 이루어진 세계에서 각 국가의 인구는 〈그림 1〉과 같은 형태의 순환을 반복적으로 겪게 될 것이다. 인구 P_2는 인구 P_1에 비해 클 수밖에 없는데, 절대적인 수치에서 크거나, 아니면 식량 공급의 악화가 안전율을 제거하고 인구에 비해 위험할 정도로 낮은 비율의 자원을 생산하기 때문에 더 크다. 인구 P_2는 인구과잉 상태의 전형으로 언급되며, 이것은 예컨대 흉작과 같은 명백한 "사고"의 출

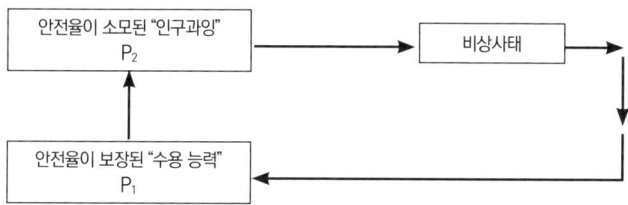

그림 1. 효율적이고, 의도적인 인구 조절이 없고, 외부로부터 원조를 받지 않는 국가의 인구 순환.
인구 P_1보다 인구 P_2가 더 크다.

현으로 나타난다. 만일 외부의 도움에 의해 이 "비상사태"가 해결되지 않는다면, 인구는 "정상" 수준(환경의 "수용 능력")까지, 심지어 그보다 더 낮은 수준까지 떨어지게 된다. 자력에 의한 인구 통제가 없는 경우에, 곧 인구는 P_2로 증가하게 되며 이 순환은 계속 반복된다. 장기적인 인구 곡선은 … 수용 능력과 거의 균형을 이루면서 불규칙한 변동을 보일 것이다.

이런 인구통계적 순환은 한정된 국면에서는 분명 큰 고통을 수반하겠지만, 인구 통제 수단이 마땅치 않은 독립 국가들에서는 통상적인 것이다. 3세기경 신학자인 테르툴리아누스(Tertullian)는 … 많은 현자도 인정한 바 있는 엄연한 진실을 다음과 같이 표현했다. "전염병, 기근, 전쟁, 대지진의 재앙은 [인구가] 과밀한 국가에서는 축복으로 여겨져야 한다. 왜냐하면 그런 재앙들이 인류의 과도한 성장을 억제하는 역할을 하기 때문이다."

강력하고 선견지명을 가진 주권자 — 이론적으로는 민주적으로 조직된 국민 자체 — 의 통치 아래에서만, 수용 능력 아래의 어떤 지점에서 인구 평형을 이룰 수 있고, 따라서 주기적이고 불가피한 재앙에 의해 통상적으로 발생하는 고통을 피할 수 있다. 이 행복한 상태에 도달하기 위해서는, 풍작의 시기에 발생한 잉여 식량의 "낭비"에 대해 냉정하게 고려할 수 있는 힘 있는 사람들이 필요하다. 힘 있는 사람들이 식량의 추가에서 출산의 추가로 나아가려는 유혹에서 벗어나는 것이 필수적이다. 홍보 단계에서는 "식량 과잉"이라는 문구를 "안전율"로 대체할 필요가 있다.

그러나 오늘날의 가난한 세계에는 현명한 주권자들이 존재하지 않는 듯하다. 가난한 나라에서 발생하는 가장 고통스러운 문제는 현명하지 못한 강력한 통치자가 나라를 통치하는 것이다. 만약 이러한 국가들이 "비상사태" 시기에 세계 식량 은행에 의지한다면, 〈그림 1〉의 인구 순환은 〈그림 2〉의 인구 에스컬레이터로 대체될 것이다. 식량 은행에서 식량을 투입하면 인구가 더 낮은 수준으로 돌아가는 것을 예방하면서 톱니바퀴의 멈춤쇠 역할을 하게 된다. 출산은 인구를 위로 밀어 올리고, 세계은행에서의 투입은 그 움직임이 아래로 향하는 것을 막는다. "사고"와 "비상사태"의 절대적 규모가 그러하듯이, 인구 규모도 점차적으로 상승한다. 이 과정은 거의 상상할 수 없는 영역에서 재앙을 불러일으키며, 전체 시스템의 완전한 붕괴에 의해서만 끝이 날 것이다.

이것이 무책임한 출산이 이루어지는 세계와 선의로 식량을 나눈 결과이다.

일단 우리가 공유물의 만연과 그 위험을 절실히 인식하기만 한다면, 이 모든 것들은 너무도 명백한 것이다. 그러나 많은 사람은 여전히 이러한 인식이 부족하다. 이에 따른 "희망적인 인구통계적 변화"에 대한 행복감이 … 점점 더 상황을 악화시키는 메커니즘에 대한 현실적 평가를 방해한다. 공공 정책과 관련해서, 이 자애로운 인구통계적 변화를 통해 얻는 결과는 다음과 같다.

1. 1인당 GNP가 상승할 경우, 출산율은 하락한다. 따라서 인구 증가율이 떨어져, 궁극적으로 ZPG(제로 인구 성장)를 나타낼 것이다.
2. (가난한 나라를 포함하여) 세계 곳곳의 장기적 추세를 살펴보면 1인당 GNP는 올라가고 있다(이것은 한계가 보이지 않는다).
3. 그러므로 인구 문제에 있어 정치적 간섭은 불필요하다. 우리가 해야 할 일의 전부는 경제적 "발전" — 이 비유에 주목하라 — 을 촉진하는 것뿐이다. 그러면 인구 문제는 저절로 해결될 것이다.

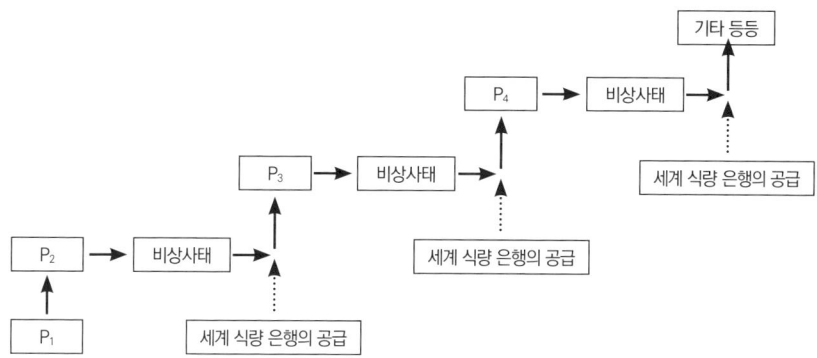

그림 2. 인구 에스컬레이터. 세계 식량 은행의 공급이 〈그림 1〉에서 보여 준 정상 인구 순환이 완성되는 것을 막아 주면서, 톱니바퀴의 멈춤쇠와 같은 역할을 한다는 것에 주목하라. P_{n+1}은 P_n보다 더 크고, "비상사태"의 절대적 규모는 점차적으로 증가한다. 궁극적으로 전체 시스템은 붕괴한다. 그 붕괴는 발생한 적이 없어 거의 상상할 수 없다.

　희망적인 인구통계적 변화를 신뢰하는 사람들은 외부 세계에서 투입되는 각각의 식량이 가난한 나라에서 발전을 촉진하며, 따라서 결과적으로 인구 증가율이 떨어진다는 믿음에서 〈그림 2〉와 같이 상황을 더 악화시키는 메커니즘을 무시한다. 해외 원조는 이 가정에 따라서 20년 넘게 진행되었다. 불행히도 이러한 해외 원조는 그것이 약속한 결과를 보여 주는 그 어떤 확실한 사례도 만들어 내지 못했다. 그것은 그저 변명으로 가득 찬 도서관을 만들었을 뿐이다. 가설적인 세계 개선 과정을 시작하기 위해서 더 많은 대규모 해외 원조 지출을 요청하는 애처로운 목소리가 사방에 가득하다.

　희망적인 인구통계적 변화 가설에 함축된 인구통계적인 자유방임주의의 신조는 대단히 매력적이다. 불행하게도 그러한 개량적인 체계를 뒷받침하기보다는 오히려 그에 반대되는 증거가 더 많다. … 역사적 측면에서 보았을 때, 대단히 많은 반대 사례들이 있다. 지난 세기 동안 프랑스와 아일랜드에서 1인당 GNP의 증가는 인구 증가율과 동반해 나타났다.

2차 세계대전 이후 20년 동안, 동일한 긍정적 상관관계가 세계 모든 지역에서 발견되었다. 1950년 이전의 세계사에서는 연 인구 증가율이 1%에 도달한 적이 한 번도 없었다. 현재 평균 인구 증가는 2%를 넘기고 있으며, 감소의 징후는 발견되지 않고 있다.

이론적인 측면에서 보자면, 〈그림 2〉와 같이 상황을 악화시키는 메커니즘에 대한 부정은 아마도 볼딩이 혹평했던 "카우보이 경제"에 대한 암묵적 수용에서 비롯되었을 것이다. 우주선의 한계를 인식하는 사람들은, 만일 그들이 안전하고 편안한 수준까지 인구 조절을 달성할 수 없다면, 〈그림 1〉이 보여 주는 바와 같은 인구 순환을 교정하는 피드백의 필요성을 받아들일 것이다. 자신이 진짜 우주선에서 살고 있음을 뼈저리게 알고 있으면서도 〈그림 2〉에서 보이는 인구 에스컬레이터에 대한 정치적 지지에 동의하는 사람은 없을 것이다.

녹색혁명을 통한 생태 파괴

수혜자에게 미치는 자선의 무기력 효과는 오래전부터 알려져 왔다. 고대 중국의 속담대로 "한 사람에게 물고기 한 마리를 잡아 주면 하루 동안 먹을 수 있겠지만, 물고기를 잡는 방법을 가르쳐 준다면 평생 먹을 수가 있다." 이 충고를 받아들여 록펠러재단과 포드재단은 가난한 국가의 농업을 개선하기 위한 다방면의 프로그램에 자금을 지원했다. "녹색혁명"으로 알려진 그 결과는 아주 주목할 만했다. "기적의 밀"과 "기적의 쌀"은 식물 유전학 분야에서 눈부신 기술적 업적이었다.

녹색혁명이 식량 생산을 증가시킬 수 있는 것인지는 의심스럽지만, … 어쨌든 이것이 특별히 중요하지는 않다. 이 위대하고 선량한 인도주의적 노력에서 놓치고 있는 것은 근본원리에 대한 확실한 이해이다. 많은 존경을 받은 록펠러재단의 부회장 고(故) 앨런 그렉(Alan Gregg)이 록펠러재단의 중요성에 관해서 이야기하면서, 약 20년 전에 실시된 식량 생산

증대를 위한 모든 시도의 타당성에 대해 의문을 제기했다는 사실은 아이러니가 아닐 수 없다. (이것은 록펠러의 지원을 받은 볼로그의 작업이 "기적의 밀"을 개발하기 이전의 일이었다.) 그렉은 … "암의 증식은 먹거리를 요구하지만, 내가 아는 한, 먹거리를 공급한다고 해서 암이 치료된 적은 결코 없다"는 풍자적 발언을 하면서, 지구 표면을 뒤덮고 있는 인류의 증가와 확산을 인간 몸에서 발생하는 암의 전이에 비유했다.

"사람은 빵만으로 살 수 없다." 이 성서의 말은 물질적인 영역에서도 심상치 않은 의미를 지닌다. 태어난 모든 인간 존재는 환경의 모든 측면에서 밑그림을 그린다. 음식, 공기, 물, 오염되지 않은 풍경, 가끔 선택하는 외딴 장소, 해변, 야생동물과의 접촉, 낚시, 사냥 등이 그것이다. 이 목록은 길고 아직 다 완성되지 않았다. 아마도 식량은 크게 증가할 수 있을 것이다. 하지만 깨끗한 해변, 오염되지 않은 숲, 그리고 한적한 장소는 어떠한가? 만약 인구가 증가하는 상황에서도 식량에 대한 필요가 충족된다면, 필연적으로 다른 재화의 공급은 감소한다. 또 그 때문에 희소한 재화를 공평하게 할당하는 어려움도 증가한다.

현재 인도의 인구는 6억 명이며, 매년 1,500만 명씩 증가하고 있다. 이러한 인구의 환경적 부담은 이미 엄청나다. 인도의 숲은 3세기 전에 존재했던 숲 가운데 극히 일부분만 남아 있을 뿐이다. 토지 침식, 홍수, 그리고 높은 인구밀도의 심리적 비용은 심각하다. 매년 더해지는 총 1,500만 명의 사람이 모두 인도 환경을 더 심하게 괴롭히고 있다. 가난한 나라에서 올해 구소된 모든 생명은 그 다음 세대의 삶의 질을 떨어뜨린다.

통찰력 있는 비평가들은 부유한 나라가, 선한 의도이기는 했지만, 가난한 나라를 도우려는 잘못된 시도를 통해서 이미 그 나라에 얼마나 많은 피해를 주었는지 보여 주었다. … 특별히 비난받아야 할 것은 이러한 시도들에 대한 사후 평가를 수행하지 않았다는 것이다. … 이와 같이 우리는 우리가 끼친 피해를 외면함으로써 우리의 연약한 양심을 지켜냈던 것이다. 우리 미국인은 외부에 행한 "자선적 행위"의 결과를 감시하지 말아야 하는가? 예를 들어, 만약 우리가 아무 생각 없이 현재 인도의 인구 증가율에 대한 전망 그대로 현재 6억 명의 인도인을 2001년까지 12억 명으로 불어나도록 만든다면, 과연 인도의 후손들은 자신들의 환경을 훨씬 더 많이 파괴하도록 만들어 준 것에 대해 우리에게 감사하게 생각할까? 좋은 의도를 들어서 나쁜 결과를 변명하는 것이 언제나 충분한 변명이 되는 것은 아니다.

이민이 만들어 내는 공유물의 비극

이제는 현재 작동중인 공유물의 마지막 사례를 제시해 보겠다. 이것에 관해서는 대중들이 합리적 토론을 거의 하려고도 하지 않는다. 현재 그 주제는 거대한 침묵으로 뒤덮여 있는데, 이는 코난 도일(Conan Doyle)의 소설 「실버 블레이즈(Silver Blaze)」에서 셜록 홈즈가 한 말을 상기시킨다. 그레고리 경감은 "내가 주목할 만한 어떤 중요한 점이 있습니까?"라고 물었다. 이에 홈즈는 다음과 같이 대답했다.

"밤중에 개와 관련한 이상한 사건이 있었지요."
"개는 밤에 아무것도 하지 않았어요." 경감이 말했다.
"그것이 바로 이상한 일입니다." 셜록 홈즈가 다시 말했다.

감시견은 보통 짖기 마련인데, 무엇이 이 감시견의 본능을 억압했을까 자문해 봄으로써, 홈즈는 개가 범죄를 저지른 침입자를 자신의 주인으로 인식했다는 것을 깨달았다. 우리도 이와 마찬가지로 이민처럼 중요한 문제에 관한 토론을 방해하고 있는 억압 요인이 무엇인지를 스스로에게 자문해 보아야 한다.

수치적으로 이민은 사소한 것일 수 없다. 우리 정부가 인정한 한 해 순유입자 수는 40만 명이다. 이 형식적 자료는 당연히 불법 밀입국자 수치를 제외하고 있다. 불법 밀입국자의 숫자를 감안한다면 매년 60만 명이 유입되고 있다는 것도 아주 믿지 못할 수치는 아니다. … 거주 인구의 자연적 증가량은 현재 매년 약 170만 명에 이른다. 이것은 전체 증가 중 이민에서 매년 발생하는 증가율이 최소 19%에서, 어쩌면 37%에 이를 수도 있다는 것을 의미한다. 인구 제로 성장(ZPG) 캠페인과 같은 교육 캠페인들과 불리한 사회적·경제적 요소 ― 인플레이션, 주택 부족, 불황, 그리고 국가 지도자의 자신감 결여 ― 와 결부되면 미국 여성의 출산율을 더 낮출 수도 있으며, 이것은 연간 발생하는 모든 인구 증가가 이민에 의해서 이뤄지는 지점까지 계속될 수 있다. 이것이 정말로 우리가 원하는 것인가? 이런 시대에 우리가 이민에 대해서 좀처럼 논의하지 않는 것은 얼마나 이상한 일인가!

이상한 일이지만 이해가 된다. 이민의 현 상황에 대해 공개적으로 의문을 제기하는 순간을 생각해 보면 그것을 이해할 수 있다. 그런 사람은 바로 **고립주의, 편협성, 편견, 민족주의, 우월주의, 이기주의**의 혐의를 받는다. 이런 것들은 견디기 어려운 비난이다. 이민 정책은 전체의 선(善) 또는 후대의 이익은 고려하지 않는 특수한 이익에 대한 통상적 경향에 맡겨 두고, 다른 문제에 관해 이야기하는 것이 더 즐거운 일이다.

우리 미국인은 우리가 과거에 이민에 관해 한 이야기 때문에 양심의 가책을 느끼고 있다. 두 세대 전만 해도 대중적 언론은 다고스(*Dagos*), 왑스(*Wops*), 폴락스(*Pollacks*), 잽스(*Japs*), 칭크스(*Chinks*), 크라우스(*Krauts*) 같은 경멸적인 용어로 넘쳐났으며, 그것은 우리가 고야(Goya), 레오나르도(Leonardo), 코페르니쿠스(Copernicus), 히로시게(Hiroshige), 공자(Confucius), 바흐(Bach)에게 빚지고 있다는 사실을 인정하지 않는 것이었다. 그 당시에는 외국인에 대한 은연 중의 열등감이 외국인을 배척하는 것을 정당화하였다. 그러나 오늘날 이민 제한 정책은 이민자들이 열등하다는 편견에 기초한 것이라고 생각한다. 그렇지 않다.

현행 이민법은 지적장애인과 전과자를 제외하고 있다. 미래의 법도 거의 확실하게 이 정책을 계속 유지할 것이다. 그러나 우리는 평균적인 내국인의 질과 비교해서 평균적인 이민자의 질에 대해서도 고려해 보아야 하지 않을까? 어쩌면 그래야 할 수도 있고, 또 어쩌면 그렇게 하면 안 될지도 모른다. (도대체 "질"이 무엇인가?) 하지만 여기서 질 문제가 우리의 관심사는 아니다.

질에 대한 정의를 내릴 수도 있겠지만, 지금부터 이민자와 본국의 시민이 정확히 동등한 질을 가진다고 가정할 것이다. 중요한 것은 오직 양이다. 앞서 도달한 결론은 양 이외에 어떤 것에도 의존하지 않는다. 그렇기 때문에 자민족중심주의라는 비난은 전혀 적절하지 않다.

세계 식량 은행은 식량을 사람들에게로 이동시킨다. 그럼으로써 가난한 사람들의 환경 고갈을 촉진하고 있다. 이와 반대로, 무제한적인 이민은 사람들을 식량이 있는 곳으로 이주시킨다. 그럼으로써 부유한 나라에서의 환경 파괴를 가속화한다. 가난한 사람들이 이주를 원하는 이유는 수수께끼가 아니다. 그런데 부유한 나라의 주민들이 그것을 권장하는 이유는 무엇일까? 그 반대의 경우와 마찬가지로, 이러한 이주도 이기적 관심과 인도적 충동 모두에 의해 지지된다.

자유로운 이민에 대한 주된 이기적 관심은 쉽게 확인할 수 있다. 그것은 저임금 노동력, 특히 하찮은 일에 필요한 값싼 노동력에 대해서 고용주가 가지는 관심이다. 우리는 자유의 여신상에 새겨진 엠마 라자루스(Emma Lazarus)의 시로 인해 역사의 힘에 관해 속아 왔다.

지치고 가난한 자들은 내게로 오라
자유롭게 숨 쉬길 갈망하는 무리들은,
부둣가에 몰려든 가엾은 난민들은,
집도 없이, 폭풍우에 던져진 이들은 내게로 오라.
나는 황금의 문 옆에서 등불을 들어 올리겠노라.

그 이미지는 무한히 관대한 대지의 어머니가 일방적으로 이곳에 온 이민자의 무리를 두 팔 벌려 순순히 맞아 주는 것이다. 그러한 이미지는 식민지 초기 시절에는 적절할 수도 있었다. 하지만 이 시가 쓰인 당시(1886)에 이민에 대한 동력은 대부분 국내적 요인에 의해서, 즉 국내 노동자들보다 더 값싼 노동력을 구하고자 하는 공장과 탄광의 소유주들에 의해서 만들어졌다. 그 때문에 외국인들이 꾐에 빠져 연달아 미국으로 끌려와서 비참한 임금을 받고 비참한 일에 종사하게 되었다.

요즘, 그러한 착취를 당하는 사람들 대부분은 멕시코인들이다. 불법 이민자들이 많다는 것은 특히 특정 고용주의 이익과 관련된다. 불법 이민 노동자들은 추방의 위험 때문에 자신들의 노동 조건에 대해서 감히 불평을 할 수 없다. 불법 이민자의 존재는 모든 멕시코계 미국인 노동자들의 협상 능력을 감소시킨다. 세자르 차베스(Cesar Chavez)는 현재 미국에 있는 멕시코인들이 더 높은 임금과 적절한 근무 환경에 대해 협상할 수 있도록 멕시코인들이 더는 들어오지 못하게 봉쇄해 줄 것을 의회 위원회에 거듭 청원하였다. 세자르 차베스는 구명보트 윤리를 이해하고 있었다.

한 나라의 지식인 계급의 침묵은 값싼 노동력을 고용해서 고용주들이 이익을 얻는 것을 돕는다. 와스프(WASP, 백인-앵글로색슨-신교도)는 특히 자민족 중심의 광신자로 불리지 않을까 하는 두려움 때문에 이민을 봉쇄하라는 요청을 대단히 꺼린다. 이 때문에 와스프 자신들이 하고 싶은 주장을 비와스프(non-WASP)기 대신해서 또 다른 비와스프에게 질 말해 준다면, 이 특별한 와스프는 기쁜 마음으로 그 회의에 참석할 것이다. 그런 회의가 하와이에서 열렸고, 회의실에 있던 사람들은 대부분 일본계의 2급 하와이 관료였다. 모든 하와이 주민들은 자신들의 환경의 한계에 대해 정확하게 인식하고 있었으며, 발표자는 그 섬으로 유입되는 더 많은 이민자를 봉쇄할 수 있는 실천적이고 법률적으로 가능한 방법을 요구했다. (하와이 주민들에게는 다른 49개 주에서 유입되는 이민자가 다른 나라에서 유입되는 이민자만큼이나 대단히 위협적이다. 섬에는 오직 제한된 일정한 공간만 있을 뿐이다. 섬 주민은 이것을 잘 알고 있다. 그렇지 않다면 넌지시 건네는 궤변적 주장은 그들의 마음을 움직일 수 없다.)

하지만 하와이의 일본계 미국인들은 자신들의 모국과 긴밀한 관계를 맺고 있었다. 청중들 중에서 한 일본계 미국인이 다른 일본계 미국인 발표자에게 이 점에 대해 물었다. "하지만 지금 우리가 어떻게 봉쇄를 할 수 있나요? 이 아름다운 땅을 즐길 수 있도록 언젠가 하와이로 데려오고 싶은 많은 친구와 친척이 일본에 있습니다."

발표자는 공감하는 듯한 미소를 지으며 천천히 대답했다. "네. 맞습니다. 하지만 지금 우리에겐 아이들이 있고, 언젠가는 손자들이 생길 겁니다. 일본에서 더 많은 사람을 데려온다면, 우리는 언젠가 우리 손자들에게 물려주고 싶은 이 땅의 일부를 그들에게 넘겨주어야만 합니다. 우리가 무슨 권리로 그럴 수 있을까요?"

자신의 소유물에 관대한 것과 후손의 것에 관대한 것은 전혀 다른 문제이다. 세계 식량 은행을 통해서든 아니면 무제한적인 이민을 통해서든, 분배적 정의에 대한 고귀한 열망으로 인해서 파괴적인 공유물 시스템을 만들어 내려는 사람들에게 반드시 전달해야 할 핵심은 바로 이것이라고 나는 생각한다. 모든 발표자는 특정 민족 집단의 한 구성원이기 때문에 언제든 민족주의라는 비난을 받을 수 있다. 하지만 민족주의라는 주장을 몰아낸 이후에라도, 만약 우리가 환경 파괴로부터 최소한 세계의 일부 지역이라도 구하고자 한다면, 공유물의 폐기는 여전히 타당하고 필요하다. 적어도 지금 살고 있는 사람들의 손자 중 일부라도 살아갈 수 있는 적절한 장소가 있어야 바람직하지 않겠는가? …

우리가 의식적으로 이민 문제를 마주하고 합리적인 해답을 찾을 때, 분명히 많은 새로운 문제들이 생겨날 것이다. 우리가 인구 문제를 무시해 버린다면, 실행할 수 있는 해답은 발견할 수 없다. 그리고 만약 이 글의 주장이 올바르다면, 출산을 통제하는 진정한 세계 정부가 없는 한 그리고 우리가 우주선 윤리에 의해 인도되는 한, 어디에서도 존엄성을 가지고 살아남는 것은 불가능하다. 출산 문제에 대한 독립적 권력을 가진 세계 정부가 없는 한, 사실상 인류는 독립적 권력을 가진 얼마간의 구명보트 위에서 살아간다. 가까운 미래에서의 생존을 위해서 우리는 구명보트 윤리에 따라 행동을 통제할 필요가 있다. 그렇게 하지 않는다면, 후손들이 재난을 겪을 것이다.

더 생각해 볼 문제

1. 도움이 필요한 가난한 나라를 돕는 것에 반대하는 하딘의 논거는 무엇인가? 구명보트 비유에 담긴 의미는 무엇인가?
2. 세계 기아와 인구 정책 사이에는 어떤 관련이 있는가?
3. "톱니바퀴 효과"를 설명하라. 인구를 조절하지 않는 나라에 원조를 제공하는 것이 비도덕적인 행동이라는 하딘의 주장은 옳은가?

3부

오염

1962년, 레이철 카슨(Rachel Carson)은 『침묵의 봄(*Silent Spring*)』을 발간했다. 그녀는 이 책에서 DDT와 그 밖의 다른 살충제들이 인간의 건강에 끼치는 영향을 기록하였다. 그녀는 이 "죽음의 만병통치약"이 새, 물고기, 그리고 야생동물에게 심각한 피해를 줄 뿐만 아니라 암과 유전적 돌연변이를 널리 퍼트린다고 고발하였다. 그녀의 유명한 서두는 현대 환경 운동의 기원을 열었을 뿐 아니라, 그것의 기조를 세웠다.

> 미국의 중심부에 모든 생명체가 주위 환경과 조화롭게 사는 것처럼 보이는 한 마을이 있었다. 그 마을은 곡식이 자라는 들판, 과수원 비탈과 함께 장기판 모양의 풍성한 농장들 한가운데에 있었다. 봄에는 하얀 구름이 초록 들판을 가로질러 떠다녔고, 가을에는 소나무를 배경으로 오크와 단풍, 자작나무가 불타듯 흔들리며 휘황찬란하게 서 있었다. 가을 아침 안개 속에 반쯤 가려진 채, 언덕에서는 여우가 짖고, 사슴들은 조용히 들판을 거닐었다. …
>
> 그때 낯설고 어두운 그림자가 이곳에 드리웠고, 모든 것이 변하기 시작했다. 어떤 사악한 주문이 그 지역에 내려졌다. 기이한 질병들이 닭들을 휩쓸었고, 소와 양은 병이 들어 죽어 갔다. 모든 곳에 죽음의 그림자가 드리웠다. 농민들은 자기 가족들의 질병에 대해 이야기했다. 그 마을 의사들은 환자들에게 나타나는 새로운 종류의 질병에 대해 점점 혼란스러워졌다. 어른들뿐만 아니라 아이들도 놀다가 갑자기 쓰러져 몇 시간 안에 죽어 버리는 갑작스럽고 설명하기 힘든 죽음들이 발생했다.

DDT가 농업에서 사용이 금지되기까지 10년이 걸렸다. 그동안 우리가 공기, 물, 토양에 많은 종류의 독소를 방출했다는 사실이 밝혀졌다. 현재 정부가 독소에 대해 규제하지만, 농업과 산업 모두에서 여전히 독소가 사용되고 있다.

1989년에 유조선 엑손 발데즈호가 알래스카 해안에 좌초하여 프린스 윌리엄 해협에 126만 배럴의 기름을 유출했다. 역사상 최악의 기름 유출 사건이었다. 많은 새와 물고기, 야생동물과 알래스카 해안의 아름다움이 파괴되었다. 500평방마일의 해협이 오염되었다. 수백만의 물고기와 새, 그리고 야생동물 들이 죽었으며, 어부들은 생계 수단을 잃었다. 프린스 윌리엄 해협에서 연간 1억 달러의 수익을 거두어들였던 어업은 중단되었다. 엑손 사는 엄청난 규모의 사고에 대해 준비가 되어 있지 않았다. 사고를 수습하기 위해 10,000배럴의 기름 분산제가 필요했지만, 알래스카에는 겨우 69배럴의 기름 분산제만 있었다. 선장 조셉 헤이즐우드(Joseph Hazelwood)는 음주 상태로 유조선을 운행하였으며, 과실로 유죄 판결을 받았다. 엑손은 1억 달러의 벌금을 물게 되었다. 그린피스는 신문광고에 조셉 헤이즐우드의 얼굴과 함께 다음과 같은 문구를 실었다. "알래스카의 기름 유출 사건은 그의 잘못된 운항 때문이 아니다. 당신들 책임이다. 유출은 기름에 취한 국민들 때문에 일어났다. 그리고 정부는 운항 중에 잠들어 있었다."

이 사건을 능가하는 기름 유출 사고가 멕시코만에 있던 브리티시 페트롤륨(British Petroleum)의 딥워터 호라이즌에서 일어났다. 2010년 4월 20일 연안 시추 설비 폭발로 인해 11명의 노동자가 사망하였고, 해저에 상당한 양의 기름이 유출되었다. 여러 번의 시도 끝에 9월 19일이 돼서야 해저의 원유 유출 시점은 겨우 봉인될 수 있었다. 약 490민 배럴의 기름이 이 기간에 멕시코만으로 유출되었다. 미생물이 기름을 더 분해할 수 있도록 180만 갤런의 분산제가 투입되었다. 결과는 더 두고 봐야겠지만, 생태학적인 결과는 아주 엄청났다. 기름과 분산제가 페르시아만에서 발견되고 있는데, 환경의 영향을 받는 어업뿐만 아니라 해양 생물과 연안 습지 생태계에도 악영향을 끼치고 있다.

오염은 공기, 물, 토양, 음료, 음식 등의 속성이 인간과 생물의 생존 또는 인간의 건강이나 행복에 악영향을 미치는 바람직하지 않은 상태 또는 그런 상태로의 변화로, 매우 광범위하게 정의된다. 대부분의 오염 물질은 자원이 에너지나 상품으로 전환될 때, 부산물로 생산되는 달갑지 않은 화학물질이다. 오염은 오염된 물, (스모그와 같은) 화학적으로 오염된 공기, 유독성 폐기물, 독성을 띤 음식, 높은 단계의 방사능, 그리고 소음 등 다양한 유형이 있다. 산성비와 건강에 해로운 영향을 끼치는 간접 흡연 등도 여기에 포함된다.

다음의 세 가지 요소가 오염 물질의 심각도를 결정한다. 화학적 성질 (다양한 형태의 생물에 얼마나 해로운지), 농도(공기, 물, 토양에 부피당 얼마나 들어 있는지), 지속성(공기, 물, 토양, 신체에 얼마나 오랫동안 남아 있는지).

오염 물질의 지속성은 세 가지 형태로 구분된다. 분해되는 것, 천천히 분해되는 것, 분해되지 않는 것. **분해되는 오염 물질**은 인간의 오물, 오염된 토양 같은 것들로, 대개 완전히 없어지거나, 자연적인 화학적 과정에 의해 위협적이지 않은 수준으로 줄어든다. **천천히 분해되는 오염 물질**은 DDT, 플라스틱, 알루미늄 캔, 염화불화탄소와 같은 것으로, 위협적이지 않은 수준으로 분해될 때까지 수십 년이 걸린다. **분해되지 않는 오염 물질**은 납, 수은과 같은 것으로, 이런 물질들은 자연적 과정에서 분해되지 않는다.

우리는 상업적인 용도로 사용되는 80,000개 이상의 합성 물질들이 사람이나 환경에 단기적으로나 장기적으로 잠재적인 위험성을 지니는지 알지 못한다. 환경보호국(EPA)은 암의 80%가 오염 때문에 발생했다고 추정한다. 우리는 대기오염의 절반이 차량의 연소 장치와 관계가 있으며, 석탄 화력 발전소가 과도한 양의 이산화황(SO_2)을 만들어 내고 있다는 사실을 알고 있다. 세계보건기구(WHO)는 7백만 명의 사람들이 매년 대기오염으로 인해 죽어 간다고 추정한다. 이는 대기오염이 세계에서 발생하는 죽음의 1/8에 대한 책임이 있다는 것을 의미한다. 실외 대기오염은 매년 도시에 사는 10억 명의 사람에게 악영향을 끼치고 있다. 연구에 따르면, 스모그는 건강에 위협적이며(폐암, 천식, 폐기종, 심장병 등), 파리, 델리, 뉴욕, 베이징, LA와 같은 도시에서 수천 명의 사람을 죽음에 이르게 한다.

세계적으로, 10억 명의 사람들은 안전한 식수를 마실 수 없다. 미국에서 담수성 대수층의 80%가 위험하며, 30% 이상으로 추정되는 미국 인구가 오염된 물을 마시고 있다. 2015년에 환경보호국은 정화해야 할 1,300곳 이상의 유해 폐기물 "슈퍼펀드" 장소의 목록을 작성하고, 한 곳당 2천만에서 3천만 달러에 달하는 처리 비용을 추정했다.

데이비드 왓슨(David Watson)이 쓴 글은 기업 자본주의의 폐단을 예리하게 보여 주고 있다. 왓슨은 인도 보팔에서 발생한 1984년의 비극(3,000명의 사망자가 발생한 유니온 카바이드 사의 폭발 사고)을 논의하며, 기업의 행위를 용인하는 『월스트리트 저널』을 규탄한다. 왓슨은 보팔의 비극을 가능하게 했던 경제적·사회적 철학이 인간에게 위협이 되는 많은 것들에 대해서도 책임이 있다고 비판한다. 개발도상국에서 기업들은 안전 규칙을 엄격히 지키지 않음으로써 생산 비용을 낮춘다. 미국과 유럽에서 금지된 화학제품들은 해외에서 생산된다. 미국과 유럽에서조차 산업 문화는 우리의 삶을 위험하게 하고 있다. 왓슨은 우리가 "현대적 생활 방식"을 떨쳐 버려야 한다고 주장한다. 그것은 우리 모두를 짓누를 위험이 있기 때문이다.

그 다음 글에서, 곤충학지인 데이비드 피멘텔(David Pimentel)은 『침묵의 봄』이 쓰인 이후, 살충제 사용에 있어 진전과 문제점에 대해 평가한다. 다시 말해, 많은 진전이 있었고, 살충제의 독성이 인간과 동물에게 미치는 직접적인 영향은 덜해졌다. 그러나 불행하게도, 살충제에 내성을 갖는 곤충들이 덜 해로웠던 조상들을 대체하게 되었다. 더욱이 살충제는 해충들의 천적들에게 피해를 주며, 농작물은 『침묵의 봄』이 쓰인 시점의 해충보다 지금의 해충들로 인해 더 큰 피해를 입고 있다. 그러나 더 발전된 농업 기술과 토양 덕분에, 전체적으로 상당한 발전을 이루어 냈다.

9장

우리는 모두 보팔에 살고 있다*

데이비드 왓슨

데이비드 왓슨(David Watson)은 무정부주의 잡지 『제5계급(*The Fifth Estate*)』의 편집인을 1977년부터 2002년까지 맡았다. 이 글은 그가 『제5계급』의 1985년 겨울호에 조지 브래드퍼드(George Bradford)라는 필명으로 게재한 것이다.

　이 에세이에서 왓슨은 제3세계는 물론 유럽과 미국에서 산업 자본주의가 공기, 물, 토양, 먹거리를 오염시키는 안전하지 못한 행위들을 통해 수십만 명의 삶에 해를 끼치고, 수백만에 이르는 사람들을 경악할 수준의 위험에 노출시킨다고 주장한다. 왓슨은 인도 보팔에서 발생했던 유니언 카바이드 살충제 공장의 비극적 폭발 사고를 자신이 펼치고자 하는 논증의 출발점으로 삼아 기업의 관리 태만과 그에 대한 도덕적 책임에 대해 이야기한다. 왓슨은 이 대기업들을 "흡혈 .기업"이라고 부르면서 이들이 산업 문명을 "악취를 풍기는 거대한 죽음의 강제 수용소"로 바꿔 놓았다고 비난한다. 위험한 산업체에 의존하고 있는 우리의 근대적 생활 방식에서는 유해한 오염의 악취가 난다는 것이다. 왓슨은 이 같은 생활 방식이 우리를 파괴하기 전에 거기에서 벗어나야 한다고 주장한다.

---

* George Bradford[David Watson], "We All Live in Bhopal," in *Fifth Estate* (PO Box 201016, Ferndale, MI 48220) Winter 1985: Vol. 19, No. 4(319). David Watson, *Against the Megamachine: Essays on Empire and Its Enemies* (Brooklyn, NY: Autonomedia, 1998)에서 수록함.

보팔에서 화장하는 데 사용된 장작의 재가 채 다 식기도 전에, 그리고 새로 조성된 공동묘지의 풀이 다 자라기도 전에 기업들에게 매춘부처럼 자신의 몸을 팔아 돈을 챙기는 언론들은 이미 산업주의와 그것이 가져온 수많은 참상을 옹호하는 설교를 시작했다. 치명적인 가스 구름이 발생하여 3천여 명이 학살당했고, 2만 명이 영구 장애로 고통 받고 있다. 그뿐만 아니라 유니온 카바이드(Union Carbide) 공장에서 나온 유독 가스가 남동쪽으로 흘러가면서 25평방마일 면적의 지역에 있는 사람과 동물이 이미 죽었거나 지금도 죽어 가고 있다. "우리는 전염병인 줄 알았어요"라고 한 피해자가 말했다. 사실상 그랬다. 화학 전염병, 산업 전염병.

잿더미, 잿더미가 전부 떨어진다!

선전 기관들은 이 끔찍하고, 불행한 "사고"가 발전을 위한 것이라고, 역사를 위한 것이라고, 또 "우리의 근대적 삶의 방식"을 위한 것이라고 우리를 안심시켰다. 물론 그에 따른 대가를 치러야 했다. 더 높은 생활수준, 더 나은 삶의 방식을 보장하기 위해서 위험은 필연적이기 때문이다.

부르주아들의 논의 공간인 『월스트리트 저널(*Wall Street Journal*)』은 사설을 통해 "유니온 카바이드의 살충제 공장과 그 인근 지역의 사람들이 그곳에 터를 잡고 있었던 데에는 필연적인 이유가 있었다. 인도의 농업이 발전함에 따라 수백만의 시골 지역 사람들의 삶이 개선되었는데, 이는 일면 살충제 사용을 비롯하여 근대적 농업 기술을 사용한 덕분이다"라고 주장했다. 이 주장에 따르면, 이론의 여지가 없는 삶의 진리는 다른 모든 나라와 마찬가지로 인도도 "기술을 필요로 한다"라는 보편적인 인식이다. "인도가 서구의 산업혁명과 시장경제를 받아들이는 속도에 비례하여 캘커타에서 벌어지고 있는 것과 같은 인간적 궁핍의 문제는 해결될 것이다. 따라서 어떠한 위험이 따르더라도 편익이 비용을 능가한다"(1984년 12월 13일).

한 가지 면에서 『월스트리트 저널』은 확실히 옳았다. 공장과 사람들이 그곳에 자리를 잡은 데에는 확실히 분명한 이유가 있었다. 자본주의 시장과의 결부 및 기술 침투는, 태풍이 작은 지역사회를 공격하고, 그로 인해 사람들이 터전을 잃고 쫓겨나는 것만큼이나 강력하다. 그러나 『월스트리트 저널』은 인도와 같은 나라들에서는 그들이 치른 대가에 상응하는 만큼의 산업 자본주의의 편익이 수입되지 못했다는 점을 지적하지 않고 그냥 지나친다. 이 같은 편익은 융자 상환의 형태로 외부로 유출되어 최신 투자 정보를 얻기 위해 『월스트리트 저널』을 구독하는 금융 기관과 흡혈 기업들의 금고에 쌓인다. 인도인들만 위험을 감수하고 비용을 부담한다. 사실 이들에게는 그리고 제3세계의 빈민가에 살고 있는 사람들에게는 부담할 위험이 없다. 이들에게 있는 것이라곤 반드시 발생하는 기아와 질병, 그리고 자신들이 처한 상황을 비판할 경우에 그 보복으로 죽임을 당하게 될 것이라는 엄연한 현실만이 있을 뿐이다.

악몽이 된 녹색혁명

사실 캘커타에서 발생한 것과 같은 형태의 참상은 제3세계의 산업화와 농업에서 소위 신업형 "녹색혁명"이라는 것이 그 원인이다. "후진국"에서 농업을 혁신하고 수확량을 확대하는 것이 목적이었던 녹색혁명은 은행과 기업 그리고 그들의 뒤를 봐주는 군사독재 정권에게만 기적을 가져다주었다. 비료와 기술 그리고 살충제의 유입과 더불어 관료에 의한 관리는 생계형 영농에 기반한 농촌 경제를 파괴하면서 커피, 면화, 밀 등과 같은 환금 작물(cash crops)을 재배하여 수출하는 보다 부유한 영농 계층을 탄생시켰다. 자본주의 시장 경쟁으로 인해 대다수 농촌 공동체들이 파괴되는 동안 이 지역의 농민들은, 마치 난민처럼, 성장하는 도시로 내몰리게 되었다. 이 녹색혁명의 피해자들은 수백 년 전 유럽의 산업혁명에 의해 사라진 농민들과 같은 처지에 놓이게 되었으며, 그들은 일자리를 찾지 못하거나 일할 기회를 충분히 갖지 못하는 영원한 빈민 계급으로 전락해 문명의 위태로운 주변부에서 근근이 생존하는 처지가 되거나, 산업화 중인 세계의 보팔과 상파울루 그리고 자카르타 등과 같은 곳에서 보잘것없는 프롤레타리아가 되었다. 이 같은 산업화는 역사상 존재해 온 모든 산업화와 마찬가지로 시골 지역의 자연과 인간을 약탈하면서 실현되었다.

물론 식량 생산이 증가하는 경우도 일부 있기는 하지만, 이는 생산량을 양적으로만 측정하기 때문이다. 어떤 먹거리는 사라지고, 다른 먹거리는 연중 생산된다 — 단지 수출만을 위해서. 그러나 이로 인해 생존 기반이 파괴된다. 연중 계속되는 작물 재배와 화학물질의 사용으로 인해 시골 경관이 타격을 입기 시작할 뿐만 아니라 다수의 사람들 — 농지에서 일하는 임금 노동자들과 공장 주변에 우후죽순처럼 생겨나는 오두막집에서 거주하는 근로자들 — 은 착취라는 악순환 속에 더욱 배를 곯게 된다. 반면에 밀은 수출되고, 그 대금은 어처구니없게도 공산품과 무기 구입에 사용된다.

뿐만 아니라 문화도 그 생존력을 상실한다. 생존 기반과 더불어 문화가 파괴되고, 이에 따라 사람들은 기술이라는 미로 속에 더욱 깊이 갇히게 된다. 그 자리를 발전이라는 이데올로기가 차지하고, 구린 곳이 있는 자들은 이 이데올로기를 더욱 큰 목소리로 외쳐 대면서 전대미문의 수준으로 자신들이 자행하는 약탈과 살육을 은폐한다.

제3세계의 산업화

제3세계의 산업화는 현재 벌어지고 있는 양상을 대충이라도 살펴본 사람들에게는 익숙한 이야기이다. 식민지 국가들은 쓰레기 하치장이자

기업들에게 값싼 노동력을 제공하는 역할을 할 뿐이다. 이들 나라에는 시대에 뒤진 기술이 수출되고, 선진국에서 금지된 화학물질과 의약품 그리고 기타 제품의 생산이 이루어진다. 인건비는 저렴하고, 안전 기준은 거의 존재하지 않으니, 원가 절감이 가능하다. 이에 더해 비용 대비 편익을 높일 수 있는 방법은 또 있다. 그것은 비용 부담을 유니온 카바이드, 다우(Dow), 스탠다드 오일(Standard Oil) 등과 같은 기업으로부터 다른 사람들, 즉 피해자들에게 전가시키는 것이다.

유해 물질로 판명되어 미국과 유럽에서 금지된 화학물질들은 대신 해외에서 생산된다. 이 같은 물질들은 수없이 많고, 그중 잘 알려진 것으로 DDT를 예로 들 수 있다. 또 이 같은 물질들 중에는 1970년대 중반 이집트에서 수많은 농민들을 병들게 하거나 죽게 만든 이집트의 벨시콜사(Velsicol Corporation)가 수입한 미등록 살충제 렙토포스(Leptophos)도 있다. 그 외 다른 제품들도 1972년 미국으로부터 이라크에 수입되어 무려 5천 명의 목숨을 앗아간, 수은에 오염된 밀처럼 제3세계 시장에 쉽게 버려진다. 이와 관련된 또 다른 사례로 펜왈트사(PennWalt Corporation)를 비롯한 여러 투자자들이 소유한 염소와 가성소다 공장 때문에 오염된 니카라과의 마나과호를 들 수 있는데, 이로 인해 마나과에 사는 주민들이 주로 먹는 물고기들이 대규모로 수은에 중독되었다.

보팔에 있는 유니온 카바이드 공장은 미국의 안전 기준조차 준수하지 않았다는 점이 미국의 안전 감독관에 의해서 밝혀진 바 있다. 하지만 다국적기업의 행태를 연구하고 있는 유엔의 한 전문가는 『뉴욕 타임스』와의 인터뷰에서 제3세계 전체에 걸쳐 "적절한 산업 안전을 보장하는 데 필요한 어떠한 요소도 갖춰져 있지 않으며, 이 점에서 카바이드도 다른 화학 회사들과 별반 다르지 않다"고 말했다. 『뉴욕 타임스』는 "인도네시아 자카르타에 있는 유니온 카바이드 건전지 공장의 근로자들 중 절반 이상이 수은에 노출되어 신장에 손상을 입었고, 보팔에서 서쪽으로 320킬로미터 정도 떨어진 곳에 맨빌사(Manville Corporation)가 보유하고 있는 석면 시멘트 공장에서는 1981년 근로자들이 작업 중 석면 분진을 뒤집어쓰는 일이 다반사로 발생했는데, 이곳[미국]에서라면 그런 일은 절대 용납되지 않았을 것이다"라고 지적했다(1984. 12. 9).

약 22,500명의 사람들이 매년 살충제에 노출되어 목숨을 잃고 있다. 이들 중 제3세계가 차지하는 비중은 이 같은 화학물질의 사용으로 일반적으로 발생하는 비중보다 훨씬 높다. 많은 전문가들은 "후진국"에 "산업 문화"가 결핍된 것이 사고 및 오염 발생의 주된 원인이라고 비판한다. 그러나 "산업 문화"가 번성한 곳이라고 해서 그렇지 않은 곳보다 상황이 훨씬 더 나을까?

산업 문화와 산업 역병

선진 산업국가에는 "산업 문화"(및 소규모의 다른 문화)가 존재한다. 그렇다면 그러한 국가들은 이 전문가들이 주장하는 대로 그동안 그 같은 대재앙을 피할 수 있었을까?

보팔의 참사에 버금가는 규모의 대재앙을 유발했던 또 다른 사건은 그렇지 않음을 보여 준다. 그 사건으로 인해 대규모 거주 중심지에 살고 있던 4,000명의 사람들이 산업공해로 목숨을 잃었다. 그곳은 바로 1952년의 런던으로서, 당시 "정상적인" 공해가 정체된 대기 중에 쌓이면서 수천 명의 영국인들이 목숨을 잃거나 영구 장애를 겪게 만들었다.

또한 이보다 가까운 과거에 그리고 우리가 살고 있는 곳과 가까운 곳에서 발생했던 재난도 있다. 몇 가지 예를 들면, 러브 캐널 사고(이 때문에 아직도 오대호로 유출이 계속되고 있다)나 이탈리아 세베소 지역의 다이옥신 오염 사고, 또는 수천 명의 주민들이 삶의 터전을 영구적으로 떠날 수밖에 없었던 미주리주 타임즈 크릭 사고 등을 들 수 있다. 또한 미시건주 스와츠 크릭에 있는 베를린 파로 쓰레기 폐기장에서는 플린트 자동차 생산 공장에서 나온 C-56(러브 캐널만큼 잘 알려진 제초제 부산물)과

염산 그리고 청산가리가 축적되는 일도 발생했다. 분노에 찬 한 주민은 "그들은 우리가 과학자도 아니고 교육도 못 받았다고 생각합니다." "그러나 고등학교 정도만 다닌 사람이라면 누구나 청산가리와 염산을 섞어서 수용소에서 사람을 죽이는 데 사용했다는 걸 알고 있습니다"라고 말했다.

이는 다음과 같은 매우 강렬한 이미지를 떠올리게 한다. 그것은 악취를 풍기는 거대한 죽음의 수용소가 되어 버린 산업 문명의 모습이다. 우리는 모두 보팔에 살고 있다. 우리들 중 어떤 사람들은 가스실과 공동묘지에 좀 더 가까운 곳에 살고 있고 다른 이들은 조금 떨어져 살고 있지만, 어쨌거나 우리 모두는 희생자가 되기에 충분할 정도로 가까운 곳에 살고 있다. 그리고 유니온 카바이드 사례는 절대 우연한 사고가 아니다. 독극물들이 물과 대기 중으로 배출되고, 강과 연못과 개천에 버려지며, 시장에 유통되는 동물이 먹도록 하고 있으며, 잔디와 도로에 살포되고 있고, 작물에 뿌려지고 있다. 이는 매일같이 어디에서나 이뤄지고 있는 일이다. 그 결과가 보팔의 경우처럼 극단적이지 않을 수도 있을 것이다(이 점은 대부분의 경우에 보팔이 진정으로 보여 주는 만연한 현실에서 우리 마음을 멀어지게 만드는 억제 장치로서, 하나의 전환 역할을 하게 된다). 하지만 그것은 치명적인 것이다. 시카고대학에서 공중 보건학을 가르치는 『암의 정치학(*The Politics of Cancer*)』의 저자인 제이슨 엡스타인(Jason Epstein) 교수는 ABC 뉴스에서 보팔과 같은 참사가 미국에서 발생힐 가능성이 있는지에 대힌 질문에 다음과 같이 대답했다. "제 생각에 미국에서 그 문제는 훨씬 느리게 전개되고 있습니다. 보팔과 같은 대형 사고는 발생하지 않겠지만, 느리면서도 점진적으로 누출이 계속되면 암과 생식기 기형 발생률이 과도하게 높아지는 결과를 가져올 수도 있습니다."

실제로 선천적 장애가 지난 25년 동안 두 배 증가했다. 그리고 암 발생도 증가하고 있다. 『가디언(*Guardian*)』과의 인터뷰에서 헌터대학의 데이비드 코텔척(David Kotelchuck) 교수는 보건교육복지부가 1975년에 발간한 "암 지도(Cancer Atlas)"에 대해 설명한 적이 있다. 그는 "이 지도 상에 있는 붉은 점을 보시면, 미국의 산업 중심지가 어딘지를 알 수 있습니다. 이 지도에는 장소의 명칭이 적혀 있진 않지만, 보시면 쉽게 산업 밀집 지역을 찾을 수 있을 겁니다. 보시다시피 붉게 표시된 곳은 펜실베이니아 전체가 아니라 필라델피아, 이리, 피츠버그입니다. 여기 웨스트 버지니아를 보세요. 붉은 점이 두 개밖에 없는데, 하나는 카와이 밸리로, 이곳에는 9개의 화학 공장들이 있습니다. 그중에는 유니온 카바이드의 공장도 있어요. 그리고 또 한 곳은 오하이오강을 따라 뻗어 있는 산업 지역입니다. 어디를 보나 다 똑같아요."

미국에는 5만여 개의 유독성 폐기물 처리장이 있다. 환경보호국은 미국에서 매년 900억 파운드의 유독성 산업 폐기물이 발생하는데(이 중 70%가 화학 회사에서 발생한다), 이 중 90%가 "부적절하게" 폐기된다는 점을 인정하고 있다(물론 "적절함"에 대한 환경보호국의 기준이 무엇인지 우리는 알 수 없다). 산업 문명에서 발생되는 이 같은 유독성 물질들 — 비소, 수은, 다이옥신, 청산가리 등 — 이 산업의 요구에 따라 "합법적" 그리고 "비합법적"으로 마구 버려진다. 약 66,000가지의 각기 다른 화합물들이 산업에서 사용되고 있다. 작년에 미국에서 225가지의 각기 다른 화학물질로 이뤄진 10억 톤에 이르는 살충제와 제초제가 생산됐고, 추가로 7,900만 파운드가 수입되었다. 화학적 합성물질 중 약 2%에 대해 부작용 여부를 판단하기 위한 시험이 이뤄졌다. 15,000개의 화학 공장이 미국 내에서 가동되고 있으며, 이들은 매일 대량 살상 물질을 제조하고 있다.

폐기된 모든 화학물질은 우리가 마시는 물로 스며들고 있다. 어떤 정부 부처로부터 통계치를 제공받느냐에 따라 다르겠지만, 미국 내에서 약 3~4천 개의 우물이 오염됐거나 폐쇄됐다. 미시간주에서만 24개 지자체의 급수 시설이 오염됐고, 수천 곳에 이르는 지역에 대규모 오염이 발생했다. 디트로이트의 『자유 언론(Free Press)』에 따르면, 미시건주 내의 "급수 시설"만 "최종적으로 10,000여 곳이 오염될 수 있다"고 한다 (1984년 4월 15일).

그리고 사실을 은폐하는 일이 제3세계에서는 지속적으로 자행되고 있다. 관련 사례로 다이옥신을 들 수 있다. 고엽제 관련 조사가 진행되면서 다우 케미컬(Dow Chemical)이 다이옥신이 미치는 영향에 대해 처음부터 지속적으로 거짓말을 했음이 밝혀졌다. 연구 결과 다이옥신이 "극도로 유독한" 물질로서 "염소 좌창과 조직 손상"을 유발할 가능성이 매우 크다는 것이 밝혀졌다. 그럼에도 불구하고 다우 케미컬의 수석 독극물 연구자인 로우(V. K Rowe)는 1965년에 다음과 같은 기록을 남겼다. "우리는 어떠한 방식으로도 우리의 문제를 숨기려고 하지 않습니다. 물론 우리는 규제 당국으로부터 제제를 받아야만 하는 상황을 발생시키지 않기를 바랍니다."

미국은 대량 살육을 빚은 베트남 전쟁 기간에 다량의 고엽제를 사용했다. 이로 인해 베트남에서는 현재 간암이 창궐하고 있으며, 많은 암과 건강 문제로 고통을 받고 있다. 이에 비하면 베트남 참전 미군들이 겪는 고통은 새 발의 피에 불과하다. 뿐만 아니라 최근에 "다이옥신 비"의 형태로 우리가 살고 있는 모든 환경에서 다이옥신이 나타나고 있다는 사실이 발견되었다.

시골로의 귀환

인도 당국과 유니온 카바이드가 보팔 공장에서 잔여 가스를 처리하기 시작할 당시에, 당국은 주민들을 안심시키려고 노력했지만, 결국 그들 중 수천 명이 그곳을 떠났다. 당시 상황을 취재했던 『뉴욕 타임스』 기자는 한 노인의 말을 인용했다. "사람들은 과학자든 주정부든 어떤 사람의 말도 믿지 않고 있습니다. 그들은 그저 목숨을 구하고 싶을 뿐입니다."

그 기자는 자신의 염소를 끌고 기차역으로 가는 한 남성에 대해서도 기사에 적고 있다. "보팔과 멀리 떨어진 곳이라면 어디든 염소를 데리고 가길 원했다"(1984년 12월 14일). 위에서 언급한 노인도 취재 기자에게 다음과 같이 말했다. "모든 일반인들은 시골로 갔어요." 취재 기자는 인도 사람들이 어려움에 직면했을 때 대응하는 방식이 "시골로 가는 것"이라고 설명했다.

이는 지혜롭고 오래된 생존 전략으로서, 청동, 철, 황금의 제국들이 진흙 발로 침략을 일삼았을 때, 소규모 공동체들은 이런 전략을 통해 스스로 회복해 왔다. 그러나 생존 기반은 파괴되어 왔고, 모든 곳에서 파괴되고 있다. 이와 함께 문화도 파괴되고 있다. 돌아갈 시골이 없어지면 어떻게 해야 할까? 우리가 지금 살고 있는 곳이 보팔이고 어딜 가나 그곳이 다 보팔이라면 어떻게 해야 할까? 두 명의 여인, 즉 미주리주에 있는 타임즈 크릭에서 피신한 한 여인과 보팔을 도망쳐 나온 또 다른 여인이 했던 말이 떠오른다. 첫 번째 여인은 자신이 살던 집에 대해 다음과 같이 말했다. "한때는 좋은 곳이었어요. 그렇지만 이제 그곳은 묻어 두어야 해요." 또 다른 여인은 "삶을 되돌릴 순 없어요. 정부가 목숨 값을 치를 수 있나요? 죽은 사람들을 되살릴 수 있나요?"

흡혈 기업들이 탐욕, 약탈, 살인, 노예 노동, 멸종, 황폐화의 주범이다. 그리고 이들이 인간과 자연에 저지른 범죄에 대해 대가를 치러야 할 때가 올 때, 우리는 어떤 감상주의에도 빠지지 않아야 한다. 하지만 우리는 그들을 극복하고 우리 자신을 찾아야 한다. 생존이 파괴됐고, 이와 함께 문화가 파괴됐다. 우리는 산업사회와 멸종을 유발하는 체계를 벗어나 시골로 돌아가는 길을 찾아야만 한다.

유니온 카바이드와 워런 앤더슨(Warren Anderson) 그리고 모든 "낙관적인 전문가들"과 거짓을 일삼는 선동가들은 없어져야 하며, 그와 함께 살충제와 제초제, 화학 공장들과 죽음만을 가져오는 화학물질에 의존하는 생활 방식도 사라져야 한다.

왜냐하면 이곳은 보팔이고, 지금 우리에겐 보팔밖에 남은 게 없기 때문이다. "한때 좋았던 곳"을 그냥 묻어 버리고 새것으로 다시 시작할 수는 없다. 제국이 무너지고 있다. 시골로 돌아가는 길, 혹은 미국 인디언의 표현을 빌리자면 "담요 속으로 다시 들어갈 길"을 찾아야만 한다. 이를 위해 멸망할 운명인 산업 문명을 구하려 해서는 절대 안 된다. 그보다는 폐허 속에서 생명을 부활시켜야 할 것이다. 현대식 생활 방식을 버리는 것은 결코 "뭔가를 포기하거나" 희생하는 것이 아니다. 그것은 끔찍한 멍에를 벗어던지는 것이다. 서둘러 이 멍에를 벗어 버리자. 그것이 우리를 파괴하기 전에.

더 생각해 볼 문제

1. 왓슨은 서구의 산업사회가 인류와 자연에 위험이 되기 때문에 배척해야 한다고 주장하고 있는가? 왓슨의 이 같은 주장이 내포하고 있는 의미는 무엇인가? 왓슨은 우리가 어떤 세상에 살기를 바란다고 생각하는가? 왓슨은 "러다이트주의자(Luddite)"인가? ('러다이트'란 19세기 초 잉글랜드에서 산업혁명을 악으로 규정하고 기계를 파괴하고 다녔던 사람들이다.)
2. 이 글 전체에 흐르는 분노의 감정은 정당하다고 생각하는가? 현대의 산업 활동이 진정 도덕적으로 무책임하다고 생각하는가? 이에 답하고 설명하리.
3. 왓슨의 이 글에 대해 재계에 몸담고 있는 사람이라면 어떻게 대응할거라 생각하는가? 산업 활동을 변호할 수 있다고 생각하는가?

10장

『침묵의 봄』은 끝난 것인가?*

데이비드 피멘텔

데이비드 피멘텔(David Pimentel)은 코넬대학교의 곤충학 명예 교수이자 『비표적 종에 대한 살충제의 생태학적 효과(*Ecological Effect of Pesticides on Nontarget Species*)』(1971)의 저자이다.

이 글에서 피멘텔은 레이첼 카슨(Rachel Carson)의 『침묵의 봄』 이후로 살충제 문제가 어떻게 진행되었는지를 평가한다. 일련의 정보들을 종합함으로써 그는 상황을 개선시키는 방법과 상황을 악화시키는 방법에 대하여 상세히 기술한다.

* *Silent Spring Revisited*, ed., G. J. Marco, R. M. Hollingsworth, and W. Durham (Washington, DC: American Chemical Society, 1987) 허락을 얻어 수록함. 주석은 삭제함.

과연 『침묵의 봄』은 끝난 것인가? 살충제 사용과 관련한 환경문제들은 개선되었을까? 대답은 제한적으로 "그렇다"이다.

1962년 카슨의 경고는 대중적인 관심을 불러일으켰다. 하지만 민감한 자연계 내 생물군에 가해진 살충제의 환경적 피해를 중단시키려는 조치가 취해진 것은 많은 세월이 흐른 뒤였다. 20년이 넘게 흐른 지금, 일부 실질적인 진전이 있기는 했지만, 우리는 아직 살충제에 의한 환경문제를 모두 해결하지는 못하였다.

지난 20년간의 살충제 문제 감소

DDT, 디엘드린(dieldrin), 톡사펜(toxaphene) 등의 염소계 살충제는 환경 안에서 확산되고 지속되는 특징을 가진다. 1945년부터 1972년까지 염소계 살충제의 광범위한 사용은 독수리, 송골매, 물수리와 같은 맹금류의 개체 수를 심각하게 감소시켰다. 송어, 연어와 기타 어류의 개체 수도 심각하게 감소하였으며, [요리에 사용하는] 생선은 살충제 잔류물에 오염되었다. 뱀을 비롯한 파충류는 물론이고, 염소계 살충제에 특히 민감한 일부 곤충과 기타 무척추동물의 개체 수 또한 감소하였다.

1972년 염소계 살충제 사용이 제한된 이후로 인체와 육상 및 수중 생태계에 남아 있는 이러한 잔류물의 양은 서서히 감소하였다. 예를 들면, 1970년부터 1974년까지 인체 지방조직의 DDT 잔류물은 0세부터 14세까지의 백인에게서 절반가량 감소한 것으로 나타났다(표 1 참조). 다른 연령대의 백인이나 흑인 집단의 감소량은 그 정도로 극적이지는 않았다. 농업 용지의 경우 DDT 잔류량은 1968년 0.015ppm에서 1973년 0.007ppm으로 절반가량 감소하였다. 토양 속 DDT의 감소는 수중 생태계로 들어가는 DDT 양을 감소시켰고, 이것은 다양한 어류의 DDT 잔류량의 극적인 감소로 이어졌다. 예를 들어, 캐나다 쪽 슈페리어호에서 잡힌 송어의 경우, 1971년에는 DDT 잔류량이 1.04ppm이었으나 1975년에는 단 0.05ppm에 불과할 정도로 감소하였다. 물고기를 먹고 사는 물새들의 경우에도 마찬가지로 DDT 잔류량이 감소하였다. 한 예로 사우스캐롤라이나주에서 수집된 갈색 펠리컨의 알 속 DDT 잔류량은 1968년 0.45ppm에서 1975년에는 단 0.004ppm으로 감소하였다.

육상 생태계에서 DDT와 기타 유기염소제 잔류물의 감소로 인하여 다양한 조류, 포유류, 어류, 그리고 파충류들의 개체 수가 회복되고 증가하기 시작하였다. 예컨대, 실험실에서 사육된 송골매가 성공적으로 자연으로 돌아가기도 하였다. 몇몇 동물 종의 개체 수 회복에 관한 제한된 자료가 있지만, 염소계 살충제로부터 심각한 영향을 받은 동물들의 개체 수 회복률에 관해서는 알지 못한다. 아마도 곤충과 같이 세대 간격이 짧고 번식률이 높은 종들이 가장 많이 회복했을 것이다.

1970년대 초에 제정된 새로운 살충제 규정들은 염소계 살충제를 포함하여 지속성이 강한 살충제의 사용을 제한하였다. DDT나 톡사폰, 디엘드린 같은 살충제의 경우, 살포되면 10년에서 많게는 30년까지 자연환경에서 지속된다. 이러한 강한 지속성을 가진 살충제 사용과 관련해 두 가지 주요한 문제가 있다. 염소계 살충제는 느리게 분해되기 때문에 해마다 이를 살포하는 것은 결국 자연환경 내에 존재하는 살충제의 총량을 점점 증가시키게 된다. 환경 내의 이러한 지속성은 농약이 살포됐던 지역을 벗어나 주변 환경으로 확산될 가능성을 증가시킨다.

자연환경에서 염소계 살충제 잔류량은 대부분의 염소계 살충제를 금지하면서부터 점점 감소하였다. 그러나 이러한 살충제들은 비교적 안정적이기 때문에 어떤 것들은 30년 이상 지속될 수 있고, 일부는 금세기가 끝날 때까지도 미국 환경 내에서 지속될 것이다. 다행스럽게도 이러한 잔류물들은 비교적 양이 적어서 대부분의 유기체에 미치는 영향은 최소한에 그칠 것이다.

표 1. 미국의 인종별 인체 지방조직 내 DDT 잔류물 총량

연령(연도)	1970	1971	1972	1973	1974
백인					
0-14세	4.16	3.32	2.79	2.59	2.15
15-44세	6.89	6.56	6.01	5.71	4.91
45세 이상	8.01	7.50	7.00	6.63	6.55
흑인					
0-14세	5.54	7.30		4.68	3.16
15-44세	10.88	13.92	11.32	9.97	9.18
45세 이상	16.56	19.57	15.91	14.11	11.91

* 표시된 잔류물의 양은 지질중량에 대한 ppm(parts per million, 백만분율)을 측정한 값임.

염소계 살충제가 환경에 존속하는 것은 이 농약들이 만들어 내는 여러 문제 중 단지 하나에 불과하다. 염소계 살충제는 기름과 지방에서 용해된다. 이러한 특징은 인간을 비롯한 동물의 지방층에 살충제 성분을 축적시킨다. 그러므로 염소계 살충제의 생체 내 축적은 심각한 환경문제가 아닐 수 없다. 물벼룩이나 물고기와 같은 생물들을 예로 들어 보면, DDT와 기타 염소계 살충제의 양은 자연환경 내에서는 1ppb인데 비하여, 그것들의 지방층에서는 10만 배 수준으로 농축된다. 살충제 성분의 생체 내 축적은 몇몇 다른 살충제들(예컨대 파라치온이나 2,4-D)로 인하여 지속되고 있지만, 염소계 살충제의 사용 제한은 환경문제를 감소시켜 왔다.

살충제 성분의 이동과 확산은 먹이사슬에서도 발생할 수 있으나, 이는 신중하게 입증되어야 한다. 일부 생물들은 몸 안에 주변 환경의 10만 배 수준에 이르는 살충제를 농축하며, 이러한 상태가 먹이사슬에서 생물농축의 사례로 잘못 해석될 수 있기 때문이다. 먹이사슬에서 생물농축은 물수리나 갈매기와 같이 물고기를 잡아먹고 사는 조류에 의하여 입증되었으며, 이러한 포식성 새들에게 심각한 문제를 초래한다는 점이 증명된 바 있다.

지난 20년간 증가된 살충제 문제

비록 염소계 살충제의 사용 제한이 일부 환경문제를 완화시켰지만, 1970년 이래로 진행된 살충제 사용의 단계적 확대는 또 다른 환경문제와 사회 문제들을 심화시키고 있다. 살충제 생산과 사용은 1970년 이래로 2.3배 증가하였으며, 이는 연간 약 10억 파운드에서 많게는 15억 파운드 가까이 되는 양이다.

최근의 연구는 특정 살충제의 사용이 해충 문제를 오히려 증가시킬 수 있다는 사실을 입증하였다. 예를 들어, 옥수수에 2,4-D와 같은 제초제를 정량 사용하였을 경우, 이는 옥수수의 해충과 식물 병원체에 대한 감염성을 증가시켰다. 또한 콜로라도 감자잎벌레에 발생한 것처럼, 특정한 살충제를 정량 이하로 사용하였을 경우 이는 특정 곤충의 번식을 자극시켰다. 치사량에 가까운 파라치온의 투여가 오히려 곤충 알의 생산을 65%나 증가시킨 것이다. 게다가 염소계 살충제를 대체하는 대부분의 살충제는 단위 무게당 독성이 염소계 살충제보다도 더 강하다.

특정한 살충제가 다른 것들보다 독성이 더 강하고 생물학적으로 더 활성적이라고 해서, 그것이 반드시 환경에 위협적인 것은 아니다. 그러한 위험은 특정한 살충제의 정량과 사용법에 달려 있다. 만약 특정한 살충제의 단위 무게당 독성이 다른 것보다 더 강하다면, 독성이 더 강한 것은 보통 해충 개체 수의 90% 정도를 박멸하기 위하여 더 적은 양을 사용하게 된다. 그러므로 고독성 물질을 낮은 용량으로 사용하는 것은 저독성 물질을 사용하는 것과 동일한 해충 제거율을 달성할 수 있다. 고독성 살충제와 저독성 살충제 모두 해충과 제거 대상이 아닌 다른 유기체들에게 비슷한 방식으로 영향을 미치지만, 고독성 살충제를 다룰 때 인간이 감수해야 하는 위험은 저독성 살충제를 다룰 때보다 훨씬 더 크다. DDT와 같은 저독성 살충제를 다룰 때보다 파라치온과 같은 고독성 살충제를 다룰 때 인간은 더 중독되기 쉽다는 것이다. 만약 어떤 사람이 피부에 DDT를 쏟는다고 해도 닦아 내기만 하면 아무 문제가 없다. 그러나 파라치온을 사용할 때 같은 일이 발생한다면, 이는 입원을 요할 만큼 심각한 중독으로 이어질 수도 있다.

인간의 살충제 중독

사람들은 살충제를 다루거나 사용하는 과정에서 또는 살충제가 살포된 식물에 접촉함으로써 살충제에 노출될 수 있으며, 보다 좁은 범위에서는 음식과 물의 공급 과정에서도 살충제에 노출될 수 있다. 연간 살충제 중독자 수는 약 45,000명 정도인 것으로 추산되며, 그중 3,000명 정도는 입원이 필요할 만큼 증상이 심각하다. 살충제로 인한 사고로 연간 50명 정도가 사망한다. 인간의 살충제 중독에 대한 정확한 데이터는『침묵의 봄』이후 20년이 지난 지금도 여전히 확보되지 않고 있다.

뿐만 아니라 암의 원인을 살충제에서 찾는 것은 질환이 나타나기 이전의 지체 시간과 일상생활 중 노출될 수 있는 다양한 암 유발 인자들 때문에 대단히 어려운 일이라고 할 수 있다. 현재 살충제로 인한 암 발생률이 20년 전보다 낮아졌는지 여부는 아무도 알 수 없다. 아마도 오늘날 암 발생 원인 중 살충제가 차지하는 비율은 1% 미만일 것이다.

우리는 지속적으로 살충제에 노출되고 있다. 우리의 음식과 물에 살충제 유입을 방지하려는 노력에도 불구하고, FDA에 의하여 수집된 음식물 샘플 중 약 50%에서 검출 가능한 수준의 살충제가 발견되었다. 분석화학적 과정이 개선되면서, 우리는 음식과 물에서 아주 적은 양의 살충제도 검출할 수 있게 되었다. 극도로 적은 이 섭취량이 공중 보건에 미치는 영향은 아주 작거나 없을 것이다.

가축의 살충제 중독

가축들은 살충제가 사용되는 농장과 집 근처에서 살기 때문에, 많은 수의 가축들이 살충제에 중독되어 있다. 개와 고양이는 집과 농장을 자유롭게 돌아다니면서 살충제에 노출될 가능성이 많기 때문에 가장 빈번하게 영향을 받는다.

축산물에서 주된 손실(연간 300만 달러)은 살충제 잔류물이 발견될 때 발생한다. 살충제 사용량이 지속적으로 증가하는 한 이러한 문제는 계속될 수밖에 없을 것이다.

벌의 살충제 중독

꿀벌과 야생벌은 과일, 채소, 사료 작물과 천연 식물 등의 수분을 위하여 필수적인 존재들이다. 살충제는 벌들을 죽이고, 벌의 죽음과 수분 감소로 인한 농업적 손실은 연간 135만 달러인 것으로 추산된다. 몇 가지 이유로 현재 벌의 살충제 중독이 1962년에 비하여 훨씬 높다는 것을 시사하는 증거가 있다. 독성이 더 강한 살충제가 더 많이 사용되고 있고, 그만큼 더 많은 양의 살충제가 뿌려지고 있다. 더욱이 점점 더 많은 살충제가 비행기에 의해 살포되고 있으며, 비행기에 의한 살충제 살포는 농후미량제(ULV) 장비를 사용하고 있다. 농후미량제를 사용하기 위해서는 살충제를 더 작은 방울로 만들어야 하는데, 이는 살충제 확산 문제를 심화시키는 경향이 있다.

작물의 손실

보통 살충제는 작물을 해충으로부터 보호하기 위해 사용됨에도 불구하고, 일부 작물은 살충제 처리의 결과로 피해를 입기도 한다. 과도한 살충제의 사용은 작물에 피해를 입히고 수확량 감소의 원인이 되는데, 그 이유는 다음과 같다. (1) 하나의 작물에 사용한 제초제의 잔류물이 토양 속에 남아서 윤작을 위해 심은, 농약에 민감한 다른 작물에 손상을 가하기 때문이다. (2) 이러한 잠재적 손상 위험으로 인해서 원하는 특정 작물을 윤작할 수 없기 때문이다. (3) 수확된 작물에 남아 있는 과도한 살충제 잔류물이 작물의 파괴나 평가절하를 야기하기 때문이다. (4) 살충제의 잘못된 사용 또는 부적절한 환경 조건 하에서의 사용이 살충제 확산을 비롯한 다른 문제들을 일으키기 때문이다. (5) 살충제는 처리된 작물로부터 주변 작물로 확산되면서 천적이나 작물 자체를 파괴하기 때문이다.

농업에서 작물에 사용되는 살충제의 부정적 효과에 대한 정확한 추정치는 확보하기가 매우 힘들다. 하지만 적게 잡아도 대략 연간 7천만 달러 정도는 될 것으로 추산된다. 오늘날의 문제는 카슨의 시대보다 더 심각한데, 왜냐하면 오늘날에는 20년 전에 비해 7배나 많은 양의 살충제가 사용되고 있으며, 또한 더 널리 사용되고 있기 때문이다. 이러한 진술은 특히 제초제에 적용된다.

천적의 개체 수 감소

인위적 개입 없는 자연환경에서 대부분의 곤충과 진드기는 그것들의 개체 수를 조절하는 천적을 비롯한 다양한 요인들로 인해 낮은 밀도로 존재한다. 특정한 해충들을 박멸하기 위하여 농약이나 살충제를 작물에 살포할 때, 종종 천적의 개체 수가 급격히 감소하며, 해충 발생이 급증할 수 있다.

예를 들어, 합성 살충제의 시대 이전에 미국에서 목화의 주요 해충은 목화바구미와 목화잎벌레였다. 1945년 광범위한 살충제 사용이 시작되었을 때, 몇몇 다른 종의 곤충과 진드기들이 심각한 해충이 되기 시작했다. 여기에는 목화다래벌레, 회색담배나방, 자벌레, 목화진딧물 그리고 잎진드기가 포함된다. 목화바구미를 박멸하기 위하여 살충제가 살포되었던 일부 지역에서는 목화다래벌레와 회색담배나방을 박멸하기 위하여 무려 5배에 이르는 살충제를 추가로 살포해야만 했는데, 이는 그것들의 천적이 다 죽어 버렸기 때문이다. 이러한 순환은 살충제를 많이 사용할수록 해충의 천적들이 죽어 나가고, 해충의 개체 수가 급증하며, 이를 통제하기 위하여 다시 더 많은 살충제를 사용하게 되는 것을 의미한다.

살충제에 대한 내성

살충제의 광범위한 살포는 천적을 제거하는 것에만 그치지 않고, 종종 해충들이 살충제에 대한 내성을 발달시키고 그것을 후대에 물려주는 원인이 되기도 한다. 420종 이상의 곤충과 진드기, 그리고 몇몇 종의 잡초들이 살충제에 대한 내성을 발달시켰다. 해충의 살충제에 대한 내성은 다른 살충제의 추가적인 살포 또는 더 비싼 대안 살충제의 사용을 야기하였다. 이러한 해충 억제 과정은 또다시 살충제 살포와 내성 발달이라는 악순환을 심화시킨다.

이러한 살충제 내성 문제 때문에 살충제를 추가로 살포하거나 더 비싼 살충제를 쓰기 위해 사용되는 돈은 매년 1억 3,300만 달러에 이르는 것으로 추산된다. 물론 이 금액에는 독성이 더 강한 살충제나 더 많은 살충제를 살포함으로써 환경이나 공중보건에 미치는 부작용으로 인한 비용은 포함되지 않았다.

어획량의 손실

농지에 살포된 살충제는 종종 수중 생태계로 흘러 들어간다. 수용성 살충제는 하천과 호수에서 쉽게 씻겨 내려가지만, 그렇지 않은 살충제들은 토양의 침전물과 함께 수중 생태계로 유입된다. 매년 살충제를 포함한 수백만 톤의 토양이 하천과 호수로 유입된다.

오늘날 어획량 손실을 보고하는 데 사용되는 절차로 인하여 실제보다 적은 비율의 어류 감소만이 보고되고 있다. 예를 들어, 보고되는 감소 어류 중 20% 정도는 죽은 어류의 수를 추정하지 않는데, 이는 어류 감소에 대한 조사가 종종 죽음의 일차적 원인이 무엇인지를 확인할 수 있을 만큼 신속하게 진행되지 않기 때문이다. 또한 급류가 살충제를 포함한 모든 오염원들을 빠르게 희석시키기 때문에, 물고기를 죽음으로 내몬 원인을 확인하기가 더욱 어렵게 된다. 죽은 물고기들은 유실되거나 바닥에 가라앉기 때문에 정확한 산정이 불가능하다.

최근의 물 샘플은 표층수와 하천수에서 발견되는 살충제의 농도가 1964년부터 1978년까지 지속적으로 낮아지고 있음을 확인시켜 주었다. 이러한 감소는 살충제를 지속성이 조금 더 약한 물질로 대체한 것과 관련이 있는 것으로 보인다. 하천에서의 살충제 잔류량 감소에도 불구하고, 매년 80만 달러 이상(물고기의 가치는 마리당 40센트로 계산)의 어류 감소가 발생하고 있는 것으로 추산된다. 그러나 100만 달러 가까이 되는 이러한 추정치는 사실 너무 낮아서 우리의 뒤에 **침묵의 봄**이 있다는 것을 확인시켜 주지는 못한다.

야생동물과 미생물에 미치는 영향

살충제에 영향을 받는 척추동물, 무척추동물 그리고 미생물의 개체 수에 대한 정보는 어림잡아 추산한 것도 거의 없다. 대부분의 무척추동물과 미생물들은 농업과 임업을 비롯한 인간 사회의 많은 부분에서 필수적인 기능을 수행한다. 여기에는 수자원이나 토양을 오염원으로부터 정화하는 것, 생태계 내의 필수적 화학 성분의 재생, 토양과 수자원의 보존 등이 포함된다. 대략 20만 종의 동식물들이 미국 내에 존재하지만, 기껏해야 1,000종 미만에 대해서만 살충제의 영향에 대한 정보가 존재한다. 그리고 자료 대부분은 실험실에서 실시된 "안전 농도" 실험에 기초하고 있다. 이러한 상황은 자연환경에 미치는 살충제의 영향이 거의 알려지지 않았다는 사실을 확인시켜 준다. 오늘날, 평가는 반드시 지표종에 근거해야만 한다.

통합 해충 관리의 상태

10여 년 전에 도입된 통합 해충 관리(IPM)는 해충의 개체 수를 감시하고, 필요시에만 살충제를 사용하며, 대안적인 비화학적 해충 방제를 강화하는 것을 목적으로 하였다. 이후 어떤 일이 일어났는가? IPM은 성공적이지 못했고, 모든 종류의 살충제를 미국을 포함한 세계 도처에서 전보다 더 많이 사용하게 되었다.

IPM이 형편없는 성과를 거둔 이유는 꽤 복잡하다. 우선, IPM 기술은 해충과 천적의 개체 수를 간단하게 감시할 수 있지만, 그것이 가능하기 위해서는 현재 과학자들이 가지고 있는 것보다 훨씬 더 많은 양의 기본 정보를 필요로 한다. 이러한 사실은 해충과 그것의 천적 및 환경에 대한 기본적 연구가 시급히 필요함을 시사한다. 또한 통제 시스템을 발전시키기 위하여 이러한 기본적 정보들을 활용하는 것은 살충제의 반복적인 살포보다 훨씬 더 복잡할 수 있다. 이처럼 IPM 기술은 더 정교하기 때문에 훈련된 인력이 필요하며, 훈련되지 않은 농민들이 효율적인 IPM 프로그램을 수행할 수 있을 것이라고 기대하기는 힘들다.

살충제는 의심의 여지 없이 사용이 간단하고 빠르다. 따라서 살충제 사용은 IPM이나 생물학적 방제와 같은 비화학적 방법보다 커다란 심리적 이점을 가진다. 생물학적 방제는 점진적으로 해충을 통제할 수 있게 해 주지만, 살충제가 해충을 직접적으로 박멸하는 것과 같은 즉각적인 만족감을 제공하지는 못한다. 그러나 연구가 계속되고 해충과 농업 생태계에 대한 지식이 점점 향상된다면, IPM은 해충 방제를 진전시킬 가능성을 충분히 가지고 있다.

왜 오늘날 해충으로 인한 손실이 40년 전보다 더 커진 것일까?

최근 들어 살충제와 비화학적 방제의 복합적인 사용에도 불구하고 매년 모든 작물의 약 37%(13%는 곤충, 12%는 식물 병원체, 12%는 잡초)가 해충에 의해 손실을 입고 있다. 1942년부터 현재까지 수집된 자료에 대한 조사에 따르면, 잡초에 의한 작물 손실은 제초제와 기계적, 문화적 방제법의 향상으로 인하여 13.8%에서 12%로 다소 감소하였다. 같은 기간 식물병원체에 의한 손실은 10.5%에서 12%로 다소 증가하였다.

그러나 평균적으로 곤충에 의한 작물 손실은 현재 10배나 많은 양의 살충제를 사용함에도 불구하고 1940년에 비해 거의 2배(7%에서 13%로)가 증가하였다. 지금까지는 이러한 손실이 높은 산출량의 품종과 비료 사용의 증가로 인하여 효과적으로 상쇄되어 왔다.

　곤충에 의한 작물 손실의 상당한 증가는 1940년대 이후 미국 농업에서 발생한 주요한 변화를 통하여 일부 설명될 수 있다. 이러한 변화는 다음과 같은 내용을 포함한다.

- 갈수록 해충에 더 취약한 작물 품종 재배
- 특정 해충의 천적이 제거되어 추가적인 살충제 처리를 요하는 상황
- 곤충의 살충제에 대한 내성 발달 증가
- 윤작 및 작물 다양성의 감소 및 단일작물의 연속 재배 증가
- FDA 허용 기준의 약화 및 과일·채소 가공업자와 소매상인을 위한 허울뿐인 기준의 증가
- 감염된 과일과 작물의 잔여물을 덜 처리하는 등의 농지 위생 약화
- 차후에 작물에 해충이 번식할 수 있는 잔여물의 농지 방치
- 곤충의 공격에 더 취약한 기후 지역에서의 작물 재배
- 작물의 생리를 변화시키고 곤충의 공격에 더욱 취약하게 만드는 살충제의 사용

결론

　살충제 문제가 진행되어 왔지만, 우리의 뒤에 전적으로 **침묵의 봄**만이 남아 있는 것은 아니다. 살충제 사용은 계속되고 있고, IPM 시스템의 지원에도 불구하고 살충제 사용량은 매년 늘어나고 있다. 세계 인구가 급격히 증가하고 식량 수요를 충족시키기 위하여 농산물의 생산량이 늘어날 때, 우리는 카슨의 경고를 절대 잊어서는 안 될 것이다.

살충제는 계속해서 효과적인 해충 방제 대책이 될 것이다. 하지만 문제는 많은 환경적 위험이나 인간 중독과 같은 현재의 문제들을 피할 수 있도록 현명한 살충제 사용법을 찾는 것이다. 이러한 목표의 연구와 개발을 통해 우리는 효과적이고 비교적 안전한 해충 방제 프로그램을 찾아낼 수 있을 것이다.

더 생각해 볼 문제

1. 피멘텔의 논의를 검토하고, 살충제 문제가 어떻게 개선되었는지 그리고 어떻게 악화되었는지를 설명하시오.
2. 해충 방제법을 더 개선할 수 있는 방법을 제안할 수 있겠는가?

보충 자료

Blackwell, Andrew. *Visit Sunny Chernobyl: And Other Adventures in the World's Most Polluted Places*. New York: Rodale Press, 2012.

Bogard, William. *The Bhopal Tragedy: Language, Logic and Politics in the Production of a Hazard*. Boulder, CO: Westview, 1989.

Brown, Lester. *The Twenty Ninth Day*. New York: Norton, 1978.

Brown, Lester, and Ed Ayres, eds. *The Worldwatch Reader on Global Environmental Issues*. Washington, DC: Worldwatch Institute, 1998.

Brown, Michael. *The Toxic Cloud: The Poisoning of America's Air*. New York: Harper & Row, 1987.

Brown, Phil, ed. *Contested Illnesses: Citizens, Science, and Health Social Movements*. Berkeley: University of California Press, 2012.

Bullard, Robert D., ed. *The Quest for Environmental Justice: Human Rights and the Politics of Pollution*. San Francisco: Sierra Club Books, 2005.

Carson, Rachel. *Silent Spring*. Boston: Houghton Mifflin, 1962.

Cherni, Judith A. *Economic Growth versus the Environment: The Politics of Wealth, Health and Air Pollution*. New York: Palgrave, 2002.

French, Hilary. *Vanishing Borders: Protecting the Planet in the Age of Globalization*. New York: W. W. Norton, 2000.

Jacoboson, Mark Z. *Air Pollution and Global Warming: History, Science, and Solutions*. 2d ed. Cambridge: Cambridge University Press, 2012.

Juhasz, Antonia. *Black Tide: The Devastating Impact of the Gulf Oil Spill*. Hoboken, NJ: John Wiley & Sons, 2011.

Keeble, John. *Out of the Channel: The Exxon Valdez Spill*. New York: HarperCollins, 1991.

Postel, Sandra. *Defusing the Toxic Threat: Controlling Pesticides and Industrial Waste*. Washington, DC: Worldwatch Institute, 1987.

Ray, Dixy Lee, and Lou Guzzo. *Trashing the Planet*. Washington, DC: Regnery Publishing, 1990.

Ross, Benjamin, and Steven Amter. *The Polluters: The Making of Our Chemically Altered Environment*. Oxford: Oxford University Press, 2010.

Simon, Julian. *The Ultimate Resource 2*. Princeton, NJ: Princeton University Press, 1996.

Weis, Judith S. *Marine Pollution: What Everyone Needs to Know*. Oxford: Oxford University Press, 2014.

4부

음식 윤리

열 명의 아이들이 식탁에 앉아 밥을 먹고 있다고 상상해 보자. 가장 건강한 세 아이는 제일 좋은 음식을 먹고, 그중 대부분을 버리거나 애완동물에게 나누어 준다. 다른 두 명의 아이들은 그럭저럭 적당히 지낼 수 있다. 나머지 다섯 명은 충분한 먹을거리를 얻지 못한다. 나머지 다섯 명 중 3명은 빵과 밥을 먹으며 극심한 배고픔을 간신히 면할 수 있지만, 나머지 2명은 그것조차도 할 수 없어서 폐렴과 이질 같은 굶주림과 관련된 질병으로 죽는다. 이것이 세계 어린이들이 겪고 있는 어려움이다.[1]

세계 기아 문제는 충격적이다. 2012-2014년에는 8억 5천만 명이 만성적 영양실조를 보였다. 이 수치는 1990-1992년 이래로 2억 900만 명이 감소한 것이지만, 여전히 전 세계 인구의 11.3%에 해당한다.[2] 기후변화는 최근 성공한 기아 감소를 저해할 위험이 있다. 가뭄과 홍수, 온도 상승, 해양 산성화, 농경지 사막화와 같은 극심한 기상 현상의 빈도가 증가하면, 전 세계의 식량 생산이 위협받게 된다. 이러한 힘들은 식량 가격에 영향을 미치기 때문에 종종 큰 변수가 된다. 식량 가격이 급격한 상승세를 보이면, 세계 극빈층은 이에 대처하기가 특히 어려우며, 더군다나 주식(主食)의 가격이 상승하는 경우 저개발국에 영양실조가 수반될 수 있다. 전 세계적으로, 인간의 식량은 그다지 다양하지 않다. 15종의 식물종과 8종의 동물종이 세계 식량 공급의 90%를 차지한다. 밀, 쌀, 옥수수만으로 세계 칼로리의 60%를 제공한다.

굶주림이 광범위하게 계속되는 반면에, 비만의 문제도 증가하고 있다. 전 세계적으로 19억 명이 넘는 성인이 과체중이고, 6억 명이 비만이다. 5

1. 최근 통계를 다음을 참고 하시오. UNICEF, "Statistics and Monitoring," 2014, http://www.unicef.org/statistics.
2. Food and Agricultural Organization of the Unite Nations, "The state of Food Insecurity in the World," 2014, http://www.fao.org/3/a-i4030e.pdf, p. 8.

세 미만의 세계 어린이 중 약 4,300만 명이 과체중이다. 비만률은 지구 상의 거의 모든 국가에서 증가하고 있다.[3]

세계보건기구(WHO)는 "식량 안보"를 다음과 같이 정의한다. "모든 사람들이 건강하고 활동적인 생활을 유지하기에 충분하고 안전하며 영양가 있는 음식에 언제든지 접근할 수 있어야 한다."[4] 이 목표를 달성하는 것은 단순히 충분한 식량을 재배하는 문제가 아니다. 현재 지구상의 모든 사람에게 먹거리를 공급할 수 있을 만큼 충분한 식량이 재배되고 있지만, 식량의 상당 부분은 필요로 하는 사람들에게 전해지지 않는다. 따라서 식량 분배의 과정 또한 세계 식량 체계를 평가할 때 고려될 필요가 있다. 식량 분배에는 많은 것들이 포함된다. 적재적소에 식량을 공급하는 것, 정치 세력이나 다른 장벽이 사람들의 식량 접근을 막지 못하도록 하는 것, 사람들이 음식을 살 수 있도록 하는 것, 음식이 안전하고 영양가 있는 상태에 있도록 보장하는 것, 사람들이 안전하고 저렴하게 음식을 준비할 수 있도록 보장하는 것 등이 식량 분배와 관계된다. 분배에는 많은 요소가 포함되기 때문에, 분배가 방해받을 수 있는 소지는 다분하다. 예를 들어, 전쟁과 정치 갈등은 종종 생계를 방해하고 식량 공급원을 차단함으로써 대규모 인구 집단을 원래 살던 곳에서 다른 곳으로 피신하도록 만든다. 식량 원조가 없다면 이 인구 집단은 기근을 견디지 못한다. 음식물 쓰레기는 또 다른 문제이다. 음식물 쓰레기는 높은 수준의 식량 생산에도 불구하고 기아를 줄이지 못하도록 방해하는 또 다른 요인이다. 전 세계적으로, 생산된 식품의 약 30%가 버려진다. 풍요로운 나

---

3. World Health Organizaion, "Obesity and Overweight" (Fact Sheet No. 311), 2015, http://www.who.int/mediacentre/factsheets/fs311/en; UNICEF-WHO-The World Bank, "Levels and Trends in Child Malnutrition," 2014, http://www.data. unicef.org/corecode/uploads/document6/uploaded_pdfs/corecode/Levelsand/ TrendsMalNutrition_Summary_2014_132.pdf.
4. World Health Organizaion, "Food Security," 2015, accessed March 12, 2015, http://222.2ho.int/trade/glossary/storyO28/en.

라일수록 그 양은 더 많다. 미국만 하더라도 13억 톤의 식량이 매년 버려진다.[5]

마지막으로, 식량이 생산되는 방식은 사람, 동물, 생태계 및 심지어 경제에 상당한 비용을 부과할 수 있다. 집약 농업의 관행으로 생산량은 증가시킬 수 있지만, 이는 농약, 제초제, 비료의 사용, 그리고 유전자 변형 식물에 점점 더 의존하게 만든다. 집약적인 동물 생산은 동물에 대한 고통을 야기하고, 동물 폐기물의 형태로 대량의 오염을 일으킨다. 단일 작물 생산은 전형적으로 한 지역의 생물 다양성을 감소시킨다. 유전자 변형 종자는 사유재산이기 때문에 비싸고, 다른 형태의 종자와 달리 법률적 제한을 받는다. 또한 식량 생산은 온실가스 배출의 주요 원천이다. 전 세계적으로 농업 부문의 온실가스 배출량은 전체의 약 30%를 차지한다.[6]

요약하면, 세계 식량 시스템은 우리가 직면한 가장 시급한 문제 중 일부를 수반한다. 우리의 식량 생산 방법은 지속 가능한가? 그것은 공정한가? 풍요로운 나라의 사람들은 굶주리는 다른 나라 사람들에게 어떤 의무를 지니는가? 굶주리고 있는 사람들은 우리에 대해서 어떤 권리를 가지고 있는가? 식품 생산 및 유통의 공정한 시스템은 무엇인가? 이하의 글들은 기아 문제가 제기하는 이러한 질문들을 다룬다.

5. Roff Smith, "How Reducing Food Waste Could Ease Climate Change," *National Geographic*, January 22, 2015, http://news.nationalgeographic.com/news/2015/01/150122-food-waste-climate-change-hunger.
6. Ibid.

11장

기아, 의무 그리고 생태학:
우리는 굶주리고 있는 인류에게 어떤 의무를 지고 있는가[*]

마일런 엥겔

마일런 엥겔(Mylan Engel, Jr.)은 노선일리노이대학(Northern Illinois University)의 철학 교수로, 그의 주요 관심 영역은 인식론, 종교철학, 실천윤리이다. 최근 그의 연구 과제는 다음과 같다. 인식론에서 개인적인 의견의 정당화, 인식론적 맥락주의, 회의주의, 종결(closure), 이유를 결여한 합리적인 신념, 인간 아닌 동물에 대한 인간의 의무, 절대 빈곤 상태에 있는 사람들에 대한 우리의 의무 등이다. 엥겔은 그의 글을 다음과 같이 요약했다.

"이 글은 금전적 기부를 통해 기아 구호 단체를 지원할 도덕적 의무(O_1)와 식량이 부족한 상황에서 음식 낭비를 하지 않을 도덕적 의무(O_2)를 지지하는 논증을 전개한다. 세계의 절대적 빈곤자를 도울 의무를 지지하는 여타의 윤리적 논증과 달리, 나의 논증은 당신이 거부할 수도 있는 논란의 여지가 큰 윤리적 이론에 근거하지 않는다. 오히려 당신의 신념을 선세로 한다. 나의 논증은 당신이 이미 현재 믿고 있는 것들이 당신에게 기아 구호 단체(famine-relief organization)에 당신의 소득 중 일부를 기부함으로써, 또 빈곤자들을 먹여 살릴 수 있는 음식을 낭비하지 않음으로써 영양실조와 기아 관련 질병을 줄여야 할 의무를 부과한다는 것을 보여 준다. 자신의 신념과 일관된다는 것이 의미하는 바는 그 신념에 일치하는 행동을 하지 않는 것은 매우 비도덕적이라는 것이다."

***

[*]이 글은 이 책을 위해 쓴 것이다. Copyright ⓒ 2003 Mylan Engel, Jr.

배고픔, 의무, 그리고 생태:
우리는 굶주린 인류에게 어떤 빚을 지고 있는가

당신은 2001년 9월 11일에 일어난 비극적인 사건을 기억할 것이다. 19명의 테러리스트가 민간 항공기 4대를 납치했고, 두 대는 세계무역센터에, 한 대는 펜타곤에, 그리고 마지막 한 대는 펜실베이니아 평원에 추락했다. 이로 인해 대략 3,200명의 무고한 사람들이 희생되었다. 전 세계의 사람들은 충격과 경악을 금치 못하며, 언론 매체가 온종일 방송하는 충돌 영상을 시청했다. 이 비극은 부시 대통령으로 하여금 즉각 "테러와의 전쟁"을 선포하도록 촉구했다. 미국 전역의 자원봉사자들이 구조와 청소를 돕기 위해 사비를 들여 뉴욕으로 모였다. 미국 적십자사는 긴급 원조에 1억 3,440만 달러(가족당 평균 $45,837)의 자선 기부금을 쏟아 냈다. 미국 정부는 50억 달러 상당의 구호물자를 함께 내어놓았다. 이것은 희생자 가족에게 1인당 160만 달러를 제공할 수 있는 것이었다. 또한 오사마 빈 라덴과 알카에다 테러리스트 네트워크를 근절하기 위한 군사 활동에 수십억을 더 투입했다. 결국 9/11 테러로 인한 잔재마저 털어내 었지만, 지금도 미국인들은 테러를 심각하게 받아들인다.

9월 11일에 일어났지만 아마 당신은 떠올리지 못할 비극적인 사건들이 있다. 그 악명 높은 날에 33,000명 이상의 무고한 5세 미만의 어린이들이 의미도 없이, 불필요하게 생명을 잃었다. 18,000명이 영양실조로, 15,300명이 빈곤 관련 질병으로 치료조차 받지 못하고 사망했다. 이러한 죽음 대부분이 불필요하다는 점을 짚고 넘어가야 한다. 그 죽음은 쉽게 예방할 수 있는 것이었다. 미국에서 길러내는 곡물과 콩만으로도 전 세계 인구를 몇 번이고 먹여 살릴 수 있다. 이렇게 남아도는 음식이 그들에게 주어졌다면, 아주 적은 부분이라도 주어지기라도 했다면, 9월 11일에 굶어 죽은 아이들의 생명은 쉽게 구할 수 있었다. 빈곤 관련 질병 사망자를 살펴보면, 9월 11일에 목숨을 잃은 3만 3천 명의 아이들 중 19%가 만성 설사로 인한 탈수증으로 사망했다. 아이들에게 (1개당 15센트인) 경구용 수액(oral rehydration salts)을 투여했다면, 설사 탈수증으로 사망한 6,350명을 거의 모두 예방할 수 있었다. 사망한 아이들 중 19%의 또 다른 사인은 급성 호흡기 감염이다. 그들 또한 개당 25센트의 항생제로 대부분 구할 수 있었다. 홍역으로 사망한 2,300명의 어린이들 대부분이 캡슐당 10센트 미만의 비타민 A 요법으로 구할 수 있었다. 이 아이들의 죽음을 특히 더 비극적으로 만드는 것은, 이들 모두 쉽게 예방할 수 있었다는 것이다. 달리 말하면, 이는 선한 사람들이 이를 막기 위해 아무것도 하지 않았기 때문에 일어난 일이다.

9월 11일에 불필요하게 사망한 무고한 아이들의 수는 9/11 테러 공격으로 목숨을 잃은 무고한 사람들의 수보다 10배나 많다. 그럼에도 불구하고 동정심 있는 보수적인 대통령 부시는 가난과 기아와의 전쟁을 선포하지 않았다. 미국 정부는 세계의 절대 빈곤층을 위해 수십억 달러 규모의 구호물자를 즉시 도입하지 않았다. 사람들은 기아 구호 단체에 관대하게 기부하지 않는다. 또한 언론도 그렇게 많은 무고한 어린 생명들의 비극을 언급하지 않았다. 9월 11일과 마찬가지로, 9월 12일에도, 9월 13일에도 5세 미만의 3만 3천 명의 무고한 어린아이들이 불필요하게 죽어 갔다. 알고 보면 9/11 테러 이후 22개월 동안 220만 넝이 넘는 무고한 5세 미만의 어린이들이 불필요하게 사망했다. 이러한 객관적인 척도에 의하면, 9/11 테러의 비극은 세계에서 기아와 기근 관련 질병이 초래하는 비극과 비교하면 아무것도 아니다. 세계의 기아와 기근 관련 질병으로 인한 무고한 희생자는 매년 9/11 테러 사상자의 3,800배에 달한다. 세계적인 기아와 아동기 영양실조로 발생하는 비극의 규모에도 불구하고, 대부분의 철학자를 포함해서 압도적으로 부유하거나 적당히 풍요로운 사람들의 대다수는 기아 구호 단체에 기부하지 않는다. 매년 유니세프(UNICEF)로부터 기부를 요청받는 4백만 명의 사람들 중 1%는 아무것도 기부하지 않는다. 우리 대부분에게 있어 세계의 기아는 우리의 도덕 레이더망에 걸리지 않으며, 우리의 행동을 요구하는 심각한 도덕적 문제로 여겨지지도 않는다.

이 글을 통해 나는 야심 찬 목표를 제시하고자 한다. 나는 당신이(그리고 다른 사람들이) 기아를 심각하게 받아들여야 한다고 납득시키고자 한다. 어떻게? 당신은 자신이 이미 가지고 있는 신념을 통해 세계 기아와 절대 빈곤(*absolute poverty*)[1]이 적당히 풍요로운 사람들에게 중대한 도덕적 의무를 부과한다는 견해를 받아들이도록 제약한다는 것을 보여 줌으로써 그렇게 할 것이다. 당신의 신념을 전제로 하여, 필자는 당신과 나같이 풍요로운 사람들과 약간 풍요로운 사람들은 다음과 같은 도덕적 의무를 지니고 있다고 주장할 것이다.

(O₁) 세계의 불필요한 고통, 괴로움 및 사망의 양을 줄이기 위해 노력하는 기아 구호 단체와/또는 기타 인도주의 단체에 약간의 재정적 지원을 해야 할 의무
(O₂) 세계의 절대 빈곤에 처한 사람들에게 먹일 수도 있는 음식을 낭비하지 말아야 할 의무

1. 예비적 고찰

이 글이 다루는 중심적인 질문은 새로운 것이 아니다. 적당히 풍요로운 사람들, 즉 무고한 아이들이 굶어 죽지 않게 도울 수 있는 사람들이 기아로부터 고통 받는 아이들의 수를 줄이기 위해 아무것도 하지 않는 것을 도덕적으로 허용할 수 있는가? 적당히 풍요로운 사람들이 세계 기아와 절대 빈곤을 해소하는 데 도움을 줄 수 있는 기아 구호 단체에 기부해야 할 도덕적 의무가 있는가? 만약 그렇다면 그들의 의무의 범위는

어디까지인가? 즉, 부도덕함을 피하려면 인도주의 단체에 얼마의 돈을 지불해야 하는가?

이러한 질문은 1970년대에 많은 철학자들의 주요한 문제로 자리 잡았던 질문이다. 그 당시 일군의 철학자들은 부유하거나 적당히 풍요로운 사람들이 세계의 기아, 영양실조, 절대 빈곤을 완화하기 위해 노력하는 조직에 재정 지원을 제공하는 게 도덕적으로 요구된다는 견해를 지지하는 논증을 제시하였다. 실제로 (추후 논의될 자유 지상주의를 제외하고) 규범 윤리의 모든 이론적 관점으로부터 논증들이 개진되었다. 공리주의 논증, 칸트주의 논증, 인권에 기반한 논증, 이상적인 계약론적 논증이 그런 것들이다. 얀 나브손(Jan Narveson, 1977)은 "누구도 다른 사람을 도울 필요는 없다"는 입장을 취하는 자유 지상주의자를 비합리적이라 배격하였다. 그는 롤스식의 접근을 적용하여 한 사람이 이웃보다 더 많은 재산을 자유롭게 가질 수 있다는 관점을 잠정적으로 옹호한다. 하지만 그것은 오직 "한 사람이 가질 수 있는 최소한의 양 — 더 많이 가질수록 더 늘어나는 몫 — 을 초과해서 가졌을 때, 부당하게 불행을 겪고 있는 이들을 위해 그의 부 가운데 일부를 기꺼이 기부하고자 하는" 경우에만 그렇다. 윌리엄 에이킨(William Aiken, 1977)은 기아로부터 벗어날 도덕적 권리는 방지할 수 있는 결핍으로 인한 죽음에서 벗어날 더 일반적인 도덕적 권리로부터 도출된다고 주장하면서, 후자의 권리는 그러한 죽음을 방지할 수 있는 사람들에게 상응하는 엄격한 도덕적 의무를 발생시킨다고 주장한다. 에이킨은 다음과 같이 말한다.

> 내가 곤경(결핍으로 인한 죽음)에 처한 사람들과 같은 입장에 처해 다른 사람을 돕지 못할 때까지, 나는 방지할 수 있는 결핍으로 인한 죽음에서 벗어날 타인의 권리를 존중해야 할 **직견적 의무**(*prima facie obligation*)를 가진다.[2]

칸트주의 논증은 우리가 절박한 필요를 가진 사람들을 도와야 하는 불완전한 의무가 있다는 칸트의 주장을 근거로 삼는다. 나의 칸트 해석에 따르면, 이 의무는 불완전한 의무이다. 왜냐하면, i) 우리는 그러한 의무를 지고 있는 특정한 사람이 없기 때문이다. 또, ii) 사람들에 대한 그러한 의무는 우리에게 일반적으로 주어지는데, 우리가 절박한 필요를 가진 모든 사람들을 돕는 것이 가능하지 않고, 현재 그들을 도울 수 있는 다양한 기회에 따라서 다양한 방법으로 그 의무를 자유롭게 이행할 수 있기 때문이다. 마지막으로, iii) 이 의무는 결코 완전하게 충족할 수 없는 일반적인 의무이기 때문이다. 즉, 절실한 도움이 필요한 사람들이 얼마나 많은지와 무관하게, 우리가 도움을 줄 수 있는 경우라면, 우리에겐 여전히 절실한 요구가 있는 사람들을 도울 의무가 있다. 이것은 **오직** 특별히 심각한 일부 경우에만 우리가 이행해야 하는 의무가 아니다. 다른 우선적인 의무를 이행하는 데 방해가 되지 않는다면, 우리가 언제든지 이행해야 하는 의무이다. 풍요로운 나라에서 살고 있는 대다수 사람들은 자기 주변에서 절박한 필요를 가진 사람들을 도울 기회가 거의 없다. (우리가 일상적으로 만나는 대부분의 사람들은 절박한 상황에 놓여 있지 않기 때문이다.) 그러나 그 밖의 지역에는 (음식, 의료품 등) 절실한 필요를 가진 수백만의 사람들이 있으며, 그들 중 일부는 옥스팜(OXFAM)과 같은 단체에 금전 기부를 통해 도움을 줄 수 있다. 칸트의 이론에 근거해서 볼 때, 그런 의무로 인해 우리의 다른 의무 이행이 방해받지 않는 경우라면 언제든지, 우리는 이러한 단체에 기부금을 보내야 한다. 결과주의적 추론을 강조하는 피터 웅거(Peter Unger, 1996)는 우리의 **중요하고 기본적인 도덕적 가치**는 다음과 같은 '약간 과도한 요구의 명령(Pretty Demanding Dictate)'을 함의한다고 주장한다.

(P₁) 당신과 나처럼 전형적으로 풍요로운 사람들이 아주 부도덕한 삶을 살지 않으려면 재정적 가치가 있는 대부분의 자산과 수입의

상당 부분을 기부해서 타인의 심각한 고통을 효율적으로 덜어 주는 기금을 조성해야 한다.

피터 싱어는 그의 영향력 있는 논문 「기근, 풍요, 도덕(Famine, Affluence, and Morality)」(1972)에서 결과적으로 기아 구호 단체에 기부해야 한다는 공리주의적 논증을 제시하였다. "적어도 더 많이 기부하면 자신과 부양가족에게 심각한 고통을 주는 지점까지 — 심지어 이 지점을 넘어서 한계효용의 지점까지, 가능한 한 많은 돈을 기부해야 한다." 싱어는 많은 논의의 대상이 된 다음과 같은 예를 통하여 자신의 주장을 전개한다.

연못: 강의 도중에 내가 어린아이가 [연못에 빠져] 익사할 위험에 처했다는 것을 알게 되었다고 가정해 보자. 내가 뛰어들어서 아이를 구해야 한다는 것을 누가 부정할 수 있겠는가? 내 옷은 진흙투성이가 될 것이고, 이 때문에 강의를 취소하거나 더러운 옷을 갈아입는 동안 강의가 미뤄질 수도 있다. 그러나 아이의 피할 수 있는 죽음에 비하면 이것은 아무것도 아니다.

연못의 예는 다음의 원리에 동기를 부여한다.

(P₂) 필적할 만한 도덕적 중요성을 지닌 것을 희생하지 않고도 아주 나쁜 일을 방지할 수 있는 힘이 있다면, 우리는 그것을 해야만 한다.[3]

싱어는 논란의 여지가 없이 (P₂)를 받아들이며, 왜 우리가 연못에서 아이를 구해야 하는지 설명한다. (P₂)를 감안할 때 싱어의 추론은 다음과 같다. 절대 빈곤은 매우 나쁘기 때문에, 가능한 한 절대 빈곤을 막아야 한다. 필적할 만한 도덕적 중요성을 지닌 것이 희생되지 않는다면 말이다. 무고한 아이의 삶은 우리가 소유한 물질적인 것들과는 비교할 수 없이 소중하므로, 우리는 그러한 사치를 누리기보다 아이들을 구해야 한다.

이 논증들은 우리에게 생각해 볼 점도 함께 제시한다. 첫째, 적어도 이 논증들이 근거하고 있는 규범적인 틀을 받아들인다면, 이 논증들은 처음에는 상당히 설득력 있다. 예를 들어, 쾌락주의적 행위 공리주의자 또는 선호 행위 공리주의자는 연못의 예가 (P₂)를 어떻게 정당화하는지와 무관하게, 싱어의 이론(P₂)에 동의하는 듯하다. 싱어의 논증에서 다른 전제들은 논쟁의 여지가 없기 때문에, 쾌락주의 또는 선호 행위 공리주의자는 싱어의 견고한 결론을 받아들여야 하는 것처럼 보인다. 간단히 말해서, 이러한 논증들은 절대 빈곤에 처한 사람들을 도와야 할 도덕적 의무가 있다는 생각에 강력한 공리주의적 이유, 칸트주의적 이유, 권리에 기반한 이유, 계약론적 이유를 제공한다. 둘째, 공리주의, 칸트주의 윤리, 인권 기반 윤리 및 계약주의는 규범 윤리에서 가장 널리 받아들여지는 이론들이다. 오늘날 윤리학에 종사하는 대부분의 철학자들은 이 이론들 중 하나의 관점을 받아들인다. 셋째, 나브손의 관점을 제외한다면, 방금 고려된 모든 논증들은 매우 과도한 결론을 이끌어 낸다. 이러한 논증들 (특히 싱어, 웅거, 에이킨의 논증들)은 우리가 부와 소득의 상당 부분을 도덕적 의무로서 케어(CARE)와 같은 기아 구호 단체에 기부해야 하며, 이러한 기부는 우리가 도우려는 사람들과 우리가 동일한 상태가 되기 전까지 계속되어야 한다는 결론에 다다른다. 넷째, 철학자를 포함하여 케어, 옥스팜 또는 유니세프에 기부하는 사람은 거의 없으며, 심지어 이 논증을 접한 후에도 대부분의 사람들은 수입의 상당 부분을 이 단체들에 기부하지는 않는다. 대체 무엇이 잘못된 것일까?

이처럼 매우 과도하게 요구하는 관점은 아마도 심리적으로 부담스럽고, 또한 비생산적이다. 이를 이유로 셸리 케이건(Shelly Kagan)은 다음과 같은 반론을 고려한다.

도덕이 너무 많은 것을 요구한다면 … 사람들은 이러한 요구에 미치지 못할 때(그들이 요구에 미치지 못할 것이라는 점은 의심할 여지가 없다), 그 어떤 도덕적 요구에도 따르지 않을 것이라고 말할 것이다. 이러한 전부 아니면 전무 식의 태도를 감안할 때, 도덕의 요구 사항은 너무 가혹하지 않아야 한다. 왜냐하면 이처럼 가혹한 도덕은 광범위한 태만을 야기하기 때문이다.

이 반론을 **과도한 요구**(*Too Much*) 반론이라고 부르기로 하자. 과도한 요구 반론에 따르면, 싱어, 웅거, 에이킨이 주장한, 과도한 요구를 하는 도덕원리는 잘못된 것이며, 이것은 다음과 같은 비생산적이고 무익한 사고를 일으킨다. "내가 어차피 이상적으로 살 수 없다면, 나는 그 이상에 다가가려는 노력조차도 하지 않을 것이다." 그러나 과도한 요구 반론은 심리학적 논제이다. 이것이 사실이라 할지라도 우리의 **실제 도덕적 의무**에는 아무런 영향을 미치지 않는다. 그것은 단지 우리가 어떤 도덕적 의무와 원리들을 공식적으로 옹호해야 하는지와 관련이 있다. 요컨대, 과도한 요구 반론은 다음과 같이 재구성될 수 있다. "사람들의 **실제 도덕적 의무**의 범위를 이해하기 위한 좋은 결과주의적 이유가 있을 수 있다. 즉, 그렇게 함으로써 사람들은 그렇게 하지 않을 때보다 그들의 실제 의무를 더 많이 수행할 것이다." 그러한 관찰은 우리의 **실제 의무**가 무엇인지에 관해서는 아무것도 알려 주지 않는다. 또한 그 실제 의무를 줄이거나 **최소화**하기 위해 그 어떤 것도 하지 않는다. 게다가, 과도한 요구 반론은 거짓일지도 모른다. 사람들이 과도한 요구 반론이 예측하는 바와 같은 일종의 전부 아니면 전무 식의 사고를 한다는 것은 매우 의심스럽다. 케이건의 다음과 같은 관찰이 그 이유를 보여 준다.

많은 사람들이 속도 제한을 지키지 않는다. 그렇다고 보행자를 치어도 괜찮다고 느끼는 사람은 거의 없다. 그러나 우리가 사람들에게 "글쎄, 나도 내가 해야 할 모든 것을 하는 것은 아니지만, 그래도 최소한의 것도 하지 않는 것은 오직 괴물이나 할 짓이야"라고 생각하도록 가르치지 말아야 할 이유는 없다….

전부 아니면 전무 식의 무익한 사상이라고 비난받지 않는다면, 우리의 의문은 그대로 남아 있다. 그렇다면 그와 같은 외견상 설득력 있는 논증들이 행동 변화를 불러일으키는 데 효과적이지 않은 이유는 무엇인가? 내 생각에, 정답은 과도한 요구 반론보다 더 직접적이다. 도덕적 논증들은 종종 사람들에게 그들이 원하지 않는 일도 해야 한다고 말한다. 일반적으로, 사람들에게 X — 여기서 X는 사람들이 하고 싶어 하지 않은 것이다 — 를 해야 한다고 말하는 논증을 제시하면, 사람들은 그 논증을 거부할 이유를 찾는다. 내가 들은 바 있는, 철학자들이 싱어와 그의 동료의 논증을 거부하면서 제시한 가장 일반적인 이유 중 하나는 대략 다음과 같다.

싱어의 선호 공리주의는 칸트의 윤리 이론, 에이킨의 인권론 및 롤스 식의 계약론과 마찬가지로 근본적인 결함이 있다. 이 견해들을 논파하는 반론을 기술한 논문들은 수도 없이 많다. 앞에서 언급한 모든 논증들이 결함 있는 윤리적 이론에 근거하고 있기 때문에, 이 모든 논증들 역시 결함이 있다. 나의 수입의 상당 부분을 기아 구호 단체에 보내야 하는 명확한 도덕적 이유가 올바른 도덕 이론에 근거하여 제시될 때까지, 나는 내가 원하는 곳에 내 돈을 사용할 것이다.

이런 자기 잇속만 차리는 대답은 솔직하지 못한데다 궤변이다. 솔직하지 못한 까닭은, 앞서 말했듯이, 공리주의, 칸트주의 윤리, 인권 기반 윤리, 계약주의는 규범 윤리학에서 가장 널리 받아들여지는 이론이기 때문이다. 다른 맥락에서, 철학자들은 전형적으로 위의 4가지 이론적 접근법

중 하나를 받아들인다. 이 대답이 궤변인 까닭은, 동일한 답변이 사실상 그 어떤 행동도 "정당화"하거나 합리화하는 데 사용될 수 있기 때문이다. [동일한 논리를 따르면] 지금까지 반론이 제기되지 않은 도덕 이론은 존재하지 않기 때문에, 우리는 예를 들면 강간을 반대하는 모든 논증들이 결함 있는 윤리적 이론에 의존하고 있다는 근거에서 강간을 "정당화"할 수도 있다.

이와 같은 강간에 대한 "정당화"가 옳지 못하다는 것은 분명하다. 강간의 잔인함을 진지하게 고려하는 사람 중, 단지 현재의 모든 윤리 이론들에 결함이 있다는 이유만으로 강간을 정당화하거나 허용한다고 생각하는 사람은 아무도 없다. 하지만 그와 같은 오도된 추론이 매년 수많은 죄 없는 어린아이들이 굶어 죽는 것을 '정당화'하는 데 종종 사용된다. 나의 목표는 (O_1)과 (O_2)의 도덕적 의무를 지지하는 논증을 제공함으로써 이 그럴싸한 거짓 답변을 차단하는 것이다. 나의 논증은 어떤 특별한, 논쟁의 여지가 많은 윤리 이론에 의존하지 않는다. 오히려 당신이 이미 가지고 있는 신념에 기초하고 있다.[4]

시작하기 전에 한 가지 짚고 넘어갈 것은, 윤리적 논증은 특정 상황에서 특정 청중을 전제로 한다는 점에서 종종 맥락 의존적이라는 것이다. 의도한 청중과 상황이 무엇인지를 인식함으로써 우리는 윤리적 주장의 범위에 대한 혼동을 방지할 수 있다. 나의 논증도 맥락 의존적이다. 나의 논증은 너무 가난해서 극심한 희생을 하지 않고는 기아 구제에 기여할 수 없는, 선진국에 사는 비교적 소수의 사람들을 대상으로 한 것이 아니다. 오히려 나의 논증이 겨냥하는 것은 당신같이 비교적 풍요롭게 살고, 작은 희생으로 기아 구호에 손쉽게 기여할 수 있는 사람들이다. 나의 의도는 당신과 같은 여건에 있는 사람이 기아 구호 단체를(또는 불필요한 고통을 줄이기 위해 노력하는 다른 단체를) 후원하지 않는 것은 도덕적으로 그르다는 것을 보여 주는 것이다. 특히 당신이 이미 받아들이고 있는 당신의 신념이 그런 단체를 후원하지 않는 것이 도덕적으로 옳지 않다는 견해를 당신에게 부과한다는 것을 보여 주는 것이다. 머리말은 이것으로 갈음하고 당신의 신념을 살펴보자.

2. 당신이 믿고 있는 것들

여기서 당신의 신념은 논쟁의 여지가 없는 것으로 간주된다. 대부분의 맥락에서 우리는 이러한 신념을 지키지 않는 사람을 도덕적으로 결함이 있거나 비합리적이라고 생각한다. 물론 대부분의 맥락에서 사람들은 어렵게 번 소득의 일부를 기부하라고 요구받지 않는다. 그러나 바하마에서 2주짜리 고급 크루즈 여행을 다녀왔다고 솔직하게 털어놓을 수 있는 당신은, 내 생각에 다음과 같은 명제를 믿는다고 기꺼이 인정할 것이다.

(B_1) 다른 조건이 같다면, 고통과 괴로움이 더 적은(더 많은) 세상이 고통과 괴로움이 더 많은(더 적은) 세상보다 더 좋다(더 나쁘다).
(B_2) **불필요한** 고통이 더 적은(더 많은) 세계는 **불필요한** 고통이 더 많은(더 적은) 세계보다 더 좋다(더 나쁘다).[5]

이 두 가지 명제를 실제로 믿는지 여부가 의심된다면, 실제로 다음 두 세계 α와 W_1을 비교해 보라. 우리의 세계인 α는 수백만 명의 무고한 아이들이 매년 기아로 인해 천천히 고통스럽게 죽음을 맞는다. W_1은 모든 면에서 우리의 세계와 비슷하지만, 두 가지 점에서 우리의 세계와 다르다. 그것은 W_1에서 모든 어린이는 먹을 음식이 충분하다는 것과, 모든 국가가 효과적인 인구 정책을 도입해서 인구를 지속 가능한 수준으로 감소시키는 조치를 취했다는 점이다. W_1은 분명히 α보다 나은 세상이며, 당신은 그것이 사실임을 알고 있다. 결국 불필요한 고통은 본질적으로 나쁘고, α는 W_1보다 훨씬 더 불필요한 고통을 포함한다.

불필요한 고통만이 당신이 가치 없다고 생각하는 유일한 것은 아니다.

당신의 신념으로부터 증거를 들자면 다음과 같다.

(B₃) **불필요한 아동 사망자가 적은**(많은) 세계는 불필요한 아동 사망자가 많은(적은) 세계보다 더 좋다(더 나쁘다).

당신이 (B₃)을 믿고, 이와 동시에 **불필요한 고통이 본질적으로 나쁘**다고 믿고 있다면, 당신은 의심할 여지 없이 아래의 두 가지를 믿을 것이다.

(B₄) 5세 미만의 무고한 아이가 자동차 사고로 죽을 때 그것은 나쁘다. 그리고
(B₅) 5세 미만의 무고한 어린이가 기아로 인해 느리고 고통스러운 죽음을 겪는 것은 더 나쁘다.

이 신념들은 또한 아래의 신념들을 도출한다.

(B₆) 다른 조건이 같다면 (i) 굶어 죽는 어린이가 더 적을수록 세상은 더 좋을 것이다. (ii) 굶어 죽는 어린이가 하나도 없으면 세상은 훨씬 더 좋을 것이다. (iii) 굶어 죽는 어린이가 더 많을수록 세상은 더 나쁠 것이다.

싱어의 연못 사례를 성찰해 본다면, 당신은 분명히 다음을 믿을 것이다.

(B₇) 5세 미만의 무고한 아이를 아무런 위험 부담 없이 최소한의 비용으로 쉽게 구할 수 있음에도 그 아이를 익사하게 내버려두는 것은 잘못이다(그르다).

당신이 (B₇)을 받아들이고 있다는 사실은 적어도 몇몇 적극적 의무들,

즉 다른 사람들을 이롭게 하는 의무들이 있음을 당신이 믿고 있다는 것을 보여 준다. 따라서 당신은 아마도 다음을 믿을 것이다.

(B$_8$) 우리는 세상을 더 좋은 곳으로 만들기 위한 조치를 취해야 한다. 이 조치가 우리에게 약간의 노력과 최소한의 희생을 요구할 경우에는 특히 그래야 한다.

그러나 우리가 적극적 의무를(또는 매우 제한된 적극적 의무를) 가지지 않는다는 이유로 당신이 (B$_8$)을 거부한다고 하더라도, 당신은 여전히 해를 끼치지 말아야 한다는 소극적 의무가 있다고 생각한다. 그렇기 때문에 당신은 다음을 믿는다.

(B$_{8'}$) 적어도 최소한의 노력과 무시해도 될 정도의 희생으로 세상이 더 나빠지는 것을 방지할 수 있다면, 우리는 세상이 더 나빠지는 것을 방지해야 한다.

당신은 또한 다음을 믿는다.

(B$_9$) 도덕적으로 좋은 사람은 세계를 더 나은 곳으로 만드는 조치를 취할 것이고 또한 세계가 나빠지는 것을 방지하기 위해 더 강력한 조치를 취할 것이다. 그리고

(B$_{10}$) "최소한의 품위를 지닌 사람"[6]은, 그 혹은 그녀가 약간의 노력으로 할 수 있다면, 세상의 불필요한 고통, 괴로움, 죽음의 양을 줄이는 데 도움이 되는 조치를 취할 것이다.

당신은 또한 당신이 어떤 사람인지에 대한 신념을 가지고 있다. 당신이 생각하는 자신과 실제의 자신을 일치시키고자 한다면, 당신은 다음

의 명제 중 하나를 믿는다.

(B₁₁) 나는 도덕적으로 좋은 사람이다. 또는
(B₁₂) 나는 최소한의 품위를 지닌 사람이다.

당신은 또한 자신을 믿는다.

(B₁₃) 약간의 노력으로 할 수 있다면, 나는 세상에서 불필요한 고통, 괴로움, 죽음의 양을 줄일 수 있는 확실한 조치를 취하는 그런 종류의 사람이다. 그리고
(B₁₄) 나는 지적으로 정직한 사람이다.

마지막으로, 대다수 사람과 마찬가지로 당신은 다음을 믿는다.

(B₁₅) 무고한 사람을 부당하게 죽이는 것은 잘못이다.

그래서 당신은 다음을 믿는다.

(B₁₆) 효과는 같으나 인류에게 치명적이지 않은 인구 통제 수단을 쉽게 사용할 수 있을 때, 인구 통제의 수단으로 2세부터 5세 사이의 무고한 아이들을 죽이는 것은 잘못이다.

부당한 살인과 관련이 없는 경우에도 당신은 다음을 믿는다.

(B₁₇) 다른 조건이 같다면, 너무 일찍 죽는 것보다 자연적인 수명을 다해서 죽는 것이 더 좋다.

(B_7), (B_8), (B_{10}), (B_{17})을 믿으므로, 당신은 또한 다음도 믿는다.

(B_{18}) 다른 조건이 같다면, 최소한의 노력과 적은 희생으로 죽음을 방지
할 수 있을 때, 무고한 사람을 죽게 내버려두는 것은 잘못이다.

(B_{18})을 적용하는 것은 정말 일반적이기 때문에, 당신은 또한 아래의 신
념도 받아들여야 한다.

(B_{19}) 다른 조건이 같다면, 최소한의 노력과 적은 희생으로 무고한 사
람의 죽음을 방지할 수 있을 때 그리고 효과는 같으나 인류에게
치명적이지 않은 인구 통제 수단을 쉽게 사용할 수 있을 때, 인구
통제 수단으로 무고한 사람들을 죽게 내버려두는 것은 잘못이다.

3. 당신이 (O_1)의 도덕적 의무를 받아들여야만 하는 이유

이 장의 목적은 당신의 신념 (B_1)~(B_{19})가 이미 당신에게 (O_1)을 부과
한다는 것을 보여 주는 것이다. 나는 [(B_1), (B_2), … (B_{19})]의 다른 부분
집합을 이용하여 (B_1)~(B_{19})를 믿는 사람들은 상식적이고 최소한을 요
구하는 두 가지 규범적 원리들을 받아들일 수밖에 없다고 주장한다. 또
한 나는 이 두 가지 원리들이 우리가 기아 구호 단체나 다른 불필요한
고통을 줄이는 일을 하는 다른 단체에 수입의 일정 부분을 기부해야 한
다는 (O_1)의 도덕적 의무를 함의한다고 주장한다. 각각의 규범적 원리
들은 (O_1)을 독립적으로 함의하기 때문에, 내 주장을 받아들이기 위해
당신이 (B_1)~(B_{19}) 모두를 믿을 필요는 없다. 그러나 당신이 믿는 명제
가 많을수록, (O_1)에 대한 당신의 헌신은 더 커진다.
면밀히 살펴보면, 웅거와 싱어에 의해 전개된 논증들과 같이 과도한
요구를 명령하는 논증들은 논파될 수 있다. 예를 들어, 웅거의 '약간 과

한 요구의 명령(Pretty Demanding Dictate)'에 대한 논증은 약한 윤리적 온전성의 원리(*Weak Principle of Ethical Integrity*)에 근거해 있다.

> 다른 조건들이 거의 같다면, 다른 사람들 대부분에게 고통을 주는 심각한 피해를 현저하게 줄일 수 있는 결과를 낳기 위하여 당신이 다른 사람들에게 손실을 입히는 것이 **괜찮다**고 한다면, 그래서 당신이 심각하게 잘못된 것을 피하고자 한다면, 당신은 그와 같은 심각한 손실을 전반적으로 훨씬 더 현저하게 줄일 수 있는 결과가 나올 때, 자신에게 훨씬 더 적은 손실을 **부과하지 않을 수 없으며** 또 그와 같이 더 적은 손실을 수용하지 않을 수도 없다. (웅거의 고딕체; 굵은 글씨는 필자의 강조)

그러나 이 원리는 잘못된 것이다. 당신이 다른 사람에게 어떤 손실을 입히는 것이 **허용된**다는 사실이, 당신이 스스로에게 더 적은 손실을 가하는 것이 **의무**라는 것을 함의하지는 않는다. 이것은 단지 당신 스스로에게 이런 손실을 부과하는 것이 **허용된**다는 것을 함의할 뿐, 그 이상도 그 이하도 아니다. 문제는 우리가 그러한 손실을 스스로에게 부과할 의무가 있는지 여부이다. 웅거의 논증은 잘못된 규범적 원리에 근거하고 있기 때문에, '약간 과한 요구의 명령'을 지지하는 그의 논증은 불건전하다.

원조 의무에 대한 싱어의 논증이 건전하기 위해서는 그의 (P₂)가 참이어야 하는데, (P₂)는 참인가? 싱어는 아이가 익사하도록 내버려두는 것이 잘못이라는 것을 설명하며 (P₂)가 참임을 암시한다. 확실히 (P₂)는 어린이가 물에 빠져 죽도록 방치하는 것이 잘못이라는 것을 함의한다. 그러나 다른 많은 더 약한 원리들도 같은 함의를 가진다. 다음과 같은 매우 구체적인 원리를 고려해 보자.

(P₃) 우리가 얕은 연못에 빠져서 죽어 가는 어린아이를 만났는데, 개인

적인 위험이 없고 400달러 이상의 가치를 지닌 옷을 망가트리지 않고 아이를 구할 수 있다면 우리는 그 아이를 구해야 한다.

(P₂)처럼 (P₃) 또한 익사하는 어린아이를 내버려두는 것이 잘못임을 함의한다. 그러므로 어린아이가 익사하는 것을 방관하는 것은 잘못이라고 설명하는 (P₂)가 참이라는 것은 분명하지 않다. 아마도 그 대신에 (P₃)이 참일 수도 있다. 확실히 누군가는 (P₃)이 규범적 원리에 요구되는 적절한 수준의 일반성을 갖추지 못했다고 정당하게 반대할 수 있을 것이다. (P₃)을 언급한 핵심은 단지 어린아이가 익사하는 것을 방관하는 것이 잘못임을 설명할 수 있는 (P₂)보다 약한 원리들이 있다는 것을 보여 주는 것이다. 다른 약한 원리들도 어린아이가 익사하는 것을 방관하는 것이 부당하다는 것을 설명할 수 있기 때문에, 싱어의 예는 (P₂)가 참이라는 것을 보여 주지 못한다. 여기에 좀 더 신빙성 있는 원리가 있다.

(P₄) 다른 조건이 동일하고, 당신의 생활수준이나 당신 가족의 생활수준을 현저히 감소시키지 않고, 당신이나 타인에게 아무런 위험도 없으며, 그리고 더 중요한 다른 의무를 이행하는 데 무리가 없으면서 최소한의 노력으로 당신이 무고한 사람의 죽음을 방지할 수 있다면, 당신은 그렇게 해야 한다.

(P₃)과는 다르게, (P₄)는 다양한 상황에서 규범적 지침을 제공하기에 충분히 일반적이다. 더욱이 (P₄) 또한 어린아이의 익사를 방관하는 것이 잘못임을 함의한다. 당연히, 당신이 연못으로 들어가면 당신의 면바지와 옥스퍼드 셔츠, 트위드 재킷이 더러워지겠지만, 당신이 교수라면 몇 벌의 트위드 재킷과 도커스의 투피스, 많은 옥스퍼드 셔츠를 가지고 있을 것이다. 당신이 입은 옷이 완전히 망가진다고 해도, 당신의 생활수준에 눈에 띄는 차이는 없을 것이다. 옷장에 걸려 있는 다른 옷을 입으면

되니까. 게다가 나의 완화된 원리 (P₄)는 아래의 것들 또한 지니고 있다. (B₃), (B₈'), (B₁₀), (B₁₂), (B₁₇), (B₁₈)을 믿는 당신 같은 사람들은 비일관성의 오류를 범하지 않으려면 (P₄)를 받아들일 수밖에 없다.

당신의 신념들[(B₁), (B₂), (B₈), (B₁₀)]은 또한 다른 최소한의 원리를 따르게 한다.

(P₅) 당신이나 타인에게 아무런 위험도 없으며, 당신의 생활수준이나 당신 가족의 생활수준을 현저히 감소시키지 않고, 그리고 더 중요한 다른 의무를 이행하는 데 무리가 없으면서 최소한의 노력으로 세상에서 불필요한 고통의 양을 줄일 수 있다면, 당신은 그렇게 해야 한다.

여기에도 문제는 있다. (P₄)와 (P₅)를 받아들이는 부유하거나 적당히 풍요로운 사람들은 이미 기아 구호 단체 및 불필요한 고통을 줄이기 위해 노력하는 다른 단체에 수입의 일부를 송금해야 하는 의무를 수행하고 있다. 당신이 (P₄)를 받아들이는 것의 의미 함축을 고려해 보자. (P₄)에 따르면, 다른 조건이 같다면 최소한의 노력으로 그리고 당신과 부양가족의 생활수준에 눈에 띄는 희생이 없으면, 사람이 죽는 것을 방지해야 한다. 옥스팜, 케어 또는 유니세프에 소득의 적은 일부를 보냄으로써 낳은 무고한 아이들의 불필요한 죽음을 방지할 수 있다. 또한 이것은 당신과 당신의 부양가족의 생활수준을 눈에 띄게 희생시키지 않고, 더 중요한 의무를 수행하는 것을 방해하지 않을 것이다. 따라서 (P₄)에 따르면, 그렇게 해야 한다. 당신의 신념 (B₁₈) — 당신의 최소한의 노력과 최소한의 희생으로 죽음을 방지할 수 있을 때, 무고한 사람이 죽도록 내버려두는 것은 잘못이다 — 이 같은 결과를 함의한다는 것도 주목할 가치가 있다. 적은 노력(수표를 쓰는 것)과 당신의 최소한의 희생(생활수준에 눈에 띄는 하락이 없음)으로 5세 미만의 수많은 무고한 아이들의 죽음을 쉽게 방지할 수 있을 때, 위에 열거된 것과 같은 기아 구호 단체에 돈을 보내지 않는 것은 그들을 죽도록 버려두는 것이다. (B_{18})은 이 아이들을 죽게 내버려 두는 것은 당신의 잘못이라는 것을 함의한다. 따라서 불필요한 고통이 본질적으로 나쁜 것이라는 신념과 이런 죽음을 방지하는 데 도움을 주어야 한다는 당신의 의무가 결합하여 당신에게 무고한 어린이들의 죽음을 방지하기 위하여 옥스팜, 케어 및 유니세프와 같은 단체에 소득의 일부를 보내는 의무를 부과한다.

불필요한 고통이 본질적으로 나쁜 것이라는 당신의 신념[(B_1), (B_2)]과 고통을 최소화하라는 우리의 의무에 대한 당신의 신념[(B_8), (B_{10}), (B_{12}), B_{13}]은 당신에게 다음의 관점도 부과할 것이다. 당신은 적은 노력으로, 나와 다른 사람에게 위험이 없고, 생활수준에 눈에 띄는 하락 없이 가능하다면, 세계의 불필요한 고통의 양을 감소시키기 위해 도와야 한다. [즉, 그것들은 당신에게 (P_5)를 받아들이게 할 것이다.] 절대 빈곤 상태에서 살고 있는 아이들이 기아로만 죽는 것은 아니다. 그들은 손상된 뇌 발달, 홍역, 만성 설사, 만성 피로 그리고 소모성 질환을 포함하여 끊임없는 굶주림과 그에 수반되는 합병증으로 끔찍한 **고통을 겪고** 있다. 옥스팜, 케어 또는 유니세프에 소득의 적당 부분을 보내면, 영양실조로 고통 받는 어린이들에게 먹거리, 깨끗한 물, 필요한 약을 제공함으로써 고통을 완화하고 질병의 위험을 크게 줄일 수 있다. 자신과 타인에게 아무런 위험이 없고, 생활수준을 현저히 하락시키지 않고, 더 중요한 다른 어떤 의무도 침해하지 않으면서, (수표를 작성함으로써) 쉽게 할 수 있기 때문에, 당신의 신념은 그것에 수반되는 (P_5)와 함께 당신이 그렇게 해야 한다는 것을 함의한다.

당신의 다른 신념도 동일한 결론을 지지한다. 당신은 (B_9) ― 도덕적으로 좋은 사람은 세계를 더 나은 곳으로 만드는 조치를 취할 것이고 또한 세계가 나빠지는 것을 방지하기 위해 더 강력한 조치를 취할 것이다 ― 과 (B_{10}) ― "최소한의 품위를 지닌 사람"은, 그 혹은 그녀가 약간의 노력으로 할 수 있다면, 세상의 불필요한 고통, 괴로움, 죽음의 양을 줄이는 데 도움이 되는 조치를 취할 것이다 — 을 믿는다. 더불어 당신은 당신이 도덕적으로 좋은 사람[(B_{11})]이거나 최소한의 품위를 지닌 사람[(B_{12})]이라고 생각한다. 그리고 **약간의 노력으로 할 수 있다면**[(B_{13})], 당신은 세계의 고통, 괴로움, 죽음의 양을 줄이기 위한 조치를 취하는 사람이라고 생각한다. 우리가 이미 보았듯이, **약간의 노력과 희생**으로 궁핍한 어린이들의 불필요한 고통의 양과 불필요한 어린이들의 죽음을 줄이는 데 도움을 줄 수 있다. 단지 옥스팜, 케어, 유니세프 혹은 세계의 불필요한 고통의 양을 줄이기 위해 효과적으로 일하는 다른 인도주의적 단체에 적당한 금액의 수표를 써서 보냄으로써 말이다. (B_{10})을 감안할 때, 당신은 이 단체 중 하나(또는 그 이상)에 적절한 후원을 제공해야 한다. (B_{12})와 (B_{13})을 감안할 때, 당신이 정말로 당신이 생각하는 부류의 사람이라면, 당신은 이러한 단체 중 하나(또는 그 이상)에 그러한 후원을 제공할 것이다.

우리는 당신의 신념들 간의 일관성이 기아 구호 단체 및 불필요한 고통을 줄이고 불필요한 죽음을 방지하기 위해 노력하는 다른 단체에 소득의 일부를 보내야 한다고 요구한다는 것을 보여 주었다. 그렇다면 우리는 그러한 가치 있는 단체에 얼마의 돈을 보낼 의무가 있는가? 여기서도 나는 당신의 (B_{14})에 호소해야 한다. 당신은 스스로를 지적으로 정직한 사람으로 생각하기 때문에, 나와 부양가족의 생활수준에 현격한 영향이 없는 한에서 기아 구호 단체에 얼마의 돈을 기부할 능력이 있는지 솔직히 자문해야 한다. 당연히 당신의 생활수준(또는 부양가족의 생활수준)을 떨어뜨리지 않는 선에서 얼마의 돈을 보낼 수 있느냐는 당신이 생애의 어떤 단계에 있는가와 재정의 규모에 달려 있다. 그럼에도 불구하고 나는 당신이 대부분의 적당히 풍요로운 사람들과 마찬가지로 당신의 평상시의 생활수준에서 최소한의 눈에 띄는 변화 없이 소득의 2%를 기아 구제와 세계 인구 통제와 같은 가치 있는 일에 쉽게 기부할 수 있다고 주장한다. 나는 아주 과학적인 방법으로 이 숫자를 산출했다. 나는 연봉이 9,000달러인 조교에게 현재 생활수준에 눈에 띄는 차이가 없으면 기아 구호 단체에 수입의 1%(연간 90달러, 월 7.50달러)를 보낼 수 있느냐고 물었다. 그는 할 수 있다고 답했다. 수업 과제로 이 글을 읽어야 하는 학생들을 제외하고, 이 글을 읽는 거의 모든 사람들이 나의 조교보다 연봉이 훨씬 더 높을 것이다. 그리고 이것은 당신이 당신의 집세, 보험, 자녀 대학 학비 등과 내 조교의 집세, 보험료, 학비 등을 비교해도 내 조교보다 더 많은 재정적 의무가 있다는 사실을 내포하고 있다. 더욱이 한계효용의 법칙을 감안하면, 나의 조교가 생활이 힘들지 않는 선에서 소득의 1%를 기부할 수 있다면, 당신은 눈에 띄는 생활수준의 변화 없이 소득의 2%를 보낼 수 있을 것이다. 대부분의 철학 교수들은 일 년에 4만 달러를 벌어들인다. 4만 달러의 2%는 연 800달러 또는 월 15달러이다. 기아 구호 단체에 15달러를 보내면 5세 미만의 250명 이상의 무고한 아이들이 매년 죽어 가는 것을 방지할 수 있고, 당신은 이전과 별 차이 없이 살 것이다. 조지 부시(George "Read My Lips(내 말 잘 들어)" Bush) 대통령이 삭감하겠다고 약속했던 세금 2%를 인상했을 때 **현저한 생활수준의 변화**가 있었는가? 없었다. 특히 매달 60달러씩 자동이체를 해 둔다면, 현재 소득이 2% 감소했다는 것을 알아차리지도 못할 것이다. 그것은 단지 당신이 알지도 못하는 또 다른 자동이체가 될 것이다.

많은 사람들이 생활수준을 유지하며 소득의 더 많은 부분(소득의 5% 정도)을 기부할 수 있다. 앞에서 말했듯이, 이것은 지적 정직성의 문제이다. 당신의 생활수준을 눈에 띄게 감소시키지 않고 다른 우선순위의 의무를 침범하지 않는 선에서 기아 구호 단체에 보낼 수 있는 소득의 비율을 정직하게 결정해야 한다. 당신 자신의 신념에 따라 그 비율은 기아 구호 단체 및/또는 불필요한 고통을 줄이기 위해 노력하는 다른 단체에 보내야 하는, 당신에게 요구되는 도덕적으로 **최소한의** 양이다. 한 가지 분명한 사실은, 당신과 가족의 생활수준을 유지하면서 옥스팜, 케어, 유니세프 및 IPPF와 같은 가치 있는 단체에 소득의 1%는 쉽게 보낼 수 있다는 것이다. 당신의 신념은 원리 (P_4)와 (P_5)에 구속되기 때문에, 그에 따라 당신은 소득의 최소 1%, 아마도 2%, 혹은 그 이상을 이런 중요한 단체에 기부해야 한다. 이보다 더 적게 기부하는 것은, 당신 자신의 기준에 따르면 심각한 부도덕이다.

학생들은 어떤가? 학생들 또한 (B_1)-(B_{19})를 받아들이므로, 그들의 신념들 또한 최소한의 노력과 희생으로 굶어 죽어 가는 무고한 아이들의 수를 줄일 수 있다면 그렇게 해야 한다는 것을 함의한다. 문제는 최소한의 노력과 희생을 감수하고 그렇게 할 수 있는지 여부이다. 학생은 돈이 빠듯할 테니까. 학생들은 자신의 생활을 꾸려 나가는 것만으로도 힘들 텐데, 무고하고 배고픈 아이들의 생명을 구하기 위해 일하는 단체에 기부하는 도덕적 의무를 실행할 수 있을까? 대답은 학생마다 다를 것이 틀림없지만, 여기에서도 지적 정직성이 작동해야 한다. 주당 맥주(2달러)나 카페라테(2.5달러) 또는 한 달에 담배 한 갑(4달러)이 부족하다고, 실제로 인생이 불행해질까? 또는 2개월마다 CD 1장을 덜 산다고 가정해 보자. 정말로 당신의 삶이 눈에 띄게 불행해질까? (어쨌든 선반에 안 듣는 CD가 얼마나 많은가?) 우리가 정직하다면, 대부분의 학생들을 포함해서, 대부분의 사람들이 경솔한 구매를 많이 한다는 것을 인정해야 한다. 이러한 경솔한 구매량을 조금 줄인다고 해도 당신의 삶의 질에 차이는 없을 것이고, 경우에 따라서는 우리의 건강과 삶의 질이 실질적으로 향상될 것이다. 예를 들어, 담배 한 갑, 고시방 카페라테 한 잔씩 줄인다면 그렇게 될 것이다. 실례를 들자면, 한 수에 카페라테 한 산을 딜 나섰다고 가정해 보자. 결과적으로, 한 달에 10달러를 절약할 수 있다. 매달 절약한 10달러를 옥스팜으로 보내는 것만으로도 당장 1년 동안 40명의 아이들을 살릴 수 있을 것이며, 생활수준은 동일하게 유지될 것이다. 당신이 카페라테 없이는 살 수 없고, 하루에 라테 한 잔 못 마시는 삶은 불행하다고 생각한다면, 삶의 질을 현저히 떨어뜨리지 않고 줄일 수 있는 경솔한 구매가 있는지 솔직하게 자문해야 한다. 1년에 CD 한 장을 덜 사고 유니세프에 15달러를 보낸다면, 당장 죽어 가는 아이 5명을 구할 수 있다. 요점은 간단하다. 여기저기에서 일어나는 경솔한 구매를 단절하고, 심지어 학생도 **최소한의 노력과 생활수준의 현저한 감소 없이** 절대 빈곤과 영양실조로 고통받으며 죽어 가는 무고한 아이들의 수를 줄이는 데 도움이 될 수 있다.

내가 말하고자 하는 도덕은 분명하다. 당신 자신의 신념들 간의 일관성은 당신에게 다음을 받아들일 것을 요구한다. (i) 당신은 기아 구호 단체 및 불필요한 고통, 괴로움 및 죽음의 양을 줄이기 위해 노력하는 다른 단체에 소득 일부를 기부할 도덕적 의무가 있다. (ii) 얼마를 보내건 당신이 의무적으로 기부하는 최소 금액은 당신 또는 당신과 가족의 생활수준을 유지하고 다른 더 중요한 의무를 하는 데 방해되지 않으면서 보낼 수 있는 금액이다. 이는 대부분의 경우, 우리 수입의 2%, 세후 약 1.5%를 해당 단체에 보내는 것을 의미한다. 대부분의 학생들은 경솔한 구매를 줄여서 모은 돈을 이 단체들 중 한 곳으로 보내는 것을 의미한다.

4. 당신이 (O₂)의 도덕적 의무를 받아들여야만 하는 이유

당신은 당신의 신념이 당신에게 의무를 지운다는 것을 알았다.

(O₁) 세상의 불필요한 고통의 양을 줄이기 위해 노력하는 인도주의 단체에 수입의 일부를 보내기.

하지만 세계의 절대 빈곤자들에 대한 우리의 의무는 (O₁)로 끝나지 않는다. 당신의 신념은 또한 우리에게 다음의 의무가 있음을 함의한다.

(O₂) 특별히 우리와 타인에게 위험이 없다면, 절대 빈곤에 시달리는 세계의 사람들을 먹일 수 있는 식량을 낭비하지 말 것.

A. 영양실조

우리가 영양실조에 대해 생각할 때, 저개발국가의 가난하고 굶주린 아이들의 이미지를 떠올리지, 선진국에서 매우 흔한 당뇨병, 고혈압 및 심장 질환으로 고통 받고 있는 뚱뚱한 사람들을 생각하지 않는다. 그러나 후자의 사람들도 분명히 영양실조 상태에 있다. 사실 영양실조에는 두 가지 종류 — 영양부족과 영양 과잉 — 가 있다. 이 두 가지 다 예방할 수 있는 질병이며, 불필요한 고통과 조기 사망을 초래한다. 영양부족은 소비할 칼로리가 충분하지 않거나, 정상적인 생물학적 기능 및 대사 기능에 필요한 기본 에너지와 영양소 들을 충족시키지 못할 때 발생한다. 영양부족은 다음과 같은 다양한 결핍성 질환을 일으킨다. (단백질 결핍으로 인한) 조직 소모, (2세 이전의 불충분한 지방 소비로 인한) 뇌 발달 저하, 실명(비타민 A 결핍증), 괴혈병(비타민 C 결핍증), 각기병(비타민 B1 결핍증), 펠라그라(비타민 B3와 단백질 부족), 기아로 인한 사망(칼로리 부족). 저개발국가에서 흔히 볼 수 있는 이러한 질병은 선진국에서는 사실상 존재하지 않는다. 영양 과잉은 과다 지방, 고도 포화지방, 과다 단백질, 과도한 콜레스테롤, 과잉 정제 설탕, 과잉 나트륨 섭취로 인해 발생한다. 영양 과잉은 다음과 같은 과잉에서 비롯된 다양한 질환들을 동반한다. 관상 동맥 질환, 뇌졸중 및 기타 동맥 경화성 질환(과도한 콜레스테롤, 포화지방, 트랜스지방산 및 철), 비만(과다지방 및 칼로리), 고혈압(과다지방, 칼로리 및 나트륨), 당뇨병(과다 지방, 칼로리 및 정제된 설탕), 일부 형태의 암(과도한 시방) 및 골다공증(비활동성과 과다한 단백질 섭취)이 포함된다. 선진국에 만연한 이러한 질병은 저개발국가에서는 거의 전례가 없다. 우리가 앞으로 살펴보겠지만, 두 가지 형태의 영양실조는 사실상 동일한 근본 원인을 가지고 있다. 즉, (i) 영양 과잉을 조장하고, (ii) 영양 부족인 사람들에게 제공될 수 있는 식량을 영양 과잉인 사람들이 낭비하는 것을 체계적으로 요구하는 농경의 형태가 그 원인이다.

B. 하루 지난 빵: 식량난을 겪고 있는 세계에서 식량 낭비가 도덕적으로 옳지 않은 이유

하루 지난 빵 시나리오: 하루 지난 빵을 정가의 3분의 1 가격으로 판매하는 작은 빵집이 이웃에 있다고 가정해 보자. 빵집은 제값을 주고 사는 고객에게 팔 빵이 부족하지 않도록 하기 위해서 대개 필요한 빵보다 12개 정도를 더 만든다. 또 이웃에 가정폭력 피해 여성과 어린이들을 위한 작은 노숙자 쉼터가 있다고 가정하자. 이들은 하루 지난 저렴한 빵만 살 수 있어서, 하루 지난 빵이 없는 날에는 굶어야 한다. 나는 이 모든 사실을 알고 있음에도 불구하고, 단지 부엌에서 고소한 빵 냄새가 나는 것이 좋아, 매일 빵집이 문 닫기 직전에 찾아가서 남은 빵 12개를 산다고 가정해 보자(나는 일상적으로 구입하는 빵도 함께 구매한다). 결과적으로, 이제 그들은 하루 지난 빵을 살 수 없게 된다. 물론 나는 그토록 많은 빵을 먹을 수도 없으니 그다음 날, 갓 구운 냄새가 없어지면 그 12개의 빵 모두를 쓰레기통에 버린다. 나는 이런 식으로 음식을 낭비함으로써, 알면서도 피난처에 있는 여성과 아이들을 배고프게 만든다. 그리고 이런 방식으로 단지 나의 부엌을 향기롭게 하는 사소한 욕구를 만족시킨다. 마지막으로, 내가 내 부엌을 향기롭게 하는 사소한 욕구를 충족시키기 위해서 여성과 어린이 중 일부가 굶주림과 관련된 질병으로 죽을 수도 있을 만큼 오랫동안 빵을 사 왔다고 가정해 보자.

나는 잘못된 일을 해왔나? 당신의 신념은 나의 신념과 같다. 당신은 **불필요한 고통이 더 많은 세계가 불필요한 고통이 더 적은 세상보다 더 나쁘다고 믿는다([B₂]). 그리고 당신은 최소한의 노력과 희생으로 가능하다면, 세상을 더 나쁜 곳으로 만드는 것을 피해야 한다고 믿는다[(B₈)]. 하루 지난 빵의 사례에서, 나는 알면서도 그 여성과 아이들이 먹을 수 있는 음식을 낭비하였고, 알면서도 특정 후각적 만족을 위해 그들에게 불필요한 고통을 주었다. 나는 알면서도 순전히 사소한 이유로 불필요한 고통의 양을 늘림으로써 세상을 더 나쁘게 만들었다. 여기에서 나는 적극적으로 또 고의로 다른 사람들을 더 나쁘게 만들었다. 세상을 나쁘게 만드는 것을 막기 위해 쉽게 할 수 있었던 한 가지는, 내가 필요한 빵만 구입하고 다른 사람이 소비할 수 있도록 나머지 것들은 남겨 두는 것이었다. 모든 사람이 충분한 양의 음식을 먹을 수 있는 세상에서는, 아마도 필요한 것보다 훨씬 많은 빵을 구입하는 것이 잘못은 아닐 것이다. 그러나 당신의 신념에서 마땅히 드러나듯이, 심각한 영양부족으로 먹을 것이 절실하게 필요한 사람들을 먹일 수 있는 식량을 낭비하는 것은 잘못이다. 간단히 말해서, 당신의 신념은 그것을 필요로 하는 사람들이 먹을 수 있는 음식을 낭비하지 말자는 (O_2)의 의무를 함의하고 있다.

다수의 낭비 시나리오: 갓 구운 빵의 냄새를 맡고 싶다는 생각이 특이한 것이 아니라고 가정해 보자. 미국의 모든 사람들이 나처럼 신선한 빵 냄새를 충분히 맡는 것을 좋아한다고 가정하자. 그래서 사람들이 폐점 시간 직전에 동네 빵집의 빵을 싹쓸이한 나머지, 미국 전역에 남아 있는 빵은 단 하나도 없다고 가정해 보자. 그래서 결과적으로 북아메리카의 많은 사람들이 신선한 빵 냄새를 즐기고자, 북아메리카 전역의 쉼터에 있는 여성과 어린이들이 굶어 죽고 있다고 가정해 보자. 많은 사람들이 이런 식으로 빵을 낭비하고 있다는 사실이 내 지역 빵집에서 빵을 낭비하는 나의 잘못을 줄여 주는가? 조금도 줄여 주지 않는다. 다른 사람들의 비도덕적인 행동은 나의 비도덕적인 행동을 정당화하지 못한다. 당신의 신념을 삼안할 때, 하루 지난 빵 시나리오와 다수의 낭비 시나리오 가정의 유일한 차이점이라고 하면, 후자의 경우는 나처럼 다른 사람들도 도덕적으로 비난받을 만하다는 것이다.

C. 식량 부족 세계에서의 식사: (O_2)의 함축

하루 지난 빵 시나리오는 절대 빈곤 상태에 있는 사람들이 먹을 수 있는 음식을 낭비해서는 안 된다는 도덕적 의무에 당신이 구속되어 있음을 보여 준다. 해당 의무에 전념하는 것은 당신 혼자가 아니다. 이는 (B_1)-(B_{19})를 믿는, 그리고 (O_2)를 인정하는 거의 모든 사람을 포함한다. 심지어 (B_1)-(B_{19})에 호소하지 않아도, 당신은 다른 사람들의 생명을 살릴 수 있는 빵을 고의로 버리는 것은 잘못이라는 데 동의할 것이다. 따라서 우리는 그런 식으로 음식을 낭비하지 말아야 할 의무가 있다. 대부분의 사람들이 깨닫지 못하는 것은 의무 (O_2)를 이행하기 위해서는 먹는 방식을 근본적으로 바꿔야만 한다는 것이다.

대부분의 적당히 풍요로운 사람은 고기와 많은 육가공 식품을 먹는다. 아침에는 베이컨이나 소시지, 점심 식사에는 1/4파운드 햄버거 한두 개, 그리고 저녁으로 스테이크, 돼지 갈비 또는 닭고기를 먹는다. 부유한 국가에 사는 대다수 사람에게 이런 방식의 식사는 정상적 ─ 그들은 그런 식으로 먹도록 양육되었다 ─ 이며, 허용 가능한 것일 뿐만 아니라 실제로 좋은 것으로 여겨진다. 그러나 그들이 생각하는 것처럼 항상 그렇지는 않다. 이 절의 목적은 (B_1)-(B_{19})를 믿는 사람들은 비일관성의 오류를 범하지 않는 한 이미 다량의 고기를 먹는 것의 비도덕성을 받아들이고 있음을 보여 주는 것이다. 내가 앞에서 논의해 온 (B_1), (B_2), (B_8), $(B_{8'})$, (B_{10})과 같은 신념들은 우리에게 고기와 다른 동물성 식품을 먹는 것이 비도덕적이라는 견해를 받아들이도록 만든다. 왜냐하면 현대의 공장식 축산은 **동물들에게 엄청난 양의 불필요한 고통을 주기 때문이다.**[7] 여기서, 나는 이러한 농업 생산 시스템이 만들어 내는 알려지지 않은 인간의 고통에 관심이 있다.

하루 지난 빵 시나리오에서 사용된 숫자들은 무작위로 선택된 것이 아니다. 12덩이의 빵은 1파운드의 쇠고기를 생산하는 데 12.9파운드의 곡물이 필요함을 의미한다. 이 곡물은 굶주리고 있는 세계의 가난한 사람들에게 직접 먹일 수도 있지만, 의도적으로 기르는 소 ─ 인위적으로 수정시키지 않았으면 존재하지도 않았고, 따라서 먹일 필요도 없는 소 ─ 에게 공급된다. 이 소들은 먹은 곡물을 배설물로 배출한다. 가축에게 곡물을 먹여서 동물성 단백질을 생산하면, 곡물에 포함된 단백질의 90%, 칼로리의 96%, 탄수화물 100%, 섬유질 100%가 손실된다. 부유한 사람들이 고기를 먹을 수 있도록 가축에게 곡물을 먹임으로써, 굶주리는 사람들은 소에게 먹을 것을 빼앗기고 있다. 결과적으로, 10억 명이 넘는 사람들이 만성 기아에 시달리는 가운데, 사료를 먹는 소는 절대로 배고프지 않다. 이를 하루 지난 빵의 사례에 빗대어 보면 12.9파운드의 곡물을 12.9덩이의 빵으로 바꿀 수 있고, 그 빵은 세계의 가난한 사람들에게 먹일 수 있다. 그 대신에 그 곡물/빵을 낭비하면서 풍족한 국가의 사람들은 고기와 다른 동물성 제품을 먹고 있는 것이다. 이것을 우회할 다른 방법은 없다. 1파운드의 쇠고기를 구입할 때마다, 곡물 12.9파운드를 효과적으로 낭비하는 농업 시스템을 지원하는 꼴이다.

가장 비효율적인 식량 생산 수단 중 하나인 쇠고기 생산은 물론이고, 모든 형태의 축산업이 심각하게 비효율적이다. 1991년 미국에서 생산된 1,200만 톤의 곡물 단백질 중 1,000만 톤이 가축에게 공급되었고, 그중 인간이 소비한 양은 200만 톤에 불과했다. 그해 미국에서 생산된 920만 톤의 콩과식물 단백질 중 900만 톤이 가축에게 공급되었고, 인간은 단지 20만 톤을 소비하였다. 가축에게 공급되는 식물 단백질 2,100만 톤은 700만 톤의 가축 단백질로 돌아온다(단백질 전환 효율 33%). 그 결과로 1,400만 톤의 단백질이 손실되었으며, 굶주린 어린이의 생명을 구할 수 있었던 단백질은 가축 생산에 투입되었다. 또한 가축에게 곡물을 먹여서 잃은 필수영양소는 단백질 말고도 더 있다. 우리는 곡물의 탄수화물과 섬유질(고기에는 탄수화물이나 섬유질이 없음), 그리고 그것의 칼로리 에너지의 약 90%를 전부 잃는다. 나는 서두에서 미국에는 세계의 전체 인구를 먹이고도 남는 충분한 곡물과 대두가 자란다고 언급했다. 불행히도 그 곡물의 대부분이 가축 생산에 낭비된다. 미국에서는 연간 1인당 740kg의 곡물이 재배되며, 그중 663kg은 가축에게 공급되고, 사람이 소비하는 양은 77kg에 불과하다.[8] 우리가 고기와 동물성 음식을 피하고 그 곡물을 직접 먹는다면, 세계의 굶주린 인구를 먹이고도 남을 만큼의 충분한 곡물을 확보하게 된다.

역설적이게도, 굶주린 인간에게서 곡물을 빼앗는 위와 같은 농경 시스템은 가난한 나라에서 영양부족을 초래하는 것과 동일하게 풍요로운 국가에서는 영양 과잉의 주요 원인 중 하나이다. 포화지방과 콜레스테롤이 높은 식단이 심장병, 고혈압, 비만, 당뇨병 및 일부 형태의 암과 같은 몇 가지 만성 퇴행성 질환의 위험을 크게 증가시키는 것은 이미 밝혀진 사실이다. 또한 우리는 육류 및 육가공 제품이 일반적인 서양식 식단에서 포화지방과 콜레스테롤의 주요 원천임을 알고 있다. 이에 대한 증거는 매우 강력한데, 미국의 선도적인 영양 기관인 미국영양협회(American Dietetic Association)가 지금도 다음과 같은 입장을 유지하고 있는 데서 알 수 있다.

> 과학적 데이터는 채식이 비만, 관상 동맥 질환, 고혈압, 당뇨병 및 일부 유형의 암을 비롯한 여러 만성 퇴행성 질환의 위험을 줄이는 데 긍정적인 관계가 있음을 시사한다. 적절하게 계획된 채식 식단이 건강하고, 영양학적으로도 적절하며, 특정 질병의 예방 및 치료에 건강상의 이점을 제공한다는 것이 미국영양협회(ADA)의 입장이다.[9]

미국영양협회는 또한 다음과 같이 주장한다.

> [모든 동물성 식품을 섭취하지 않는] 잘 계획된 비건(well-planned vegan) 식단과 [동물의 알과 유제품은 섭취하는] 락토-오보 채식(lacto-ovo vegetarian) 식단은 임신과 수유기를 포함한 모든 생애 주기에 적합하다. 적절하게 계획된 채식 식단과 락토-오보 채식 식단은 유아, 어린이 및 청소년의 영양 요구를 충족시키고 정상적인 성장을 촉진한다.

아이들이 육류 기반의 식단을 섭취했을 때 생길 수 있는 한 가지 결과가 소아 비만이라는 사실은 아이러니하고도 슬픈 일이다. 저개발국가의 아이들이 굶어 죽는 동안, 미국 아동의 20% 이상은 비만이다. 이에 더불어 관상 동맥 경화증으로 인한 손상이 현저하게 일찍 시작된다. 이는 육류 기반의 식단으로 말미암은 것이다. 스폭(Spock) 박사는 다음과 같이 지적한다. 관상 동맥의 지방 침착물은 일반적인 미국 식단을 접한 3세 이상의 아이들부터 12세 이상의 아이들의 70%에서 전형적으로 발견된다. 결과적으로, 스폭 박사는 2세 이상의 모든 아이들에게 비건 식단을 권장한다. 이 마지막 관찰은 육류와 육가공 제품을 섭취하는 생물학적 필요가 음식을 낭비하지 말아야 할 의무보다 우선하지 않음을 보여 준다. 육류와 육가공 제품을 반드시 소비해야 할 필요는 없다. 성인이나 어린이 모두 육가공 제품을 소비할 필요가 전혀 없다. 미국영양협회가 주장하듯, 육류와 육가공 제품을 배제한, 적절하게 계획된 비건 식단은 생애 주기의 모든 단계에 영양학적으로 적합하다. 스폭 박사가 옳다면, 적절하게 계획된 채식 식단은 육류 기반의 식단보다 영양학적으로 우월하다. 그 어느 쪽이든, 우리는 육류 및 육가공 제품을 필요로 하지 않는다. 우리가 그것을 먹는 것은 오로지 그 맛을 좋아하기 때문이다.

특정한 맛에 대한 욕구 때문에 굶주리는 어린아이에게 먹일 수 있는 음식을 낭비하는 것을 어떻게 정당화할 수 있겠는가? 그럴 수는 없을 것이다. 하루 지난 빵 시나리오에서 우리는 당신의 신념이 단지 좋은 냄새를 맡기 위해서 빵 12덩이를 낭비하는 것이 잘못임을 함의한다는 것을 알았다. 그렇게 하는 것은 다른 사람에게 도움이 되지 않을 뿐만 아니라, 적극적으로 다른 사람들을 더 나쁘게 만드는 것이다. 물론, 고기 맛을 좋아하기 때문에 육류를 구입하는 것은 단지 12파운드의 곡물을 낭비해서 특별한 맛을 경험하는 것이다. 그러나 그렇게 하면서 그 사람은 다른 사람들 — 곡물을 절실히 필요로 하는 사람들 — 을 적극적으로 불행하게 만드는 것이다. 후각보다는 미각이라는 사실은 확실히 도덕과 유관한 사실이 아니다. 왜냐하면 당신의 신념은 하루 지난 빵을 낭비하는 것도 잘못이고, 육류를 소비함으로써 곡물을 낭비하는 것 역시 잘못이라는 것을 함의하기 때문이다. 따라서 곡물을 낭비하지 말아야 할 의무에 대한 당신의 신념은 당신에게 주로 식물 기반의 식단, 즉 곡물을 먹고 자라는 동물로부터 얻은 육류 및 육가공 제품을 먹지 않는 식단을 채택할 의무를 부과한다. 상업적으로 생산되는 거의 모든 육류(쇠고기, 돼지고기, 닭고기, 칠면조 고기, 양식된 생선 등), 유제품 및 계란은 곡물을 먹는 동물에서 나온 것이기 때문에, 당신의 신념과 일관성을 유지하려면 쇠고기, 돼지고기, 닭고기, 칠면조 고기, 양식 물고기, 유제품 및 계란을 먹지 않는 준-비건(quasi-vegan) 식단을 채택해야 한다.[10]

(O₂)는 어렵고 위험하다는 이유로, 당신과 가족을 위해 균형 잡힌 준-비건 식단을 채택해야 하는 의무에 반대할 수 있다. 그러한 반론은 전혀 근거가 없다. 영양가 있는 채식 식단을 꾸리는 것은 매우 쉽고, 또 특별한 음식 조합을 필요로 하지 않는다. 필요한 것은 '책임 있는 의료를 위한 의사위원회(Physicians Committee for Responsible Medicine)'가 제시한 새로운 4가지 음식 그룹별로 충분한 칼로리를 섭취하는 것이 전부이다. I. 통곡물(5+ 섭취/일), II. 야채(3+ 섭취/일), III. 과일(3-F 섭취/일) 및 IV. 콩과 식물(2+ 섭취/일). 새롭게 제시된 4개 그룹의 일일 권장 섭취량에 따른다면 누구나 영양가 높은 식물성 기반의 식단을 먹을 수 있다. 이 식단은 위험하지도 않고, 심장병, 암, 뇌졸중, 고혈압, 비만 및 당뇨병의 위험을 감소시킨다.

식량이 부족한 세계에서 귀중한 곡물을 낭비하는 것에 정당성을 부여할 수는 없다. 이 결론은 논쟁하자면 끝도 없는, 당신이 거부할 수도 있는 윤리적 이론에서 파생된 것이 아니라, 이미 당신이 가지고 있는 신념들에서 비롯된 것이다. 당신의 신념들을 일관되게 유지한다면, 그것들은 맛이나 향과 같은 사소한 이유로 세계의 굶주리는 가난한 사람들에게 먹일 수 있는 음식을 낭비하는 것이 잘못이라는 결론을 함의한다. 현대적으로 생산되는 고기, 유제품 및 계란은 필연적으로 사람에게 직접 먹일 수 있는 곡물을 낭비한다. 그러므로 당신의 **신념에** 따라서, 이러한 제품을 섭취하는 것은 그릇된 것이며, 준-비건 식단이 의무로서 요구된다.

5. 반론과 대응

A. 반복 반론: 반복적 기부에 의한 생활수준 저하 반론

3절에서, 아주 과도한 요구를 하는 명령을 옹호하고자 했던 싱어와 웅거의 논증이 실패하였음을 보여 준 이후에, 나는 당신의 신념들이 **훨씬 덜 과도한 요구를 하는** 규범적 원리 (P₄)와 (P₅)를 당신에게 부과한다고 주장했다. 그리고 이것은 다시 당신에게 (O₁) ― 기아 구호 단체 및 불필요한 고통을 줄이기 위해 노력하는 다른 단체에 소득의 적은 부분을 기부할 의무 ― 이 있음을 함의한다고 주장했다. 여기서 염려는 이 두 가지 원리가 궁극적으로 내가 거리를 두고자 했던 매우 과도한 요구를 하는 명령으로 환원된다는 것이다. **생활수준**(*standards of living*)이란 모호하고 정확한 경계가 없으므로, 눈에 띄지 않는 일련의 생활수준 감소가 반복될 수 있다. 이는 머지않아 원래 시작점보다 빠른 속도로 나빠져서 현저하게 나빠지게 된다.

내 대답은 아주 간단한다. (P₄)도 (P₅)도 이런 식으로 반복되는 것을 의도한 것은 아니다. 실제로 원리 (P₄)와 (P₅)는 불필요한 고통의 양을 감소시키는 데 훨씬 더 도움이 되는 것을 하기 위해서 생활수준의 점진적인 향상과 양립할 수 있도록 고안되었다. 위와 같은 반복 반론을 치단하기 위하여, 그리고 당신의 신념들이 당신에게 분명하게 부과하는 원리들의 종류를 분명히 하기 위하여, **적당히 풍요로운 사람들에게 적용되는** 원리 (P₄)와 (P₅)는 다음과 같이 제한되어야 한다. 이 원리는 적당히 풍요로운 사람들이 지금까지 누렸던 가장 높은 생활수준보다 현저하게 낮은 생활수준을 요구하지 말아야 한다. 이러한 제한이 있음에도 불구하고 원리 (P₄)와 (P₅)는 여전히 대부분의 사람들이 기아 구호 단체 및 불필요한 고통을 줄이기 위해 노력하는 다른 단체에 적어도 2%의 수입을 기부해야 한다는 도덕적인 요구를 함의한다. 그 이유는 다음과 같다. 일반적으로 일을 오래 할수록 생활수준은 계속 향상되기 때문에, 대부분의 사람들은 현재 최고 수준의 삶을 누리고 있다. 원리 (P_4)와 (P_5)는 현재 사람들의 최적의 생활수준을 현저하게 낮추지 않으면서, 그들이 제공할 수 있는 재정적 지원 금액을 기부하도록 요구한다.

B. 자유 지상주의 반론: 적극적 의무는 없다

엄격한 자유 지상주의자들은 우리가 해악 금지의 소극적 의무는 가지고 있어도, 다른 사람들을 도와야만 하는 적극적 의무를 가지지는 않는다고 주장한다. 따라서 자유 지상주의적 견해에 따르면, 싱어의 연못 사례에서 아이가 빠져 죽도록 방치하는 것은 당신의 잘못이 아니다. 자유 지상주의자들은 최소한의 희생과 위험 부담 없이 아이를 구할 수 있다고 하더라도, 아이를 어떤 식으로든 구해야 하는 적극적 의무는 전혀 없다는 주장을 유지한다. 자유 지상주의자들은 무언가를 해야 할 적극적 의무의 존재를 부정하기 때문에, 기아 구호 단체에 소득의 일부를 기부하지 않아서 굶주리고 있는 수많은 어린이들의 생명을 구하지 않는 것은 당신의 잘못이 아니라고 주장한다. 물론 자유 지상주의자들도 연못에 뛰어들어 아이를 구하는 것이 당신에게 좋다고 생각하며, 기아 구호와 같이 가치 있는 대의에 돈을 기부하는 것 역시 당신에게 좋을 것이라고 생각한다. 그러나 이러한 행동은 전적으로 초과 의무적(supererogatory) 행위이다. 따라서 자유 지상주의자들의 반론은 다음과 같이 전개된다. 적극적 의무는 없기 때문에, 우리는 기아 구호 단체에 돈을 보낼 의무를 가지지 않는다. 비록 우리가 기아 구호 단체에 돈을 보냄으로써 수많은 무고한 아이들의 생명을 구할 수 있다고 해도 마찬가지이다.

앞에서 언급했듯이, 나브슨은 "누구도 다른 사람을 도와야 할 필요는 없다"는 자유 지상주의자의 입장은 불합리하다고 주장한다. 트롤리 문제의 변형 사례는 나브슨이 옳았다는 것을 암시한다. 여섯 명의 무고한 사람들이 선로에 있고, 고장 난 트롤리가 그들을 향해 달려오고 있다고 가정하자. 다행스럽게도, 당신은 트롤리의 방향을 바꿀 수 있는 스위치 바로 옆에 서 있다. 훨씬 더 다행스러운 것은 전형적인 트롤리 문제 ― 세 사람이 방향을 바꾼 선로 위에 있고, 세 사람을 죽일지 여섯 사람을 죽일지 결정해야 하는 문제 ― 와는 다르게, 현재 트롤리의 경우에는 선로에는 아무도 없고 스위치를 당기면 열차는 다른 선로로 우회하여 아무도 부상을 당하지 않고 안전하게 멈출 수 있다. 문제는 이것이다. 당신이 스위치를 당겨 6명을 구하는 것은 도덕적 의무인가? 자유 지상주의자는 이에 동의하지 않는다. 당신이 스위치 바로 옆에 서 있고, 자기 자신이나 다른 사람에게 아무런 위험을 초래하지도 않고 다른 의무를 위반하지도 않으면서 또 어떤 희생도 치르지 않고 약간의 노력으로 스위치를 당길 수 있음에도 불구하고 당신이 스위치를 당기지 않아서 여섯 명이 죽는다고 하더라도, 자유 지상주의자들은 그것은 당신의 잘못이 아니라고 주장한다.

우리 대부분은 이런 입장은 도덕적으로 말도 안 된다고 생각한다. 당신은 스위치를 당겨야 한다. 그리고 그렇게 하지 않는 것은 **명백히 그르**다. 그리고 당신은 틀림없이 이에 동의할 것이다. 당신은 아이를 구하기 위해 연못으로 뛰어들어야 한다[(B_7)]고 믿기 때문에, 분명히 당신은 스위치를 당기지 않는 것은 잘못이라고 생각한다. 완고한 자유 지상주의자는 끝까지 자신들의 견해를 고수하겠지만, 나는 당신이 그런 완고한 자유 지상주의자가 아니라는 것을 알고 있다. 당신은 적극적 의무와 소극적 의무가 모두 있다고 믿는다. 그러므로 자유 지상주의적 반론은 당신에게 (O_1)이 의무가 아니라는 근거를 전혀 제시하지 못한다.

C. 맬서스주의적 사고방식

기아 구호 단체에 금전을 기부하지 않는 이유로 거론되는 한 가지 공통점은 그렇게 하면 문제가 더 악화될 뿐이라는 것이다. 5세 미만의 어린이가 더 많이 생존한다면, 그 아이들이 사춘기에 이르러 자녀를 갖기 시작할 것이며, 이로 인해 인구가 더 많아져서 기아로 인한 인간의 고통이 더 커질 것이라는 주장이다. 간단히 말해서, 지금부터 15년을 굶주린 그 아이들을 구해서 2배 혹은 3배가 넘는 아이들을 가지는 것보다는 매년 1,200만 명의 어린이들을 기아로 죽게 내버려두는 것이 더 낫다는 것이다.

더 과학적인 생태학적 언어로 설명하자면, 맬서스주의적 반론은 다음과 같이 전개된다. 아무 제한 없이 내버려둔다면 유기체는 각각의 생태계의 수용 능력 K에 이를 때까지 번식할 것이다. 일단 그들이 K를 초과하면, 그 유기체의 인구 규모에 큰 충격이 있을 것이다. 원조 반대 논증에 따르면, 굶주리는 인간을 살리는 것은 우리가 '인간을 위한 지구의 K를 초과하는 시간'(이하 K_h)을 빠르게 앞당기는 것이다. K_h를 능가하여 엄청나게 파괴적인 인구 충격을 일으키는 것보다, 매년 1,200만 명의 아이들이 굶어 죽는 것이 낫다.

첫 번째로 짚고 넘어갈 것은, K_h를 초과하는 것에 대한 맬서스주의적 염려가 내 자식이 굶어 죽게 내버려둘 좋은 이유가 되지 않는다는 것이다. 만약 내 자식을 굶어 죽게 내버려두지 않는다면, 그로 인해 그들이 어른이 되어 아마도 자녀를 낳을 것이고, K_h를 넘어서는 시간을 앞당기게 될 것이다. 만약 생태학에 기초한 세계 인구에 대한 우려가 먼 곳의 아이들을 죽도록 방치할 이유가 된다면, 그 염려는 마찬가지로 우리 자녀들도 죽도록 방치할 좋은 이유를 제공한다. 당신은 인구 감소를 위해 당신의 자녀들이 죽도록 내버려두는 것은 생각할 수도 없을 것이다. 그러므로 당신은 아이들이 굶어 죽도록 방치하는 것이 인구 증가를 억제하는 합법적인 방법이라 여겨서는 절대로 안 된다.

둘째, 인구 증가를 줄이는 다른 더 효과적인 방법들이 있다. 출산에 대한 기회비용을 높일 수 있도록 여성의 교육 기회와 고용 기회를 늘리는 것, 노년층의 경제적 안전을 개선하는 것, 피임 장치에 대한 접근성을 높이고 낙태 서비스를 제공하는 것 등이 그 방법들이다.[11] 아이를 한 명 낳은 후에는 의무적으로 불임 시술을 강제하는 것과 같이 훨씬 더 가혹한 정책도 아이들이 굶어 죽게 방치하는 것보다는 더 선호할 만하다. 무고한 아이들을 굶어 죽게 내버려두는 것보다 인구 증가를 억제하는 더 효과적인 수단들이 많기 때문에, (B_{19})를 받아들이는 사람이라면 누구나 인구 통제 수단으로 무고한 아이들이 굶어 죽게 내버려두는 것은 잘못이라고 생각해야만 한다.

셋째, 인구학 연구에 따르면, 어린이 사망률과 출생률은 양의 상관관계가 있음을 반복적으로 보여 준다. 어린이 사망률이 떨어지면 출생률도 떨어진다. 따라서 기아 구호 단체가 불필요한 어린이 사망자 수를 줄이기 위해 노력하는 것은, 역설적으로 인구 성장 둔화를 가져온다. 그러나 당신이 이러한 연구의 타당성에 의문을 제기한다고 가정해 보자. 당신은 맬서스의 바짓단을 붙잡고 늘어져, 세계의 굶주리는 아이들을 구하면 기아로 고통 받는 사람들의 수가 늘어난다고 주장한다고 가정하자. 그렇게 해도 당신은 의무 (O_1)을 면제받을 수 없다. 그것은 단지 당신이 다른 방식으로 의무를 실천해야 한다는 것을 의미할 뿐이다. 이는 기아 구호 단체에 돈을 기부하는 대신 IPPF와 같은 인도주의 단체들에게 송금할 의무를 부과할 것이다. 효과적인 저출산 대책을 통해 저개발국가의 인구 증가율을 줄이기 위해 노력하고 있는 그런 단체들에 말이다.

넷째, 맬서스주의적 우려를 진지하게 고려하는 사람들은 육류와 다른 육가공 제품의 섭취를 억제하는 것에 대해서 훨씬 더 큰 의무를 느낄 수밖에 없다. 수백만 마리의 암소와 돼지, 수십억 마리의 닭을 의도적으로 키우는 것이 세상의 K_h를 크게 줄이기 때문이다. 의도적으로 세계에 수십억 마리의 동물을 추가하는 것은, 먹여 살려야 하는 동물의 개체 수를 늘려 인간이 먹을 수 있는 음식의 양을 크게 줄인다.

6. 결론

당신의 신념들이 함축하는 바는 분명하다. 당신의 신념들을 감안할 때, 우리는 기아 구호 단체 그리고/또는 세계의 불필요한 고통, 괴로움, 사망의 양을 줄이기 위해 노력하는 다른 단체들에 우리 소득의 적당한 부분을 보내야 할 의무 (O₁)이 있다. 그리고 세계의 절대 빈곤 상태에 있는 사람들에게 먹일 수 있는 음식의 낭비를 금지해야 할 의무 (O₂)도 가진다. (O₂)는 곡물 낭비를 전제하는 육류 기반 식단보다 준-비건(quais-vegan) 식단을 채택해야 할 의무를 함의한다. 이 결론은 당신이 손쉽게 거부할 수 있는 논쟁의 여지가 많은 윤리적 이론에서 비롯된 것이 아니라 당신 자신이 확고하게 믿는 신념들에서 비롯된 것이다. 결론적으로, 일관성을 유지하려면 이러한 의무를 받아들이고 그에 따라 행동을 수정해야 한다.

주석

1. 피터 싱어는 절대 빈곤이라는 용어를 로버트 맥너마라(Robert McNamara)에게서 차용하였다. 나는 싱어를 따라서 '절대 빈곤'이라는 용어를 "인간의 품위를 유지하는 데 필요한 최소 수준 이하의 삶의 조건, 즉 영양실조, 문맹, 질병, 불결한 환경, 높은 유아 사망률, 낮은 삶의 기대로 특징지어지는 삶의 조건"을 지칭하는 것으로 사용한다(Singer 1993. p. 219). 싱어는 월드 위치 연구소를 인용하여 12억 명의 사람들이 절대 빈곤 상태에서 살고 있다고 보고하고 있다(pp. 219-20).
2. Aiken(1997), pp. 86, 93. 에이킨은 최소한 다음 세 가지 조건을 만족하는 모든 사람들에 대해서 기아에서 구제받을 수 있는 권리를 요구할 수 있다고 주장한다. (i) 그들은 굶주리는 사람이 있다는 것을 알아야 한다. (ii) 그들은 그 사람에게 도움을 주는 데 필요한 수단을 갖고 있다. 그리고 (iii) 그들은 자신들이 구하고자 하는 사람과 똑같이 나쁘거나 나빠지는 상황에 직면하지 않고 그 사람을 구할 수 있어야 한다(pp. 91-93).
3. 싱어는 "필적할 만한 도덕적으로 중요한 어떤 것을 희생하지 않고도"라는 구절을 "필적할 만한 다른 나쁜 것을 발생시키지 않고도, 또는 그 자체로 그른 것을 하지 않고도, 또는 우리가 방지하고자 하는 나쁜 것에 필적할 만한 중요성을 지니는 도덕적 선을 증

진하는 데 실패하지 않고도"라는 의미로 사용한다(Singer 1972, p. 234).

4. 만약 당신이 이 신념들을(또는 이 신념들 중 상당수를) 가지지 않는다면 확실히 나의 논증은 당신에게 어떤 영향도 주지 못할 것이며, 또 그럴 의도도 없다. 나의 논증은 널리 퍼져 있는 이 상식적 신념들을 가지고 있는 사람들만을 목표로 제시된 것이다.

5. 여기서 "불필요한 고통"은 그 고통을 능가하는 정당한 더 큰 선을 산출하지 않는 고통을 의미한다. 만약 더 큰 선을 산출하기 위해서 고통이 요구된다면(예를 들어 이를 보호할 수 있는 유일한 방법이 고통스러운 근관 치료라면), 그러한 고통은 불필요한 것이 아니다. 그러므로 (B₂)의 경우에 '다른 조건이 같다면'이라는 구절은 필요하지 않다. 왜냐하면 그 고통을 허용함으로써만 달성될 수 있는 우선적인 중요한 선에 의해서 그 문제의 고통이 정당화됨으로써 다른 조건이 같지 않게 된다면 그 고통은 불필요하지 않기 때문이다.

6. 여기서 "최소한의 품위 있는 사람"은 도덕에 의해서 요구되는 최소한을 행하고 그 이상을 행하지는 않는 사람을 의미한다. 나는 이 용어를 선한 사마리아인과 최소한의 품위를 지닌 선한 사마리아인을 구별하는 톰슨(Judith Jarvis Thomson)에게서 빌려 왔다. 다음을 참조하라. Thomson(1971), pp. 62-65.

7. Engel(2000), pp. 856-889을 보라. 거기서 나는 비인간적인 수송 및 도살 과정을 비롯하여 일상적으로 이루어지는, 마취하지 않은 채로 절단하기(거세, 낙인찍기, 이빨 뽑기)와 공장식 축산에서 농장 동물들이 견뎌야 하는 극히 열악한 생활 조건들이 이 세상에 엄청난 양의 불필요한 고통을 증가시킨다는 것을 증명하였다. 그리고 나는 당신이 육식을 하지 않음으로써 그러한 불필요한 고통을 줄일 수 있는 조처를 쉽게 취할 수 있기 때문에 당신이 자기 신념의 일관성을 유지하고자 한다면 육식이 도덕적으로 그르다는 것을 인정하지 않을 수 없다고 주장하였다.

8. 단백질 생산과 소비 및 곡물 생산과 소비 데이터는 다음에서 가져온 것이다. Pimentel and Pimentel(1996), pp. 77-78.

9. American Dietetic Association(1997), p. 1317. 건강한 채식주의 영양학에 관해서 더 많은 것을 배우고자 하는 사람들을 위해서 ADA는 이 논문의 전문을 다음에 게재하고 있다. http://www.andjrnl.org/article/S00O2-8223%2897%2900314-3/fulltext.

10. (O₂)는 육식 그 자체가 그르다는 것을 함의하지는 않는다. 예컨대 그것은 야생 동물의 고기를 먹는 것이 그르다는 것을 함의하지 않는다. 그래서 준-비건이라는 용어를 사용하고 있는 것이다. 그러나 (O₂)는 상업적으로 생산된 모든 육류와 동물 제품을 먹는 것은 그르다는 것을 함의한다. 왜냐하면 이런 제품들은 곡물을 먹인 동물들에서 얻는 것이며 그 생산 과정은 굶주리는 사람들이 먹을 수도 있는 곡물을 반드시 낭비하기 때문이다.

11. 낙태에 대한 각자의 견해와 무관하게 아마도 태아가 태어나서 서서히 고통스럽게 굶어 죽는 것보다는 신속하게 그리고 비교적 고통 없이 낙태하는 것이 더 나을 것이다.

참고 문헌

Aiken, William. 1977. "The Right to Be Saved from Starvation." In *World Hunger and Moral Obligation*, edited by William Aiken and Hugh LaFollette, pp. 85-102. Englewood Cliffs, NJ: Prentice-Hall. American Dietetic Association. 1997. "Position of the American Dietetic Association: Vegetarian Diets." *Journal of the American Dietetic Association* 97: 1317-21.

Engel, Mylan, Jr. 2000. "The Immorality of Eating Meat." In *The Moral Life*, edited by Louis Pojman, pp. 856-89. Oxford: Oxford University Press.

Narveson, Jan. 1977. "Morality and Starvation." In *World Hunger and Moral Obligation*, edited by William Aiken and Hugh LaFollette, pp. 49-65. Englewood Cliffs, NJ: Prentice-Hall.

Pimentel, David and Marcia Pimentel, 1996. *Food, Energy, and Society*, rev. ed. Niwot, CO: University of Colorado Press.

Singer, Peter. 1972. "Famine, Affluence, and Morality." *Philosophy and Public Affairs* 1(3): 229-43.

Singer, Peter. 1993. *Practical Ethics*, 2d ed. Cambridge: Cambridge University Press.

Thomson, Judith Jarvis. 1971. "A Defense of Abortion." *Philosophy and Public Affairs* 1(1): 47-66.

Unger, Peter. 1996. *Living High and Letting Die: Our Illusion of Innocence*. Oxford: Oxford University Press.

더 생각해 볼 문제

1. 엥겔이 제시하는 두 원리에 관한 논증을 검토해 보자. 그러한 전제들에 대해 토의해 보자. 거기에는 어떤 문제가 있다고 생각되는가?

2. 모든 주요한 도덕 이론들이 실제로 절대적으로 가난한 사람들의 복지

를 위해 약간의 희생을 해야 한다는 원리를 포함하고 있다는 엥겔의 입장은 옳은가?

3. 자신과 반대되는 입장을 논의한 엥겔의 반론을 검토해 보자. 그는 반대 입장에 적절하게 대응하고 있는가? 당신이 생각할 수 있는 다른 반론이 있는가?

4. 절대적으로 가난한 사람들에게 우리는 얼마나 많이 줘야 할까? 엥겔은 너무 관대한가, 아니면 너무 엄격한가? 그렇지 않으면 그가 옳은 것일까?

5. 엥겔이 제시하는 하루 지난 빵의 예를 살펴보고, 그것의 의미에 대해 토론해 보자.

12장

세계 식량 공급:
축산으로 인한 피해*

트리스트램 코핀

트리스트램 코핀(Tristram Coffin, 1913-1997)은 공적인 관심사를 다루는『워싱턴 스펙테이디(*The Washington Spectator*)』의 편집자였다. 그는 인디애나주 인디애나폴리스에서 태어났다. 성인기의 대부분을 워싱턴 D.C.에서 저널리스트로 활동했다.

『워싱턴 스펙테이터』의 이 기사는 가축을 키우는 것의 생태적 비용에 대해 보고한다. 예를 들어, 캘리포니아에서 1파운드의 토마토를 생산하는 데는 23갤런의 물이 필요하지만, 1파운드의 쇠고기를 생산하려면 5,214갤런의 물이 필요하다. 또한, 육식을 줄이면 건강이 더 좋아질 수 있다. 코핀은 우리 자신을 위해서 그리고 인류를 위해서 육중한 고기 식단에서 더 많은 곡물, 채소 및 과일을 포함한 식단으로 바꾸기를 요구한다.

---

* *The Washington Spectator*, ed. Tristram Coffin, Vol. 10.2 (January 15, 1993)에서 수록함.

금세기에 가축 수와 그 영향력은 인구 증가 및 풍요와 함께 빠른 속도
로 부풀어 올랐다. 중세 이후로 인류의 수는 두 배[58억]에 이르렀고, 그
동안 네발 가축 — 소, 돼지, 양, 염소, 말, 물소 및 낙타 — 의 수는 23억
에서 40억으로 증가했다. 동시에 가금류의 개체 수는 약 30억에서 거의
110억으로 증가했다. 이제는 사람보다 3배나 많은 가축이 존재한다.[1]

"현재 세계 인구의 두 배 이상을 먹이기에 충분한 토지, 에너지 및 물이
존재한다"(Earth Save Foundation). 그러나 이것이 이야기의 전부는 아니
다. '지구구호재단'은 다음과 같은 말을 덧붙인다. "세계 곡물 수확량의
절반은 가축의 먹이로 사용되고, 수백만 명이 굶주린다. 1984년 수천 명
의 에티오피아 사람들이 기아로 죽어 가고 있을 때, 에티오피아는 수백
만 달러어치의 가축을 길러 미국과 유럽 국가로 수출했다."

월드워치 연구소(Worldwatch Institute)의 보고에 따르면, "불모의 땅의
고리들이 소련의 투르크메니아의 초원에 있는 우물로부터 퍼져 나간다.
헤더와 백합은 네덜란드 남부의 자연보호 구역에서 시들고 있다."

"희귀한 동식물들로 가득 찬 숲이 코스타리카의 불꽃 속에서 재가 된
다. 미국의 지하수면이 낮아지고 화석연료가 낭비된다. 이런 여러 가지
환경적 쇠퇴들은 모두 하나의 원천, 즉 세계 축산업에서 발생한다."

분명한 사실은 축산업이 배고픈 인간을 위한 것이라기보다는 돈 많은
사람을 위한 것이라는 점이다. 결국, 잘 사는 사람들의 고기에 대한 왕성
한 식욕이 이 산업을 번창하게 한다. 1985년 이래, 북미 사람들은 쇠고기
50%, 가금류 280%, 유제품 33%를 더 많이 섭취하고 있다. 「우리의 식
량, 우리의 세계(Our Food, Our World)」라는 소책자에서, 월드워치 연구소
는 이 식단에 대해 공식적으로 권고되는 섭취 기준보다 지방은 1/3 정도
더 많고, 탄수화물과 단백질은 1/5 정도 적게 제공된다고 지적한다.

"동물성 제품에 대한 이러한 수요 증가는 방대한 자원의 재분배를 가져왔고, 지구 시스템의 악화를 촉진시켰으며, 토착 문화를 파괴했다. 인간의 건강에 대해서도 똑같이 좋지 못한 영향을 끼친다."

월드워치 연구소는 다음과 같이 조언한다. "미국식 식단으로 세계 인구를 먹이려면, 전 세계 농민들은 현재보다 2.5배의 곡물을 더 생산해야 할 것이다. 80에서 140억의 미래 인류에게 미국인의 육류 섭취 비율에 준해서 하루에 220g의 육류를 먹이는 것은 불가능하며 말도 안 되는 것이다." 왜일까? "미국에서는 화석연료를 포함한 모든 원자재의 3분의 1 이상이 가축의 생산에 충당된다"(Earth Save).

예: 1파운드의 쇠고기를 만들기 위해서는 16파운드의 곡물과 콩이 필요하다. 지구 육지의 반은 가축을 기르기 위해 사용된다. 이에 비해서 과일과 채소를 생산하는 데는 지구 육지의 2%만이 사용된다.

사료 작물의 재배 과정은 "매우 에너지 집약적인 과정이다. 농민은 땅에 물을 주고, 밭을 경작하고, 수확하고, 여기서 나온 농작물을 수송한다. 쇠고기에서 1칼로리를 생산하는 데 소비되는 화석연료의 칼로리 양은 78이다. 이에 비해서 1칼로리의 대두를 생산하는 데는 2칼로리의 화석연료가 사용된다." 지구구호재단에 따르면, 1파운드의 곡물을 먹여서 쇠고기를 만드는 데 사용되는 에너지는 1갤런의 가솔린과 같다.

물은 어떨까? 「우리의 식량, 우리의 세계」의 추정에 따르면, 가축 생산에 사용되는 물은 우리가 소비하는 물의 절반 이상을 차지한다. 캘리포니아에서는 1파운드의 쇠고기를 생산하기 위해 5,214갤런의 물을 소비한다. 동일한 양의 물로 23갤런의 토마토를 생산할 수 있다. 미국의 그레이트플레인스(Great Plains)에 있는 오갈랄라(Ogallala) 대수층과 같은 지하수층은 빠르게 고갈되고 있다.

라이스너(Marc Reisner)는 자신의 저서 『캘리포니아 사막(California Desert)』에서 "소를 키우는 데 사용되는 물이 캘리포니아 주민들이 섭취하는 것보다 3배나 더 많다는 사실에 나는 당혹스러움을 느낀다"라고 쓰고 있다.

사막의 증가

「우리의 식량, 우리의 세계」의 주장에 의하면, 가축 방목과 소의 먹이로 사용되는 작물 재배를 위한 토지의 과다 사용은 사막의 확장에 주요 역할을 한다. "사막화에 가장 큰 영향을 받는 지역은 미국 서부의 절반, 중남미, 호주 및 사하라 사막 이남의 아프리카를 포함해 모두 소를 생산하는 지역이다. 사막화의 주요 원인은 가축의 과도한 방목, 토지의 과도한 경작, 부적절한 관개 기술, 삼림 벌채[현재 브라질 우림에서 발생하는 가축 사육을 위한 토지 정리]이다.

왜 그런가? 지속적인 방목으로 땅이 메말라지면, 메마른 땅에는 빗물이 스며들지 않고, 물은 지표를 빠르게 흘러가면서 표면의 흙을 쓸어 가 바닥에 깊은 도랑을 내게 된다. 상류에서는 지하로 물이 충분히 보충되지 않아서 지하표층이 낮아지고, 하류에서는 홍수가 더 많이 발생하고, 침전물로 수로와 댐, 강어귀가 막히게 된다. 더 건조한 기후에서는 바람이 불어서 토양을 쓸어가 버린다.

유엔 환경 프로그램(U.N. Environment Program)은 세계의 33억 헥타르에 달하는 건조한 초지의 73%가 적어도 완만하게 사막화되면서 수용 능력의 25% 이상을 잃어버린 것으로 추정하고 있다. "강우량이 더 풍부하고 규칙적인 환경에서 침식이 발생한다는 것은 논란의 여지가 거의 없다. 이 지역에서 번성하는 다년생 식물들은 소에 의해 쉽게 파괴된다. 점토질의 토양은 쉽게 압축되어 물이 스며들지 않는다. 비는 종종 강하고 갑작스럽게 쏟아져 가축에 의해 불안정하게 된 토양을 쓸어가 버린다" (월드워치 연구소).

필립 프래드킨(Philip Fradkin)은 『오듀본(*Audubon*)』지에 기고한 글에서 다음과 같이 말했다. "수년 동안 지속된 목축업의 영향이 수자원 프로젝트, 노천광, 발전소, 고속도로, 그리고 택지 개발 등을 모두 합한 것보다 서구의 식생과 토지 형태에 더 많은 변화를 주었다."

이와 관련된 또 다른 몇 가지 사실은 매년 약 125,000평방마일의 열대우림이 파괴되며, 1,000종의 동식물 손실도 함께 발생한다는 것이다. 중앙아메리카 지역의 가축 목장은 다른 활동보다 열대우림을 더 많이 파괴한다. 중앙아메리카 열대우림의 1/4이 목초지로 개간되었다. 이것은 미국 시장에 판매되는 가축 시장을 형성한다.

축산은 이산화탄소와 메탄에 의한 대기오염, 축산 폐기물과 살충제에 의한 수질 오염 등과 같은 다른 환경문제도 야기한다. 월드워치 연구소는 다음과 같이 말한다. "현대식 생산 시설에서 축적되는 수백만 톤의 동물성 폐기물은 예방 조치가 취해지지 않으면 강과 지하수를 오염시킨다. 그것들이 강물이나 호수 속으로 흘러 들어가면, 거름에 있는 질소, 인이 너무 많은 영양을 공급하여 조류를 빠르게 번식시키며, 이로 인해 산소를 고갈시키고 수중 생태계를 질식시킨다. 조류에 뒤덮인 수백 개의 이탈리아 호수에서 탁한 체사피크만까지, 산소가 부족한 발트해에서 오염된 아드리아해에 이르기까지, 비료 유출수, 사람들의 오물, 도시 및 산업 오염에 동물의 폐기물이 더해지면서 영양 부담을 증가시켜 부영양화를 초래한다."

네덜란드 남부에서 사육하는 1,400만 마리의 가축들은 토양의 흡수 능력을 초과하는 "많은 양의 질소와 인을 포함한 분뇨를 배출해 … 담수 생태계를 오염시킨다."

그리고 "분뇨에 포함된 질소는 인공 비료의 질소와 혼합되어 질산염의 형태로 토양을 통해 지하수층으로 침투한다. 미국 아이오와, 캔자스, 네브래스카와 같은 가축을 키우는 주에서는 우물의 약 1/5이 건강 기준을 초과하는 질산염 수준을 가지며, 비료 속의 질소는 기체 암모니아 상태로 대기 중으로 흘러 들어가 산성비를 유발한다."

지구구호재단의 연구에서는 세 가지 문제를 지적한다.

- 소의 신진대사 과정에서 다량의 메탄이 배출된다. 소 한 마리가 2파운드의 고기를 생산할 때마다 1파운드의 메탄을 생산한다. 세계의 가축이 매년 배출하는 메탄의 양은 1억 톤이다. 세계 메탄 배출량의 20%는 소에서 나온다.
- 공장식 축산, 사육장 및 낙농장에서 발생하는 폐기물로 인해 토지 및 수자원에 독소가 축적된다. 환경보호국(E.P.A.)은 미국의 지표수와 우물의 거의 절반이 "농업 오염 물질에 의해 오염되었다"라고 추정했다.
- 화학 살충제는 광범위하게 너무 많은 양이 사용되어 환경과 인간의 먹이사슬에 독이 된다. 석유 화학 기반의 농업이 대중화된 1945년 이후로 전체 살충제 사용 증가는 3,300%에 이른다.

산림의 손실

방목지뿐만 아니라 산림도 과도한 축산으로부터 좋지 않은 영향을 받고 있다. 월드워치 연구소에 따르면, "임산물은 사료 공급을 위해 줄기를 자르거나 목초지를 만들기 위해 벌목되었다. 산림 개간은 유역(watershed) 보호의 손실, 식물 및 동물 종의 손실을 초래할 뿐만 아니라, 온실가스인 이산화탄소가 대기 중에 대규모로 증가하는 데 기여하고 있다."

예를 들어, 라틴아메리카에서는 2천만 헥타르 이상의 습윤한 열대우림이 소 목초지로 개간되었다. 유엔식량농업기구(U.N. Food and Agricultural Organization)에 의하면, 중앙아메리카는 1960년대 초반 이후 삼림의 1/3 이상을 잃었다. 파나마와 코스타리카에서 벌목된 토지의 거의 70%는 지금 목초지로 변했다.

"나무 덮개를 제거하는 것은 토양 침식의 수레바퀴를 작동시킨다. 얇고 산성이며, 열악한 열대성 토양은 숲이 목초지로 전환될 때, 중요한 성분인 인과 다른 영양분을 잃어버린다. 대부분의 목초지는 10년 안에 버려지고, 숲을 베어 내 새 땅을 마련한다. ⋯ 목장으로 인한 산림 파괴는 기후변화에 관여하기도 한다. 살아 있는 식물을 베어 내고 태우거나 분해할 때, 탄소를 대기 중으로 방출하여 온실가스인 이산화탄소를 만들어 낸다. 대기 중 이산화탄소는 태양열을 가두고 지구의 온도를 높인다. 라틴아메리카 삼림을 목초지로 확장시킬 때, 14억 톤의 탄소가 대기 중으로 배출되는 것으로 추산된다.

월드워치 연구소는 소 사육의 부산물인 메탄이 두 번째로 중요한 온실가스라고 지적한다.

건강에 미치는 영향

지구구호재단은 다음과 같이 경고한다. "육가공 제품에는 다량의 포화지방, 콜레스테롤, 단백질이 포함되지만 식이성 섬유는 없다. 이 식단이 인간의 건강에 미치는 영향은 치명적이다. ⋯ 다행히도 육가공 제품이 없는 저지방 식이 요법으로 일부 질병은 일반적으로 예방되고, 지속적으로 개선되며, 때로는 완치될 수 있다." 일부 지방은 선진국의 주요 사망 원인인 심장 질환, 뇌졸중, 유방암 및 결장암과 같은 대부분의 풍요 병(diseases of affluence)과 관련이 있다. 이 연구는 의사들이 일반적으로 질병 치료에 대해서는 배우지만 질병 예방 방법에 관해서는 배우지 않는 현실에 대해 안타까움을 토로한다. 대다수는 "예방 수치로서 영양에 관해서는 거의 배운 바가 없다." 그러나 많은 사람이 이 가능성에 대해 질문하고 있다.

"위대한 단백질의 실패"

월드워치 연구소는 "과도한 육식으로 인한 건강상의 악영향은 영양학자들이 위대한 단백질의 실패라고 부르는 것에서 비롯된다. 많은 서양인은 다량의 단백질을 섭취해야 한다는 잘못된 믿음을 갖고 있다. 한 세기 전에 보건 당국과 정부의 식이 가이드라인에 의해 전파된 이 신화는 미국인과 다른 산업사회 구성원들이 필요 양의 두 배나 많은 단백질을 섭취하게 했다. 부유한 사람들에게, 육류와 유제품에 농축된 단백질이 동반하는 포화지방 때문에, 단백질 신화는 위험하다.

미국 [공중보건국] 의무국장, 미국 국립연구위원회, 미국심장협회 및 세계보건기구가 저지방 식이 요법을 권장한다. 그들은 지방 소비를 칼로리의 30% 이하로 낮추라고 권장한다. 이에 비해 미국의 기준은 37%이다.

잘 사는 사람들 사이에서 고기 소비량 증가는 가난한 사람들에게 문제를 야기할 수 있다. 그 이유를 월드워치 연구소는 "사료 재배에 전용되는 농지의 점유율이 증가하고 주요 식량의 생산량이 줄어들기 때문"이라고 밝히고 있다. 이집트를 예로 들어 보면, "지난 25년 동안 밀, 쌀, 기장 및 수수의 경작지가 동물 사료인 옥수수를 재배하는 데 쓰였다. 이 기간에 가축 사료를 만드는 데 사용된 주요 곡물은 10%에서 36%로 증가했다."

국민의 22%가 영양실조로 고통을 겪고 있는 멕시코에서도 식량의 30%가 가축에게 공급된다. 동물 사료용으로 재배되는 농작물의 비율은 1960년 5%에서 1980년 23%로 증가했다. 제3세계 23개국의 농업 연구에 따르면, 지난 25년 동안 13개국의 농민은 자신의 농지 중 10% 이상을 식량 작물 재배에서 사료 작물 재배로 전환했다. 9개국에서 부유한 사람들의 고기 수요는 가난한 사람들을 위한 주요 작물 생산을 넘어섰다.

미국의 모습은 어떤가? 백만 개의 농장과 목장에서 어린 소를 키우는 반면, 4개사의 대기업이 그것의 약 60%를 도살한다. 1962년 이래로, 미국에서 16,000마리의 가축을 수용할 수 있는 거대한 소 사육장 수가 23개에서 189개로 늘었다. 동시에 1,000마리를 넘지 않는 작은 사육장은 117,000개로 줄었디.

대기업의 운영은 최저가 보장, 정부의 잉여 저장량, 사료 보조금, 수입 부과세 및 제품 보험과 같은 정부 지원을 받는 데 문제가 없다. 경제협력개발기구(OECD)의 보고에 따르면, 1990년 산업 민주주의 국가들은 정부 프로그램을 통해 동물 농장주 및 사육자들에게 120억 달러 상당의 보조금을 지급했다.

그렇다면 해답은 무엇인가? 『로스앤젤레스 타임스(*Los Angeles Times*)』는 다음과 같이 말한다. "[뉴멕시코주 산타페에 근거를 둔 단체인] 변화의 씨앗(The Seeds of Change)의 철학은 식물 중심 식단을 채택하는 것이 지구의 한정된 자원을 감안할 때 개인의 건강을 개선하고 인류의 손실을 줄이기 위한 최선의 해결책이라고 주장한다. 변화의 씨앗의 창립자인 가브리엘 하워스(Gabriel Howearth)는 다음과 같은 식단을 추천한다.

> 비타민 A와 유리 아미노산이 모두 풍부한 부시 도토리호박과 미나리 즙, 예루살렘 아티초크, 다양한 비타민 균형과 유용한 소화 효소가 함유된 북미산 식용 식물. 남서부 지역에서 관개시설 없이 재배된 전분 옥수수 호피 블루(Hopi blue)와 호피 인디언의 전통적인 주요 산물들… 다량의 비타민 C와 아미노산이 함유되어 있는 오크라, 좋은 야채수프, 스튜 및 검보 요리. 단백질이 풍부한 곡물인 아마란스.

하워스의 목표는 "온갖 부류의 사람들, 심지어 일하는 사람과 여가 시간이 제한된 사람들조차도 그들의 뒤뜰, 발코니 또는 옥상에서 자신의 식량을 재배하는 것이다."

이것은 모두가 따를 수 있는 목표는 아니다. 많은 사람이 부담스러운 고기 식단에서 더 많은 야채와 과일로 이루어진 식단으로 바꿀 수 있다. 그들은 질병에 걸릴 가능성이 적어지고 지구를 구하는 데 도움이 될 것이다.

주석

1. From *The Worldwatch Institute*, quoted in "World Food Supply: The Damage Done by Cattle-Raising," *The Washington Spectator* (Jan. 15, 1993).

더 생각해 볼 문제

1. 코핀이 제시한, 소를 사육할 때 발생하는 문제들을 살펴보자. 그가 제시한 상황이 설득력이 있다고 생각하는가? 아니면 그것보다는 상황이 덜 심각하다고 생각하는가? 자신의 생각을 이야기해 보자.
2. 소와 다른 가축을 기르는 것이 환경과 우리 건강에 악영향을 끼친다면, 우리는 그것에 대처하기 위해 무엇을 해야 할까?

13장

채식주의와 지구를 가볍게 밟기*

마이클 앨런 폭스

마이클 앨런 폭스(Michael Allen Fox)는 코넬대학과 캐나다 토론토대학에서 수학하고, 39년 동안 캐나다의 퀸즈대학에서 철학을 가르쳤다. 현재 은퇴해 호주에 살며 뉴잉글랜드대학의 사회과학 겸임 교수로 재직 중이다. 그는 『윤리학(*Ethics*)』, 『환경 윤리학(*Environmental Ethics*)』, 『환경적 가치(*Environmental Values*)』, 『윤리학과 환경(*Ethics and the Environment*)』, 『국제 응용 윤리학 저널(*International Journal of Applied Ethics*)』 등의 저널에 논문을 발표했으며, 또한 『평화 이해: 포괄적인 개론(*Understanding Peace: A Comprehensive Introduction*)』(2014), 『주목할 만한 실존주의자(*The Remarkable Existentialists*)』(2009), 『심층 채식주의(*Deep Vegetarianism*)』(1999, 중국어로 번역됨) 등 여러 권의 책을 저술했다.

풍요롭고 산업화된 지역에서 널리 보급되고 있는 육류 기반 식단은 나양한 관점에서 긴깅에 좋지 않고, 환경석으로 지속 불가능하디. 이리한 주장은 다음 글에 자세하게 설명되어 있다. 특히 육류 생산이 종 다양성에 미치는 부정적인 영향은 특별히 가축 방복으로 인한 열대 우림 파괴와 관련지어 다루어진다. 여기에 동물과 생태계를 자유롭게 이용 가능한 자원으로 간주하도록 권유하는 교묘한 지배적 사고방식과 축산 사이의 연관성에 대해서도 조사한다. 이와 대조적으로, 채식 식품 시스템은 축산과는 대조적으로 우리가 지구에 미치는 영향을 최소화함으로써 우리의 행동에 더 큰 책임감을 가질 수 있게 만든다. 또한 이는 우리가 자연과 분리된 것이 아니라 자연의 일부라는 일체감을 되찾는 데 도움이 될 것이다.

---

* 저자의 허락을 받아 수록함.

육식에서 벗어나기

하나의 기본적 가정에서 시작해 보자. 육류 기반의 식단보다 채식 ―
심지어 완전 채식주의도 ― 이 영양학적 관점에서 더 건강할 수 있다는
과학적 증거가 제시되고 있다(Anonymous 1988a; Anonymous 1988b; U.S.
National Research Council 1989; Barnard 1990; Chen 1990; Lappe 1992;
White and Frank 1994; Melina and Davis 2003; Pice 2004; Saunders 2003).
그러나 이 중요한 발견을 넘어 개별적으로, 집단적으로 소비하는 육류가
숲, 육지, 물, 재생 불가능한 에너지와 같은 천연자원을 사용하고 관리하
는 방식에 중대한 영향을 미친다는 사실을 많은 사람이 이해해야 한다.
간단히 말하면, 육류와 다른 육가공 제품에 대한 우리의 의존도가 높아
질수록, 우리는 우리의 음식 선호를 만족시키기 위해 해당 자원을 더 과
도하게 남용한다. 그리고 (내가 여기서 주장하는 바와 같이) 농업의 지배적
인 형태가 환경을 심각하게 남용하고 손상시킨다면, 이는 우리가 더 많
은 양의 육류를 소비할수록 지구의 안녕이 더 많이 위협받을 것이고, 결
과적으로 우리의 복지가 더 위태롭게 되는 결과를 초래할 것이다. 이러
한 통찰은 건강하지 못한 육류 의존적인 사회의 식단이 바뀌어야 하며,
이는 가족 모두에게 좋을 뿐만 아니라 전체적으로 자연에도 이익이 된다
는 인식으로 이어진다.

많은 사람이 개성, 자립, 자기 계발, 개인 취향 개발을 독려하는 사회
에서 살고 있다. 이는 확실히 좋은 것이다. 그러나 우리는 소비자의 선택
을 통해서 ― 즉, 세계 시장 체계 내에서 영향력 있는 구매자로서의 역할
을 통해서 자기중심적인 욕망과 환상을 실현함으로써 ― 자아실현을 추
구하라고 촉구하는 메시지에 둘러싸여 있다. 우리는 소비자로서 물건을
사는 것을 개인적인 자유를 표현하는 것으로, 우리 자신이 창조한 결과

의 표현으로 보는 관점에 익숙해져 있다. 수많은 기득권층, 비즈니스 리더, 업계 지도자, 언론, 정치인, 광고주 및 이미지 제작자 등이 이러한 전망을 적극적으로 홍보한다. 그러므로 이와 대조되는 인식, 즉 우리의 구매 결정이 광범위한 결과를 가진다는 것을 인정하는 인식을 발전시키기 위해서는 많은 노력이 필요하다. 이런 결과의 대부분은 환경에 영향을 미친다. 우리가 구매와 환경 사이의 관계를 받아들이기 시작할 때, 우리의 선택과 그 선택이 가져올 영향력에 의문을 가지기 시작한다. 점점 더 많은 시민이 오늘날처럼 생태 문제에 민감하게 대처한다면, 새로운 가치를 바탕으로 한 변화가 시작될 것이다. 채식주의자가 되는 과정은 이 창조적인 움직임의 일부이다.

식단 선택의 환경적 영향

육류 산업 운영의 생태 파괴적인 측면은 정부 기관과 비정부 기관에서 발행한 수많은 문서로 입증되었다(Robbins 1987; Fiddes 1991; Durning & Brough 1995; Hill 1996; Fox 1999; Rice 2004; Gold 2004 Tudge 2004a, 2004b). 그 영향은 다음과 같다.

- 먹이사슬 안의 독성 화학 잔류물
- 의약 첨가제를 포함한 동물 사료
- 사육장에서 유출되어 수로 및 지하 대수층으로 흘러 들어간 오염된 화학물질과 동물성 폐기물
- 끊임없는 방목으로 인한 표토 손실
- 방목과 동물 사료 재배를 위한 토지 정리, 그로 인해 초래되는 국내외 산림 벌채와 사막화
- 야생 동·식물 종의 서식지 위협
- 물과 에너지 공급원의 집중적인 개발

▪ 화석연료의 광범위한 사용과 소가 방출하는 메탄가스로 인한 오존층 고갈

간단한 사례 연구가 이러한 복잡한 문제를 구체적 맥락에서 파악하고 그 상호 연관성을 이해하는 데 도움이 될 것이다.

캐나다는 전형적인 서구의 산업국가로 미국 인구의 10%에 불과하다. 백인 정착 시기 이후 확장된 농업은 습지의 85%를 감소시킨 주요 원인이 되어 왔다(Government of Canada 1991: 9-9, 9-15). 농업 면적은 1900년 이래로 4배 증가했으며, 관개 면적은 1970년부터 1988년까지 두 배 이상 증가했다(Government of Canada 1991: 26-6, 9-14). 북미에서 귀리의 약 95%와 옥수수의 80%가 가축 사료로 쓰이는 것을 감안할 때, 우리는 여기에 육류 소비가 강력하게 작용했다고 추론한다(Animal Alliance of Canada 1991; Government of Canada 1991; Agriculture Canada 1994).

캐나다의 농장 동물은 하루 평균 3억 2,200만 리터의 분뇨를 배출하며, 그중 압도적인 비중은 소에서 발생한다. 시판되는 식용 쇠고기는 1kg(2.2lb)당 최소 40kg(88lb)의 분뇨를 만들어 내며, 시판되는 돼지고기는 1kg당 15kg(33lb)의 분뇨를 남긴다. 이 폐기물에 더해서 농장 건물과 장비를 청소하는 데 사용되는 물, 살충제 잔류물, 기타 농약이 부주의하게 다루어지거나 유출되어 수로 및 토양의 오염을 야기할 뿐만 아니라 대기오염을 일으킬 수 있다(Government of Canada 1991: 9-26).

이제는 1/4파운드 햄버거 1개를 생산할 때마다 11,000L(2,904갤런)의 물을 소비하는 환경 비용에 대해 생각해 볼 차례이다. 이는 kg당 96,800L(25,555갤런)에 해당한다. 한편, 1kg의 쌀 또는 치즈는 생산하는 데 5,000L(1,320갤런)의 물을, 밀 1kg을 생산하는 데는 1,000L(264갤런)의 물이 필요하다(Pearce 2006). 지구의 미래를 위해 무엇이 더 좋을까?

마지막으로, 전 세계적인 육류 수요 증가에 대해 생각해 보자. 예를 들어, 1960년대 중국의 연간 육류 소비량은 평균 4kg이었지만, 현재는

60kg(132lb)이다(Porritt 2006).[1] 이러한 육류 생산의 세계적 문제는 명망 있는 단체인 월드워치 연구소에서 작성한 『세계의 상태(*State of the World*)』 보고서에서 다루어졌다(Starke 2006).

물론 오늘날 불건전한 농업 관행이 초래하는 모든 부정적 환경 영향을 모두 축산 탓이라고 할 수는 없다. 이미 나열한 악용 사례 중 일부는 동물 배설물을(심지어 인간의 쓰레기까지) 비료로 재활용하는 접근법, 해로운 농약 대신 친환경적인 해충 방제 수단의 사용 등의 방법으로 줄이거나 없앨 수 있다. 따라서 비판의 적절한 목표는 육류 생산 그 자체가 아니라 현대의 농장 관련 산업에서 사용하는 집약적인 사육 방법이라는 주장이 제기되었다. 이 주장의 몇 가지 요점은 자신이나 다른 사람들의 사유지, 유기농 또는 생물 역학적인 활동에서 고기를 얻는 사람들은 분명히 지구에는 환경 피해를 적게 준다는 것이다. 그러나 소규모 가족 농장이 대기업 및 대기업 계열사와의 경쟁에서 밀려나는 속도를 감안할 때, "환경친화적인" 육류를 접할 수 있는 기회는 매우 드물다(Berry 1996). 현재의 농업 동향을 고려하면, 인구의 극히 일부만이 환경친화적인 육류에 접근할 수 있을 뿐이며, 그것도 처음부터 이렇게 하고자 하는 사람은 더욱 드물다. 결국 육식을 하는 사람들보다 채식주의자들이 지구를 더 살 만한 땅으로 만들 수 있을 것이다.

이 주장을 뒷받침하는 증거가 있는가? 짧게 대답하면 '그렇다'이다. 다음을 고려해 보자.

> 현재의 곡물과 풀 사료 시스템을 풀 사료 시스템으로 대체하면(되새김질하는 동물에만 적용해도), 에너지 투입은 약 60%, 토지 자원은 약 8%를 줄일 수 있는 것으로 밝혀졌다. … 또한 이를 통해 매년 수출하는 약 300만 톤의 곡물을 아낄 수 있다. 이만큼의 곡물이면 1년 동안 4억 명의 인구에게 채식 형태의 식단을 먹이기에 충분하다. (Pimentel 1990: 12)

가축에게 먹이는 곡식의 총량은 [가축 수보다] 5배나 많은 사람에게 먹일 수 있는 양이다. (집약적 동물 축산을 지지하는 사람들은 단지 식물을 생산할 수 없는 땅에서 동물을 기른다고 주장한다. 그러나 우리가 현재 가축을 먹이기 위해 사용하는 토지의 일부만으로도, 우리는 인간이 소비하기에 충분한 식물성 먹거리를 생산할 수 있다.) (Animal Alliance of Canada 1991)

축산을 생태학적으로 더 효율적으로 만드는 것만으로도 자원 고갈을 큰 폭으로 줄이고 세계 식량 공급을 증가시킬 것이다. 전 세계를 육류 경제에서 채식 경제로 점진적으로 그리고 완전히 전환할 수 있다고 상상해 보자.

비교적 짧은 역사를 가진 환경 철학의 성취 중 하나는 생태학적 지식을 기반으로 한 윤리적 사고의 수립이다. 이것을 지지한다면, 인간 생활의 가장 중요한 목표는 우리가 ─ 개인과 집단으로서 ─ 존재하는 생물권에 [미치는] 해로운 영향을 최소화하는 것이어야 한다. 또한 우리는 이 목적에 부합하는 삶의 방식을 선택해야 한다. 이제 육류에 깊이 의존하는 식단이 감당할 수 있고 지속 가능하다고 믿는 이는 다음 세 가지에 해당하는 사람들뿐이다. 즉, (a) 육류 생산이 더 큰 생태적 비용을 초래한다는 것을 모르는 사람들, (b) 이 생태적 비용에 우리의 선택과 그 선택의 결과에 대한 계산이 포함되지 않는다고 가정하는 사람들, 또는 (c) 이 비용을 다른 사람들에게, 즉 개발도상국의 국민, 우리의 자녀 및 미래의 다른 인류에게 전가할 수 있다고 믿는 사람들. 우리 모두는 먹어야만 하고, 지구는 필연적으로 이 자연적인 목적을 추구하는 행동이 초래하는 영향을 받아들여야 한다. 그러나 우리는 인류의 통제 하에 있는 생태적 스트레스를 줄이고 제한하는 것을 목표로 해야 한다. 인간이 영양가 있는 음식물을 얻는 데서 야기되는 환경 피해와 환경 악화를 관리하는 가장 좋은 방법이 채식주의임은 분명해 보인다. 앞서 언급한 육류 산업의 생태 파괴적인 효과 중 일부는 식물 기반 농업에서는 일어나지 않으며, 다른 결과와 관련해서도 그 영향의 심각성 또한 덜하다. 채식주의 시스템은 우리로 하여금 먹이사슬의 아래 단계의 식품을 먹도록 함으로써, 태양에너지와 열량 에너지를 보다 효율적으로 사용하게 만든다. (예를 들어, 콩, 대두, 견과류와 같은 식물 단백질원에 집중함으로써, 우리는 셀룰로스를 단백질로 변환시키는 동물을 먹는 것보다 단백질을 더 직접적으로 섭취하게 된다.) 에너지 절약 식단으로서 채식은 우리가 부과하는 지구 생태계에 대한 착취적인 부담을 줄인다.

생물 다양성을 위협하는 육류 생산

우리는 육류 생산 시스템이 지구 환경에 초래하는 결과가 심각하다는 것을 살펴보았다. 그 결과들은 또한 구석구석 스며들어 있다. 이것을 보여 주기 위해 나는 축산이 지구의 생물 다양성과 전체로서 자연에 대한 우리의 태도에 미치는 영향에 주목하고자 한다.

자연과 인간 양자 모두에서 멸종의 원인은 다양하다. 인간적 요인과 관련하여, 종의 생존 가능성을 약화시키는 생태 파괴는 어떤 하나의 활동으로 완전히 설명되지 않는다. 따라서 우리는 육류가 우리의 식탁에 오르는 과정 그 자체가 왜 특정 생태계와 그 생태계가 지지하는 삶의 형식을 위협하거나 회복할 수 없게 하는지 설명하길 기대해서는 안 된다.

인간이 야기한 멸종의 범위로부터 아이디어를 얻어 보자. 이 문제에 대한 가장 상세한 연구 중 하나를 수행한 윌슨(E. O. Wilson)에 따르면, 인간에게 책임이 있는 열대우림에서의 멸종은 자연적 속도의 1,000~10,000배로 발생한다(Wilson 1993). 윌슨은 일 년에 약 27,000종(하루에 74종, 시간당 3종)이 우리 손에서 죽어 가고 있다고 추정한다. 최근에 세계보존연합(World Conservation Union)에 의해 실시된 20년간의 연구에 따르면, "세계에서 8종의 식물 중 최소한 1종, 그리고 미국에서 3종 중 하나가 멸종 위협에 처해 있다"고 한다(Stevens 1998). 이렇게 무서운 속도로 이루어지는 파괴는 몇 가지 주요 동학에서 기인하는데, 거기에는 농경과 개발을 위한 국내외의 산림 벌채, 습지의 배수와 매립, 강에 들어선 댐, 산호초의 사용과 남용, 끊임없는 첨단 기술을 사용한 원양 어업 등이 포함된다. 이 중 삼림 벌채와 어류 남획은 인간의 식단과 종의 멸종이 관계가 있음을 가장 분명하게 보여 주는 영역이다. 나는 라틴아메리카의 대체 불가능한 우림의 황폐화에 초점을 맞출 것이다.

뉴스를 접하는 대부분의 사람은 지구의 열대우림이 생명권의 조절 순환 체계 내에서 독특한 기능을 수행한다는 것을 알고 있다. 열대우림은 지구의 온도를 유지하고, 대기에 신선한 산소와 물을 공급하며, 상상할 수 있는 가장 복잡한 생명의 망을 보호해 준다. 전 세계의 동·식물 종의 40-50%가 열대우림에 서식한다(McKisson & MacRae-Campbell 1990). 이 생명의 다양성은 모든 방식의 소비재 및 의약품 제조에 사용되는 광범위한 원료를 생산하며, 인간의 삶의 질은 이러한 것들에 결정적으로 의존한다. 높은 가치를 가지는 산물들에는 활엽수, 등나무, 천연 고무, 왁스, 에센셜 오일, 과일 및 견과류가 포함된다. 약국에서 구할 수 있는 약품 중 1/4이 열대우림에서 나는 원료 성분을 포함하고 있다. 반면에 전 세계의 대부분의 사람들이 질병을 치료하기 위해 사용하는 전통 의약품은 전적으로 식물에서 추출된다(Collins 1990; U.N. Food and Agricultural Organization 1995). 그럼에도 불구하고, 스미스소니언이 후원하는 연구팀의 보고에 따르면 1분당 축구장 7개에 해당하는 아마존 분지의 열대우림 지역이 방목지로 개간되고 있다(Smithsonian Institution 2002). 슬프게도, "유용한 의약 성분을 포함하고 있는지 알아보는 화학적 검사를 받은 열대우림 식물은 전체의 1%도 채 안 된다"(Collins 1990; 32). 한편, "페루, 브라질 아마존, 필리핀, 인도네시아에서 수행된 연구에 따르면, 산림에서 지속적으로 물품을 수확하는 것이 산림을 개간하거나 농업을 위한 토지를 제공하는 것보다 수익성 면에서 적어도 두 배는 더 높다"(U.N. Food and Agricultural Organization 1995: 62).

열대우림이 종 다양성에 기여하는 지구상의 주요한 네트워크라는 것은 명백한 것으로 보인다. 그런데 이러한 다양성이 왜 그렇게 중요한가? 보존 생물학자인 토머스 E. 러브조이(Thomas E. Lovejoy)는 다음과 같이 말한다.

> [지구상의] 생물군이 천만 종이라 가정하면, 그것들은 일련의 생물학적 문제에 대한 천만 개의 성공적인 해결책의 집합을 제시한다. 그리고 그것들 중 어떤 하나도 다양한 방식으로 우리에게 대단히 가치 있는 것일 수 있다. … 요점은 … 어떤 미지의 종의 "가치"가 언젠가 어떤 암 치료제를 생산할 수도 있기 때문이 아니라는 것이다. 중요한 점은 생물군 전체가 우리의 생물학적 영역을 개선할 수 있는 새로운 방법을 지속적으로 제공하고 있으며, 지금은 직접적으로 유용하지 않기 때문에 중요하지 않다고 평가되는 종도 미래에는 중요할 수 있다. (Lovejoy 1986: 16-17)

윌슨은 "생물 다양성은 가장 귀중하지만 가장 저평가된 자원"이라고 말한다(Wilson 1993: 281). 콜린스도 열대우림이 사실상 고유한 미개발 정보의 "유전자 도서관"을 구성하고 있다고 지적한다(Collins 1990: 32).

이러한 사유는 생물 다양성을 보존하기 위한 강력한 인간 중심적인 이유를 제공한다. 그러나 종 다양성을 증진시키기 위한 추가적인 근거는 없을까? 우리는 다른 종들이 우리를 위해 무엇을 할 수 있는지의 관점에서 그것들의 도구적 가치를 어렵지 않게 인정할 수 있다. 어쩌면 우리는 그것들에게 그 자체로 가치를 부여할 수도 있을 것이다. 즉, 우리가 그것들을 실제적으로나 잠재적으로 이용하는 데서 얻는 가치와는 독립적으로 가치가 인정되는 경이로운 존재 방식을 가진다는 점 때문에, 그것들에게 그 자체로 가치를 부여할 수도 있다. 그런 존재 방식이 우리의 존재 방식과 아무리 다르다고 해도 말이다.

우리는 이제 축산이 지구상의 종 다양성을 훼손하는 데 있어서 그 역할을 고려할 수 있는 입장에 서 있다. 앨 고어(Al Gore) 전 미국 부통령은 "현행 삼림 벌채 속도라면, 거의 모든 열대우림이 다음 세기에는 없어질 것"이라 했다(Gore 1993: 119). 그가 말한 다음 세기는 바로 우리가 지금 살고 있는 세기이다.[2] 축산과 우림 훼손 사이의 정확한 상관관계를 입증하는 것은 어렵다. 하지만 월드워치 연구소에 따르면, "육식에 대한 인간의 욕구가 사실상 인류의 미래를 위협하는 환경 피해의 거의 모든 주요 범주 뒤에 놓여 있는 추동력이다"(World Watch Institute 2004). 우림은 땔감, 정착 공간, 농장 부지, 단일 종 재배지, 토지 소유의 확대, 석유, 광물, 가축을 위한 목초지, 그리고 보다 최근에는 대두 경작을 위해서 제거된다. 수력 발전 프로젝트, 도로 및 기타 개발 계획 역시 열대우림을 파괴한다.[3] 이러한 압력들이 많고 다양함에도 불구하고, 방목이 주요한 위협임은 분명하다(Greenpeace International 2006a).[4]

중앙아메리카에서는 20세기 중반 이래 놀라운 속도로 열대우림이 목초지로 전환되었다. 열대우림은 그것의 고유한 특성상 목초지로 개간되더라도 목초의 질도 나쁘고 지속도 불가능하다. 그래서 오래되고 질 낮은 방목지를 계속 새로운 방목지로 대체하게 되고, 이 과정은 열대우림의 파괴가 확장되는 동력이 된다. 노먼 마이어스(Norman Myers)는 멕시코에서 브라질에 이르기까지 "라틴아메리카의 열대우림 제거에서 가장 중요한 요소는 소의 먹이"라고 주장한다(Myers 1984: 127). 이 지역에서 생산된 쇠고기 대부분은 미국 시장으로 수출되고, 이는 점차 서유럽과 일본으로 옮겨 가고 있다(Myers 1984; Rifkin 1992). 미국은 세계 인구의 5%만을 차지하지만, 다른 나라보다 많은 쇠고기를 생산, 수입, 소비하고 있다(Myers, 1984). 중남미에서 수입한 쇠고기는 패스트푸드 햄버거, 가공육 및 애완동물의 사료로 소비된다.[5] 마이어스는 "간편식은 미국에서 가장 빠르게 성장하는 식품 산업의 일부"라고 말한다. 모든 식사의 50%는 이제 패스트푸드 또는 산업화된 공정에서 제조된다(Myers 1984:

130). 이러한 패턴은 육식과 열대우림 파괴 사이의 관계를 강력하게 보여 준다. 우리가 말로만 패스트푸드 햄버거를 거부한다면 숲을 구할 수 없다. 그러나 한 사람이라도 더 식단에서 육류를 줄여서 타인에게 모범을 보인다면 환경을 바꾸는 데 도움이 될 수 있다.

육류 생산 및 자연 지배

소 방목을 위해 우림을 파괴하는 경우는 끔찍한 생태학적 재앙의 전형적 사례이다. 그러나 약간 관점을 달리해서 보면, 우리가 여기서 보고 있는 것은 인간의 자연 지배와 자연 조작의 여러 형태 중 하나에 불과하다. 나는 여기서 우리의 활동 범위야말로 자연과 자연의 생물학적 시스템을 순전히 인간의 목적, 그것도 매우 좁고 근시안적인 목적을 달성하기 위한 도구로 취급하는 우리 종의 경향성을 적나라하게 드러내는 것이라는 점을 지적하고자 한다.

이러한 조작적 사고방식에 의해, 우리는 자연 또는 (인간 아닌 종의 구성원들과 같은) 자연의 일부를 마음대로 사용하고 처분할 수 있는 자원이나 재료로 다룬다. 이 세상에서 작동하고 있는 이런 사고방식의 한 가지 예는 열대우림을 저비용 육류 생산에서 이윤 추구를 "방해하는" 장애물로 규정짓는 착취적 관행이다. 열대우림은 불필요한 것으로 취급되고, 그 땅에서 길러진 동물들은 그 자체로 서 밀리 있는 도실장으로 보내질 상품에 불과하다 ─ 열대우림은 단지 살아 있는 현금(동물)이 나중에 실제 현금이 될 때까지 담아두는 그릇에 불과하다.

그러나 열대우림 지역에서 가축에 대한 무자비한 착취를 용인하는 명백한 태도는 사실 공장식 농장에서 동물을 가두는 일반적인 관행을 지지하는 태도와 다르지 않다. 그 속에서 동물은 분명 생산과 번식을 위한 기계 또는 인공물로 취급된다(Mason & Singer 1990; Rice 2004; Gold 2004). 새로운 개발은 더 불길한 시나리오를 야기할 수 있다. 연구원들은 유전 기술을 적용하여 괴상한 동물을 만들고 매우 생산적인 동물을 복제하는 것을 적극적으로 고려한다(US. Congress, Office of Technology Assessment 1985; British Medical Association 1992; Fox 1992; Spallone 1992). 또 다른 과학적 상상력으로는 스트레스를 거의 또는 전혀 받지 않는 생리학적 변형 동물(Mason & Singer 1990), 통증 수용체가 없는 동물(Rollin 1995), 인공 고기 제조(Edelman et al. 2005; Reuters 2005)가 있다. 탐욕은 이러한 발전의 일부를 추동하고 있다. 이러한 생각을 가진 사람들은 실험이 성공적이고 육류 생산에서 경제성이 뒷받침된다면, 그 결과로 나타나는 인조 동물을 단순한 물건으로 다루는 것이 정당화될 것이고, 따라서 공장식 축산에 대한 주요 윤리적 반대는 눈 녹듯 사라질 것이라고 확신한다.[6]

이 모든 것에 더 추가될 것은 무엇인가? 특정 유형의 음식, 즉 육식에 대한 인간의 수요만을 충족시키는 육류 산업은 연민이나 자연과의 연관성에 대한 감각이 완전히 결여된 활동들이 지배하는 시대로 이끌고 있다. 우리는 한 수준에서는 ─ 생태학적 문제를 우려하며 ─ 자연과의 연결을 배우는 듯 보이지만, 다른 수준에서는 무엇이 가장 중요한지를 감지하지 못하고 있다. 대다수 사람들은 어떤 이유로든 도살장을 방문하기를 원치 않는다.[7] 그리고 현대의 육류 생산 과정에 대해 알고 있는 바에 비추어 보더라도, 사람들은 자신이 돌보고 있는 애완동물이나 동물들이 식용 동물들이 일상적으로 다루어지는 것처럼 대우받길 바라지 않으며, 앞으로도 그렇게 대우받기를 결코 원하지 않는다. 그러나 동시에 소비자로서 육류 및 육류 제품을 식품으로 선택할 때, 확실히 별 생각이 없다. 이러한 방식으로, 우리는 민감하고 배려심 있는 사람들이 마땅히 알고 거부해야 하는 자연 지배와 조작을 받아들이며 스스로 익숙해진다. 따라서 우리는 우리가 판 함정에 빠져든다. 그러나 우리는 우리가 처한 상황을 성찰하고, 인간 아닌 생물의 고통과 지구의 예속에 의존하지 않는 삶의 방식을 따르기로 결정함으로써 방법을 모색할 수 있다. 그 방법은 내가 출발한 곳, 즉 채식주의를 선택하는 것이다.

결론: 채식주의자 윤리

채식주의는 우리가 자연과 분리된 존재가 아니라 자연의 일부라는 생각을 가질 것을 촉구한다. 채식주의적 전망은 생태학적으로 지속 가능한 인간 활동의 중요성을 인식하고 우리가 지구에 미치는 영향을 최소화하기 위한 요구 사항을 확인한다. 그리고 이러한 인식에는 우리의 근본적인 필요를 돌보는 과정에서 발생하는 피해의 양이 포함된다. 하나의 삶의 방식으로서 채식주의에 헌신하는 것의 핵심 특징은 개인적 선택과 집단적 행동의 단기 결과와 장기 결과를 모두 고려하는 것이다. 이 선택은 또한 다른 종과의 자애로운 공존과 지구에 대한 존중을 함의하며, 개인의 활동에서 그리고 사회 정책과 기획에서 이 행동 수칙들을 최대한 준수할 것을 함의한다. 채식주의자의 삶의 방식은 우리에게 땅과의 접촉 방식을 재정립하고 지역에서 재배한 음식을 먹고 자연과의 관계를 회복할 수 있는 기회를 제공한다. 마지막으로, 채식주의를 통해서 우리는 동물과 자연에 대한 착취로부터 벗어날 수 있으며, 우리가 인간과 우리의 고향인 지구 모두에 건강한, 더 긍정적이고 생명을 존중하는 방식으로 살고 있음을 발견할 수 있게 해 준다. 이 점에서 채식주의는 해방적이다.

주석

1. 또한 여기서 관심을 가지고 보아야 할 보고는 중국 인구의 약 15%가 과체중이고, 중국에서 아동 비만이 지난 15년 동안 28배 증가하였는데, 그 원인이 육류 소비의 증가와 운동 부족이라는 점이다(*Guardian Weekly* 2006).
2. 또한 그가 갈채를 보낸 환경 다큐멘터리 영화 〈불편한 진실(*An Inconvenient Truth*)〉(2006)을 보라.

3. 콩 재배 목적으로 열대우림을 파괴하는 것은 채식주의자들의 관심을 끌 것이다. 그러나 이 과정은 사실 인간의 식량이 아니라 가축의 먹이 공급을 목적으로 이루어진다 (Greenpeace International 2006b).

4. 축산에 의해 야기된 미국 땅의 급격한 변형과 황폐화는 과소평가되어서는 안 된다. 이 것 역시 비극적인 이야기이다(Berry 1996; University of Washington Students n.d.).

5. 패스트푸드 거대 기업인 버거킹과 맥도날드는 우림에서 기른 쇠고기를 사용하지 않기로 서약했다. 다른 기업들도 그런 서약을 해왔다. 그린피스는 최근에 맥도날드의 쇠고기와 켄터키프라이드치킨의 닭고기가 아마존 우림을 벌채하고 거기서 기른 콩을 먹여 키운 것이라고 비난했다(Greenpeace International 2006c).

6. 일부 독선적인 저널리스트들은 합성육 또는 실험실 배양육이 고통도 괴로움도 죽임도 없이 동물 고기를 생산할 수 있다는 전망을 제공하고, 이것은 육식에 대한 채식주의의 윤리적 입장을 손상시킬 것이기 때문에 합성육 또는 실험실 배양육이 채식주의에 대해 하나의 큰 "문제"를 제기한다고 주장한다. 그러나 첫째, 이런 견해는 채식주의가 무엇인지에 대한 이해 부족을 보여 줄 뿐이다(이 논문의 마지막 부분과 Fox 1999를 보라). 둘째, 합성육은 현재 단순한 하나의 가능성일 뿐이다. 아직까지 그것이 전통적인 공장식 축산 사업을 대체하지는 못한다. 만약 그것이 공장식 축산을 대체한다면 이것은 채식주의로의 거대한 이행 못지않은 대규모의 경제적 격변을 야기할 것이다. 셋째, 만약 육류 소비자가 실험실에서 배양된 합성육을 줄지어서 기다릴 만큼 절실하게 고기를 원한다면 그것을 먹게 하고, 나머지 우리들은 신선하고 건강에 좋은 자연산 식물 식품을 먹으면 된다.

7. 나는 도살장을 방문한 경험이 있다. 그리고 그것은 엄청나게 충격적인 경험이었다. 책으로나마 도살장을 방문하고 싶은 강한 비위를 지닌 독자들을 위해서 나는 Coe(1995)와 Eisnetz(1997)의 책을 추천한다.

참고 문헌

AAgriculture Canada, Market Information Service. 1994. *Livestock Market Report*, 1993. Ottawa: Agriculture Canada.

Animal Alliance of Canada. 1991. "Enviro Facts about Livestock Production" (compiled from World Watch Paper No. 103). Toronto: Animal Alliance of Canada.

Anonymous. 1988a. "Position of the American Dietetic Association: Vegetarian Diets." *Journal of the American Dietetic Association* 3: 351-355.

Anonymous. 1988b. "The Vegetarian Advantage." *Health* 20 (October): 18.

Barnard, Neal D. 1990. *The Power of Your Plate*. Summertown, TN: Book Publishing.

Berry, Wendell. 1996. *The Unsettling of American Culture and Agriculture*. Berkeley: University of California Press.

British Medical Association. 1992. *Our Genetic Future: The Science and Ethics of Genetic Technology*. Oxford: Oxford University Press.

Chen, Junshi. 1990. *Diet, Lifestyle and Mortality in China: A Study of 65 Chinese Counties*. Ithaca, NY: Cornell University Press.

Coe, Sue. 1995. *Dead Meat*. New York: Four Walls Eight Windows.

Collins, Mark, ed. 1990. *The Last Rain Forests: A World Conservation Atlas*. New York: Oxford University Press.

Durning, Alan T. and Brough, Holly B. 1995. "Animal Farming and the Environment." In *Just Environments: Intergenerational, International and Interspecies Issues*. Ed. David E. Cooper and Joy A. Palmer. London: Routledge.

Edelman, P. D. et al. 2005. "In Vitro-Cultured Meat Production." *Tissue Engineering* 11, No. 5/6: 659-662.

Eisnetz, Gail. 1997. *Slaughterhouse*. Buffalo: Prometheus Books.

Fiddes, Nick. 1991. *Meat: A Natural Symbol*. London: Routledge.

Fox, Michael Allen. 1999. *Deep Vegetarianism*. Philadelphia: Temple University Press.

Fox, Michael W. 1992. *Superpigs and Wondercorn: The Brave New World of Biotechnology and Where It All May Lead*. New York: Lyons & Burford.

Gold, Mark. 2004. "The Global Benefits of Eating Less Meat" (a 76-page report). Compassion in World Farming Trust. https://www.ciwf.org.uk/media/3817742/global-benefits-of-eating-less- meat.pdf

Gore, Albert. 1993. *Earth in the Balance: Ecology and the Human Spirit*. New York: Plume.

Government of Canada. 1991. *The State of Canada's Environment*. Ottawa: Supply and Services Canada.

Greenpeace International. 2006a. *Eating Up the Amazon* (a 64-page report). 6 April.

Greenpeace International. 2006b. "Greenpeace closes Amazon soya facilities in Brazil and Europe." 22 May press release. http://www.greenpeace.org.

uk/ blog/forests/greenpeace-close-amazon-soya-facilities-in-brazil-and-europe

Greenpeace International. 2006c. "Greenpeace prevents soya from Amazon rainforest destruction entering Europe." 7 April press release. http:// www. greenpeace.org/international/en/press/releases/greenpeace-prevents-soya-from-2/

Guardian Weekly. 2006. "China's Expanding Girth." 25-31 August: 2.

Hill, John Lawrence. 1996. *The Case for Vegetarianism: Philosophy for a Small Planet*. Lanham, MD: Rowman & Littlefield.

Lappé, Frances Moore. 1992. *Diet for a Small Planet* (20th ed.). New York: Ballantine.

Lovejoy, Thomas E. 1986. "Species Leave the Ark One by One." In *The Preservation of Species: The Value of Biological Diversity*. Ed. Bryan G. Norton. Princeton: Princeton University Press.

Mason, Jim and Singer, Peter. 1990. *Animal Factories* (rev. ed.). New York: Harmony Books.

McKisson, Nicki and MacRae-Campbell, Linda. 1990. *The Future of Our Tropical Rainforests*. Tucson: Zephyr Press.

Melina, Vesanto and Davis, Brenda. 2003. *The New Becoming Vegetarian: The Essential Guide to a Healthy Vegetarian Diet* (2nd rev. ed.). Summertown, TN: Healthy Living Publications.

Myers, Norman. 1984. *The Primary Source: Tropical Forests and Our Future*. New York: Norton.

Pearce, Fred. 2006. "The Parched Planet." *New Scientist,* 26 February: 32-36.

Pimentel, David. 1990. "Environmental and Social Implications of Waste in U.S. Agriculture and Food Sectors." *Journal of Agricultural Ethics* 3: 5-20.

Porritt, Jonathon. 2006. "Hard facts to swallow." *Guardian Weekly*, 13-19 January: 18.

Rice, Pamela. 2004. *101 Reasons Why I'm a Vegetarian*. New York: Lantern Books.

Reuters. 2005. "Scientists propose growing artificial meat." 7 July dispatch. www.msnbc.msn.com/id/ 8498629/

Rifkin, Jeremy. 1992. *Beyond Beef The Rise and Fall of the Cattle Culture*. New York: Dutton.

Robbins, John. 1987. *Diet for a New America*. Walpole, NH: Stillpoint.

Rollin, Bernard E. 1995. *The Frankenstein Syndrome: Ethical and Social Issues in The Genetic Engineering of Animals*. New York: Cambridge University Press.

Saunders, Kerrie K. 2003. *The Vegan Diet as Chronic Disease Prevention: Evidence Supporting the New Four Food Groups*. New York: Lantern Books.

Smithsonian Institution. 2002. "Smithsonian researchers show Amazonian deforestation accelerating." *Science Daily Online*, 15 January. http://www. sciencedaily.com/releases/2002/01/020115075118.htm

Spallone, Pat. 1992. *Generation Games: Genetic Engineering and the Future for Our Lives*. Philadelphia: Temple University Press.

Starke, Linda, ed. 2006. *State of the World 2006*. Washington, DC: World Watch Institute.

Stevens, William K. 1998. "Plant Species Threats Cited." *The Globe and Mail* (Toronto), 9 April: A15.

Tudge, Colin. 2004a. "It's a Meat Market." *New Scientist,* 13 March: 19.

Tudge, Colin. 2004b. So Shall We Reap: *What's Gone Wrong with the World's Food — and How to Fix It*. Harmondsworth, Middlesex: Penguin.

U.N. Food and Agricultural Organization. 1995. *Dimensions of Need: An Atlas of Food and Agriculture*. Santa Barbara: ABC-CLIO.

University of Washington Students n.d. "Rape of Mother Earth."

U.S. Congress, Office of Technology Assessment. 1985. *Technology, Public Policy, and the Changing Structure of American Agriculture: A Special Report for the 1985 Farm Bill*. Washington, DC: US Government Printing Office.

U.S. National Research Council. 1989. *Diet and Health: Implications for Reducing Chronic Disease Risk*. Washington, DC: National Academy Press.

White, Randall and Frank, Erica. 1994. "Health Effects and Prevalence of Vegetarianism." *Western Journal of Medicine* 160: 465-471.

Wilson, Edward O. 1993. *The Diversity of Life*. New York: Norton.

World Watch. 2004. "Is Meat Sustainable?" (editorial). *World Watch Magazine* 17(4), July/August.

더 생각해 볼 문제

1. 폭스는 우리의 먹거리 선택이 우리의 개인적인 삶을 넘어서는 결과를 가져오며, 우리는 그 결과에 대해 책임을 져야 한다고 주장한다. 그의 주장에 대해 어떻게 생각하는가?

2. 육류를 먹는 것이 도덕적으로 잘못된 것이라고 확신한다면 당신은 육류 섭취를 포기하겠는가? 당신이 이미 채식주의자라면, 윤리적, 경험적 요인이 당신의 식단 선택에 어떤 영향을 미쳤는가?

14장

유전자 변형 식품이 과연 지구를 구할 수 있을까?[*]

조너선 로치

조너선 로치(Jonathan Rauch)는 『애틀랜틱(*The Atlantic*)』지의 객원 편집자이자 브루킹스 연구소(Brookings Institution)의 선임 연구원이다. 이 에세이에서 그는 유전공학 식품이 기아로부터 미래 세대를 구하는 데 충분한 영양을 제공할 수 있다는 증거를 제시한다. 그는 유전자 변형 식품에 반대하는 환경론자들이 실제로는 인류가 얻게 될 최대 이익에 반하여 행동하고 있다고 주장한다.

* *Atlantic Monthly* (October 2003)에서 저자의 허락을 얻어 수록함.

유전공학은 아마 지난 수십 년, 확실치는 않아도 멀리는 수 세기 동안 등장한 기술들 중 환경적으로 가장 유익한 기술일 것이다. 물론, 적어도, 생명공학 기술을 눈엣가시로 여기는 미국과 다른 나라들의 환경 단체들에게는 그렇지 않겠지만 말이다. 또한 이는 도시에서 자라거나 현대 농장에서 일어나는 일들을 단지 어렴풋하게만 알고 있는 사람들에게도 마찬가지일 것이다. 나는 농업에 대해서는 문외한이지만, 지구가 운이 좋다면, 미래의 농업이 어떻게 될 것인지를 알아보도록 하겠다.

4월의 어느 뜨거운 날, 나는 버지니아주 농지 보존 담당관과 농업 연구원 두 사람과 함께 리치먼드에서 멀지 않은 지역을 여행했다. 그곳의 농민들은 [밭을 갈아엎지 않는] 지속적인 무경운 농업(no-till farming)을 적용하는 국내 최고의 권위자(그러므로 세계 최고)였다. 쉽게 말하자면, 그들은 쟁기질을 하지 않는다. 농업 혁명이 시작된 이래 수천 년 동안 농민들은 쟁기질을 하였고, 때로는 한 해에 수 차례 하기도 하였다. 이는 강을 오염시키고, 수생 서식지를 황폐화시키며, 땅을 닳게 하는 침식과 토양에 저장된 온실가스를 대기로 방출하는 것의 원인이었다. 오늘날, 마침내 농민들은 쟁기질을 구시대의 유물로 만드는 방법을 연구하고 있다.

대략 오후 1시 30분쯤에 우리는 굿 럭 트랙트(Good Luck Tract)로 알려진 200에이커 면적의 농지에 도착했다. 아무도 이 이름의 출처를 알지 못했지만, 가장 그럴듯한 추측은 아마 누군가가 이렇게 말했을지도 모른다는 것이다. "진짜 여기서 농사를 짓는다고? 행운을 빌어!" 땅은 평평하지 않고 구불구불했으며, 땅의 경사가 자연적인 빗물 골짜기를 만들었다. 일반적으로 이 정도의 침식지라면 작물이 아닌 소에 적합할 것이었다. 하지만 그곳에는 밀이 빽빽하게 심어져 있었다. 심지어 여기서 생산되는 밀은 일반적인 예상보다 거의 두 배를 생산하고, 토양은 유기물이 더 풍부하게 자라며, 따라서 더 많은 영양을 작물에게 주었다. 가장 눈에 띄는 것은 화학물질 사용이나 토양 유실 현상이 거의 없다는 것이었다. 심지어 1999년 허리케인 플로이드가 하루 동안 19인치의 비를 뿌렸을 때에도 심각한 유출이나 침식이 일어나지 않았다. 토지는 물이 흙을 아래로 쓸고 가기 전에 빗물을 간단히 흡수했다.

몇 킬로미터 떨어진 다른 장소에서, 나는 그 이유를 알았다. 땅 표면만 살짝 파서 옥수수를 심은 땅에서, 농업 연구원인 폴 데이비스(Paul Davis)는 삽으로 약 8인치의 표토를 뒤집었다. 그런 다음 허리를 굽혀 흙덩이를 집어 들었다. 쟁기질을 한 토양은 보통 뒤집어지고 다시 엎어지는 과정의 반복 속에서 생명을 잃고 균질해지지만, 데이비스가 들어 올린 흙덩이는 살아 있었다. 나는 즉시 꿈틀거리는 지렁이 세 마리, 땅벌레 하나, 그리고 아주 바쁜 것처럼 보이는 많은 수의 작고 하얀 곤충들을 발견했다. 마치 인사를 하는 듯이 벌레들은 배설했다. "식물이 먹을 수 있는 것이 많군!"이라고 데이비스는 기쁜 듯 소리쳤다.

이 토양은 굿 럭 트랙트와 마찬가지로 수년간 경작되지 않아 지하 생태계가 다시 돌아올 수 있었다. 곤충과 뿌리 및 미생물은 토양을, 물을 빨아들이는 스펀지와 같이, 정교한 구조로 만들었다. 이것이 침식과 유출이 사실상 제로였던 이유였다. 땅벌레들이 쟁기질을 하고 있었기 때문에 작물이 번성했다. 일반적인 방법처럼 땅을 갈아엎는 것보다는 농작물의 잔여물을 그대로 남겨둠으로써 토양의 생물군에 영양분을 공급하고, 다시 그것이 썩으면서 토양을 비옥하게 만들었던 것이다. 농민은 무거운 쟁기를 사용해 앞뒤로 운선하며 소비했을 연료를 아낄 수 있었다. 그로 인해 돈이 절약되었고, 당연히 에너지도 절약되었으며, 오염도 줄어들었다. 무엇보다 작물 수확량이 기존 방식보다도 더 많았다.

버지니아주의 보존 농업 종사자들은 무경운 농업에 열광하였다. 그들의 임무는 제임스강과 요크강, 그리고 나머지 체사피크만 유역을 깨끗하게 하는 것이었다. 대부분의 침전물은 강을 막고 탁하게 하며, 대부분 농장에서 유출된 비료는 조류를 번성시켜 물고기를 죽인다. 농업 보존 지구 관리자인 브라이언 노이에스(Brian Noyes)는 내게 지속적인 무경운 농업이 농지의 침식과 유출을 막음으로써 유역의 수질을 "혁신시킬" 수 있다고 언급하였다.

환경적 관점에서 볼 때, 노이에스가 긍정론자라고 하더라도, 무경운 농업은 놀라운 진보를 가져오는 것 같아 보인다. 문제는 ― 만약 그것이 문제라면 ― 널리 퍼진 쟁기질의 폐기는 유전적으로 조작된 작물에 달려 있다는 것이다.

농업이 지구를 좌지우지할 수 있다는 것은 약간 과장이기는 하지만, 그렇다고 터무니없는 것도 아니다. 환경을 형성하는 모든 인간 활동 중에서 농업은 가장 중요하며, 그 무엇보다 앞서 있다. 오늘날 지구 토양의 38%는 작물 경작지나 목초지로 이용되고 있다. 그리고 그 비율은 전 세계 인구가 증가함에 따라 지난 수십 년 동안 상승세를 보였다. 증가율은 점진적으로 1년에 약 0.3%에 불과하지만, 여전히 매년 추가적으로 그리스 또는 니카라과만큼의 땅이 경작지나 목초지로 바뀌고 있는 실정이다.

농사는 지구상에서 쉽게 진행되지 않으며, 그랬던 적도 없다. 농사를 짓는다는 것은 농민이 기르고자 하는 작물 ― 그것이 무엇이든 간에 ― 을 해치거나 먹어 치우려는 수백만의 식물(소위 잡초라고 불리는)과 동물(소위 해충이라 불리는)들과의 전쟁이다. 밀, 옥수수 또는 다른 단일 작물만으로 전체를 채우는 단일 작물 재배는 서식지에 좋지 않고 질병과 재앙에 취약하다. 비록 비료가 흘러나와 물을 오염시키더라도, 비료가 없는 농사는 토양을 고갈시키고 결국 피폐하게 만든다. 살충제는 인간의 건강을 해칠 수 있고, 해충과 함께 익충 또는 무해한 벌레를 죽일 수 있다. 관개는 토양에 축적되어 해를 끼치는 미량의 원소들을 계속해서 남긴다.

농업에서 거래는 근본적인 것이다. 예를 들어, 유기농법은 인공 비료를 사용하지 않는 대신 물과 먹거리를 오염시킬 수 있는 많은 양의 거름을 사용해야 한다. 전통적인 농민들은 제초제를 덜 사용할 수 있으나, 그 대신 더 많은 쟁기질을 통해 더욱 복잡한 환경 문제들을 일으킨다. 저

투입 농법은 더 적은 화학물질을 사용하지만, 대신 더 많은 땅을 필요로 한다. 요점은 농업이 환경적인 범죄가 아니라, 농업을 위해 지구에 압력을 가하는 일을 피할 수 없다는 것이다.

다음 반세기 동안 이러한 압력은 심화될 것이다. 유엔 중기 전망에 따르면, 지구의 인구는 오늘날 63억에서 2050년 89억까지 40% 이상 증가할 것으로 추산된다. 이 모든 사람과 그들의 수십억 마리나 되는 굶주린 애완동물(강아지나 고양이는 사람들이 최소한의 생계유지를 해결하고 나면 가장 먼저 원하는 것 중 하나)들을 먹이려면, 그리고 점점 더 부유해지는 세계에서 요구되는 단백질이 풍부한 식단을 제공하려면, 최소한 2배, 많게는 3배의 식량 생산이 필요하다.

그러나 그때가 되면 이야기는 변할 것이다. 유엔 중기 전망에 따르면, 2050년경에는 세계 인구가 거의 수평을 유지할 것이다. 성장이 멈추지는 않을지라도 느려질 것이다. 그리고 식량 부족 사태는 끝날 것이다. 실제로, 2050년에 작물 수확량이 계속 증가하고 세계의 대부분이 경제적으로 개발된다면, 그리고 인구 압박이 줄어들거나 심지어 역전된다면(합리적 가능성이 있는 것처럼 보임), 인간 종은 마침내 해마다 환경에 어떤 추가적인 스트레스도 주지 않으면서 식량을 자급자족할 수 있을 것이다. 우리는 자신에게 필요한 모든 것들을 키우면서도 동시에 농업이 주는 환경적 부담을 줄여 나갈 수 있을 것이다. 농경지를 황무지로 돌려놓고, 손상된 토양을 복구하며, 생태계를 다시 되살리는 일 등. 다시 말하자면, 농업은 영원히 지속 가능한 기반에 놓일 수 있다는 것이다. 가슴 벅찬 전망이 아닌가?

그렇다면 가장 큰 문제는 가능한 한 적은 환경 피해로 향후 4~50년을 버티는 것이다. 여기가 바로 생명공학이 적용되어야 할 지점이다.

최근 어느 날 나는 데니스 에이버리(Dennis Avery)와 그의 아들 알렉스 에이버리(Alex Avery)를 만나기 위하여 버지니아주 남부로 내려갔다. 데니스는 턱밑 수염과 깊은 눈을 가진 중년의 남자로 열정적인 학자적 풍모를 지녔고, 말, 닭, 물고기, 고양이, 개, 파랑새, 오리, 거위 및 다른 생물들을 모아놓은 97에이커 면적의 땅에 살고 있다. 그는 보수적인 두뇌 집단인 허드슨 연구소(Hudson Institute)의 국제 식량 문제 책임자이다. 알렉스는 아버지와 함께 일하며 식물 생리학자로 성장하였다. 우리는 집 뒤쪽 일광욕실에 앉아 있었고, 우리의 오후 대화에는 개의 코 고는 소리와 수탉의 울음소리가 자주 끼어들었다. 우리는 농장 생산성에 극적인 진전을 이룩하여 지난 40년간 급성장한 세계 인구를 먹여 살린 녹색혁명에 관해서 이야기했고, 나는 다음 40년 동안 우리가 직면하게 될 도전이 무엇인지에 대하여 그에게 물었다.

"글쎄요." 데니스는 대답했다. "1960년 이래로 세계 농장 생산량은 세 배로 늘었으며, 같은 땅에서 두 배나 많은 사람들을 먹여 살리고 있습니다. 그것은 영웅적인 업적이었습니다. 그러나 다음 40년은 더 어려울 것이라고 생각해야 합니다. 녹색혁명 당시에는 1인당 더 많은 땅과 더 많은 물을 가지고 있었지만, 앞으로는 그렇지 못할 것이기 때문입니다." 알렉스가 덧붙였다. "그리고 생산량 증가의 가능성이 더 많았습니다. 왜냐하면 우리가 시작했던 기반이 지금보다 훨씬 낮은 수준이었기 때문이죠."

데니스의 이야기는 계속 이어졌다. "대체로 세계 문명은 최상의 농지를 중심으로 건설되었고, 우리는 세계의 좋은 농지를 대부분 사용했죠. 좋은 땅은 대부분 이미 빽빽하게 경작되고 있으며, 수확량이 높은 작물이 심어져 있습니다. [단, 아프리카는 중요한 예외이다.] 대부분 좋은 관개 시설들이 사용되고 있습니다. 즉, 우리가 이미 사용하고 있는 기술만으로는 수확량을 다시 3배로 늘릴 수 없다는 이야기입니다. 만약 우리의 기술 수준이 생명공학 기술이 결여된 현재의 기술 수준으로 동결된다면, 운이 좋아야 50% 정도의 생산량 증가를 얻는 데 그칠 것입니다."

"생명공학"에 관해서는 말할 것이 많지만 여기서는 유전자 조작에 관해 이야기하고자 한다. 유전자 조작은 한 유기체에서 다른 유기체로 유전자를 선택적으로 전이하는 것이다. 보통 품종 개량은 관련된 변종들 간의 교차가 가능하지만, 예를 들어 세균의 유전자를 취하여 밀로 옮길 수는 없다. 유전자 전이로 인해 탄생한 유기체들을 과학자들은 유전자 변형(transgenic) 유기체라고 부르고, 많은 환경론자들은 '프랑켄푸드(Frankenfood)'라고 부른다.

유전자 전이는 의문의 여지 없이 위험을 야기한다. 그래서 그 문제 때문에 전통적인 이종 교배를 실시한다. 그러나 많은 사람들은 유전자 변형 유기체가 생각보다 더 예측할 수 없을 것이라고 우려한다. 한 가지 가능성은 유전자 변형 작물이 들판에서 숲이나 다른 야생지로 퍼져 나가면서 환경적인 골칫거리가 되거나 상황을 더 악화시킬 수 있다는 것이다. 또 다른 위험은 유전자 변형 식물이 주변의 야생 식물과 이종 수분하여 야생에서 "슈퍼 잡초" 또는 침략적이거나 파괴적인 품종을 생산할 수 있다는 것이다. 그러한 위험은 충분히 현실적이어서 에이버리를 포함한 대부분의 생명공학 애호가들조차도 형질 전환 작물에 대한 정부의 어느 정도의 규제를 선호하게 만든다.

더구나 생명공학이 환경에 좋은 영향을 미칠 수 있는 잠재력에 대한 것은 그다지 널리 인정받지 못하고 있다. 지속적인 무경운 농업을 예로 들면, 이는 형질 전환 작물의 도움을 받을 때 가장 잘 작동한다. 인간은 너무나 오랫동안 쟁기질을 해왔기 때문에, 왜 우리가 처음에 그 일을 시작했는지를 망각하는 경향이 있다. 간단한 대답은 잡초 방제이다. 심은 작물 사이의 흙을 뒤집는 것은 잡초와 그것의 씨앗들을 억제한다. 쟁기질을 하지 않으면 토지는 잡초범벅이 되어 버린다. 세소세를 사용하여 잡초를 죽이지 않는다면 말이다. 그러나 제초제는 값이 비싸고 적용하기가 복잡할 수 있다. 또한 제초제는 나쁜 것들과 함께 좋은 것들도 같이 죽일 수 있다.

1990년대 중반에 농업 기업인 몬샌토사는 라운드업 레디(Roundup Ready)라는 유전자 변형 콩을 도입했다. 이름에서 알 수 있듯이, 이 콩은 여러 종류의 잡초를 죽인 다음에 무해한 성분으로 빠르게 분해되는 제초제인 라운드업(역시 몬샌토사에서 제조)에도 견딜 수 있다. 라운드업 레디를 통해 농민들은 복잡하고 값비싼 화학물질을 많이 사용하는 대신에 상대적으로 순한 단일 제초제를 단지 몇 가지로 응용해서 사용함으로써 잡초를 방제하고 쟁기질에서 해방될 수 있음을 발견했다. 모든 미국 콩의 3분의 1 이상이 현재 라운드업 레디 품종을 도입해 쟁기질 없이 재배되고 있다. 쟁기질 없는 목화 재배도 마찬가지로 생물 공학 품종의 출현에 의하여 가속도가 붙었다. 생명공학을 배제한 무경운 농업은 가능하기는 하지만 더 어렵고 비용이 많이 든다. 이것이 무경운 농업과 생명공학 기술이 동시에 진보하고 있는 이유이다.

2001년 한 과학자 집단은 짠 물 — 사실 이 물의 염도는 바닷물의 거의 절반이며, 일반적인 토마토가 견딜 수 있는 정도의 50배가량 — 에서도 무성하게 자랄 수 있는 유전자 변형 토마토를 만들었다고 발표했다. 한 연구원은 "나는 이미 토마토, 담배 및 카놀라를 변형시켰다. 또한 이 유전자로 모든 작물을 변형시킬 수 있다고 믿는다"라고 말했다. 환경주의자들을 진저리치게 만드는 프랑켄슈타인의 그런 오만함이 느껴지는 말이다. 그러나 이것이 환경에 미치는 영향을 고려해야 한다. 관개시설은 수천 년 동안 농업의 초석이었지만 그에 걸맞은 대가가 따른다. 관개 용수는 증발하면서 미량의 염분을 남기게 되는데, 이것이 축적되면서 서서히 토양을 불모지로 만든다. (모든 로마 군대가 알고 있었던 것처럼, 국가의 농업 기반을 파괴하기 위해서는 토양을 염분화시켜야 한다.) 매년 세계는 염분화로 인해 캘리포니아 면적의 5분의 1에 해당하는 2,500만 에이커를 잃는다. 세계의 관개 토지의 40%와 미국의 25%는 어느 정도 피해를 입었다. 수십 년간 전통적인 식물 육종가들은 내염성 작물을 만들려고 노력했다. 하지만 수십 년 동안 실패만 거듭해 왔다.

내염성 작물의 도입은 피해를 입거나 황폐화된 수백만 에이커의 땅들을 다시 생산 가능하게 만들 수 있다. 알렉스는 "더 나아질 것"이라고 말했다. 유전자 변형 토마토는 자기 무게의 6~7% 정도의 나트륨을 흡수하여 잎에 격리시킨다. 알렉스는 다음과 같이 말했다. "이론적으로, 토양에서 염분을 제거하는 데 이러한 작물들을 키우는 것만으로도 충분하다고 주장할 수 있습니다."

그의 아버지는 "우리는 염분으로 오염된 지역을 수십 년간이나마 유지할 수 있을지 걱정했습니다. 이제는 수 세기 동안 유지할 수 있다고 생각합니다"라고 맞장구를 쳤다.

1990년대 중반에 시장에 나온 최초의 생명공학 작물 중 하나는 자체적으로 살충제를 만들어 내는 목화였다. 과학자들은 **바실루스 투링기엔시스**(*Bacillus thuringiensis*)로 알려진 토양 박테리아에서 독소를 생산하는 유전자를 식물에 도입했다. Bt 면화라고 불리는 이 식물을 통해 농민들은 농약을 훨씬 덜 살포할 수 있었고, 식물에 함유된 독극물은 실제로 작물을 먹는 벌레에게만 전달되었다. 환경론자들이 말하듯이, 농약은 별로 좋지 않다. 특히 제3세계의 많은 농민들이 그렇게 하듯이 배낭 분무기를 매고 농약을 살포하면서 농약을 들이마셨을 경우에는 더 나쁘다.

유전자 변형 면화는 1996년부터 2000년까지 미국의 농약 사용을 2백만 파운드 이상 줄였으며, 중국 일부 지역의 경우 절반 이상까지 줄였다. 올해 초 환경보호국은 뿌리벌레(근충)로 알려진 딱정벌레 애벌레에 견디는 유전자 조작 옥수수를 승인했다. 뿌리벌레는 미국 옥수수의 가장 강력한 적이기 때문에, 이 새로운 품종은 미국에서 연간 농약 사용을 1,400만 파운드 이상 줄일 가능성이 있다. 이는 미국 내 2,300만 에이커의 땅에 대한 농약 살포를 줄이거나 없앨 수 있다는 것을 의미한다.

그 모든 것이 끝이 아니라 시작이다. 생명공학자들은 또한 열대지방에서 토양의 다른 주요 오염 물질인 알루미늄에 견디는 작물에 관해서도 연구하고 있다. 땅의 생산성을 회복하거나 이미 경작되고 있는 땅의 생산량을 두 배로 늘리는 것, 그리고 다른 것들이 같다면, 파괴되거나 경작될 처녀림이나 사바나의 땅을 단 1에이커라도 줄이는 것. 그것이야말로 우리 모두의 가장 중요한 이익일 것이다.

언론인으로서 20년 동안 인터뷰 해온 많은 사람 중에서, 노먼 볼로

그가 가장 많은 생명을 구한 사람이다. 현재 그는 중키에 크리스털처럼 밝은 푸른 눈과 듬성듬성한 백발을 가진 붙임성 없는 89세의 노인이다. 그는 여전히 식물 육종 분야에 관해 이야기하기를 좋아한다. 이는 그가 녹색혁명에서 주요한 공을 세워서 1970년 노벨 평화상을 수상한 분야이다(볼로그에 관한 글은 Gregg Easterbrook, "Forgotten Benefactor of Humanity," *Atlantic* 1997, 1월호를 참조하라). 그러나 식물 육종가로서 명성을 얻은 그는 1930년대 임업에서 경력을 시작했다. 임업에 종사하면서 그는 숲 보존에 항상 관심을 가지고 있었다. 1960년대에 인도와 파키스탄에서 작물 수확량을 개선하기 위해 일하면서, 그는 정신적 연결 고리를 만들어 냈다. 그는 경작지의 면적과 평균 수확량을 상세히 열거한 표를 작성한 다음, 다른 칼럼에서는 농장 생산성 향상으로 얼마나 많은 토지가 절약되었는지를 추정하였다. 나중에, 1980년대와 1990년대에 그와 또 다른 사람들은 현재 몇몇 농업 경제학자들이 볼로그 가설이라고 부르는 것에 주목하기 시작했다. 녹색혁명은 많은 사람의 생명을 구했을 뿐만 아니라 기존 농장의 생산성을 향상시킴으로써 수백만 에이커의 열대우림과 다른 서식지, 그리고 셀 수 없는 동물의 생명을 구했다.

예를 들어, 1960년대부터 1980년대에 이르기까지 녹색혁명은 인도에서 1억 에이커 이상의 황무지를 구했다. 최근에는 온두라스, 필리핀 및 기타 지역에서 쌀, 커피, 야채 및 기타 작물의 수확량 증가로 인해서 일부 경우에 산림 개간이 감소하거나 중단되었다. 에이버리는 1950년 이래로 농업 기술과 수확량이 개선되지 않았다면, 세계는 대부분이 숲으로 이루어진 2천만 평방마일이나 되는 야생 동물 서식지를 잃어버렸을 것이라고 추산했다. 오늘날에는 약 1,600만 평방마일의 숲이 존재한다. 내 어리둥절한 표정에 에이버리가 대답했다. "내가 말하고자 하는 것은, 우리가 지구상의 모든 숲을 구했다는 것이에요."

서식지 파괴는 심각한 환경문제로 남아 있으며, 어떤 측면에서는 가장 심각한 문제이다. 중앙아메리카와 남아메리카, 아시아와 아프리카의 사바나와 열대우림은 대체로 빈약한 농경지가 되지만, 그곳은 생물 다양성의 보고이며 지구의 허파이다. 1972년 이래로 약 20만 평방마일에 달하는 아마존 열대우림이 작물 경작지와 목초지로 개간되었다. 1966년부터 1994년까지 3개국을 제외한 중앙아메리카의 모든 국가가 남아 있는 숲보다도 더 많은 숲을 개간했다. 멕시코는 농장으로 인해 해마다 4,000평방마일 이상의 숲을 잃고 있으며, 사하라 사막 이남의 아프리카는 19,000평방마일 이상을 잃고 있다.

따라서 다음 40~50년 동안 우리가 직면하게 될 큰 도전은 30억 인구(및 애완동물)를 추가로 먹여 살리는 것이 아니라, 세계 주요 서식지의 대부분이 2등급 또는 3등급 농지로 전환되는 것을 방지하는 것이다. 여전히 대부분의 농업 경제학자들은 기존의 육종, 비료, 제초제 및 기타 녹색혁명을 지지하는 것들로 인해 상당한 수확량 개선이 이루어질 것이라는 데 동의한다. 그러나 생명공학 기술이 더 많은 장래성을 지니고 있다는 것은 분명해 보인다. 세계 식량 생산량이 향후 수십 년 동안 적어도 두 배, 많게는 세 배가 될 필요가 있다는 사실을 상기해 보자. 만약 재래식 기술을 사용하여 생산량을 크게 늘릴 수 있다고 하더라도 — 이 자체가 의심스럽기도 하지만 — 필요한 농약과 비료 및 기타 오염 물질의 양은 엄청날 것이다. 만약 적절하게 개발, 보급, 사용된다면, 유전자 변형 작물은 지구가 가지는 최선의 희망이 될 것이다.

적절한 개발, 보급, 사용이라는 세 가지 단서 조건이 중요하다는 것이 밝혀졌고, 이것은 성년으로 그러면서도 다소간 삐거거리며 환경 공동제를 그려 볼 수 있게 한다.

얼마 전에 나는 워싱턴의 세계야생기금(World Wildlife Fund)에 있는 샌더로우(David Sandalow)를 만나러 갔다. 보존 프로그램 담당으로 단체의 수석 부사장인 그는 키가 크고 세련되었으며, 상냥하면서도 다소 과묵한 성격으로 예일대와 미시간 로스쿨에서 학위를 딴 40대 남성이다.

몇 주 전에 나는 점심을 먹으면서 에이버리가 유전자 조작이 환경적으로 큰 잠재력을 가지고 있다고 주장한 것을 언급했다. 그리고 그 말에 동의한다는 샌더로우의 말에 나는 크게 놀랐다. 나중에 그의 사무실에서 이루어진 인터뷰에서, 나는 그에게 더 자세하게 물었다. 그는 다음과 같이 대답했다. "생명공학은 단순한 해답이 아닙니다. 생명공학은 엄청난 잠재적 이익과 엄청난 위험을 동시에 가지고 있으며, 우리는 일을 진행함에 있어 이 두 가지를 모두 고려해야만 합니다. 엄청난 잠재적 이익은 경작지의 생산량이 증가하고, 이에 따라 숲에 가해지는 압력이 감소하는 것입니다. 이는 농약 사용량의 감소도 포함합니다. 그러나 엄청난 위험은 유전자 이동과 침투력 증가에서 유래하는 심각한 생태적 혼란을 포함합니다. 이것은 사실 냉담한 용어로 이야기해서 그렇지 엄청나게 무서운 일이 아닐 수 없지요."

나는 생명공학 없이도 열대우림을 개간하지 않고 앞으로 40년 또는 50년 동안의 식량 문제를 해결할 수 있을지에 관해서 그의 생각을 물었다. 직접적인 대답 대신 그는 "우리가 몇 가지 장애물들을 극복할 수 있다면, 생명공학은 우리의 무기고가 될 수 있을 것입니다. 결코 만병통치약이나 마법의 탄환이 될 수는 없겠지만, 그렇다고 도구 상자에서 제거해서도 안 될 것입니다"라고 말했다.

샌더로우는 독특하다. 적어도 공적으로는, 자격을 갖춘 환경론자들 중 생명공학에 대하여 그와 같이 말하는 사람은 거의 없다. 대부분의 환경론자들은 거대한 위협에 대해서는 쉽게 동의하지만, 거대한 잠재적 이익에 대해서는 입을 다물 것이기 때문이다. 생태학적 관점에서 보자면, 요점은 다른 환경론자들이 얼마나 더 샌더로우 같은 방식대로 생각을 바꾸느냐에 달려 있다.

생명공학 회사는 돈을 벌기 위해 사업을 진행한다. 그것은 적합하고 적절하다. 그러나 새로운 유전자 변형 작물을 개발하고 시험하는 것은, 정치적 논란거리가 되는 것은 말할 것도 없고, 비싸고 상업적으로 위험하다. 연구개발비를 어떻게 투자할 것인가를 결정할 때, 생명공학 회사는 자연스럽게 농민과 소비자로부터 가장 많은 돈을 벌어다 줄 제품을 선택할 것이다. 예를 들어, 라운드업 레디 제품은 제초제 및 자동 분무기에 많은 비용을 지불하는 미국 농업에 적합하다. 개발도상국의 가난한 농민들은 당연히 구매력이 훨씬 적다. 궁핍한 아프리카 농장에서 재배하기 적합한 내염성 카사바를 만들면 서식지와 생명을 구할 수 있지만, 상업적 기업들은 다른 기업들이 서두를 때까지 그 작업에 착수하지 않을 것이다.

지구 친화적인 유전자 변형 작물이 개발되면, 다음 문제는 그것을 보급하는 것이다. 수많은 농민들과 (내가 전에 잠깐 언급했던) 전문가들이 익숙하지 않은 새로운 기술(예를 들면, 무경운 농업과 같은)을 받아들여 전환하는 것은 결코 쉬운 일이 아니다. 그것은 새로운 종자 및 장비에 대한 자본 투자, 새로운 기술과 방법의 숙달, 농민과 생태학 분야의 재적응을 위한 취약한 과도기, 그리고 기존 땅에서 가장 잘 자라는 것이 무엇인지를 알아내는 데 상당한 시행착오를 필요로 한다. 이러한 문제는 학습 곡선이 가파르고 자본 층이 거의 존재하지 않을 정도로 얇은 제3세계에서만 격화된다. 단순히 최신식이지만 익숙하지 않은 씨앗이 든 가방을 농민의 손에 쥐어 주기만 하면 되는 일이 아니다. 많은 경우 농민들은 일대일의 관심을 필요로 한다. 또한 많은 이들이 종자 구입을 위한 금전적 지원을 필요로 한다.

마지막으로, 실제로 환경에 이익을 주는 방식으로 생명공학을 사용하는 문제가 남아 있다. 기술은 양날의 칼이어서 종종 어느 쪽이든 절단할 수 있으며, 특히 난기석으로는 더욱 그렇다. 염분이나 가뭄에 강한 쌀은 농민들로 하여금 생산에 필요한 토지를 유지할 수 있게 해 주었지만, 동시에 염분이 많거나 너무 건조하여 경작할 수 없었던 처녀지를 새롭게 경작하도록 유도했다. 개선된 종자의 효과가 농작물을 더 수익성 있게 만드는 것이라면, 농민들은 적어도 일시적으로는 더 많은 토지를 생산에 활용함으로써 이에 대응할 수 있을 것이다. 생산성이 높아질수록 농장은 더 적은 인력을 필요로 할 것이다. 그로 인해 지역 노동 시장이 일자리를 제공할 수 없다면, 실직자들은 자급 농업을 위한 방법으로 열대우림 지역으로 이동하여 숲을 태워 버릴지도 모른다. 이러한 과도기적 문제들은 해결 가능하지만, 그러기 위해서는 돈과 관심이 필요하다.

간단히 말해서, 생명공학의 위대한 — 어쩌면 유일한 — 환경적 가능성을 실현하려면 관리가 필요하다. 포레스트 트렌즈(Forest Trends) 환경보존 그룹의 농업 경제학자 세라 셔(Sara Scherr)는 나에게 이렇게 말했다. "이것은 도구이기는 하지만 절대로 자동적으로 작동하지는 않을 겁니다."

그럼 이제 다음 질문에 대답해 보자. 지구 친화적인 생명공학의 지당한 지지자들은 누구인가? 가난한 나라의 토양을 복원하거나 살충제를 줄일 수 있는 유전자 변형 작물에 대한 연구 — 대개는 수익이 없는 연구 — 를 승인하도록 정부에 정치적 로비 활동을 할 수 있는 사람은 누구인가? 쟁기질을 하지 않고 농사를 짓는 방법을 아시아나 아프리카의 농민들에게 차례차례 가르쳐 줄 수 있는 사람은 누구인가? 가난한 농민들에게 최첨단의 친환경적인 씨앗을 제공하도록 돕는 사람은 누구인가? 본거지를 잃은 소작농들과 영리를 추구하는 농민들이 민감한 땅에서 벗어날 수 있도록 유도하는 프로그램과 개혁을 사회적으로 요구할 수 있는 사람은 누구인가? 거의 대부분은 정치인도 아니고, 농민도 아니며, 기업도 아니고, 소비자도 아니다.

워싱턴의 환경 연구 기관인 세계자원연구소(World Resources Institute)의 분자생물학자인 던 되링(Don Doering)은 환경문제를 해결하기 위하여 특별히 고안된 유전자 변형 작물을 구상하고 있다. 토양을 비옥하게 할 수 있는 작물, 물을 깨끗하게 할 수 있는 작물, 특정 지역의 생태 문제를 해결하기 위해 맞춤 설계된 작물 등. "불현듯 당신은 농경지가 자체적으로 물을 여과하고 유역을 보호하며 서식지를 제공하는 등 사실상 농약으로부터 자유로운 농업에 종사하는 자신을 발견할지도 모릅니다." 되링이 내게 말했다. "그러나 내가 환경을 위한 설계라고 부르는 것에 대한 투자는 여전히 너무나 적어요." 그러한 투자에 대한 당연한 지지층은 마땅히 환경론자들이어야 한다.

그러나 오늘날 환경론자들은 그러한 지지층 역할을 하지 못하고 있다. 그들은 오히려 반대로 행동하고 있다. 예를 들어, 그린피스는 웹사이트에 다음과 같이 선언하였다. "우리 환경의 복잡한 생태계에 유전자 조작(GE) 유기체를 도입하는 것은 자연과 진화에 대한 광범위하고 위험한 실험입니다. … GE 유기체가 환경에 도입되어서는 절대 안 됩니다. 그것들은 생태계에 허용 불가능한 위험을 제기할 수 있으며, 생물 다양성과 야생동물 및 지속 가능한 형태의 농업을 위협할 가능성을 가지고 있습니다."

다른 단체들은 사전 예방 원리(Precautionary Principle)라고 불리는 것에 대해 논쟁을 벌이고 있는데, 이 원리 하에서는 사실상 모든 측면에서 긍정적인 것이 입증될 때까지 유전자 변형 작물을 사용할 수 없다. 시에라 클럽(Sierra Club)은 그들의 웹사이트에서 다음과 같이 언급한다.

> 사전 예방 원리에 따라서, 우리는 모든 유전자 변형 작물의 재배와, 현재 승인된 것들을 포함하여, 모든 유전자 조작 유기체의 환경 도입에 대한 유예를 촉구합니다. GEO(유전자 조작 유기체)의 도입은 각각의 GEO가 환경과 건강에 미치는 장기간의 영향을 알아내기 위한 광범위하고 철저한 연구가 행해질 때까지 그리고 도입하고자 하는 각 GEO 사용의 필요성을 확인하기 위한 공적인 토론이 있을 때까지 중지되어야 합니다.

이 정책에 따르면 지속적인 부경운 농법이 가져온 제사피크만 유역의 깨끗한 물과 건강한 토양은 도로 아미타불이 되어 버릴 것이며, 토론자들이 토론하고 연구자들이 연구하는 동안, 오염된 유출수와 침식된 표토가 버지니아의 강과 하천에 무수히 축적될 것이다. 샌더로우의 말을 상기해 보자. "생명공학은 엄청난 잠재적 이익과 거대한 위험을 동시에 안고 있으며, 우리는 일을 진행함에 있어 두 가지를 모두 고려할 필요가 있습니다." 많은 환경론자들은 아마도 "일을 진행하기 이전에" 그래야 한다고 말할 것이다. 여기에는 매우 큰 차이가 있는데, 왜냐하면 먼 미래가 아니라 불과 몇 십 년 후에는 심각한 인구 압박이 발생할 것이기 때문이다."

논리보다는 정치와 더 많은 관련이 있다는 이유로, 현대의 환경 운동은 상당 부분 시장과 인공물질에 대한 의심에 기초해 있었다. 시장은 지구를 착취하고, 농약은 지구를 중독시킨다. 생명공학은 둘 모두를 건드린다. 그것은 탐욕스러운 기업들에 의해 추진되고 있으며, 그것은 부자연스러움의 완벽한 전형인 듯 보인다.

그럼에도 나는 위험을 무릅쓰고 다음과 같이 예측한다. 10년 안에 대부분의 미국 환경론자들(유럽의 환경론자들은 더 독단적이다)은 유전자 조작을 그들의 가장 강력한 도구 중 하나로 여기게 될 것이다. 지난 10여 년 동안, 결국 환경론자들은 그들의 분야를 뒤집고 오염에 대항하기 위한 싸움에서 유용한 것으로서 시장 논리 — 매매 가능한 배출 허가권 등 — 를 받아들였다. 생명공학의 환경 논리는 훨씬 더 주목할 만하다. 유전자 조작의 상승 잠재력은 무시하기에는 너무 거대하며, 환경론자들은 그것을 무시하지 않을 것이다. 생명공학은 농업을 변화시킬 것이며, 그렇게 함으로써 미국의 환경 운동을 변화시킬 것이다.

더 생각해 볼 문제

1. 유전자 변형 식품의 장래성에 대하여 토론하라. 어떤 환경문제를 해결할 수 있는가? 세계 기아를 완화하는 데 어떻게 도움이 될 수 있는가?
2. 유전자 변형 식품을 생산할 때 발생할 수 있는 위험에 대해 토론하시오. 왜 많은 환경론자들이 그것에 반대하는가?
3. 유전자 변형 식품에 대한 것들이 앞으로 어떻게 진행되어야 한다고 생각하는가?

탐 레건의 동물 권리 옹호론[*]

류지한 · 김일수

1. 탐 레건의 생애

미국인 철학자 탐 레건(1938-2017)은 틸대학(Thiel College)을 졸업한 이후 버지니아대학교(University of Virginia)에서 석사 및 박사 학위를 취득하였다. 그는 1967년부터 노스캐롤라이나주립대학(North Carolina State University)에서 철학을 가르쳤으며, 퇴직한 2001년 이후에는 대학의 명예 교수로 임명되었다. 레건은 특히 동물의 권리에 관심을 보인 철학자였는데, 1983년 출판된 『동물 권리 옹호론(*The Case for Animal Rights*)』은 현대의 동물 권리 운동에 결정적인 영향을 주었다. 레건은 동물 권리를 위해 급진적인 평등주의 입장을 옹호하면서 다음과 같은 동물 권리 운동의 목표를 제시한다.

1. 과학에서 동물을 사용하는 것의 완전한 폐지
2. 상업적인 동물 축산의 완전한 해체
3. 상업적 · 오락적 사냥 및 덫의 완전한 제거(Regan, 2017: 24)

---

[*] 이 글은 Tom Regan, "The Radical Egalitarian Case for Animal Rights", Paul Pojman & Katie MacShane, eds. *Food Ethics* 2nd ed.(Cengage, 2017)에 기반을 두고 작성되었다.

1985년 레건은 자신의 아내와 함께 비영리단체인 문화·동물 재단(the Culture and Animals Foundation)을 설립하여, 동물에 대한 긍정적인 관심으로 통합된 지적이고 예술적인 노력을 촉진하고자 노력하였다. 그리고 1986년에 레건은 동물을 부당하게 착취하는 동물실험, 공장식 축산, 사냥 등의 인간의 관행을 고발하는 〈We Are All Noah〉라는 제목의 단편영화를 감독하기도 하였다.

레건은 자신의 윤리적 이론에 따라 성실한 채식주의자로 생활했으며, 동물 권리를 확립하기 위한 사회적 운동에 참여하였다. 그리고 그는 2017년 2월 17일 노스캐롤라이나에 있는 자신의 집에서 폐렴으로 사망하였다.

2. 간접적 의무론

레건은 동물이 권리를 가진다는 주장을 거부하는 사상의 타당성을 검토하는 것으로 자신의 논증을 시작한다. 동물 권리를 부정하는 첫 번째 입장은 인간이 동물과 관련해서 가질 수 있는 의무는 직접적인 것이 아니라 간접적인 의무라고 주장한다. 이에 따르면, 인간이 동물로 인해 짊어지는 의무는 없으며, 따라서 우리가 동물에게 잘못된 행위를 할 수도 없다. 우리가 동물과 관련된 일부 사안에서 잘못된 행동을 할 수도 있겠으나 그와 관련된 우리의 의무는 동물과 관련된 것일 뿐이지 동물에게 직접적으로 향해 있는 것은 아니다. 레건은 이를 간접적 의무론이라 부른다.

당신의 이웃이 당신의 개를 발로 걷어찬다고 상상해 보자. 그렇다면 그 이웃은 분명 어떤 잘못을 저지른 것이다. 그러나 당신의 개에게 잘못한 것은 아니다. 이때 그 잘못은 당신에게 행해진 것이다. 이웃이 당신의 개를 발로 걷어차서 당신을 화나게 한 것, 그것이 잘못이다. 결국 사람을 화나게 한 것이 잘못이다. 그래서 잘못을 당한 것은 개가 아니라 바로 당신이다. 이와 달리 말할 수도 있다. 당신 이웃은 당신의 개를 발로 참으로써 당신의 재산을 손상했다. 그리고 다른 사람의 재산을 손상하는 일은 잘못이기 때문에 당신의 이웃은 잘못된 행동을 했다. 물론 당신의 개가 아니라 당신에게 잘못을 저지른 것이다. 당신 이웃이 당신의 자동차 앞 유리를 깼을 때 그런 것처럼 당신 이웃이 개에게 잘못한 것은 없다. 개와 관련된 이웃의 의무는 당신에 대한 간접적 의무이다. 더 일반적으로 말하자면, 동물과 관련된 우리의 모든 의무는 다른 사람들, 즉 인간에 대한 간접적 의무이다. (Regan, 2017: 25-26)

이러한 간접적 의무론을 어떻게 정당화할 수 있을까? 일부 간접적 의무론자는 개와 같은 동물은 (자동차의 앞 유리와 마찬가지로) 어떠한 경험도 할 수 없으며, 따라서 그 발길질로 인해 아무런 피해도 생기지 않았다고 말할지 모른다. 하지만 레건은 이런 주장은 합리적이지 않다고 말한다. 무엇보다 동물이 아무런 경험도 할 수 없다든지 또는 아무런 고통도 느끼지 못한다는 주장은 여러 과학적 근거에 비추어 보았을 때 설득력이 없다. 또한 이런 주장은 경험을 인식하지 못하거나 고통을 느끼지 못하는 인간 존재도 역시 도덕적으로 전혀 관심을 가질 필요가 없다는 결론을 함축한다. 또 다른 간접적 의무론자는 개와 인간이 모두 빌길질로 고통을 경험하지만 도덕적으로 의미 있는 것은 오지 인간의 기.동뿐이라고 주장할 수도 있다. 하지만 레건은 이 역시 비합리적이라 말한다. 누구의 것이든, 즉 그것이 인간의 것이든 동물의 것이든 고통은 고통이다. 만약 이웃이 당신에게 유발한 고통 때문에 도덕적 잘못이 된다면, 개가 느끼는 고통이 가지는 도덕적 관련성을 합리적으로 무시할 수는 없다.

레건이 검토하는 또 다른 간접적 의무론은 계약론이다. 계약론의 기본적인 아이디어에 따르면, 도덕은 개인들이 자발적으로 따르기로 동의한 일련의 규칙들로 구성된다. 계약이라는 용어를 정확히 이해하는 동시에 이를 수용하는 사람들은 직접적으로 계약에 참여해 권리를 인정받을 것이다. 또한 이러한 계약자는 자신이 소중하게 생각하는 사람들 중 합리적 이해 능력이 부족해 계약에 직접 참여할 수 없는 사람들도 계약을 통해 보호할 수 있을 것이다. 예를 들어, 어린 자녀들은 스스로 계약에 참여할 수는 없지만 부모의 애정으로 인해 계약의 보호를 받을 수 있다. 그렇다면 우리는 이러한 어린아이들을 포함하는, 즉 어린아이와 관련된 의무를 가지게 된다. 물론 어린아이에 대한 직접적인 의무는 없다. 이 경우에 우리의 의무는 다른 인간 존재, 보통은 그 아이의 부모에 대한 간접적 의무이다. 계약론에 따르면 동물에 대한 우리의 의무도 마찬가지이다.

> 동물의 경우와 마찬가지로 어린아이는 계약을 이해하지 못하기 때문에 분명히 계약에 서명을 할 수 없다. 그리고 이들은 서명을 할 수 없기 때문에 권리를 가질 수 없다. 하지만 어린아이와 마찬가지로 어떤 동물은 다른 사람의 감정적 이해 관심의 대상이 된다. 예를 들어, 당신은 당신의 개 또는 고양이를 사랑한다. 그렇기 때문에 사람들이 충분히 배려하는 반려동물, 고래, 아기 표범, 미국 대머리 독수리와 같은 동물의 경우에 그들 스스로는 권리를 결여하고 있지만 사람들의 감정적 이해 관심 덕분에 보호를 받을 것이다. 계약론에 따르면, 나는 당신의 개 또는 다른 동물들에게 직접적 의무를 지고 있지는 않다. 심지어 그들에게 통증이나 고통을 주지 않을 의무도 없다. 그 동물을 해치지 말아야 하는 나의 의무는 그 동물에게 무슨 일이 일어나는지에 대해서 관심을 가지는 사람에게 해야 할 의무인 것이다. 가축이나 실험용 쥐와 같은 경우처럼 우리의 감정적 이해 관심이 전혀 또는 거의 없다면, 우리가 가지는 의무는 점점 약해져 갈 것이고, 어쩌면 아예 없어지는 지점까지 나아갈 것이다. 동물이 당하는 고통과 죽음은, 실제이기는 하지만 만약 그 동물들에 관한 누군가의 관심이 없다면 잘못은 아니다. (Regan, 2017: 26)

레건은 이러한 기본적인 계약론의 입장이 인간 존재의 도덕적 지위의 측면에서 적절하지 않으며, 따라서 동물의 도덕적 지위에 대한 적절한 입장이 될 수 없다고 평가한다. 레건은 계약론이 도덕 규칙을 제정하는 데 있어 모든 사람이 동등하게 참여할 기회를 보장하지 못한다고 지적한다. 그 결과로 계약론은 억압적인 신분제부터 인종 및 성별에 따른 차별에 이르기까지 사회적·경제적·도덕적·정치적 부정의를 승인할 수 있게 된다. 요컨대, 인간에 대한 윤리적 대우에 대해 적절하지 않은 이론이 동물을 어떻게 대우해야 하는지를 제안할 수는 없는 것이다. 물론 방금 살펴본 소박한 형태보다 훨씬 더 정교한 형태의 계약론의 입장도 고려할 수 있을 것이다. 존 롤스(John Rawls)는 계약 당사자가 인종, 성별, 지능, 사회적 지위 등과 같은 우연적인 특성들을 무시하는 계약론을 제시한다. 롤스의 개선된 계약론이 보다 나은 형태의 논의를 보여 주는 것은 틀림없지만 그럼에도 불구하고 레건은 이 견해도 여전히 동물에 대한 논의로는 부족하다고 지적한다. 롤스의 견해는 정의감을 가지지 않은 인간 존재, 예컨대 어린아이 및 정신적 장애를 가진 자에 대한 직접적인 의무를 체계적으로 무시하기 때문이다. 레건은 어떤 형태의 계약론이든 인간을 도덕적으로 대우하는 논의에서 한계를 보일 수밖에 없다고 주장하면서 동물에 대한 논의에서도 계약론을 배제하는 것이 합리적이라 말한다(Regan, 2017: 27).

이상의 논의를 통해 레건은 동물에 대한 간접적 의무론이 이성적 동의를 얻을 수 없다고 결론 내린다. 그렇다면 우리가 합리적으로 수용할 수 있는 윤리 이론은 적어도 인간들이 서로에 대해 직접적 의무를 가지는 것과 마찬가지로 동물에 대해서도 직접적 의무를 가진다고 인정해야 한다.

3. 직접적 의무론

첫 번째로 검토해 볼 동물에 대한 직접적 의무론은 레건이 잔인-친절 견해론(cruelty-kindness view)이라 부르는 것이다. 이 견해에 따르면, 우리는 동물에게 친절해야 할 직접적 의무와 동물을 잔인하게 대우하지 말아야 할 직접적 의무를 가진다. 윤리에 있어서 옳은 행위를 하는 것뿐만 아니라 적절한 성향, 동기, 감정을 가지는 것 역시 중요하다고 보는 관점에서 이런 생각은 충분히 친숙한 것이고, 또 타당한 것으로 보인다. 그러나 레건은 동물에 대해 친절함을 갖추고, 잔인함을 피하라는 견해가 적절한 이론이라고 생각하지 않는다(Regan, 2017: 27).

먼저 친절함을 생각해 보자. 친절한 사람은 연민이나 동정과 같은 동기에서 행위하고, 이것은 일종의 덕이다. 하지만 친절한 행위가 언제나 올바른 행위가 된다는 보장은 없다. 예를 들어, 내가 가진 것을 베푸는 성향의 인종차별주의자라면, 나는 나와 같은 인종의 사람에게만 호의를 보이면서 그들에게 친절한 행위를 하려 할 것이다. 잔인-친절 견해론에 따르면, 이때 나의 친절함은 진정한 것이며, 그래서 좋은 일이다. 하지만 이때 나의 친절한 행위가 도덕적 비난에서 자유로울 수 없다는 것은 명백해 보인다. 사실 그런 친절함은 부정의에 뿌리 내린 것으로 명백한 잘못에 가까울 것이다. 그래서 친절함은 권장되어야 할 하나의 덕으로서 지위를 갖지 못하며, 친절만으로는 옳은 행위의 이론을 대체할 수 없을 것이다(Regan, 2017: 27).

문제는 잔인함에 있어서도 마찬가지이다. 만약 누군가 다른 사람이 고통을 겪는 상황을 목격하면서 그 고통에 공감하지 못하거나 더 나아가 즐거움을 느낀다면, 그러한 사람 또는 그러한 행위는 잔인한 것이라 할 수 있다. 모든 잔인함은 나쁜 것이며 비극적인 인간적 실패를 보여 준다. 하지만 친절함에 의해 동기 부여된 인간 존재가 자신이 옳은 일을 하고 있다는 것을 보증하지 않는 것처럼 잔인함이 없는 인간 존재가 잘못을 하지 않는다는 것을 보장하지 않는다. 사실 동물과 관련된 잘못된 관행이라고 지적된 많은 일들을 잔인함 없이 따르는 것은 얼마든지 가능한 일이다. 그렇다면 잔인-친절 견해론은 동물을 위한 적절한 윤리 이론이 될 수 없다(Regan, 2017: 27).

동물에 대한 직접적 의무론 중 많은 사람이 타당한 것으로 수용하는 이론은 공리주의이다. 레건에 따르면, 공리주의는 두 가지 도덕 원리를 포함한다. 첫째, 평등의 원리이다. 모든 사람의 이익을 계산하며, 유사한 이익은 유사한 비중과 중요성을 가진 것으로 계산되어야 한다. 백인이든 흑인이든, 여자이든 남자이든, 한국인이든 미국인이든, 그리고 인간이든 동물이든 상관 없이 모든 개체의 고통 혹은 좌절은 동등한 중요성을 가진다. 둘째, 공리의 원리이다. 결과에 의해 영향을 받는 모든 이들에게 좌절을 상쇄한 최고의 만족을 가져다줄 그러한 행위를 행해야 한다. 결과적으로 공리주의는 나의 행위로 인해 영향을 받는 개체가 어떤 영향을 얼마만큼 받을지를 조사한 후 좌절 대비 만족의 가장 좋은 결과를 가져올 선택을 하라고 명령한다. 그것이 우리의 윤리적 의무이다.

비타협적인 평등주의를 내세운다는 점에서 공리주의는 가장 큰 호소력을 보인다. 공리주의에서는 관련된 모든 이들의 이익을 계산하며, 그 이익은 동등한 것으로 간주된다. 따라서 공리주의는 인간과 동물이 가지는 이익을 모두 도덕적 고려에 포함시키며, 동물의 이익보다 인간의 이익에 가중치를 두지 않는다. 종 구성원에 호의적인 체계적 차별은 (인종차별 및 성차별과 마찬가지로) 종 차별주의라는 비판에 직면할 것이다.

하지만 레건이 보기에 공리주의가 제시하는 평등은 동물권이나 인권을 옹호할 수 없다. 레건에 따르면, 공리주의는 서로 다른 개별적 존재의 동등한 내재적 가치 또는 존엄 가치(inherent value or worth)를 인정하지 않기 때문에 개별적 존재의 평등한 도덕적 권리를 인정하지 못한다. 공리주의는 개별적 존재가 가지는 이익의 만족에 가치를 둘 뿐 그러한 이익을 가지는 개별적 존재에 대해서는 무관심하다. 결과적으로 공리주의는 인간이든 동물이든 개체가 가지는 권리에는 어떤 가치도 부여하지 않으면서 오직 개체가 얼마나 큰 만족을 느끼는지에만 주목하는 것이다.

> 철학적인 핵심을 분명히 나타내는 데 도움이 되는 비유를 한 가지 생각해 보자. 컵은 서로 다른 액체를 담아낸다. 어떤 때에는 달콤한 것, 어떤 때에는 쓴 것, 어떤 때에는 이 두 가지 맛이 섞인다. 그 컵, 즉 용기는 아무런 가치가 없다. 가치를 가지는 것은 컵 안에 포함된 액체이지 액체를 담아내는 컵이 아니다. 공리주의자들에게 당신과 나는 컵과 같다. 개별적 존재로서 우리는 가치를 갖지 않으며, 따라서 평등한 가치도 없다. 가치를 가지는 것은 우리 안에 무엇이 들어가느냐, 즉 수용기(receptacles)로서 우리가 어떤 역할을 하는지에 달려 있다. 만족에 대한 우리의 느낌은 긍정적인 가치를 가지며, 좌절에 대한 우리의 느낌은 부정적인 가치를 가진다. (Regan, 2017: 28)

레건은 공리주의에 포함된 총합적 성격을 문제 삼는다. 공리주의가 최선의 결과를 가져오는 행위를 할 것을 명령할 때, 우리는 어떻게 해서든지 총합을 구해야 한다. 총합 계산의 한 축에서는 만족을, 다른 축에서는 좌절을 계산해 그 둘을 합산해야 한다. 이것이 공리주의적 총합이 담고 있는 의미이다. 그리고 관련된 모든 이들에게 최선의 총합적 결과가 반드시 개별적인 존재에게도 최선의 결과를 가져오지는 않는다. 여기서 공리주의는 개별적 존재가 가지는 가치를 체계적으로 무시하며, 결과적으로 개체들 사이의 차이를 중요하게 고려하지 못한다(Regan, 2017: 28).

4. 동물 권리론

레건은 타당한 동물 윤리 이론을 정립하기 위해 먼저 모든 인간 존재가 동등하게 가시는 가지에 수복한다. 레건은 모든 인간이 내재적 가치

(inherent value)를 지니고 있으며, 어떤 개체가 이러한 가치를 가진다고 말하는 것은 우리가 그 존재가 단순한 수용기가 아니라 그 이상의 존재라고 인정하는 것이라 주장한다. 그리고 노예나 성차별과 같은 부정의를 원칙적으로 배제하기 위해 우리는 모든 사람은 성별, 인종, 종교, 출생지 등에 상관없이 동등하게 내재적 가치를 가지고 있다고 믿어야 한다. 게다가 내재적 가치는 그 사람이 사랑과 존경을 받는지 아니면 미움과 경멸을 받는지와도 무관하며, 재능이나 기술, 지능과 건강, 성격이나 질병과 상관없이 동등하다.

> 천재와 지적장애인, 왕자와 거지, 의사와 과일 장수, 마더 테레사와 비양심적인 중고차 판매원은 모두 내재적 가치를 가지며, 모두가 동등하게 그 가치를 소유하고 있다. 그래서 이들 모두는 존중받을 동등한 권리, 즉 그들은 마치 다른 사람들을 위한 자원으로 존재하는 사물의 지위로 격하시키는 방식으로 대우받지 않을 동등한 권리를 가진다. 개인으로서 나의 가치는 당신에게 유용하다는 것과는 독립적이다. 당신의 내재적 가치는 나에 대한 당신의 유용성에 달려 있는 것이 아니다. 우리들 모두에게 있어서 다른 사람의 독립적 가치를 존중하지 않는 방식으로 상대방을 대우하는 것은 비도덕적으로 행위하는 것이다. 즉, 그것은 개인의 권리를 침해하는 것이다. (Regan, 2017: 29)

모든 인간이 동등하게 소유하는 내재적 가치를 바탕으로 개인의 권리를 옹호하는 이러한 입장을 레건은 권리론(the rights view)이라 부른다. 레건은 권리론이 우리의 의무의 토대, 즉 도덕의 영역을 밝혀내고, 또 도덕을 설명하는 차원에 있어 다른 모든 이론을 능가하는 타당성을 가진다고 평가한다. 권리론은 계약론과 달리 모든 형태의 인종, 성별, 사회적 차별에 대한 도덕적 용인 가능성을 원칙적으로 차단한다. 또 공리주의와는 달리 권리론은 우리가 개인의 권리를 침해하는 사악한 수단을 사용함으로써 좋은 결과를 정당화할 수 있다는 가능성을 원칙적으로 거부한다. 권리론은 사회적 유용성의 이름으로 개인을 존중하지 않는 대우에 제재를 가할 것이며 어떤 경우에도 그런 행위를 허용하지 않을 것이다.

　이제 레건은 오직 인간 존재에게만 해당되었던 권리론의 적용 범위를 동물에게까지 확장하는 시도를 한다. 물론 대부분의 동물이 인간이 가진 능력의 수준을 따라오지 못한다는 것은 사실이다. 동물은 글을 읽을 수도 없고, 고차원적인 수학적 사고를 할 수도 없으며, 자동차나 컴퓨터와 같은 기술을 만들어 낼 수 없다. 그런데 동물과 마찬가지로 이러한 일들을 하지 못하는 인간 존재도 많다. 레건은 우리가 그러한 능력을 갖추지 못한 인간들이 다른 인간에 비해 더 적은 내재적 가치를 가진다고 말해서는 안 된다고 주장한다. 레건에 따르면, 내재적 가치를 가지는 사람들 사이의 차이점이 아니라 유사성이 중요하다(Regan, 2017: 29). 레건은 인간들 사이의 결정적인 유사성을 동물에게도 적용해야 한다고 주장한다.

> 우리들 각자는 삶을 경험하는 주체이며, 각자는 다른 이들에게 우리가 어떤 유용성을 가지는지와는 상관없이 우리에게 중요한 개인적 복지를 가지는 의식적 생명체이다. 우리는 무언가를 원하고 선호한다. 무언가를 믿고 느낀다. 무언가를 상기해 내고 기대한다. 또 우리의 쾌락과 고통, 우리의 즐거움과 괴로움, 우리의 만족과 좌절, 우리의 계속된 존재 혹은 궁극적 죽음을 포함하는 우리 삶의 이러한 모든 차원은 전부 우리가 개체로서 경험하고, 살아온 우리 삶의 질에 차이를 만든다. 이것들은 동물에게 있어서도(예컨대, 잡아먹히고, 덫에 걸리는 동물에게도) 사실이기 때문에 그들도 역시 스스로가 내재적 가치를 가지는 삶을 경험하는 주체로 여겨져야 한다. (Regan, 2017: 30)

　레건의 동물 권리론은 내재적 가치를 가지는 존재라면 그 개체가 인간인지 동물인지와는 상관없이 삶의 주체(subject-of-a-life)로 간주하고,

그들에게 존중받을 권리가 있음을 인정한다. 이러한 동물 권리론은 인간의 전유물이라 여겨졌던 도덕적 권리를 동물에게도 부여한다는 점에서 다른 동물 윤리 이론에 비해 더 급진적이고, 엄격한 성격의 윤리적 의무를 제시한다. 레건은 동물 권리론에 포함된 최종적인 실천적 함의를 다음과 같이 네 가지로 요약한다.

첫째, 동물 권리 운동은 인권 운동에 적대적이지 않고, 오히려 그것의 일부이다. 동물의 권리에 합리적인 근거를 마련하는 이론은 동시에 인간 권리의 근거도 마련한다. 예컨대, 동물 권리 운동에 참여하는 사람은 여성의 권리, 사회적 약자 및 노동자의 권리와 같은 인간 권리에 대한 존중을 보장하려는 노력에도 기꺼이 참여할 것이다. 동물 권리 운동은 인권 투쟁 운동과 동일한 도덕적 근거를 가지기 때문이다(Regan, 2017: 30).

둘째, 동물 권리론은 과학 및 상업 분야에서 비타협적인 입장을 보인다. 먼저 과학에서 동물을 이용하는 관행에 대해 권리론은 무조건적으로 폐지론을 주장한다. 인간은 마치 동물 위에 군림하는 제왕처럼 실험실 동물을 이용하고 있다. 과거 왕조의 기미상궁이 그랬던 것처럼 실험실 동물은 인간 왕을 위해 위험을 대신 겪는다. 동물실험을 통해 인간은 동물의 가치를 다른 존재를 위한 유용성으로 환원될 수 있는 것처럼 규칙적이고 체계적으로 취급한다. 이로 인해 동물은 규칙적이고 체계적으로 존중 받지 못하며, 따라서 그들의 권리도 규칙적이고, 체계적으로 침해된다. 동물 권리론이 요구하는 것은 동물실험의 축소 또는 환경의 개선이 아니다. 동물실험은 완전히 폐지되어야 한다. 그것이 바로 우리의 의무이다(Regan, 2017: 31).

상업적인 동물 축산에 대해서도 동물 권리론은 역시 폐지론을 주장한다. 동물 축산과 관련해 근본적인 도덕적 잘못은 동물이 스트레스를 받으며, 밀집된 공간에 고립된다거나 고통을 느끼고 선호가 무시된다는 점이 아니다. 물론 이런 것들도 잘못이기는 하지만 근본적인 잘못은 아니다. 근본적인 잘못은 동물을 독립적인 가치가 없는 존재로, 마치 인간을 위한 자원, 즉 사실상 재생 가능한 자원인 것처럼 바라보는 시각을 허용하는 체계이다. 상업적 축산을 완전히 해체하는 것만이 근본적인 잘못을 바로잡을 수 있다. 과학 및 상업과 관련해 동물 권리론의 함의는 명백하고, 비타협적이다.

셋째, 철학이 정치적 행위를 대체할 수 없다는 것은 분명한 사실이다. 동물 권리론에 관한 철학적 논증이, 곧 동물에 관한 말이 무언가를 바꾸지는 않는다. 단어가 표현하는 생각을 이해하고, 또 받아들인 우리가 행위하는 것이 세상을 바꾼다. 그렇다면 철학이 할 수 있는 전부는 우리의 행동이 목표로 삼을 수 있는 지점을 제공하는 일이다. 동물 권리론도 역시 동물과 관련된 사안에서 우리가 지향점으로 삼아야 할 목표를 제시할 뿐이다. 그 목표를 달성하기 위한 구체적인 방법을 제시하는 것은 철학자가 할 일이 아닌 것이다(Regan, 2017: 31).

넷째, 동물 권리 운동이 채택되기 위해서는 지적인 노력과 아울러 감정에 호소할 필요가 있다. 이성적인 사고뿐만 아니라 우리의 마음도 동물을 체계적으로 억압하는 습관을 끝낼 것을 요구한다. 영국의 철학자 존 스튜어트 밀은 모든 위대한 운동은 세 단계를 경험한다고 말했다. 조롱, 토론, 채택이 바로 그 단계이다. 동물 권리 운동은 조롱을 지나 토론의 단계를 거치고 있으며, 최종적인 채택을 위해서는 우리의 감정과 지적 훈련, 즉 우리의 마음과 머리 모두가 요구된다. 동물의 운명은 우리의 손에 달려 있다.

옮긴이의 글

이 책은 폴 포이만과 케이티 멕셰인이 공동 편집한 *Food Ethics* (2nd ed., Cengage, 2017)를 번역한 것이다. 이 책에 실린 글들은 본래 *Environmental Ethic: Readings in Theory and Application* (7th ed., Cengage, 2017)에 수록된 글 중에서 동물, 인구와 소비, 오염, 음식 윤리와 관련된 글들을 가려 뽑은 것이다. 그래서 이 책에 소개된 글들은 모두 넓은 의미에서는 환경 윤리와 관련된 것이고, 좁은 의미에서는 음식 윤리와 관련된 것이다.

이 책은 음식의 생산, 유통 및 소비에서 발생하는 복잡한 윤리적 문제를 거의 망라해서 다루고 있다. 음식 윤리 일반을 개관하는 논문을 비롯해서, 동물에 대한 윤리적 처우 문제, 인구 과잉과 자원 문제, 인구 윤리와 소비 윤리, 오염과 산업 재해, 농약 문제, 기아, 세계 식량 공급 문제, 채식주의, 유전자 변형 삭물에 관련된 다양한 입장의 글들이 실러 있다. 동물, 인구와 소비, 오염과 환경, 식량과 기아 등의 문제는 다양한 입장이 첨예하게 충돌하는 쟁점들이다. 그만큼 합리적 논증과 개방적 담론이 요구되는 문제들이기도 하다. 이 번역서가 그러한 논증과 담론에 약간이나마 도움이 되기를 바란다.

오늘날 우리는 세계 도처에서 생산된 먹거리가 장거리 수송을 통하여 우리의 식탁에 오르고, 공장식 축산을 통해서 값싸고 기름진 고기를 이전의 어떤 시대보다도 풍성하게 공급받는 시대에 살고 있다. 반면에 세계 도처에는 아직도 수억 또는 수십억 명의 사람들이 절대 빈곤 상태에서 굶주리고 있고, 공장식 축산의 열악한 환경에서 수많은 동물들이 끔찍한 고통을 당하고 있다. 또한 늘어나는 인구와 식량에 대한 수요를 충당하기 위해 경작지와 목초지가 넓어지면서 그 대가로 자연 생태계의 지속 가능성이 위협받고 있다.

이런 세계에서 우리가 무엇을 먹는가 하는 문제는 결코 단순한 맛이나 영양상의 선택 문제일 수만은 없다. 우리의 먹거리 선택은 우리 자신의 건강과 복지뿐만 아니라, 동물의 복지와 권리, 식량 문제와 전 지구적 기아, 자원과 생태계 등에 광범위한 영향을 미친다. 그것은 윤리적 선택의 문제일 수밖에 없다. 우리의 먹거리 선택과 먹는 행위에는 다른 사람들에 대한 우리의 관심, 동물에 대한 우리의 태도, 자연과 생태계에 대한 우리의 관점이 반영되어 있다. 그래서 우리의 먹거리 선택과 섭취는 생명과 건강 유지를 위한 음식 섭취 이상의 의미를 지닌다. 오늘날 음식의 선택과 섭취는 그 자체가 윤리적 의미를 지니는 윤리적 평가의 대상이자 윤리적 실천이다. 그것은 내가 어떤 사람인지를 보여 주며, 나의 성품과 나의 세계관을 보여 주는 지표 가운데 하나이다. 음식 윤리를 통해서 우리는 삶의 일상적 과정에서 자신의 윤리적 모습을 비추어 볼 수 있는 기회를 가지게 된다.

음식 윤리는 우리의 평범한 일상이 얼마나 큰 윤리적 의미를 지닐 수 있는지를 보여 준다. 우리의 먹거리 선택과 식단 구성은 세상을 바꾸는 힘을 지니고 있다. 음식을 먹는 것은 일차적으로 내가 살기 위한 것이다. 그러나 그것은 동시에 내 주변 세계를 살리는 것일 수도 있다. 우리가 어떤 먹거리를 선택하고 무엇을 먹는가 하는 문제는 자신을 살리는 것을 넘어서 이웃을 살리고, 동물을 살리고, 자연을 살리는 힘을 지니고 있다. 모쪼록 이 책이 독자들이 음식 및 이와 관련된 윤리 문제에 관해서 자신의 입상을 성찰하고 정립하는 데 도움이 되기를 기대한다.

옮긴이들은 이 책의 원서를 한국교원대학교 윤리교육과 대학원 수업에서 일독한 후, 각자의 관심에 따라 글들을 분담하여 번역하였고, 최종 감수와 교정은 류지한이 하였다. *Food Ethics* (2nd ed.)에 실린 글 가운데 일부는 저작권의 문제로 번역하지 못하여 아쉬움이 있었다. 모든 역자들이 수고를 아끼지 않았으나, 특별히 심형준 선생님과 김일수 박사님의 노고가 컸다. 끝으로 이 책을 함께 읽고 토론하면서 더 좋은 번역을 위해서 노력해 준 한국교원대학교 윤리교육과 대학원 윤리학 스터디 멤버들에게 고마움을 전한다.